新精神活性物质治理对策

杨丽君 等 著

（政法系统 内部发行）

知识产权出版社
全国百佳图书出版单位
—北京—

图书在版编目（CIP）数据

新精神活性物质治理对策/杨丽君等著. —北京：知识产权出版社，2025.3
ISBN 978 - 7 - 5130 - 9161 - 9

Ⅰ.①新…　Ⅱ.①杨…　Ⅲ.①精神活性药物—药品管理法—研究—中国
Ⅳ.①D922.164

中国国家版本馆 CIP 数据核字（2024）第 008999 号

策划编辑：庞从容　　　　　　　　　　责任校对：王　岩
责任编辑：赵利肖　　　　　　　　　　责任印制：孙婷婷

新精神活性物质治理对策
杨丽君　等　著

出版发行：知识产权出版社 有限责任公司　　网　　址：http：//www.ipph.cn
社　　址：北京市海淀区气象路 50 号院　　邮　　编：100081
责编电话：010-82000860 转 8725　　　　责编邮箱：2395134928@qq.com
发行电话：010-82000860 转 8101/8102　 发行传真：010-82000893/82005070/82000270
印　　刷：北京建宏印刷有限公司　　　　经　　销：新华书店、各大网上书店及相关专业书店
开　　本：710mm×1000mm　1/16　　　　印　　张：23.25
版　　次：2025 年 3 月第 1 版　　　　　印　　次：2025 年 3 月第 1 次印刷
字　　数：417 千字　　　　　　　　　　定　　价：118.00 元
ISBN 978 - 7 -5130 -9161 -9

本书编写组

主要执笔人

杨丽君

其他编写人员

戴富强　任周阳　乔子愚　吴　鹏　许　立
朱海鹏　赵　洋　雷　毅　刘星光　李芹丽

本书系国家社科基金项目"新型精神活性物质防治对策研究"(15BFX095)成果,由云南警官学院资助出版。

前　言

　　新精神活性物质（New Psychoactive Substances, NPS）的历史始于19世纪末期海洛因的问世，自此，经过萌芽、慢速和快速时期100余年的发展，从2005年，尤其是2009年以来，随着互联网和电子商务的发展，进入爆发期，种类快速增长，每年有数十种新结构的品种出现，以医药中间体、金属除锈剂、浴盐、香料、植物肥料等名义出售，提供了前所未有、广泛和多种化学结构的精神活性物质，与传统合成毒品共同构成了一个复杂的毒品市场。2005—2015年，全球新精神活性物质数目逐年增长，2015年累计发现503种，达到近年峰值。截至2021年年底，全球134个国家累计发现1127种新精神活性物质，已超过2024年年底国际禁毒公约列管的318种麻醉药品和精神药品的数目。

　　目前，全球新精神活性物质制贩消费链条基本形成，兴奋剂类增长较快，植物类贩运数量反弹，不同区域主流滥用品种不同，滥用范围可能扩大，尤其是非洲等目前报告发现新精神活性物质数目较少的区域的滥用可能蔓延。我国新精神活性物质出现较晚，但发展较快，已形成部分新精神活性物质制造、走私、贩卖突出，滥用扩散的严峻态势，是该问题较突出的亚洲国家之一。

　　新精神活性物质具有与毒品相同的危害，作用于人体的中枢神经系统，影响思维、情感、意志行为，容易导致精神依赖，损害滥用者的健康，发生暴力行为和犯罪，危害公共安全。其又有自身特有的危害：多以合法外衣掩盖毒害实质，骗取和吸引人们吸食使用；从受管制地域流向非管制地域，不断寻找和开拓新的消费市场；在滥用初期，虽然其成瘾性不易被察觉，但最终却可能引发严重的公共健康问题。新精神活性物质大量出现改变了原有毒品形势，出现了新情况，同时，其本身具有的非管制性等特点对既有毒品管制制度、监测、检测、打击、预防、国际合作、装备和执法素质能力等都构成新的挑战。

为应对新精神活性物质的挑战，联合国和部分国家采取监测新精神活性物质市场、立法管制新精神活性物质及前体化学品、确定新精神活性物质检验鉴定方法、打击新精神活性物质犯罪和开展新精神活性物质预防教育等多种措施遏制新精神活性物质的蔓延。截至2024年年底，联合国列管新精神活性物质83种，我国列管234种和两个大类（即整类芬太尼物质和整类合成大麻素物质），近130个国家对部分新精神活性物质实施管制。虽然这些治理措施已初见成效，从2016年开始，新出现的新精神活性物质数目减速、全球蔓延降低，但是作为第三代毒品，新精神活性物质已占领毒品市场，与第一代毒品、第二代毒品叠加共存的复杂格局将长期存在。要想有效地解决如此复杂的禁毒难点、热点问题，尚需系统、全面地研究其治理之策。

本书将通过分析国内外新精神活性物质形势，梳理国际相关治理经验，探讨其法律定义、历史、传播原因和路径，立足于我国国情和毒情，提出具有中国特色的新精神活性物质治理思路与措施。加强新精神活性物质治理，有效遏制其违法犯罪的增长，降低其社会危害，应对新毒情变化，推进毒品治理体系和治理能力现代化，积极担当全球毒品治理责任，深入推进平安中国、法治中国建设，维护国家长治久安，保障人民群众健康幸福，这对实现第二个百年奋斗目标和中华民族伟大复兴的中国梦，具有十分重要的现实意义。

图表索引

I

目　录

咨询报告

毒品的历史几乎和人类文明史一样悠久。6000多年前，地中海东部山区的居民发现了鸦片的精神活性作用；5000多年前，安第斯高原的渔猎人群把古柯叶作为充饥品使用；3000多年前，印度人把大麻当作与神沟通的神奇药剂使用。毒品最初来源于自然界。为了生存，人类的祖先尝试着从自然界遍布生长的野生植物中筛选出能够作为食物或药物的植物。随着不断地接触、了解不同种类的野生植物，他们发现了一些具有麻醉、镇静、兴奋和致幻作用的植物，这些植物就是毒品的前世。当时人类种植这些植物，主要用于解决饥饿、医治疾病、宗教祭祀、庆典活动和消遣取乐等。接着，这些植物的其他生活用途被逐渐拓展。公元前2800年，中国已栽培大麻用来制取纤维。在15世纪世界新航道被开辟后，伴随着英国等早期殖民国家的扩张，鸦片、古柯、大麻作为商品，逐步走出生产地域，开始流向世界。但是，此时除存在地域性的某种毒品滥用外，全球毒品滥用并不明显。19世纪初叶，随着科学技术的重大突破，特别是化学学科的快速发展，科学家们从原植物中提取有效成分，以便更有效地治疗疼痛难忍的疾病，开始了半合成、合成毒品的历史。合成药物的出世犹如一把双刃剑，在给人类疾病治疗带来福音的同时，也打开了合成毒品这只恶魔的牢笼，使合成毒品严重地危害到人类的健康，威胁人类生存与发展。自此，古老的毒品原植物、半合成与合成毒品同时在毒品黑市被销售，合成毒品的品种迅速增多，从此引发全球毒品滥用人数增长，且其带来的危害越来越严重。

毒品的蔓延严重威胁着一些国家政治的稳定和经济的发展，贻害人民健康，败坏社会风尚，诱发各种违法犯罪，已经成为人类社会的公敌。面对毒品的危害，人类社会并没有等闲视之。从18世纪开始，以我国为代表一些国家率先开启了毒品管制的先河。中国是较早受到鸦片烟毒危害严重的国家，1729年清朝雍正皇帝颁布世界第一个禁毒法令《兴贩鸦片及开设烟馆之条例》。针对毒品的跨境流动性等特点，大约从19世纪80年代起，国际社会逐步达成禁毒国际合作的共识，并付诸行动。尤其是第二次世界大战结束之后，联合国成立以来，禁毒国际合作的成效得以一定程度的提升。1912年至1990年，国际社会先后缔结了17个多边麻醉药品和精神药品公约，为禁毒国际合作提供法律依据。目前，有效的国际禁毒公约有以下四个：1946年12月11日议定书修正的1936年6月26日《禁止非法买卖麻醉品公约》、《经1972年议定书修正的1961年麻醉品单一公约》、《1971年精神药物公约》和《1988年联合国禁止非法贩运麻醉药品和精神药物公约》。基于对毒品违法犯罪的规律、特点的不断认识，国际社会逐渐形成了指导全球禁毒工作的减少毒品供应、减少毒品需求和减少毒品危害三大禁毒战略。联合国分别于1990年、

1998 年和 2016 年就禁毒专题召开三次禁毒特别联大，检视、总结、推动全球禁毒工作。但是，发展变化的毒品形势，加之受毒品治理政策分歧等因素的影响，国际社会和大多数国家的禁毒效率尚待提升。近年来，除中国等少数国家的毒情持续好转外，其余国家的毒情仍呈加剧态势。在人类社会已与毒品斗争近 200 年的今日，毒品治理仍然任重道远。

从医学的角度来看，无论是古代发现的鸦片、古柯、大麻等传统毒品，还是 19 世纪初叶以来出现的合成毒品，以及 21 世纪伊始凸显的新精神活性物质，都是具有精神活性的物质，即精神活性物质。所谓精神活性物质，是指来自体外的，摄入人体后可能影响人的思维、情感、意志、行为等，滥用极可能导致成瘾的物质。就法律的角度来说，毒品是被国际或国家法律管制的精神活性物质，除具有成瘾性的自然属性外，还具有危害性的社会属性和非法性的法律属性。因而，从实质上看，新精神活性物质就是毒品，是一类尚未被国际或国家法律管制的、新型的精神活性物质，是随着全球禁毒斗争的发展，为钻当代毒品管制制度漏洞而新合成或新滥用的新型毒品。在新的时代背景下，研究给人类带来新挑战的毒品新家族——新精神活性物质的应对之策具有重要的理论和现实价值。

一、新精神活性物质的定义、特性与分类

（一）定义多说，法律定义是起点

在全球禁毒领域，"新精神活性物质"一词出现的时间较短，不到 20 年。新精神活性物质的含义因使用对象的不同而不同，尤其需区分是作为"法律用语"，还是"一般用语"来使用。

1. 国际社会对新精神活性物质的定义

2005 年 5 月 10 日，欧盟理事会关于新精神活性物质的信息交流、风险评估和控制的第 2005/387/JHA 号决定，首次将新精神活性物质定义为："一种新的以纯药物或制剂形式出现的麻醉或精神活性物质，未被列入《1961 年麻醉品单一公约》和《1971 年精神药物公约》附表管制，但对公众健康的威胁程度与这些公约所列物质相同。"该决定首次提出了"新精神活性物质"的法律术语。在使用"新精神活性物质"法律术语之前，其曾被称为"策划药品"（Designer Drug）、"俱乐部药品"（Club Drug）、"实验室药品"（Lab Drug）和"合法兴奋剂"（Legal Highs）。

2012 年 3 月，联合国麻醉药品委员会（Commission on Narcotic Drugs，CND）

第五十五届会议首次就快速涌现的新精神活性物质问题达成全球共识，通过了"促进针对新精神活性物质构成的挑战开展国际合作"的第55/1号决议。在该决议中，联合国麻醉药品委员会沿用了欧盟理事会第2005/387/JHA号决定中对新精神活性物质的释义，第一次向全球介绍了"新精神活性物质"的术语。2013年6月，联合国毒品和犯罪问题办公室（United Nations Office on Drugs and Crime，UNODC）在其发布的《2013年世界毒品报告》中给出的定义为："新精神活性物质是指模仿已被列管毒品效果的、尚未被《经1972年议定书修正的1961年麻醉品单一公约》和《1971年精神药物公约》列管的纯净物或制剂，其滥用可能威胁公共健康安全。"同时，明确新精神活性物质中的"新"通常包括两层含义：一是指最新合成的精神活性物质；二是指早年已被合成，但新近才发生滥用的精神活性物质。

2. 本书对新精神活性物质的定义

我国大约从2013年开始使用"新精神活性物质"的法律用语。虽然目前我国已初步形成新精神活性物质的管制制度，但是我国法律尚未明确给出新精神活性物质的定义。

讨论"新精神活性物质"的法律定义既应考虑与我国《刑法》《禁毒法》规定的毒品定义以及联合国麻醉药品委员会、联合国毒品和犯罪问题办公室关于新精神活性物质定义的一致性，也应注意其与毒品的不同，尽可能采用适当广泛的通用定义，还应结合新精神活性物质的构成要素，即非管制性、模仿毒品效果及潜在的成瘾性和危害性来进行。

基于对新精神活性物质法律释义的一般原则及其构成要素的分析，本书对新精神活性物质的法律定义界定如下：新精神活性物质是指尚未被我国法律规定管制，与毒品结构或功能相似、可能使人形成瘾癖以及引起公共健康危害的精神活性物质。

截至2024年年底，我国共列管234种新精神活性物质及整类芬太尼物质和整类合成大麻素物质。其中，《麻醉药品品种目录》（2013年版）和《精神药品品种目录》（2013年版）管制14种药用类新精神活性物质，《非药用类麻醉药品和精神药品列管办法》管制的220种非药用类新精神活性物质和整类芬太尼物质、整类合成大麻素物质都是毒品。

我国把已管制的新精神活性物质认定为毒品，与联合国毒品和犯罪问题办公室对新精神活性物质的定义不存在冲突。新精神活性物质是对可能具有毒品的危害性但尚未被国际禁毒公约管制的麻醉品、精神药物的统称，一旦被国内法所管制，就变成法律意义上的毒品，但仍可被称为一般用语的新精神活性物质。

（二）特性多样，非管制性最关键

1. 非管制性

目前，绝大多数新精神活性物质不是国际禁毒公约或国家法律规定管制的毒品，而是为规避现行毒品管制制度而制造的精神活性物质。不同国家、地区管制的新精神活性物质的种类可能不同。

2. 主观故意性

为逃避法律的制裁，不法人员在制造、走私、贩卖新精神活性物质时都存在着主观故意性，属于有目的的行为。

3. 成瘾性

新精神活性物质具有较强的药物依赖性，容易被滥用成瘾。作用机制同管制毒品类似，但毒性及成瘾潜力可能更强。

4. 危害性

新精神活性物质具有毒品的一般危害：作用于人体的中枢神经系统，影响人的思维、情感、意志和行为，容易导致精神依赖，损害滥用者的健康，诱发公共卫生和安全问题。新精神活性物质还具有自身特有的危害：多以合法外衣掩盖毒害实质，骗取和吸引人们吸食使用；从受管制地域流向非管制地域，不断寻找和开拓消费市场，导致其蔓延；滥用初期，不易察觉其成瘾性，但最终可能引发严重的公共健康问题；影响滥用者的辨认与控制能力，极易造成危害公共安全的严重后果。

5. 易变性

新精神活性物质的易变性是前所未有的。2009—2019年，每年新发现的新精神活性物质品种不少于37种，2013年甚至超过200种。新精神活性物质的易变性使其市场表现出非凡的活力：一方面，新品种像雨后春笋般不断地增加；另一方面，部分原先的品种随着法律的管制而消失，还有部分已列管的新精神活性物质品种经过消费者的选择可能保留下来，在合成毒品市场上占据一席之地，成为新精神活性物质的核心品种。

6. 隐蔽性

新精神活性物质以网络交易为主，交易双方通常伪造身份信息，使用暗语，利用网络社交软件沟通、第三方支付平台收付款、快递物流运送，具有较强的隐蔽性。

（三）分类多种，标准不同

1. 按化学结构分类

根据新精神活性物质化学结构的不同，可将其分为九类：合成大麻素类（Synthetic cannabinoids），例如 K2；合成卡西酮类（Synthetic cathinones），例如 MDPV；苯乙胺类（Phenethylamines），例如 2C-I；哌嗪类（Piperazines），例如 BZP；植物类（Plant-based substances），例如 Khat；氯胺酮或苯环己哌啶类（Ketamine & Phencyclidine-type substances），例如 4-MeO-PCP；色胺类（Tryptamines），例如 5-MeO-DIPT；氨基茚满类（Aminoindanes），例如 MDAI；其他类（Miscellaneous substances），例如 DMAA。

图 1 为截至 2016 年全球累计报告发现新精神活性物质种类占比情况，由图可见，合成大麻素类、合成卡西酮类、苯乙胺类、其他类和哌嗪类分列前五位。

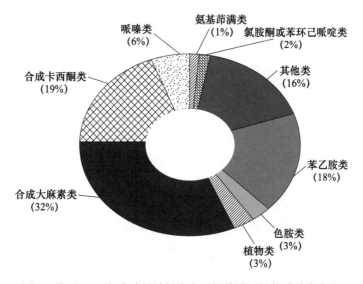

图 1　截至 2016 年全球累计报告发现新精神活性物质种类占比

2. 按药理作用分类

根据新精神活性物质产生的药理作用不同，可将其分为七大类：阿片类，例如卡芬太尼；合成大麻素受体激动剂，例如 K2；兴奋剂，例如 MDPV；身心分离剂，例如氯胺酮；经典致幻剂，例如 2C-I；镇静催眠剂，例如苯二氮䓬类；药理效应未知类，例如 DMAA。

截至 2017 年年底，除已研制出覆盖七大类传统毒品精神效果的新精神活性物质外，不法人员还研制出不明药理作用的新精神活性物质。为规避国际禁毒公约及国家禁毒法律法规的管制，近年来新出现的新精神活性物质多以模仿传统毒品精神效果的路径制造，而不是模仿传统毒品的化学结构来获得。

二、新精神活性物质的形势

（一）全球涉及，区域不同

全球新精神活性物质形势呈现如下特点：由欧洲、北美洲、亚洲向非洲、中美洲、近东和中东及西南亚等地区不断蔓延；品种广泛、更新快；市场活跃易变；合成类缴获量总体增长，但植物类缴获量占支配地位；合成兴奋类产量和种类逐步扩大，植物类滥用可能扩大；等等。

1. 欧亚北美，重点地区

截至 2021 年年底，全球各区域 134 个国家报告发现新精神活性物质。不同区域发现情况不同，全球报告新精神活性物质数量最多的 10 个国家是加拿大、芬兰、德国、匈牙利、日本、俄罗斯、瑞典、土耳其、英国和美国，分别来自亚洲、欧洲和北美洲三个区域；而非洲、中美洲、近东和中东及西南亚等其他区域报告新精神活性物质的数量仍然有限。此外，不同国家每年新精神活性物质形势也有所区别。

2. 品种更新，前所未有

新精神活性物质具有较强的易变性、多样性，翻新品种的速度更是前所未有，以每周不少于 1 种的平均速度出现。新精神活性物质市场充斥着非常的活力，创新性和停滞性并存。每年报告新发现的新精神活性物质数量仍在不断增加，然而部分新精神活性物质却只在合成毒品市场作短暂的停留：在新品种不断涌现的同时，部分原先的品种可能保留下来，其他的则随着时间的流逝而消失。截至 2021 年年底，全球累计报告发现 1127 种新精神活性物质，但是经过筛选，同时期合成毒品市场中只保留有 80 余种的核心新精神活性物质。

如图 2 所示，2005—2015 年，全球新精神活性物质数目呈逐年增长趋势。其中 2009 年以后，增长提速，进入爆发期；2015 年累计发现 503 种，达到峰值。2016 年以来，新精神活性物质数目略有下降，表现出一种稳定的状态。

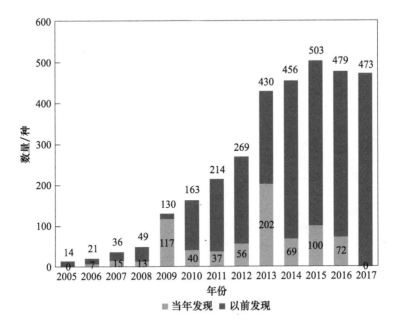

图2 2005—2017 年全球报告当年及累计发现新精神活性物质数目

3. 市场活跃，转瞬即变

新精神活性物质市场是一个动态、易变的市场。一部分新精神活性物质出现后会很快地消失，无法在毒品市场站稳脚跟；而另一部分新精神活性物质则能在毒品市场站稳脚跟，建立其利润空间。2013—2016 年，约有 60 种新精神活性物质从合成毒品市场上消失。然而，仅在 2016 年，联合国毒品和犯罪问题办公室新报告的新精神活性物质就超过 70 种。2009—2014 年，已报告的 200 余种新精神活性物质没有出现在 2015 年和 2016 年的报告中，这表明这些新精神活性物质可能已经退出了国际市场。

4. 种类广泛，作用全面

新精神活性物质作用于中枢神经系统，产生类似传统毒品的精神效果。截至 2017 年年底，毒品制贩者已研制出覆盖七大类传统毒品精神效果的新精神活性物质。为规避国际禁毒公约及国家禁毒法律法规的管制，多数新出现的新精神活性物质采用了模仿传统毒品精神效果的路径制造，而不是通过模拟与传统毒品相似的化学结构来获得。

5. 合成增长，植物类占支配地位

如图 3 所示，2005—2016 年全球合成类新精神活性物质年均缴获量在四

次统计中呈现上升态势（由于部分国家将氯胺酮认定为毒品，因而统计时未将其列入其中）。

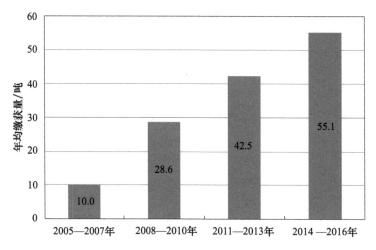

图3　2005—2016年全球合成类（不含氯胺酮）
新精神活性物质年均缴获量变化

如图4所示，2005—2016年全球植物类新精神活性物质年均缴获量的变化与合成类新精神活性物质的变化不同步，呈现波浪形变化态势。

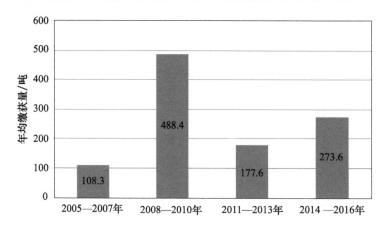

图4　2005—2016年全球植物类新精神活性物质年均缴获量变化

如图5所示，2005—2016年新精神活性物质年均缴获总量中植物类年均缴获量占支配地位。近年来，受非管制的影响，卡痛叶（Kratom）的缴获量增长速度很快。由此可见，植物类新精神活性物质可能蔓延流行。

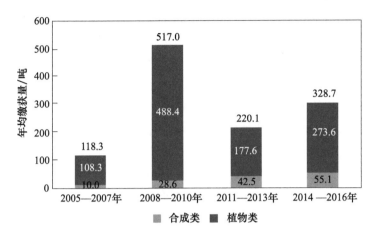

图5　2005—2016年全球合成类（不含氯胺酮）、
植物类新精神活性物质年均缴获量对比

如图6所示，2005—2016年其他合成类新精神活性物质年均缴获量在合成类新精神活性物质年均缴获总量中的占比总体呈增大趋势，氯胺酮的占比总体呈减小之势。其他合成类新精神活性物质年均缴获量以合成大麻素类和合成卡西酮类分列前两位。由此可见，合成类新精神活性物质的品种呈现多元化发展趋势。

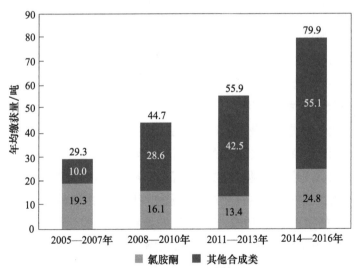

图6　2005—2016年全球氯胺酮和其他合成类新精神活性物质年均缴获量对比

6. 滥用或增，危害不小

目前，全球新精神活性物质滥用人数不明，滥用现状和趋势也难以全面评估。最令人担忧的是，由于滥用者不清楚其含量和用量而带来的健康危害问题。

　　一方面，对青少年等普通人群以及流浪者和监狱服刑人员等特定人群的小规模定性调查结果表明，新精神活性物质的滥用可能正在扩散；另一方面，根据全球新精神活性物质的年均缴获量（见图 3）和缴获国家数目不断增长等情况可推测，全球新精神活性物质滥用人数可能呈增长态势，滥用植物类新精神活性物质的人数可能超过滥用合成类新精神活性物质的人数。

　　不同区域滥用新精神活性物质的种类不同。欧盟以合成大麻素等为主，北美洲芬太尼等滥用严重，大洋洲以哌嗪、合成卡西酮等为主，亚洲氯胺酮和卡痛叶滥用增长，非洲恰特草（Khat）和曲马多滥用严重。

　　新精神活性物质的主要滥用人群以青少年为主，部分特殊人群为辅。在性别上，以男性居多，有的国家男性甚至占滥用总数的 70% 以上。然而，各国新精神活性物质流行率的性别差异较大，或不如传统毒品那么明显。新精神活性物质滥用者存在多种毒品混用的现象，感染艾滋病和丙型肝炎病毒增加，特别是注射兴奋类的新精神活性物质滥用者的感染率更高，借助兴奋类新精神活性物质欣快作用进行无保护性交等高风险性行为是其容易感染和传播艾滋病及丙型肝炎病毒的一个重要因素。大多数新精神活性物质滥用者对新精神活性物质产品的成分、纯度、吸食剂量、吸食风险和危害等知识了解较少，在使用新精神活性物质时面临着较高的风险。

（二）中国现状，亚洲重点

　　我国新精神活性物质问题出现较晚，但发展较快，已初步具备生产、贩运和滥用全环节，基本成为新精神活性物质问题的亚洲中心。

1. 出现较晚，发展较快

　　我国当代新精神活性物质问题的演变轨迹：起源于 20 世纪末期香港地区氯胺酮的滥用，继而从毗邻港澳的东南沿海地区向内陆蔓延，香港和内地氯胺酮滥用刺激国内生产，地区性咖啡因消费导致甲卡西酮滥用与生产，国外新精神活性物质消费引发国内生产，新冠疫情助推国内新精神活性物质消费。经历 20 余年的发展，由 1999—2009 年的新精神活性物质一元化时期进入 2010 年以来的多元化时期，后者由"氯胺酮 + 甲卡西酮"阶段、"氯胺酮 + 甲卡西酮 + 合成大麻素 + 其他新精神活性物质"阶段和"氯胺酮 + 合成大麻素 + '药代' + 其他新精神活性物质"阶段构成。

　　（1）新精神活性物质一元化时期（1999—2009 年）。该时期也称为氯胺酮时期，氯胺酮最初从滥用开始，继而引发贩运和生产，在较短时间内，便形成氯胺酮违法犯罪的完整环节。

　　自1999年以来，我国（不含港澳台）氯胺酮滥用不断增多，截至2018年年底，氯胺酮已成为我国第二大流行滥用的合成毒品，仅次于甲基苯丙胺（冰毒），约占现有吸毒人员总数的2.6%，其滥用人员约为6.3万人。

　　我国氯胺酮非法制造大约始于2004年，随后生产规模逐步扩大，并于2011年、2015年达到其产量的峰值。如图7所示，2013—2016年我国捣毁氯胺酮工厂数量年均近120个；2016年以后，制贩氯胺酮犯罪形势有所好转。

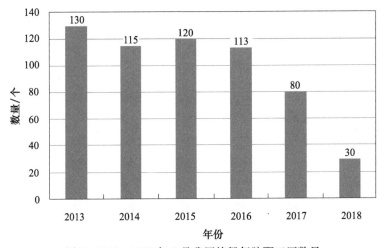

图7　2013—2018年9月我国捣毁氯胺酮工厂数量

　　如图8所示，2006—2011年我国氯胺酮缴获量逐年上升，于2015年达19.6吨，创造了历史最高纪录。自2016年以来，我国氯胺酮缴获量逐年减少。

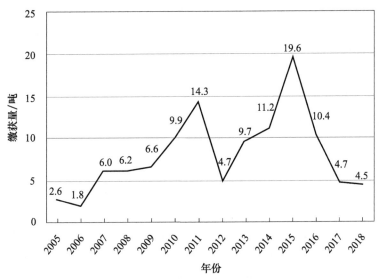

图8　2005—2018年9月我国氯胺酮缴获量变化

（2）新精神活性物质多元化时期（2010 年以来）。由"氯胺酮＋甲卡西酮"时期、"氯胺酮＋甲卡西酮＋合成大麻素＋其他新精神活性物质"时期和"氯胺酮＋合成大麻素＋'药代'＋其他新精神活性物质"时期共同组成。

大约在 2010 年，我国山西省某市出现甲卡西酮滥用。2011 年，公安部统一指挥山西省开展专项整治活动，严厉打击了甲卡西酮违法犯罪活动。2011—2013 年，该市甲卡西酮犯罪有所收敛。但是自 2014 年以来，甲卡西酮案件数和缴获量开始反弹。2015 年 12 月，该市某县被国家禁毒委员会办公室（以下简称"国家禁毒办"）列为毒品问题严重地区进行挂牌重点整治。通过 3 年专项整治，2018 年 12 月成功实现摘帽。经过多年的严厉打击、严格管控、广泛宣传，目前该市甲卡西酮滥用问题得到有效治理，甲卡西酮泛滥蔓延态势得到有效遏制。

我国查获源自境外的合成大麻素产品大约始于 2010 年，此后，其逐步占领我国毒品消费市场。2018 年以来，烟草和电子烟形态的合成大麻素滥用提速。在新精神活性物质滥用总人数中，合成大麻素滥用人数排在氯胺酮、甲卡西酮之后，是近年我国新精神活性物质滥用人数增长较快的种类。

2020 年以来，随着全球新冠疫情流行，我国采取严管严控措施予以应对，因而"金三角"等境外毒源地毒品入境困难，导致海洛因、冰毒等主流毒品价格上涨较高。加之我国持续的严格管控新精神活性物质措施的出台与落实，尤其是自 2021 年 7 月 1 日起，我国对危害较大的合成大麻素物质实施整类管制，吸毒群体开始转向容易获取、价格便宜、效果相似的精神药品和麻醉药品市场，使用非列管的精神药品和麻醉药品等成瘾性物质替代。这种现象被简称为"药代"，由此我国新精神活性物质形势进入新的发展时期。

2. 品种增长快且呈现多元化

2010 年以来，我国新精神活性物质市场与国际接轨速度加快，分别超越了第一代海洛因时期和第二代甲基苯丙胺时期的接轨速度，甚至成为部分新精神活性物质的生产源头地。在氯胺酮、甲卡西酮仍领风骚的同时，合成大麻素等其他新精神活性物质喷涌而出，截至 2022 年年底，我国报告发现 345 种新精神活性物质。

联合国毒品和犯罪问题办公室有关资料显示，近年来全球新精神活性物质新品种以不少于 1 种/周或 52 种/年的速度出现，而我国新精神活性物质新品种出现的速度低于全球平均速度，大约以 0.6 种/周或 30 种/年的速度出现。如图9所示，2014年至2019年9月，我国累计报告发现的新精神活性物质品种已从10种迅速增长到267种。与2018年年底全球、东南亚和东亚地区累计报告发现的新精神活性物质891种、434种相比，分别约占30.0%、61.5%。

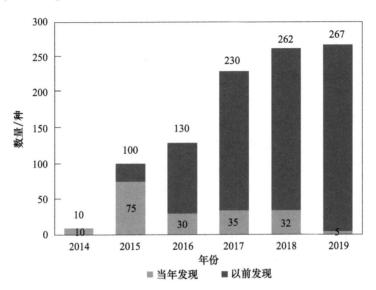

图9 2014—2019年9月我国报告当年及累计发现新精神活性物质数目变化

如表1所示，2019年以来，我国新精神活性物质的检出率下降，比2017年、2018年减少了近25%。这说明，随着管控和打击力度的加强，我国新精神活性物质的生产已经减少。但是如表2所示，即便是在我国不断增列新精神活性物质的前提下，2017—2019年8月非列管新精神活性物质的平均检出率仍高达84.80%。这表明，随着管控和打击力度的加强，新精神活性物质品种尚在不断发展，种类不断增多。

表1 2015—2019年8月我国新精神活性物质检材及其检出情况

项目	2015 年	2016 年	2017 年	2018 年	2019 年
检材总数/个	603	1727	1193	912	514
检出数/个	476	1519	780	582	206
检出率/%	78.9	88.0	65.4	63.8	40.1

表 2 2017—2019 年 8 月我国列管和非列管新精神活性物质检出情况

单位:%

项目	2017 年	2018 年	2019 年	平均
列管	15.0	18.3	12.5	15.3
非列管	85.2	81.7	87.5	84.8

我国报告发现的新精神活性物质的种类覆盖按化学结构进行分类的九大类:合成大麻素类、合成卡西酮类、苯乙胺类、哌嗪类、植物类、氯胺酮或苯环己哌啶类、色胺类、氨基茚满类和其他类(芬太尼类、苯二氮䓬类等)。其中,合成大麻素类、合成卡西酮类和芬太尼类的品种增长明显。如表 3 所示,在 2015—2019 年 8 月国家毒品实验室检出的新精神活性物质检材中,合成大麻素类、合成卡西酮类为主要种类。2017 年之前,合成卡西酮类、芬太尼类占比逐年增长。2018 年以来,合成大麻素类占比迅速增长,合成卡西酮类、芬太尼类占比减少。由此可说明,2018 年以来,国内合成大麻素类消费市场可能增长,芬太尼类合成有所遏制。

表 3 2015—2019 年 8 月我国检出新精神活性物质构成   单位:%

年份	合成卡西酮类	合成大麻素类	芬太尼类	苯乙胺类	色胺类
2015	43.1	27.6	1.2	14.2	6.0
2016	55.2	36.5	3.1	0.8	0.9
2017	64.7	18.5	5.0	1.4	0
2018	30.0	52.7	2.9	1.1	2.7
2019	17.8	72.0	0	0	0.4

3. 新精神活性物质向国外走私减少,国外走私入境增多

我国新精神活性物质问题的演变轨迹不同于海洛因、冰毒和氯胺酮问题。海洛因是过境引发消费,冰毒和氯胺酮都是先有滥用、后有生产,而新精神活性物质则是先有制造、后出现消费。新精神活性物质形势变化较快,且以 2019 年为界,之前,以新精神活性物质制造、走私、贩卖活动为主;之后,该情形发生了转变。

(1)2019 年之前,我国制造、走私、贩卖新精神活性物质活动较突出。根据联合国毒品和犯罪问题办公室相关资料,我国生产的新精神活性物质曾主要销往欧洲的俄罗斯、英国、荷兰和比利时,北美洲的美国和加拿大,以及大洋洲的澳大利亚和新西兰等国。从我国破获的新精神活性物质犯罪案件情况来看,其犯罪类型以制造、走私、贩卖为主。"长三角"地区是此类案件的源头地区，我国制造、走私新精神活性物质从"长三角"地区逐渐向其他地区扩展蔓延。我国制贩新精神活性物质案件有以下特点：

一是犯罪过程通常由联系境外买家、寻找境内研发生产企业或公司定制所需新精神活性物质、把生产出的新精神活性物质寄到境外等环节构成。

二是犯罪人员以化工、化学、医药、进出口等专业人才居多，属于有着较高文化程度的专业人员的智能犯罪。根据在制造、走私、贩卖新精神活性物质犯罪过程中职责的不同，通常可将犯罪人员分为组织策划人员（负责寻找境外买家和境内生产制造企业、公司）、研发生产人员（负责境内新精神活性物质的研发、生产）以及快件货运人员（负责新精神活性物质的走私出境）三类。

三是犯罪类型通常分为两类：一类是生产、销售一体化，该类案件的犯罪人员一般兼有多种身份；另一类是生产、销售相分离，该类案件的主要犯罪人员一般是组织策划者，承担类似经纪人的角色。

四是走私方式以国际货运代理和国际快递为主。2017年以前，我国生产的新精神活性物质流往境外的方式中，国际快递出境占有一定比例。但是，自2018年以来，由于国际快递加强了监管，加之国际快递容易暴露邮寄的物品，可能会被快递公司拒绝寄递，因而新精神活性物质走私出境更多地通过国际货运代理公司或采用开辟中俄、中美贸易特别通道等方式进行，藏匿方式主要有文书夹带、电子产品夹带等。

五是网络联系产销。互联网在新精神活性物质的生产、销售（走私）中发挥着不可或缺的桥梁作用。境内制贩新精神活性物质的组织策划等人员无论是寻找境外买家，还是结识境内具有新精神活性物质生产能力的企业或公司，都是通过互联网在有关的化工网站发布销售广告或搜索境内从事医药中间体研发、生产的化工、医药企业或公司进行的，且一般不使用新精神活性物质的俗名或化学品名，多用特别代码代替，隐蔽性较强。

六是交易资金隐蔽。为使规模性的新精神活性物质交易便捷、隐蔽、安全和不易被察觉，新精神活性物质职业性犯罪团伙大多在境外注册公司，专门用于网上贸易的离岸结算，只有少数零星的违法交易通过跨境汇款的方式结算。

（2）2020年以来，在我国非法生产新精神活性物质并走私到国外的活动急速下降，国外入境增多。如前述表1所示，2019年，在我国新精神活性物质检材中，其检出占比从2018年的63.8%降到40.1%，降低了23.7%。2020年之后，则延续了这种下降趋势。与此同时，海关查获的出境新精神活性物质的种类和数量也呈现减少趋势。但是，与此相反，通过国际邮包渗透入境的精神药品、麻醉药品和新精神活性物质却出现上升趋势。由此也说明，我国新精神活性物质消费市场正在扩展，而其生产已经萎缩，来源地地位明显下降。

4. 滥用增长

与海洛因、冰毒和氯胺酮等毒品滥用路径相似，我国被滥用的新精神活性物质也从境外传入，只是传入的路径、数量有着较大区别。海洛因、冰毒和氯胺酮多以大宗走私方式入境，而新精神活性物质则通过较小重量的国际邮包或国际物流方式入境，且在入境形式上，新精神活性物质多以合法或新商品伪装，更具有欺骗性。新精神活性物质在我国的滥用蔓延速度也以 2019年为界，之前较慢，之后加快了速度。

（1）2019 年以前，我国已存在新精神活性物质的滥用问题，但是滥用人数不清；除去氯胺酮、甲卡西酮和合成大麻素外，其他新精神活性物质的滥用情况基本不掌握。造成该事实存在的主要原因：一是我国滥用新精神活性物质的人数的确有限；二是实战一线缺乏新精神活性物质的快速检测方法和设施，而使用常见的毒品尿检卡等是不能检出新精神活性物质的。

（2）2020 年之后，尤其是新冠疫情的流行，助长了我国新精神活性物质滥用的加速蔓延。该阶段新精神活性物质的滥用除持续的品种多元化外，更是出现了"药代"，即用依托咪酯（Etomidate）、右美沙芬等非列管精神药品、麻醉药品替代被管制的毒品，笑气、亚硝酸酯类等吸入剂开始占领毒品消费市场。

目前，我国新精神活性物质滥用包含非医用和医用精神药品、麻醉药品的滥用，滥用群体以青少年为主。非医用精神药品和麻醉药品的滥用主要包括合成大麻素、苯环利定类物质、色胺类物质、苯二氮䓬类物质、致幻类物质、植物类物质和吸入剂等。医用精神药品和麻醉药品的滥用主要由阿片类药物、镇静安眠类药物、依托咪酯、右美沙芬等构成。

5. 新型非列管易制毒化学品不断出现

我国 2018 年易制毒化学品缴获量达到近年的峰值，自 2019 年以来，制毒物品流失得到持续的有效遏制。但是，也出现了不法人员不断改进制毒工艺和路径，寻求使用易制毒化学品品种向合成流程更前端的非列管化学品转化的新特点，芬太尼、合成大麻素、氯胺酮、MDMA 等毒品合成都出现新的化学前体。新冠疫情之后，受毒品市场需求增长、常见毒品供应短缺、毒品价格居高不下等因素刺激，境内外制毒犯罪呈现反弹之势，随之，对易制毒化学品需求增大。

随着近年来我国不断地创新新精神活性物质立法管制制度，加大对新精神活性物质的管控和犯罪打击，我国新精神活性物质问题治理实现了好转，有效地减少了氯胺酮、甲卡西酮和芬太尼的生产、贩运，降低了新精神活性物质新品种的研发速度，削弱了新精神活性物质生产源头的地位。但是，新冠疫情的流行助推了新精神活性物质的滥用。"药代""吸入剂替代"等新情况的出现，使我国新精神活性物质问题进入快速变换时期。加之，新精神活性物质的制造方法相对简单，衍生、变异品种多，市场复杂易变。据预测，未来我国新精神活性物质违法犯罪问题在一定程度上可控，但可能呈现上升态势，新精神活性物质品种将继续增多，制造新精神活性物质的原料、配剂将延续非列管易制毒化学品方向的发展，新精神活性物质滥用可能不断扩大，尤其是"药代"成瘾人数可能增长较快，新精神活性物质的管控、查处、打击等工作都将面临新的挑战和压力。

三、新精神活性物质的历史、爆发因素与路径

（一）历史不长，代际明显

新精神活性物质经历了近120年的发展，可分为四个发展阶段：1900—1939年为第一阶段，也称萌芽时期；1940—1979年为第二阶段，也称慢速发展时期；1980—2004年为第三阶段，也称快速发展时期；2005年至今为第四阶段，也称爆发发展时期。这四个阶段都产生过多个概念和标志性品种，且前三个阶段发展速度一般，自2005年以来的第四阶段则进入了新精神活性物质发展的爆发期，给全球毒品管制制度带来极大的挑战。

合成大麻素的滥用大约始于2004年，2006年德国科学家首次鉴定出合成大麻素成分，随后出现了合成卡西酮和其他新精神活性物质的滥用。

（二）爆发因素，制度为主

新精神活性物质不等于合成毒品，合成毒品属于受国际禁毒公约或国家法律法规列管的精神活性物质。但是二者存在紧密关系，新精神活性物质的发展离不开合成毒品市场的影响；反之，新精神活性物质的发展又推动了合成毒品市场的变革。

1. 爆发前期，暗流涌动

新精神活性物质爆发之前的合成毒品市场，以苯丙胺衍生物合成为主的

新型合成毒品暗流涌动。20 世纪末，欧洲的合成毒品市场已进入化学结构创新的动态时期，导致了多元化的兴奋型合成毒品出现。但是，从新型合成毒品的数量（每年仅有个位数的新品种出现）和化学结构的多样性（主要是苯丙胺、甲基苯丙胺和 MDMA 类似物）来看，新型合成毒品的范围是有限的，主要属于"苯丙胺类兴奋剂"（Amphetamine-type Stimulants，ATS）。

该时期的合成毒品市场的创新策略，仅限于改变合成方法和用非列管易制毒化学品代替列管的前体化学品，同时仍致力于合成同一范围的 ATS。滥用者可能已经发现他们正在使用的合成毒品的不同，但鉴于这些新品种一般以原来合成毒品的名称出售，且具有以往的精神效果，因而接受了这种现实。

2. 专钻漏洞，规避风险

引发新精神活性物质突然大量涌现的因素较多，其中最主要的原因是，制贩新精神活性物质既可获取利润，又可规避被处罚的风险。对生产者和销售者而言，新精神活性物质可被冠以"合法兴奋剂"等合法商品之名进行销售。对吸食者来说，其使用"合法兴奋剂"也无违法风险。加之，新精神活性物质可通过互联网进行订购和购买，较传统毒品也更容易获取。

从新精神活性物质的发展史来看，其是国际毒品管制制度法律漏洞的产物。1912—1990 年，国际社会先后缔结了 10 余个国际禁毒公约，目前仍然有效的是：1946 年 12 月 11 日议定书修正的 1936 年 6 月 26 日《禁止非法买卖麻醉品公约》、《经 1972 年议定书修正的 1961 年麻醉品单一公约》、《1971 年精神药物公约》和《1988 年联合国禁止非法贩运麻醉药品和精神药物公约》。这些国际禁毒公约构成了现行的国际毒品管制制度。该制度从 1931 年起采用列举法管制麻醉药品，随后，1948 年通过的《将 1931 年公约范围外的药品置于国际管制之下的议定书》（以下简称《1948 年议定书》）、《1961 年麻醉品单一公约》及《1971 年精神药物公约》的相关条款都进一步完善了麻醉药品和精神药品的列举法管制制度。世界上大多数国家的毒品管制制度与国际毒品管制制度相似，采用"列表管制"，而对于新精神活性物质，大多尚未进行严格的立法管控。一些不法人员发现传统毒品管制制度的这一漏洞，并抓住该漏洞逐步开发大量的新精神活性物质，形成滥用市场。

利用毒品管制制度的非管制和管制程序复杂、冗长等法律漏洞制造新精神活性物质的问题一直存在。新精神活性物质就是严厉打击传统毒品的替代性产物，无论是新精神活性物质的生产、贩卖人员，还是滥用人员，都会利用各国法律管控的缺位、滞后，规避被法律处罚的风险，不断"合法"地生产、贩运、销售和滥用数量众多的新精神活性物质，推动其扩散。

3. 喜新厌旧，拓展市场

为了规避被法律处罚的风险和应对合成毒品市场的变化，毒品制贩者开发并销售了大量的新精神活性物质。随着全球对易制毒化学品管控的加强，要想获得生产原先合成毒品的前体化学品变得更加困难。为保住合成毒品市场，毒品制贩者试图采用改变合成线路等方式以保持原有合成毒品的生产，同时他们也在寻找具有类似精神效果的、新的物质替代原有的合成毒品。

新的精神活性物质源于不同的化学"家族"，需要使用不同的前体化学品进行合成。关键是这些新的前体化学品是非管制的，其获得更加容易，被法律处罚的风险也较低。随着禁毒立法不断加强对新合成毒品的管制，或者由于使用者认识到一些新合成毒品的危害性，部分新合成毒品品种会退出合成毒品市场。但是，毒品制贩者不会放过此机会，他们会持续不断地增加或改变其提供的合成毒品品种。

正是在这种情形下，新精神活性物质作为冒充品被投放到合成毒品市场，制贩者使用原有合成毒品的品名进行销售，合成毒品的使用者仍然会买到他们以往使用过的、品名熟悉的、形状相同的、精神效果相似的毒品。

4. 制造简单，原料易得

新精神活性物质多通过获取普通的化学医药原料、借助化学实验设备、修改已管制毒品或其前体化学品的化学结构等方式进行制造，所需的工艺和房屋设施要求不高，容易隐蔽不被发现。此外，制造新精神活性物质的相关化学和医药原料、仪器设备等均可通过线上和线下市场大量购买获得，且不会引起别人的注意。

（三）衍变路径，替代扩张

向吸毒者提供更多的合成毒品种类已经成为毒品生产、贩运者拓展业务的一种有效手段。由于对合成毒品市场上现存毒品种类的质量和效果不再满意，部分吸毒者准备尝试使用新型的或鲜为人知的精神活性物质。毒品生产、贩运者是不会放过这样的机会的，他们除了像过去一样对原先使用的毒品分子进行较小改变，生产出新的毒品品种，还会通过制药和化工研究机构定制新精神活性物质。尽管这些新精神活性物质的化学结构与原有毒品的化学结构有着显著差异，但却能较好地模仿原有毒品的精神效果。目前，研制出的新精神活性物质的种类已经全部涵盖了已知的七大类传统毒品精神效果。

（四）滥用原因，多因之果

滥用新精神活性物质的原因是复杂的，是各种主客观因素共同作用的结果，其中主观因素起着决定性的作用。滥用新精神活性物质的客观因素主要是其所具有的非管制性，也就是说，滥用新精神活性物质是"合法行为"。

有关研究表明，滥用新精神活性物质的原因既有一般原因，也有特殊原因。本节主要讨论滥用新精神活性物质的特有主观因素。

1. 价格便宜，有竞争力

常见毒品的价格通常会因为打击力度的加大而提高，此时，价格低廉的新精神活性物质会成为那些认为常见毒品价格过高的吸毒人员的首选。

2. 容易获得，降低风险

部分人群滥用新精神活性物质是因为其容易从街头商店或熟人处买到，同时没有违法风险。

3. 方法缺乏，难于检测

使用新精神活性物质后，检测不了或难以检测是部分国家人群滥用新精神活性物质的主要原因。

4. 网络销售，交易隐蔽

新精神活性物质网络销售模式的形成使得新精神活性物质的获取变得便捷，而且交易行为较隐蔽，不易被发现，这是部分人群滥用新精神活性物质的重要原因。

5. 质量保障，品质放心

部分人群基于新精神活性物质通常纯度较高、杂质较少，有较好的质量保证而使用。

6. 缺乏知识，危害不清

有相当数量的新精神活性物质滥用人员是在不清楚其危害的情况下开始使用的。

四、全球新精神活性物质的防控措施

新精神活性物质的爆发给合成毒品的监测、认定及管制等带来了一系列新的挑战。然而，国际社会和各个国家并没有等闲视之，而是采取相关措施积极应对。

（一）联合国防控：监测立法合作

面对新精神活性物质的挑战，联合国采取监测预警、立法管制、确立检测方法、加强国际合作和易制毒化学品管制等措施应对。

1. 早期监测预警，掌控毒情趋势

联合国、欧盟和一些国家建立了早期预警系统（Early Warning Systems，EWS），以便更加仔细、有效地监测新精神活性物质的出现和传播等情况。

在联合国层面，联合国毒品和犯罪问题办公室负责运作全球新精神活性物质早期预警咨询系统（Early Warning Advisory on New Psychoactive Substances，EWA）。该系统由联合国毒品和犯罪问题办公室与国际法医毒理学家协会合作开发，于 2013 年 6 月 26 日启动，通过监测、分析和报告全球新精神活性物质的形势、检测方法、毒理作用、治疗方法和国家立法管制等情况，旨在为成员国提供数据支撑及决策参考。

该系统信息主要来源于"全球合成物监测：分析、报告和趋势"（The Global Synthetics Monitoring：Analyses，Reporting and Trends，SMART）项目的"国际合作网络"（International Collaborative Exercises，ICE）和国际麻醉品管制局（International Narcotics Control Board，INCB）的"缴获毒品数据库"（Individual Drug Seizure，IDS）。ICE 提供新精神活性物质分析、鉴定的法庭科学数据，IDS 提供新精神活性物质法律管制信息、成员国的年度问卷调查、法庭科学研究机构的报告及其他国际机构的分享数据等。

在区域层面，欧洲毒品和毒瘾监测中心（European Monitoring Centre for Drugs and Drug Addiction，EMCDDA）和欧洲刑警组织（Europol）负责运作欧盟早期预警系统（European Union Early Warning System，EEWS），监测该区域的新精神活性物质情况。自 1997 年起，欧盟率先在全球开展新精神活性物质的预警工作，目前已形成一套完整的欧盟早期预警系统。欧盟早期预警系统由法医学专家、健康和执法专业人士及研究人员参与，主要任务是发挥新精神活性物质预警作用。

在国家层面，澳大利亚、比利时、加拿大、智利、哥伦比亚和意大利等国通过现有毒品监测系统来监测本国的新精神活性物质情况，英国、中国等国专门创建了新精神活性物质监测系统，还有部分国家正在建立新精神活性物质早期预警机制。

2. 加快立法管制，提供治理之盾

新精神活性物质结构的多样性及其新品种的迅速增加，使现行的列表立法控制毒品制度面临着较大的挑战。采用该制度管制毒品的优势是不存在含糊之处，但是也有着立法过程冗长、滞后等缺陷，难以适应近年来合成毒品市场的快速变化。

为破解立法滞后、管制范围不广等难题，联合国、部分区域及国家积极采取改善立法控制制度等措施。

（1）联合国立法。联合国对新精神活性物质的立法管制仍然沿用原先的毒品管制制度进行。2015—2024 年，联合国麻醉药品委员会已将 83 种新精神活性物质纳入《1961 年麻醉品单一公约》（25 种）和《1971 年精神药物公约》（58 种）附表管制，具体如表 4 所示：

表 4　2015—2024 年国际禁毒公约新列管的新精神活性物质

年份	《1961 年麻醉品单一公约》	《1971 年精神药物公约》	共计
2015	AH-7921	甲氧麻黄酮（4-甲基甲卡西酮）、25B-NBOMe（2C-B-NBOMe）、25C-NBOMe（2C-C-NBOMe）、25I-NBOMe（2C-I-NBOMe）、N-苄基哌嗪（BZP）、JWH-018、AM-2201、3,4-亚甲基二氧基吡咯戊酮（MDPV）、甲酮（beta-keto-MDMA）	10
2016	乙酰芬太尼、MT-45	副甲氧基甲基苯丙胺（PMMA）、α-吡咯烷基苯戊酮（α-PVP）、副甲基甲米雷司（4,4'-DMAR）、2-(3-甲氧苯基)-2-乙氨基环己酮（MXE）、芬纳西泮	7
2017	U-47700、丁酰芬太尼	4-甲基乙卡西酮（4-MEC）、3,4-亚甲二氧基乙卡西酮、1-苯基-2-甲氨基-1-戊酮、哌乙酯、1-(2-噻吩基)-N-甲基-2-丙胺（MPA）、MDMB-CHMICA、5F-APINACA（5F-AKB-48）、XLR-11	10
2018	卡芬太尼、奥芬太尼、呋喃芬太尼、丙烯酰芬太尼（丙烯芬太尼）、4-氟异丁基芬太尼（4-FIBF，pFIBF）、四氢呋喃芬太尼（THF-F）	AB-CHMINACA、5F-MDMB-PINACA（5F-ADB）、AB-PINACA、UR-144、5F-PB-22、4-氟苯丙胺（4-FA）	12
2019	对氟丁酰芬太尼、邻氟芬太尼、甲氧基乙酰芬太尼、环丙基芬太尼	ADB-FUBINACA、FUB-AMB（MMB-FUBINACA，AMB-FUBINACA）、CUMYL-4CN-BINACA、ADB-CHMINACA（MAB-CHMINACA）、N-乙基降戊酮（ephylone）	9
2020	Crotonylfentanyl、Valerylfentanyl	2,5-二甲氧基-4-氯安非他明、AB-FUBINACA、5F-AMB-PINACA、5F-MDMB-PICA、4F-MDMB-BINACA、4-氯甲卡西酮、N-乙基己酮、α-吡咯烷氧基己酮、氟阿普唑仑、依替唑仑	12
2021	异硝氮烯	CUMYL-PEGACLON、MDMB-4en-PINACA、3-甲氧苯乙环利定、二苯基乙基哌啶、氯氮唑仑、二氯西泮、氟溴唑仑	8

续表

年份	《1961 年麻醉品单一公约》	《1971 年精神药物公约》	共计
2022	溴啡、甲硝苯	eutylone	3
2023	2-甲基-AP-237、etazene、etonitazepyne、protonitazene	ADB-BUTINACA、α-PiHP、3-甲基甲卡西酮	7
2024	butonitazene（丁硝唑或布托尼他嗪）	3-氯甲基卡西酮、dipentylone、2-氟脱氯氯胺酮、去氯乙唑	5
合计	25	58	83

（2）科学评估。根据现行国际毒品管制制度，新精神活性物质在被列入国际禁毒公约管制之前，需世界卫生组织药物依赖性专家委员会（Expert Committee on Drug Dependence，ECDD）对其滥用倾向进行科学评估。自 2015 年以来，ECDD 已进行过多次严格的科学评估和审查，成功推动 83 种新精神活性物质被纳入《1961 年麻醉品单一公约》和《1971 年精神药物公约》列管。

（3）区域立法。任何一个欧盟国家发现一种新精神活性物质时，可向欧洲毒品和毒瘾监测中心和欧洲刑警组织报送相关信息，二者收集、分析相关资料，除向其他国家通报外，还向欧盟理事会和欧盟委员会提交联合报告。欧盟理事会根据报告，决定是否进行风险评估，评估内容包括该新精神活性物质潜在的个人健康危害和社会危害及对其采取管制措施的有效性。如果需要风险评估，则由欧洲毒品和毒瘾监测中心组织有关专家进行。基于风险评估报告，欧盟理事会可根据《欧洲联盟条约》第 34 条第 2 款 c 项的规定，决定是否将该新精神活性物质列入管制。

如果欧盟理事会决定将一种新精神活性物质列入管制，欧盟成员国应在自欧盟理事会决定之日起 1 年内，根据本国法律对该新精神活性物质的控制措施和刑事处罚进行立法。截至 2018 年 9 月，欧盟理事会已经列管 33 种新精神活性物质，其中 1999—2014 年列管 9 种，2015 年以来列管 24 种。

3. 探索检测方法，查明毒品真身

结构多样、数量较多的新精神活性物质爆发，使得毒品鉴定这门法庭科学面临着新的难题。当一种新精神活性物质问世并引发滥用时，要将其列入管制，首先需对其进行检测分析，以查明结构。但绝大多数新精神活性物质都属于人为设计制造的新化学物质，对其进行检验既缺乏标准物质，也无标准检验方法，因而法庭化学工作者需通过新方法和新设备分析和鉴定携带大量未知信息的新精神活性物质。

4. 推进国际合作，形成禁毒合力

鉴于新精神活性物质问题的全球性特征，开展防控新精神活性物质的国际合作是十分必要的治理举措。自 2012 年以来，联合国麻醉药品委员会、联合国毒品和犯罪问题办公室及国际麻醉品管制局等联合国关于毒品的决策、监管和执行机构通过决议、会议、项目和报告等多种方式推动防控新精神活性物质的全球合作。

2012—2020 年，联合国麻醉药品委员会已作出 10 余个关于新精神活性物质防控的决议；国际麻醉品管制局和联合国毒品和犯罪问题办公室等组织召开十余次推进新精神活性物质防控的会议；国际麻醉品管制局开始运行"新精神活性物质国际行动"（International Operations on NPS，ION）项目（以下简称"离子项目"），该项目是一个相互交流新精神活性物质非法制造和贩运等信息的实时通报系统，由各个国家或地区上传新精神活性物质非法制贩等信息，通过收集、协调、分享有关信息，以加强国家和地区间的新精神活性物质情报交流，及时掌握各国新精神活性物质制贩和滥用情况。2013年以来，联合国毒品和犯罪问题办公室等联合国禁毒机构已经发布超过 50 余份涉及新精神活性物质的专题报告。

5. 立法管制前体，消除制毒源头

新精神活性物质的爆发更是加剧了前体化学品的管制难度。合成新精神活性物质不受地理环境的限制，只需易制毒化学品（前体化学品）和相关简单设备即可生产制取。要对制造新精神活性物质的前体化学品进行立法管制，前提是先得识别与认定制造新精神活性物质的关键前体化学品及其制造方法。就部分新精神活性物质而言，虽然可以识别一些近似的合成方法，但鉴于它们迅速增长的数目和化学结构的变异性，要想全面地弄清其制造方法，确定其所用的关键前体化学品十分困难。自 2009 年以来，NPP、ANPP 和 α-苯乙酰乙酸甲酯（MAPA）等前体化学品被列入《1988 年联合国禁止非法贩运麻醉药品和精神药物公约》表一管制。截至 2024 年年底，《1988 年联合国禁止非法贩运麻醉药品和精神药物公约》表一和表二共列管 53 种易制毒化学品，其中表一列管 45 种，表二列管 8 种。

（二）国家立法，各有特色

世界各国对新精神活性物质的立法管制，按管制对象可分为列表管制、类似物管制和骨架管制，按立法程序快慢可分为临时管制程序和快速管制程序，按管制模式可分为平行立法和单列立法。

1. 立法路径，各显神通

按管制对象来分，有三种立法路径，即列举法与临时、快速管制程序结合制度，类似物管制制度，骨架管制制度。

按立法程序的快慢来分，可分为临时管制程序和快速管制程序。

按是否有专门立法来分，可分为专门管制立法和非专门管制立法。

2. 立法管制，现状不同

美国是采用类似物立法管制的典型国家。类似物管制制度的主要优点：一是扩大毒品管制范围；二是采用"事后类推"的管制方法，可以通过司法裁判追溯新精神活性物质的修饰、制造或者贩卖等行为；三是管制较彻底，理论上有彻底封堵新精神活性物质修饰与更新途径的可能。主要缺点：一是认定类似物的标准难以操作，化学结构的"实质相似性"没有客观的结论；二是类似物触及刑法禁止类推的原则；三是管制手段为司法裁量，不具有管制的普适性。

英国是采用平行立法的代表性国家。2016 年，英国颁布实施《精神活性物质法案》（Psychoactive Substances Act），通过专门的法律来处理具有毒品作用但不易被列举管制的精神活性物质。该法案笼统地设定"精神物质"的概念，补充管制 1971 年《毒品滥用法案》（Misuse of Drugs Act）中未列举管制的精神活性物质。平行的规范制度既突出了法律的针对性，又能有效地应对新精神活性物质变异快的特点。该法案不列举"精神物质"的种类，避免了列举定义带来的滞后性，强化了警察与司法系统的执法权力，在审判的过程中也不用依据具体的管制附表，扩大了打击的范围。平行立法的局限之处在于，针对同样具有"精神作用"的物质，存在着管制混乱、交叉的现象。因为平行立法导致相似的物质在不同的法律当中被予以不同的管制，法律适用后果差异较大、不统一。另外，在实践中，为避免类推，《精神活性物质法案》只能通过限定犯罪行为和降低法定刑的方式控制惩罚的程度。该法案不处罚消费"精神物质"的行为，对于犯罪行为的划定范围较为保守，且较之《毒品滥用法案》中毒品犯罪罚则也相对较轻，不法分子只要设计出不属于《毒品滥用法案》的物质，就可以逃避较为严厉的法律处罚。

澳大利亚结合刑法、药品监管和消费者法，利用丰富的法律法规政策管制新精神活性物质，而不只是单纯地通过某一法律法规来实施管制。2005 年，澳大利亚将模拟立法引入刑法，这意味着对已管制的精神活性物质的相关刑事罚责可自动适用于毒品类似物（the drug analogue）。该管制措施将某些核心结构特征作为毒品的列举要素，可称之为"骨架管制"。采取骨架结构管制制度的主要优点：一是被管制对象的定义更为明确，易于操作；二是列管范围宽，可同时管制同类物质，无须单独列举。主要缺点：一是不具备管制骨架结构的新精神活性物质仍持续被发现和滥用；二是妨碍国民经济建设。

新西兰于2013年实施《精神活性物质法案》和监管许可制度。《精神活性物质法案》要求精神活性产品在被合法销售前，须经国家监管机构核准。精神活性物质的制造商、进口商必须证明其产品的安全性，并得到相关许可。新西兰政府实施新的监管许可制度，有效禁止了新精神活性物质的走私、制造和销售。该制度不仅通过标签、说明和零售限制规范低风险的精神活性物质的销售，且将举证责任归咎于制造商和经销商，为政府减轻了一定的财政负担。但是，该制度也存在负面影响，即可能导致被批准销售的精神活性物质没有其他用途，只能用于娱乐性消费，仍然存在滥用的可能性。该制度的目的是促使形成一个受管制的低风险精神活性物质市场，以便政府有精力管制具有高风险的精神活性物质，避免司法资源的浪费。但这种市场的存在，可能导致新西兰和邻国澳大利亚之间的新精神活性物质标准不一致，进而使新精神活性物质流向处罚更轻的国家，引发滥用的风险。

奥地利诉诸本国的药品法。《奥地利医药产品法》（Australian Medicinal Products Act）规定，对可能影响机体或精神状况的物质进行归类管理。2012年，奥地利颁布实施《新精神活性物质法》（The New Psychoactive Substances Act），除《奥地利医药产品法》已管制的新精神活性物质外，该法律适用于其他所有的新精神活性物质。该法授权卫生部部长发布条例，采用适当宽泛的通用定义，确定拟管制的各个化学族的精神活性物质。该法规定，如果无法证明某一新精神活性物质的合法用途，则该物质将被没收。依据该法，可对国内市场进行更为广泛的监测，对新精神活性物质进行更有效的风险评估。《新精神活性物质法》与《奥地利医药产品法》具有很多相似之处，但该法总体处罚程度较《奥地利医药产品法》更轻。与《奥地利医药产品法》规定不同，新精神活性物质的消费者不会面临任何处罚。同时，不法分子可通过"设计"物质的化学结构逃避重法的处罚。

五、我国新精神活性物质防治的现状与问题

我国始终把禁绝毒品作为神圣使命，始终把防范毒品新问题作为应尽义务，始终把加强国际禁毒合作作为重要任务。针对新精神活性物质问题，我

国积极采取措施加以应对，防治格局基本成型，但也存在一些问题。

（一）防治格局，基本成型

1. 监测评估，立法前提

我国新精神活性物质监测评估工作由国家禁毒委员会办公室负责，国家毒品实验室从 2011 年开始具体实施。截至目前，国家禁毒办已开展了收集、分析、危害评估、法律列管等一系列工作。

2. 创新制度，堵塞漏洞

我国积极创建新精神活性物质立法管制制度，从 2001 年起就开始探索氯胺酮的管制。2013 年以来，我国加快新精神活性物质立法管制的探索，目前已形成列举法与快速程序结合、药用类和非药用类麻醉药品和精神药品互补、单一品种列举与重点种类骨架结构管制一体化的新精神活性物质单行立法管制制度。截至 2024 年年底，我国共列管 234 种新精神活性物质及整类芬太尼物质、整类合成大麻素物质。其中，14 种新精神活性物质按照《麻醉药品和精神药品管理条例》列入《麻醉药品品种目录》（2013 年版）和《精神药品品种目录》（2013 年版）管理，其余 220 种新精神活性物质和整类芬太尼物质、整类合成大麻素物质均按照《非药用类麻醉药品和精神药品列管办法》列管于该办法的增补目录。

我国不仅从立法方面及时为打击新精神活性物质违法犯罪提供法律保障，同时，还从执法方面通过相关部门出台司法解释、规范性文件等，提供新精神活性物质定罪量刑的数量标准，不断地完善新精神活性物质犯罪案件的法律适用，实现打击新精神活性物质违法犯罪的目的。

3. 生产贩运，重点打击

针对部分地区新精神活性物质生产与贩运犯罪突出的情况，我国开展了打击非法新精神活性物质生产与贩运犯罪的专项活动。从事生产、走私和贩卖新精神活性物质犯罪活动的不法人员多以具有化工、医药和法律知识的专业人员为主，他们受到巨额利益的诱惑驱使，利用各国毒品管制的差异来逃避法律打击。2013—2019 年，我国累计破获新精神活性物质案件近百起，抓获犯罪嫌疑人百余名，缴获新精神活性物质超过 3000 千克，捣毁新精神活性物质非法生产窝点数十处。

4. 国际治理，履行担当

2014—2019 年，我国不断深化与国际禁毒组织的合作，积极参加联合国毒品和犯罪问题办公室、国际麻醉品管制局等国际机构组织的禁毒国际会议及其运行的"聚合项目""棱柱项目""离子项目""SMART 项目""甲胺行动""邮包行动"等多边国际合作；加强区域禁毒合作，积极搭建东亚次区域、东盟和中国、上海合作组织、金砖国家等多边禁毒执法合作平台；强化与俄罗斯、巴基斯坦、美国、澳大利亚、加拿大、菲律宾、英国等周边和重点国家禁毒双边合作，缴获了多批拟向俄罗斯和美国出口的新精神活性物质；向美国、俄罗斯、英国、澳大利亚等 50 余个国家（地区）及国际禁毒组织通报了 5000 余条涉案线索。

5. 预防教育，减少滥用

随着我国加强毒品预防教育的法律、政策和工程的不断出台，尤其是实施"6·27"工程以来，以往存在的"形式主义"做法得到一定改善，实效性有所提升。目前，我国已形成基本完整的毒品预防教育体系，具备开展毒品预防教育所需的基本保障条件。除了公安部门，有关禁毒委成员单位的参与度提升，一线基层实施部门的落实度加强，毒品预防教育的方式手段更加丰富多样。然而，毒品预防教育与快速涌现的新精神活性物质新毒情不相适应的情况日益凸显。

6. 管制前体，减少合成

为防止易制毒化学品流入非法制造新精神活性物质等制毒渠道，我国不断推进易制毒化学品立法和《易制毒化学品管理条例》修改工作，将 NPP、4-ANPP 等前体化学品纳入一类易制毒化学品进行管制，截至 2024 年年底，我国列管易制毒化学品"47 种 + 四类"（"四类"指麻黄素类物质、2-甲基-3-苯基缩水甘油酸及其酯类物质、3-氧-2-苯基丁酸及其酯类物质、2-甲基-3-[3,4-（亚甲二氧基）苯基]缩水甘油酸酯类物质）；建立健全两高一部（最高人民法院、最高人民检察院和公安部）重大制毒物品犯罪案件联合督办协作机制，加强对重大案件侦查、起诉和审判工作的指导；严格执法，不断加强对易制毒化学品的管理，依法保护合法生产经营，严厉打击制毒物品犯罪；不断强化易制毒化学品进出口国际核查。2014—2017 年，全国共破获制毒物品案件2118 起，缴获各类易制毒物品 9381.9 吨。2015—2017 年，我国积极开展易制毒化学品的进出口国际核查，共发出易制毒化学品出口核查函 2000 余份，涉及全球数十个国家和地区，阻止 262 批次 7.112 万吨易制毒化学品进出口。

（二）现存问题："十一"不足

虽然我国新精神活性物质治理取得了一定成就，但该项工作尚处于初级阶段，有待解决的问题如下：

1. 监测预警不完善，完善在即

（1）新精神活性物质发现难。我国国家毒品实验室检测的新精神活性物质检材主要来源于海关送检的疑似新精神活性物质，而公安部门送检的疑似检材数量有限。新精神活性物质发现机制不健全的弊端亟待解决。

（2）新精神活性物质预警响应机制缺乏。目前，我国新精神活性物质监测、评估工作主要服务于新精神活性物质立法管制，缺乏打击预警和响应等功能。

（3）新精神活性物质分析检测难。由于缺乏新精神活性物质的标准品、标准分析方法、高端检测设备及其分析技术人员，发现新精神活性物质后检测难也是困扰之一。

（4）新精神活性物质滥用监测难。受新精神活性物质快速检测方法和血液中新精神活性物质标准检验方法缺乏，以及多数地市级实验室不能胜任新精神活性物质分析等因素的影响，新精神活性物质滥用监测难以实施。

2. 立法管制不健全，健全在即

（1）新精神活性物质立法管制的规范性文件层级较低。《非药用类麻醉药品和精神药品列管办法》由公安部、国家卫生计生委、国家食品药品监管总局及国家禁毒办颁布，非国务院制定，层级效力低于《刑法》第 357 条规定的违反"国家规定"，即最低只限于"国务院制定的行政法规、规定的行政措施、发布的命令与决定"的要求。

（2）新精神活性物质法律定义不明确。目前，我国法律法规尚未明确给出新精神活性物质的定义，给执法者造成执法上的困扰，导致部分执法人员认为新精神活性物质不是毒品。对公众而言，不清晰明了的法律法规也很难被遵守。

（3）新精神活性物质立法管制的法律规范与配套措施不完善。我国法律法规对部分新精神活性物质相关违法犯罪活动的行政处罚及刑事责任尚未明确，管制新精神活性物质的法律规范与配套措施不够完善，从而影响了对新精神活性物质犯罪的打击力度。

（4）新精神活性物质犯罪案件的法律适用水平有待提升。在办理新精神活性物质案件中存在以下问题：一是部分新精神活性物质定罪量刑数量标准缺乏。目前，虽然最高人民法院发布的司法解释覆盖了超过 70% 的被列管新精神活性物质的定罪量刑数量标准，但未被覆盖的新精神活性物质应如何定罪量刑是一个亟待解决的问题。尤其是在整类芬太尼物质和整类合成大麻素物质被列管后，新出现的芬太尼和合成大麻素品种如何定罪量刑也迫切需要解决。二是部分新精神活性物质犯罪案件中，毒品数量认定存在分歧。三是部分新精神活性物质犯罪案件的量刑有分歧。四是部分法院和检察院对新精神活性物质犯罪案件，一概要求做定量分析鉴定，由于技术方法缺乏和工作量增大，给检验鉴定工作带来较大压力。

3. 预防教育不适应，创新在即

对禁毒网站调查发现：有的网站无法登录；有的网站有标题无内容；多数网站以发布近期工作动态为主，很少发布关于新精神活性物质的资讯。中国禁毒网直到 2018 年 7 月 5 日，才首次发布新精神活性物质的基础知识。

对 354 个禁毒微信公众号调查发现：298 个禁毒微信公众号有新精神活性物质资讯，占比 84.2%；有关新精神活性物质资讯 6612 则，其中预防教育资讯（包括新精神活性物质常识、常见种类、预防教育活动等）384 则，占比 5.8%。作为一种常见的自媒体，禁毒微信公众号涉及新精神活性物质预防教育的资讯较少、出现较晚，最早的资讯大约是 2015 年 11 月 30 日"阳光一生"公众号刊载的《新精神活性物质：亟须警惕的"第三代毒品"》一文。我国较权威的禁毒微信公众号"中国禁毒"直到 2016 年 3 月 28 日第 207 期才刊载《第三代毒品太可怕了，千万别碰》首条新精神活性物质预防教育资讯。

对 51 名中学毒品预防教育教师的调研表明：部分中学毒品预防教育教师新精神活性物质常识匮乏，不知道、未正确掌握或误解新精神活性物质常识的超过 90%。

2020 年以前，毒品预防教育工作中存在的主要问题如下：

（1）认识存在分歧。对新形势下的新精神活性物质预防教育工作要不要开展、如何开展，不同决策者、专家和学者持不同意见。有些人担心，新精神活性物质宣传教育工作可能存在引起青少年好奇心，使其滑入滥用新精神活性物质队列的负面影响。

（2）观念近乎落后。部分地区开展毒品预防教育的观念不适应当前的毒品新形势。一是没有树立正确的禁毒宣传观念。一些地区观念落后，没有认识到禁毒宣传只是毒品预防教育的一个方面，单纯地将禁毒宣传等同于毒品预防教育。二是没有树立正确的毒品预防教育观念。部分地区没有充分认识到毒品预防教育的重要性，敷衍塞责、态度消极，没有将该项工作落实到位。三是只重视毒品知识的传播，而忽略对青少年拒毒行为的培养。

（3）缺乏理论指导。一是我国毒品预防教育基础理论缺乏；二是我国毒品预防教育理论体系尚未形成。

（4）内容不够全面。毒品预防教育及其教材没有及时将新精神活性物质常识纳入。对 51 名中学毒品预防教育教师的调查表明，在其开展的毒品预防教育活动中，包括新精神活性物质内容的仅占 35.7%，使用的毒品预防教育教材有新精神活性物质常识的只有 28.6%。

（5）方式传统单一。毒品预防教育工作多采用讲座等传统方式，与网络技术结合不够。

（6）体系机制不健全。部分地区毒品预防教育工作体系、机制不健全：一是过度依赖公安机关；二是缺少家庭教育和情感教育。

4. 打击犯罪效率不高，提升在即

（1）新精神活性物质案件线索来源难。新精神活性物质犯罪具有组织严密、隐蔽性强的特点。加之，对新精神活性物质的认识度较低、新精神活性物质监测设备和立法管制相对落后、犯罪分子作案手段多样、网络交易隐蔽性较强等原因，导致发现的线索较少，给案件侦破带来一定困难。

（2）新精神活性物质案件资金监控难。新精神活性物质定制、购买和运输等交易行为可以通过互联网或第三方服务实现，多以虚拟货币等电子货币形式实现价值转移，资金周转速度快，周期缩短。虚拟空间涉毒犯罪克服了现金支付的弊端，在交易完成后可快速转移资金，经过多次转移降低被禁毒和反洗钱部门侦控的概率。一些不法分子使用境外服务器作跳板，利用国内外监管存在的"空白"地带，达到对涉毒资金清洗和合法化的目的，从而增加公安机关监管打击的难度。

（3）新精神活性物质案件调查取证难。侦查机关承担着新精神活性物质等毒品犯罪的举证责任，只有掌握充分的证据证明犯罪嫌疑人从事新精神活性物质犯罪，才能对其打击处理。随着信息化的发展，网络为新精神活性物质犯罪提供了人毒分离、便捷高效、"安全"的无接触式平台。加之，涉毒人员反侦查意识较强，联系时利用除 QQ、微信以外的国外即时通信工具或游戏平台，交易时不带手机或使用数据难以恢复的苹果手机，运往国外时多采用虚假报关等方式蒙混出去，导致难以形成确实、充分的证据链条。此外，涉毒人员聚众吸食新精神活性物质时多选择"日租房"。这些做法使侦查办案人员调取、固定证据难度明显增大，极大地增加了侦查破案难度。此外，取证过程中涉及多方面的协作配合，由于各机构利益与规程不同，取证工作操作起来并非易事。

（4）新精神活性物质案件打击处理难。一是新出现的新精神活性物质列管滞后，缺乏执法依据。二是我国制造的新精神活性物质大多销售至国外，嫌疑人自己并不清楚其最终流向和用途,加上经营时间较长,国际司法协作难度大,或导致案件线索中断,无法继续;或调查取证任务重、难度大,较难查清。

5. 互联网监管薄弱,加强在即

受互联网空间管理不健全、化学品信息发布和传播管理不规范、网络监测技术滞后、网络监管主体认识不到位及监管人员数量不足等因素的制约,互联网新精神活性物质等涉毒的形势日渐严峻。互联网技术的普及和体量的增加降低了新精神活性物质违法犯罪者被发现的风险。我国制造、走私和贩卖新精神活性物质犯罪也利用互联网这个便利的平台进行勾连、交易。有的不法分子运用互联网拓展新精神活性物质的吸食群体,增加使用者的兴奋体验,维系毒品圈子。

6. 物流寄递防控不足,增强在即

(1)实名寄递落实率需提升,无接触取件比例大。部分不法人员在填写快件面单时,只写邮寄地址,不写寄件人信息,使得实名制沦为一种流程形式。随着近年来自助寄取件、菜鸟驿站等收件点投放比例上升,无接触、不见面取件比例增大。据笔者调查,有的取件点见面取件率不超过10%。

(2)安检能力不足,科技设备缺乏。部分快递公司缺乏先进的验视设备,尚无有效方法识别涉毒包裹。常规末端门店的验视设备更弱,一般只配备电脑、手持出件器和监控摄像头三种装备,对普通物品只能进行直观目测检查。快件寄递门店安检能力不足与每年不断上升的业务量的反差,给不法分子贩运新精神活性物质等毒品留下漏洞。

(3)操作不规范,监管缺位。部分物流寄递公司内部监管不力,存在着托运时实名制落实不到位、验视时科技设备缺乏和收货时不认真核实等管理不规范甚至混乱的情况,也存在着工商、交通运输等与物流相关的职能部门的外部监管不严等情况。

7. 海关监管不够,提高在即

(1)邮件快递查验模式滞后。海关进出境邮件快递查验主要依靠"人工机检挑单、手工开箱作业"的传统模式,该模式费时费力、效率不高。如果新精神活性物质等毒品被包装成塑料制品、灯具、化工产品、食品添加剂等,则辨识困难。加之,这类案件的情报信息来源少,一旦查到相关货物,一般都是无人认领;如果遇到大宗货物,则排查更加困难,很难做到每一件货物都排查到位。

(2)高查验率与高通关率存在冲突。对进出境的邮件快递开展高频率的查验工作会造成通关效率的下降，延缓通关速度。为保证高效通关，势必会造成部分新精神活性物质等违禁物品被邮递进出境。

（3）不重视监管，毒品走私查缉力度不够。部分海关过于注重税收和贸易便利化工作，对新时代全方位维护国门安全的认识还不全面，对职能定位还不够清晰，一定程度存在着海关职能集中于维护国门经济安全的片面认识，但对新精神活性物质等非涉税物品未加以充分、足够的重视，查缉力度有限。

8. 管控机制缺位，建立在即

我国缺乏新精神活性物质管控机制，目前还没有一个行政机构负责全面管理企业化学产品的生产、销售等相关事宜。任何企业只要获得市场监督管理部门发放的工商营业执照，便可以生产、经营、出口非管制的化学品。国内有大量从事"化学品定制"的化工企业，这些企业声明其主要生产医药中间体、医药原料药，但却没有部门监管医药中间体、医药原料药是否真的用于合法制药。还有大量未经注册的皮包公司也在从事化学品交易业务。新精神活性物质就是在这样的监管乱象背景之下得以滋生、蔓延。

9. 国际治理深化不够，深化在即

当前，全球新精神活性物质治理存在着各国认识不统一、治理不平衡、合作不积极的普遍问题。

（1）对新精神活性物质治理的认识存在差异。世界各国在文化、经济、政策和法律上对新精神活性物质存在认识差异，导致在发现、立法管制和治理等方面都落后于新精神活性物质发展变化的形势。

（2）新精神活性物质监测预警及其治理不平衡。除美国、中国、英国等少数国家外，许多国家限于经济技术条件等原因尚未对新精神活性物质展开及时有效的监测预警、评估管制和有效治理，导致新精神活性物质的管制存在国家之间的差异或时间差。这为新精神活性物质留下了赖以生存的空间，其由管制国家流向非管制国家，最终在全球蔓延。

（3）与医药、化工行业的密切联系使得新精神活性物质治理难度增大。新精神活性物质与医药、化工行业密切相关，离不开精神药品和麻醉药品、含精神药品和麻醉药品成分的未管制药物、成瘾化学物质等母体，其隐藏在庞大的医药、化工行业背后，具有较强的伪装性，且与合法用途纠缠在一起，这也是新精神活性物质国际治理较为棘手的困难之一。

10. 执法素质能力不足，培训在即

部分执法民警无论是在掌握新精神活性物质的专门知识，还是在查缉、侦办新精神活性物质犯罪案件的能力及适用法律水平等方面，都与有效打击新精神活性物质违法犯罪有着一定的差距。在办理新精神活性物质案件中，存在因部分办案民警自身专业知识和能力不足，贻误最佳破案时机，让不法人员有机可乘的情况。

11. 科技手段落后，装备在即

新精神活性物质查缉方法趋于传统，查缉装备科技含量不高、缺乏现场快速检验设备；实验室检测仪器不够先进、缺乏标准检验方法、检测程序烦琐、不具有时效性，且能承担新精神活性物质检验、鉴定的实验室不多。在网络监控和取证、物流快递及海关查验等方面，同样存在着相关设备、技术手段落后的问题。

六、加强我国新精神活性物质治理的对策

新精神活性物质治理是一项具有战略性和前瞻性的禁毒任务，涉及禁毒理念、思路、制度、机制和措施的创新与治理能力的提升。新精神活性物质的治理要坚持党的全面领导、系统谋划顶层设计、从国内外实际出发、紧紧依靠人民群众、着力优化社会治理，及时改进现有毒品治理模式。依据新精神活性物质的新形势，笔者提出创新理念、"三减"并举、国内国际统筹的治理思路，以及数据、立法、预防、打击、网络、物流寄递、海关、机制、国际、素质能力和科技等"十一推动"的治理措施。

（一）加强治理必要性："五个"需要

要深刻认识到治理新精神活性物质的必要性和前瞻性。加强新精神活性物质治理是应对新精神活性物质违法犯罪新毒情的形势需要，是推进毒品治理体系和治理能力现代化的禁毒需要，是维护社会治安、公共安全和人民健康的法治需要，是保障医药、化工行业正常秩序和健康发展的经济需要，是积极担当全球新精神活性物质治理责任的国际需要。

（二）加强治理思路：创新理念、"三减"并举、国内国际统筹

新精神活性物质治理是使用国家正式力量和社会非正式力量解决新精神活性物质问题的诸多方式手段的总和，目的在于限制、消除新精神活性物质问题产生的原因、条件，以减少新精神活性物质的危害。

新精神活性物质治理可分为预防、管控和打击三个方面：预防主要包括防范新精神活性物质的宣传教育工作；管控主要是对重点人员、重点设备、重点原料、重点行业和重点品种等的排摸、管理、控制以及毒情监测等；打

击则主要指新精神活性物质案件的情报获取、信息研判、专门调查和立案侦查、案件起诉和法庭审判等工作。

新精神活性物质的治理思路是指导我国新精神活性物质治理的总体策略、基本政策和路径。

1. 提高认识，树立大禁毒新理念，把新精神活性物质治理纳入我国毒品治理体系，总体规划部署

要消除部分决策者存在的错误认识，即新精神活性物质主要危害其他国家，对我国的危害较轻。纵观近40年我国毒品违法犯罪形势变化的历史，从海洛因等第一代传统毒品受国际毒情的影响，到冰毒等第二代毒品生产与国际毒情并行，再发展至部分第三代合成毒品引领国际毒情等特点来看，不仅不能轻视新精神活性物质对我国的危害，而且要有强烈的忧患意识，要认识到我国新精神活性物质滥用的概率或许更大。

要摒弃部分执法人员存在的对未列管的新精神活性物质"睁一只眼，闭一只眼"的不正确认识，要改变以往小禁毒的惯性思维，树立大禁毒新理念。大禁毒理念包括以下含义：一是要拓展毒品及禁毒工作的范围。既要准确掌握毒品的内涵，即法律意义上毒品的定义及范围，还应关注毒品的外延包括一切具有精神活性的物质。禁毒的范围应包括对毒品形势发展趋势的防控，即对新精神活性物质的治理。二是要增加禁毒主体。禁毒工作要形成党委领导、政府负责、部门协作、社会共管、人民参与以及国际合作的多位一体大禁毒格局，以改变公安部门单打独斗的小禁毒局面。其中，党委领导、政府负责、部门协作是指公安机关、检察院和法院在办理新精神活性物质犯罪案件时，要相互协商、相互支持，高效联动，形成打击合力；社会共管是指发动社会各界力量，举党政军警民之力，齐抓共管、齐力防范新精神活性物质；人民参与是指利用人民的力量治理新精神活性物质，减少其危害；国际合作是指要主动加强与联合国毒品和犯罪问题办公室等国际组织以及相关国家的国际禁毒执法合作，充分发挥国际禁毒合作阻止新精神活性物质渗透的屏障作用。

加强新精神活性物质治理的最重要认识，就是要将该项治理纳入我国毒品治理体系，要从战略的高度，在充分认识新精神活性物质违法犯罪规律特点的基础上，对该项治理作出整体、全面、系统的规划，并将其作为必要任务加以落实。要紧紧抓住新精神活性物质生产、流通和消费三个环节，探索国际与国内相结合的治理新模式。要改变"见子打子"，被动应对，缺乏整体、长远谋划的做法。

2. 实施以减少消费为中心，减少生产与减少流通为支撑，"三减"衔接促进的治理策略

新精神活性物质作为一类新的毒品问题，既有毒品的共性，也有自身的特性，其治理要汲取和继承有效的传统禁毒策略。新精神活性物质问题涉及生产、流通和消费三个必要环节，对其治理必然包括减少生产、减少流通与减少消费，即实施"三减并举"的治理策略。通过分析新精神活性物质产生的原因，可以发现，新精神活性物质消费人群的存在才是该问题出现和发展蔓延的根本原因。因此，对新精神活性物质的治理应将"减少消费"置于最重要的位置。

"减少消费"是指通过对人的控制，实现控制和减少滥用新精神活性物质的一种策略。具体做法有二：其一，控制或减少新生吸毒人员，主要依靠对一般人群或易染毒人群开展毒品预防教育来实现；其二，控制或减少现有吸毒人员，主要通过对他们采取戒毒治疗和身心康复等综合性干预措施，使其停止吸毒来实现。

"减少生产"是指通过法律的手段，在立法和执法上对新精神活性物质的种植、制造等环节实施严格管制，对违反有关规定者予以从重罚处，通过切断新精神活性物质的来源来控制该问题的一种策略。

"减少流通"是指通过法律的手段，在立法和执法上对新精神活性物质的运输、贩卖等环节实施严格管制，对违反有关规定者予以从重罚处，通过切断新精神活性物质的流动通道来控制该问题的一种策略。

"以减少消费为中心，减少生产与减少流通为支撑，'三减'衔接促进的治理策略"是指，治理新精神活性物质应以"减少消费"为中心，"减少生产与减少流通"为辅助，对新精神活性物质问题的所有必要环节，即生产、流通和消费都要予以全面治理。

3. 主动作为，探索履行担当与传播中国治理相结合的禁毒国际合作新路径

新精神活性物质的生产、贩运和消费已基本形成全球化格局，治理新精神活性物质已成为禁毒国际合作的重要内容。要紧密围绕服务国家总体外交大局，积极参与新精神活性物质的国际治理。要改变过去参与新精神活性物质国际治理中"被动应付"的方式，建立"主动作为"的新方式。

"主动作为"是指我国在参与新精神活性物质国际治理中一种处事的方式或态度，其表明我国会积极、主动着手处理好新精神活性物质国际治理的相关事务，会依靠我们自己的治理能力筑牢新精神活性物质蔓延的防线。"履行担当"指我国要义无反顾地担负起更多责任，履行本国的责任义务，

维护多边主义，携手应对新精神活性物质国际治理的挑战。要向北美洲、欧洲等区域的新精神活性物质主要消费国家表明：在其国内实施"减少消费"策略和打击"推广滥用犯罪"远比"甩锅"于其他国家更重要。"中国治理"是指在中国共产党领导下形成的我国治理新精神活性物质的体系、模式、制度和经验等。"传播中国治理"就是要向世界宣讲中国治理经验，以供其他国家学习借鉴。

4. 预防为先，形成监测预警、前瞻立法、严厉打击和重点管控相衔接的国内治理新途径

对新精神活性物质的治理，既要坚持我国一贯厉行禁毒的基本立场，也要采用综合治理等具有中国特色的禁毒治理方针、原则，还要针对新精神活性物质问题的特点、规律提出以预防滥用教育为先，以监测预警形势和超前立法管制为前提、保障，以严厉打击和重点管控为抓手的政策，提升新精神活性物质国内治理效率。

"预防为先"，预防新精神活性物质滥用是一条基础性、战略性的最终解决新精神活性物质问题的治本路径。其与"以减少消费为中心"的策略一脉相承，因而应将"预防为先"置于优先地位来实施。就尚未列管的新精神活性物质而言，减少生产和减少流通都基本无法可依，只能通过预防教育、减少消费来治理。

"监测预警"是发现新精神活性物质问题的主要路径，是及时掌握其形势变化，治理新精神活性物质问题的前提和必要路径之一。

"前瞻立法"是为了改变新精神活性物质钻国家法律及毒品管制制度漏洞而生存的现状，为及时、有效地打击新精神活性物质犯罪提供法律依据的一条必要路径。

"严厉打击"是指要坚持我国一贯厉行禁毒的基本立场，以"零容忍"的态度，采取严刑峻法，依法从严打击新精神活性物质违法犯罪行为。

"重点管控"指新精神活性物质治理有关主体对其生产、制造、研发、销售、运输、物流寄递、储存和使用的重点人员、重点设备、重点原料、重点行业和重点品种等的排摸、管理和控制。

（三）加强治理措施："十一"推动

新精神活性物质的治理措施是指，针对新精神活性物质的滥用、非法生产、制造、走私、贩卖等问题采取的具体治理措施。

1. 数据推动：建立健全新精神活性物质监测预警系统

新精神活性物质监测预警系统是一套集新精神活性物质信息收集、整理、

分析、评估、预警、列管、预防、控制和打击于一体的综合体系。该系统收集、整理新精神活性物质治理的信息，基于这些信息进行风险分析，其结果可作为新精神活性物质预测预警或治理的依据，供决策部门参考。该系统监测主体是各级禁毒委员会办公室；监测对象主要是有潜在滥用风险的新精神活性物质，潜在的新精神活性物质制造、贩运和滥用人员，等等。该系统由列管新精神活性物质的早期监测预警系统及其防控打击监测预警系统构成。

（1）完善新精神活性物质列管的早期监测预警机制。新精神活性物质列管的早期监测预警机制是指相关部门参与该项工作的过程与方式，主要包括监测预警工作的主体，监测预警信息的收集、分析、评价和发布，等等。新精神活性物质列管的早期监测预警机制是科学、准确和及时进行预警的必要保障。

要明确国家禁毒委、省级禁毒委和地市级禁毒委的监测预警主体地位及其职责；要形成国家、省级和地市级为一体的三级监测预警系统，提高新精神活性物质监测预警的敏感性和准确性；要完善预警指标数据监测收集机制，明确监测数据的收集渠道、内容和审核；要完善预警信息分析研判机制，构建预警指标体系和指数、筛选预警方法、建立预警模型和划分预警等级，提高实时分析、集中研判的能力，做到早预警；要完善公安部门与海关、公共卫生机构等有关部门的协同监测机制；要开展可能被滥用但尚未被列管的新精神活性物质的信息收集、科学研判和监控工作。

（2）提升新精神活性物质检测能力。要加快新精神活性物质实验室检验新方法的研究，制定出台标准鉴定方法；要加强省级、地市级毒品实验室新精神活性物质检测能力建设；要研发新精神活性物质现场快速检测技术；要加强毒品实验室网络建设，完善国家、区域、省和重点地市四级网络建设。

（3）建立新精神活性物质打防监测预警系统。新精神活性物质打防监测预警系统主要服务于对新精神活性物质违法犯罪的打击和防控，其基于新精神活性物质打击防控的大数据进行运行。通过导入海量大数据信息，并对其进行数据化处理，形成由新精神活性物质人员、案件、社会行业信息及网络信息等数据组成的治理新精神活性物质数据专题库。在该数据专题库下，利用大数据技术，挖掘隐藏在数据背后的涉新精神活性物质线索。对挖掘出的涉新精神活性物质线索进行评估，根据涉新精神活性物质线索的风险程度进行预警等级的评定，并制订科学的响应预案，从而发布及时、准确的预警指令。相关部门根据指令，对涉新精神活性物质线索进行核查、处置和防控。

（4）建立新精神活性物质互联网监测预警机制。新精神活性物质互联网监测预警机制是指搜索、研判、处置互联网新精神活性物质信息的工作过程与方式。要加强网络毒品犯罪情报信息的收集、分析和研判，重视结合公安内外网进行，加强对网络阵地的控制，掌握最新出现的新精神活性物质。

（5）建立新精神活性物质预警响应机制。新精神活性物质预警响应机制是指有关新精神活性物质治理的部门参与该项工作的过程与方式，具体包括预警响应主体、预警响应时间和范围、预警响应措施及预警结果的反馈等内容。在预警信息发布后，对应的有关治理部门应根据信息启动响应机制，采取相关治理措施，应对不同程度的新精神活性物质形势。要分级分类形成新精神活性物质治理主体，以覆盖新精神活性物质问题的滥用消费、生产制造和运输贩卖等全部环节。要对预警周期内新精神活性物质形势及其预警信息进行科学评估，要加强研究治理新精神活性物质的新措施。

2. 立法推动：完善新精神活性物质立法管制

（1）提升新精神活性物质立法管制的法律层级。应提升新精神活性物质立法管制的法律层级，由现有的部门规章上升到行政法规层级，将《非药用类麻醉药品和精神药品列管办法》发布主体从国务院相关部委上升为国务院，分离管制新精神活性物质的立法与执法职能，由公安部、国家卫生健康委员会、国家药品监督管理局及国家禁毒办继续行使执法职能。

（2）明确新精神活性物质的法律定义。新精神活性物质的法律定义既要考虑与我国《刑法》中规定的毒品定义保持一致，又要考虑新精神活性物质的"非管制性"、"成瘾性"、"危害性"及"模仿性"等定义要素。应通过立法来明确我国"新精神活性物质"的法律定义，避免与社会用语混淆，避免影响执法、司法裁判以及行为人对违法犯罪行为的预测。建议采用如下定义：新精神活性物质是指尚未被我国法律规定管制，与毒品结构或功能相似、可能使人形成瘾癖以及引起公共健康危害的精神活性物质。

（3）完善管制新精神活性物质的法律规范。要明确列管新精神活性物质的启动机制，明确规定列管的最短期限，进一步加快列管速度。建议将我国新精神活性物质（非药用类麻醉药品和精神药品管制品种）目录的调整工作变为，由国务院公安部门会同国务院药品监督管理部门和国务院卫生健康行政部门、国家禁毒办及专家委员会，每季度定期召开联席会议，根据专家委员会的风险评估和论证报告进行目录调整。要及时明确新列管的新精神活性物质定罪量刑的数量标准，建议国务院相关部委在决定列管特定新精神活性物质时，积极会同、报请最高人民检察院、最高人民法院立项起草其定罪量刑标准。

（4）提升新精神活性物质犯罪案件的法律适用水平。对新精神活性物质犯罪案件的定罪量刑，可依据最高人民法院 2023 年 6 月 26 日印发的《全国法院毒品案件审判工作会议纪要》（以下简称"《昆明会议纪要》"）有关规定。对于刑法、司法解释未规定定罪量刑数量标准的毒品，但已有折算标准的，可参照适用国家禁毒办印发的《依托咪酯依赖性折算表》（禁毒办通〔2023〕15 号）、《氟胺酮和 7 种合成大麻素依赖性折算表》（禁毒办通〔2021〕42 号）、《3 种合成大麻素依赖性折算表》（禁毒办通〔2019〕6 号）、《100 种麻醉药品和精神药品管制品种依赖性折算表》（禁毒办通〔2017〕52 号）、《104 种非药用类麻醉药品和精神药品管制品种依赖性折算表》（禁毒办通〔2016〕38 号）以及《最高人民法院关于审理毒品犯罪案件适用法律若干问题的解释》（法释〔2016〕8 号）和 2004 年原国家食品药品监督管理局制定的《非法药物折算表》进行折算，综合考虑其毒害性、滥用情况、受管制程度、纯度及犯罪形势、交易价格等因素，依法定罪量刑。对于既无定罪量刑数量标准，也没有明确折算标准的新精神活性物质，应当委托有关专业机构确定涉案毒品的致瘾癖性、毒害性、纯度等，综合考虑其滥用情况、受管制程度及犯罪形势、交易价格等因素，依法定罪量刑。对于一案中查到两种以上新精神活性物质的，可依据《昆明会议纪要》有关规定，选择其他定罪量刑数量标准较低且含量较高的毒品成分认定毒品种类，并综合考虑其他毒品的成分、含量和全案毒品数量予以量刑。

新精神活性物质犯罪的量刑应遵循毒品犯罪的量刑规则，即"毒品数量＋其他情节"，应以涉案毒品数量为基础，综合考虑犯罪的具体性质、情节、危害后果以及被告人的主观恶性、人身危险性等因素，准确决定判处的刑罚，确保罪责刑相适应。

对于少量贩卖新精神活性物质的犯罪案件，只需作定性分析鉴定；对于大宗贩卖新精神活性物质的犯罪案件和有可能判处死刑刑罚的犯罪案件，再作定量分析。

（5）增设新精神活性物质分级管制制度。建议修改《禁毒法》，增设新精神活性物质分级管制制度，将新精神活性物质分为三级：第一级为成瘾性强、滥用率高、无药用价值、社会危害性强的新精神活性物质；第二级为成瘾性强、滥用率高、无药用价值、社会危害性不强的新精神活性物质；第三级为成瘾性不强、滥用率不高、无药用价值、社会危害性不强的新精神活性物质。另外，还要根据毒品级别配置不同程度的法律管制措施。

（6）结合《消费者权益保护法》减少新精神活性物质的滥用。建议修改

《消费者权益保护法》，增加生产商有义务只向市场提供安全产品的规定，以此作为防范新精神活性物质进入市场的第一关。建议规定，任何产品不得"具有任何风险，或者存在对人身安全和健康构成最低风险威胁的产品用途"，同时，其特点、标签、警告和使用说明都应该包括产品安全性的内容。此外，经销商也必须将存在的严重风险及其采取的防范措施报告主管部门，否则将予以处罚。

3. 预防推动：创新毒品预防教育

要及时将新精神活性物质纳入毒品预防教育，积极而全面地开展新毒情下的毒品预防教育，推动毒品预防教育的创新。

（1）创新理念，树立大毒品预防教育观。要树立大毒品预防教育观，改变狭窄的传统毒品预防教育观。大毒品预防教育观主要有以下特点：一是要建立"大毒品"理念。"大毒品"是指毒品预防教育中的毒品概念不能只讲其法律概念，应扩展其外延，涵盖精神活性物质的范畴，让受教育者明白毒品的范围较广，覆盖了所有精神活性物质。二是要建立"普遍预防"观念。"普遍预防"是指对一切具有精神活性的物质都要持警惕态度，绝不能滥用。三是要更新毒品预防教育的内容，及时纳入新精神活性物质常识，珍爱生命，杜绝或减少精神活性物质的滥用。四是要扩大毒品预防教育的参与面。要落实毒品预防教育工作责任制，积极吸引和动员社会多方力量参与毒品预防教育，积极探索低龄儿童毒品预防教育工作。五是要重点加强青少年拒毒行为和技能的养成训练教育。

（2）梳理理论，指导毒品预防教育实践。要建立毒品预防教育的基础理论。该理论可由马克思关于人的全面发展学说、教育的两大基础理论和德育基础理论等组成，将这些基础理论与毒品预防教育工作充分结合，探寻毒品预防教育工作的创新点。

要建立学科自身的理论，应以预防教育对象个体的成长和发展为主线，充分发挥主观能动作用，不断向受教育对象渗透预防教育理念，培养其健康的行为模式，从而减少成瘾物质的滥用。要借鉴国外有关成功理论，根据我国国情完善和创新理论。

要开展新精神活性物质预防教育研究，积极探讨新精神活性物质预防教育新思路、新方法，针对重点地区开展试点工作，不断探索我国毒品预防教育新模式。

（3）更新教材，增加新精神活性物质预防内容。要及时更新毒品预防教育教材，将新精神活性物质常识编入教材，开展禁毒师资培训，全面提高学校毒品预防教育的能力。

（4）借助网络，丰富毒品预防教育的工作方式。要应用网络技术开展毒品预防教育，提高毒品预防教育的及时性、有效性和趣味性。

（5）开放合作，完善毒品预防教育的综合体系。要加强家庭教育和情感教育，畅通家校禁毒交流协作机制，加大家庭禁毒宣传教育力度，加强青少年生活技能和情感教育工作。

4. 打击推动：提升新精神活性物质犯罪打击效能

（1）强化专项打击，彰显威慑力，保持高压严打态势。要对新精神活性物质犯罪高发地区开展重点整治的专项打击活动，加强对新精神活性物质研发、生产等源头违法犯罪活动和贩运、进出口等分销环节的执法打击，加大对吸食等违法行为的查处。要切实加大组织和协调力度，广辟线索来源，强化专案攻坚，深化多警种合成作战，形成集群打击效应，对新精神活性物质犯罪保持高压严打态势。

（2）加强情报信息收集，依托大数据，实现精准打击。要广辟新精神活性物质案件信息来源，深入经营案件线索，实现全链条、全网络打击。围绕重点领域、重点部位、重点人员做好全面排查工作，建立完善新精神活性物质信息库，依托国家禁毒大数据中心云南项目及预警系统建设，汇总整合信息，全面提高主动发现、精准打击新精神活性物质犯罪的能力。要及时更新数据并全面共享数据，健全国际新精神活性物质信息交换机制，实现国际数据互联互通。

（3）增强资金监控力度，斩断毒资链条，强化侦查防控措施。要加强对大额现金交易和虚拟货币支付的监测和预警，提高新精神活性物质等犯罪资产调查和刑事追诉效率。要强化新精神活性物质等涉毒资产查处工作，及时追缴新精神活性物质等涉毒犯罪所得，斩断新精神活性物质犯罪经济链条。要有效识别非法资金来源，扩大网上巡查范围，加大对第三方支付平台及网络通信的侦控，深入研究"暗网"涉毒问题。

（4）固定犯罪证据，提高证据提取水平。要深度经营案件线索，深挖证据链条，及时固化证据，着重查明身份信息、通联信息、车辆信息、活动信息、财富信息、网络信息、涉毒信息和寄递信息等。要依法、规范地调查取证，采用以秘密调查为主、公开调查为辅等方式开展。专门调查前，应分析情况、制订方案、确定方向、明确目标，科学地选择调查重点和突破口，查明情况、收集证据。

5. 网络推动：强化新精神活性物质网络管控

（1）加大互联网新精神活性物质违法犯罪的监管。要提高公安机关互联网监管能力，增加专职人员加强监管，迫使网络新精神活性物质不法人员不敢违法犯罪。要强化与互联网企业的合作，形成互联网新精神活性物质违法犯罪的监控合力。

（2）加强网络禁毒宣传教育。要加强互联网企业道德与法律教育，提高其自律意识，使其能够自觉和坚决地抵制发布与传播网络新精神活性物质等毒品违法犯罪信息，实现企业的自控与自我管理，从根本上降低网络新精神活性物质等毒品违法犯罪的发案率。要加强互联网工作人员道德与法律教育，使其树立正确的道德观念，增强法律意识，提高拒绝网络新精神活性物质等毒品违法犯罪的能力。

要向社会宣传网络新精神活性物质等毒品违法犯罪的危害性，使公众对其产生排斥和厌恶心理。要加强社会公众道德和法律教育，建立社会主义道德观与法制观，培养公众互联网责任意识、自律意识，保障网络环境的和谐稳定及健康运行。要加强青少年禁毒知识、法制道德教育，提高青少年法制道德和禁毒意识，培养青少年拒绝新精神活性物质等毒品的自律性。要充分发挥网络自媒体的宣传教育作用，利用微博、微信等自媒体具备的贴近公众、快捷实用等优势开展有效的网络禁毒宣传教育。

（3）加大电商平台规范化管理。要认真落实电子商务的实名认证机制，确保电商平台店主的身份信息属实，不让实名认证形同虚设，以堵塞网络违法犯罪的漏洞。要加强对互联网电商平台入驻店主的监管，全面把关、监控店主发布的信息。要加强对互联网支付的监管，及时收集第三方交易平台的交易信息，即刻冻结不正常交易资金或终止不正常交易。

6. 物流寄递推动：强化新精神活性物质物流寄递管控

（1）加强物流寄递市场监督管理。要强化物流寄递企业主体责任，加强对从业人员的管理，落实岗前安全培训制度，提升一线揽件人员、安检员识别和辨认新精神活性物质等毒品的能力。相关管理部门要建立健全奖惩制度，广泛开展企业、个人举报奖励活动。物流寄递企业要加强安全防范设施建设，研发、安装人脸识别系统、移动 X 射线人体检查仪等设备，实现新精神活性物质等化学品物流寄递查验的智能化和现代化。明确受托方物流寄递安全责任，依法严格执行实名收寄制度、收寄验视制度和安检制度。加大执法检查力度，严格监督物流寄递企业执行管理制度，倒查物流寄递渠道涉及新精神活性物质等毒品案件的责任，及时立案查处物流寄递企业违法行为线索，实现全覆盖式的监管。

（2）加大物流寄递贩运新精神活性物质的防控与打击。要严打利用物流寄递渠道贩毒的组织者，强化公安禁毒、邮政、海关、市场监督管理、出入境检验检疫、移民管理和应急管理等部门的协作，建立健全联席会议制度、情报交流制度、协查协办制度，加强涉毒情报交流、寄递业管控和案件协查等方面的协作与配合，实现资源共享、优势互补，更好地服务于物流寄递贩运新精神活性物质等毒品的打击、防控工作。要加强基础信息采集和更新，及时采集、更新和汇集国内外物流寄递企业基础数据和行业信息，与相关警务实战平台对接，实现对人、车、物的实时预警和精准控制打击。

建立物流寄递贩运新精神活性物质重点国家和地区的情报收集和分析研判机制，加大对这些重点国家和地区新精神活性物质流通的精准预防和监控。要持续加强对物流寄递、交通运输等行业的阵地控制能力，积极物建秘密力量、建立相关特情，深入收集国际物流寄递贩运化学品的情况，提高源头监控能力。

7. 海关推动：增强新精神活性物质海关进出口监管

（1）深化海关与邮政快递企业合作。要完善进出境邮递物品信息化管理系统建设，加强与邮政快递企业的沟通协调工作，做到有关邮路信息数据及时、有效地传输对接到海关信息系统，发挥该系统助力邮件进出境查验监管、缉私缉毒工作的作用。

要推进驻海关邮局查验场所配套设施建设，增设智能化分拣查验传输线，以匹配信息化管理系统邮包分类查验监管工作。要依托邮件面单数据，提前分析研判新精神活性物质等毒品走私高风险寄源国等风险要素信息，设置参数功能实现邮件自动布控、分类下线和查验的监管流程，提高新精神活性物质等毒品的查获率。

（2）建立新精神活性物质等毒品信息收集研判共享机制。要建立新精神活性物质等毒品风险信息收集研判联动共享的长效机制，推进对新精神活性物质等毒品的精准性监管查缉工作。在新精神活性物质走私进出口突出的海关设立新精神活性物质等毒品风险信息分析中心，收集、整理国内外新精神活性物质等毒品发展的动态信息，分析相关案件特点。

（3）提升海关智慧缉毒执法能力。要强化查缉新精神活性物质等毒品的缉毒高科技装备建设，配备手持式拉曼光谱分析仪、CT机、智能审图系统和人体 X 光机检查仪等装备，实现新精神活性物质等毒品的智能查缉，确保人和物的彻底查验，提升对新精神活性物质可疑物品的查缉识别效率。要强化旅客舱单信息化管理系统的应用，加强风险分析研判工作，重点筛选携毒高风险国际航班航线及旅客名单信息，发现案件线索应立即移交缉私部门处置。

8. 机制推动：建立健全新精神活性物质社会管控机制

（1）构建新精神活性物质联防联控机制。新精神活性物质联防联控机制是指，我国国家、省和地市三级政府为治理新精神活性物质而启动的三级多部门协调工作的过程与方式。参与该机制的成员单位是与新精神活性物质治理有关的主体，主要包括公安机关、海关、邮政、交通运输、市场监督管理、应急管理、药品监督管理、生态环境、银行、工业和信息化、宣传及教育等部门。这些新精神活性物质治理主体都应从自身的职能出发，承担相应的治理职责，分工协作，形成治理新精神活性物质的有效合力。

（2）建立新化学品社会监管机制。要探索建立化工企业自愿与政府监管相适应的社会化监管机制，完善新化学品监管工作。要突出化工企业社会监管的主体地位，充分发挥化工企业与政府密切配合的主观能动性，积极鼓励化工企业自愿自治、主动配合，与政府监管同步、共建共享监管信息。建议：建立网上"化学工业禁毒自愿报告系统"，由化工企业自主填报、自主更新维护，发布的信息自动上传至政府监管部门，实现企业自由与政府监管机构实时、有效沟通；制定基于企业积极自愿参与、政府协同配合的工作办法，有机衔接政府管制、企业自愿行为、社会信用评价、实名备案等工作机制；建立化工企业与政府监管部门良性互动的社会伙伴关系，推进新精神活性物质治理工作的科学化和社会化。

要借鉴他国成熟的经验做法，结合我国实际情况，推进化工企业自愿与政府监管相适应的社会化监管体系的国际化和现代化。

（3）建立中间体监管机制。建立中间体药用与非药用分类管理制度，依据中间体最终生产目的将其分为药用类和非药用类中间体，这两类中间体在许可审批手续上有所区别，在日常管控中被施以同等程度监管，加强重点管控，提高工作效率。要加强对中间体生产、运输、经营和使用等环节的监管，完善我国特殊药品监管信息网络建设，补全相关企业、人员等填报信息，实现与公安机关人口信息系统互联，开展对中间体生产、运输、经营和使用等环节的有效预警与实时动态管控，有效落实制造新精神活性物质的管控工作。

9. 国际推动：深化新精神活性物质国际治理合作

（1）展现中国担当，支持发挥国际组织的作用。要在积极倡导并践行多边主义、共同构建"人类命运共同体"的基础上，坚持"广泛参与、责任共担"的禁毒国际合作原则，在新精神活性物质国际治理中主动作为，展现我国负责任大国的态度和担当。要大力支持和维护联合国毒品和犯罪问题办公室、联合国麻醉药品委员会和国际麻醉品管制局等国际组织的指导、协调及沟通，积极参与国际新精神活性物质的治理。

（2）以"一带一路"为平台，建立健全新精神活性物质国际执法机制。要以国际禁毒公约和我国已签署的多边、双边禁毒合作协议为抓手，增添新精神活性物质国际治理合作的内容，深入开展跨国、跨境新精神活性物质联合执法行动，加大新精神活性物质治理力度，不断完善禁毒多边、双边执法合作机制。

要建立"一带一路"沿线重点国家双边治理新精神活性物质合作执法机制。采取联合行动侦办跨国重大新精神活性物质犯罪案件，实现情报共享、线索核查、跨境侦控办案程序和司法文书认可、证据交换、身份核查及追捕、移交、引渡等执法合作，增强执法的时效性和快速反应能力。

要建立"一带一路"新精神活性物质情报交流共享机制，完善"一带一路"情报信息交换网络，制定情报交流的方法和操作规程，及时开展深层次情报交流。要加强隐蔽力量建设和境外阵地控制，强化对境外新精神活性物质问题严重地区情报信息的收集、研判。要建立新精神活性物质情报信息收集和综合研判工作机制，充分实现情报引领专案侦查主动权，发挥精、准、狠打击的作用。

要继续拓展"一带一路"沿线重点国家以打击新精神活性物质犯罪为主题的禁毒执法培训和对外禁毒设备、物资援助等交流，积极帮助这些国家提高新精神活性物质治理能力。

（3）完善新精神活性物质国际早期监测预警机制。要加强与联合国毒品和犯罪问题办公室运行的全球新精神活性物质早期预警咨询系统（EWA）等国际、国家组织监测预警机构合作交流，及时掌握国际新精神活性物质动态，通过提前分析研判和评估，采取前瞻性的立法列管，降低新精神活性物质走私入境的风险。

10. 素质能力推动：提高禁毒队伍执法素质能力

（1）增加新精神活性物质问题严重地区禁毒民警编制。要增加新精神活性物质问题严重地区以及网络新精神活性物质防范的禁毒警力，适当充实辅警力量，以缓解警力不足的问题。要优化警力资源、调整警力部署，将新精神活性物质治理等禁毒工作与反恐维稳、社会治安整治、打击非法出入境、矛盾纠纷排查化解等重点工作或专项行动相结合，做到各项工作同抓共管。

（2）加强新精神活性物质执法培训。要构建新精神活性物质执法培训的科学内容体系，将法律知识、警务技能作为重点内容，按照针对性、实用性和规划性等原则，选择有关法律知识、警务技能进行培训。要加强网络监管人员新精神活性物质等毒品的涉毒专业培训，提高信息化侦查水平。

要加强一线执法人员新型高科技监管查验设备和信息化管控系统的运用培训，提高其科技应用水平。要积极参与联合国毒品和犯罪问题办公室等国际组织举办的关于新精神活性物质的交流和培训，借鉴其他国家打击、防控新精神活性物质的成功经验。

11. 科技推动：加大科技助力新精神活性物质治理力度

要强化科技兴警意识，加大科技投入，加强禁毒科技设备研发，注重引进和应用先进的科学技术手段，保障查缉、侦查、取证和防护装备，不断提升高科技禁毒水平。

要实施全覆盖、动态化的新精神活性物质等毒情监测，多维度分析新精神活性物质等毒情变化，科学评估治理成效。要完善信息工作机制，围绕"数据警务""智慧警务"建设，创新"禁毒大数据"融合应用，为有效治理新精神活性物质等毒品问题提供情报信息支撑。

要结合物流寄递新精神活性物质等贩毒的新趋势、新变化，不断创新取证方法和手段，进一步发挥信息、科技手段在情报收集、嫌疑人员控制、证据获取等方面的重要作用。

要研究治理新精神活性物质的大数据技术和应用的顶层规划以及打防管控监测预警系统、数据收集共享机制、多部门协同联动机制、预警信息反馈机制和保障机制等。

研究报告

第一章　新精神活性物质的定义、特性、分类与常见品种

新精神活性物质作为近年来国际禁毒领域的热点和难点问题，同时又是本项目研究的逻辑起点，其定义、特性、分类与常见品种是首先应该研讨的内容。

第一节　新精神活性物质的定义、特性及分类

一、定义多说，法律定义是起点

在全球禁毒领域，"新精神活性物质"一词出现的时间较短，不到 20 年。新精神活性物质的含义因使用对象的不同而不同，尤其需区分是作为"法律用语"还是"一般用语"来使用。通常在法律条文、政府文件和报告、法学论著中使用的新精神活性物质，被认为是"法律用语"，其内涵、外延具有确定性；在报纸、杂志、小说、电视、电影及广播等媒介中使用的新精神活性物质，被认为是"一般用语"，其含义广泛，具有不确定性。本研究主要讨论新精神活性物质的法律性释义。

（一）国际社会对新精神活性物质的定义

作为"法律用语"使用的"新精神活性物质"一词诞生于欧洲。欧洲是全球新精神活性物质主要消费区域之一，也是最早关注新精神活性物质问题的地区。2005 年 5 月 10 日，欧盟理事会在关于新精神活性物质的信息交流、风险评估和控制的第 2005/387/JHA 号决定中，首次将新精神活性物质定义为："一种新的以纯药物或制剂形式出现的麻醉或精神活性物质，未被列入《1961 年麻醉品单一公约》和《1971 年精神药物公约》附表管制，但对公众

健康的威胁程度与这些公约所列物质相同。"[1]其实,早在1997年6月16日,欧盟理事会关于新合成药物联合行动第97/396/JHA号决定中,就埋下了关于"新精神活性物质"一词的种子。该决定对"新合成药物"作出如下解释:"有关新合成药物是指目前尚未被列入《1971年精神药物公约》,并对公众健康构成与其附表一或附表二所列物质相当的严重威胁,且具有有限的治疗价值的药物。"[2]只是该决定没有直接提出"新精神活性物质"这个法律术语,且其新合成药物也仅限于精神药物的范围。而于2005年出台的第2005/387/JHA号决定不仅首次提出了"新精神活性物质"法律术语,且扩大了第97/396/JHA号决定的概念范围,增加了麻醉药品。由此可见,对"新精神活性物质"法律术语的认识,经历了不断深化的过程。在使用"新精神活性物质"法律术语之前,其曾被称为"策划药品"、"俱乐部药品"、"实验室药品"和"合法兴奋剂"。20世纪80年代,新精神活性物质被称为"策划药品",国际麻醉品管制局与欧洲毒品和毒瘾监测中心将其界定为"专门规避现有管制而对管制药物的化学结构稍作改变以期模仿管制药物药效的物质"[3]。20世纪80年代初期至中期,"策划药品"主要指修饰芬太尼结构后产生的芬太尼类物质和亚甲二氧基甲基苯丙胺(摇头丸)的类似物。20世纪80年代后期,"策划药品"被含义更为广泛的"俱乐部药品"一词取代,同时强调其是一种替代性药物。20世纪90年代末期至21世纪初期,新精神活性物质又被称作"实验室药品"。该术语由销售色胺类、苯乙胺类摇头丸的推销者所创造,其目的是规避毒品管制,宣扬他们销售的是用于"科学研究"而不是人类消费的化学品。2005年以来,新精神活性物质还被冠名为"合法兴奋剂",是指非管制的合成类和植物类精神物质或产品。该名称既强调合法性,又表明其具有毒品的功效。"俱乐部药品""实验室药品""合法兴奋剂"皆为贩卖者对其的命名,从上述对这三个名称的分析中不难看出,推销贩卖人员多采用欺骗性的策略销售新精神活性物质。

2012年以来,联合国麻醉药品委员会与联合国毒品和犯罪问题办公室向国际社会推广使用法律用语的"新精神活性物质"概念。2012年3月,联合

〔1〕 European Monitoring Centre for Drugs and Drug Addiction(EMCDDA). New Drugs in Europe 2012[R]. Luxembourg: Publications Office of the European Union, 2013: 7.

〔2〕 欧盟理事会. 关于信息交流、风险评估和新合成药物管制的联合行动97/396/JHA[R].[S. l.: s. n.], 1997: 1.

〔3〕 United Nations Office on Drugs and Crime (UNODC). World Drug Report 2013[R]. New York: United Nations, 2013: 104.

国麻醉药品委员会第五十五届会议开始关注快速涌现的新精神活性物质问题，首次就该议题达成全球共识，通过了"促进针对新精神活性物质构成的挑战开展国际合作"的第55/1号决议。[1]在该决议中，联合国麻醉药品委员会沿用了欧盟理事会第2005/387/JHA号决定中对新精神活性物质的释义，第一次向全球介绍了"新精神活性物质"的术语。2013年6月，联合国毒品和犯罪问题办公室在其发布的《2013年世界毒品报告》中给出的定义为："新精神活性物质是指模仿已被列管毒品效果的、尚未被《经1972年议定书修正的1961年麻醉品单一公约》和《1971年精神药物公约》列管的纯净物或制剂，其滥用可能威胁公共健康安全。"同时，明确新精神活性物质中的"新"，通常包括两层含义：一是指最新合成的精神活性物质；二是指早年就已被合成，但新近才发生滥用的精神活性物质。

（二）我国对新精神活性物质的定义

随着"新精神活性物质"法律用语在国际禁毒决议、报告等法律文书中的使用，我国大约从2013年开始使用"新精神活性物质"的法律用语。虽然目前我国已初步形成新精神活性物质的管制制度，但是我国法律尚未明确给出新精神活性物质的定义。尽管"新精神活性物质"一词多用于政府通信和信息传递，以确保与主要国际信息来源保持一致，但是，由于该概念没有明确的法律释义，因而带来了一定程度的混淆，给执法者造成执法困扰，导致部分执法人员认为新精神活性物质不是毒品；对公众而言，不清晰明了的法律法规也很难被遵守。明确新精神活性物质的法律定义，既能够使人们清楚地描述新精神活性物质的类别，从而制定清晰的支持政策、进行技术讨论，也有利于解决执法者和公众的困扰。

1. 新精神活性物质法律释义的一般原则

一是一致性。讨论"新精神活性物质"的法律定义，应遵循与我国《刑法》《禁毒法》规定的毒品定义以及联合国麻醉药品委员会、联合国毒品和犯罪问题办公室对新精神活性物质定义一致性的前提。

二是广泛性。讨论"新精神活性物质"的法律定义应注意其与毒品的不同，尽可能采用适当广泛的通用定义。

2. 新精神活性物质法律释义的构成要素

所谓新精神活性物质法律释义的构成要素，是指与新精神活性物质引发

〔1〕 United Nations Office on Drugs and Crime（UNODC）. World Drug Report 2013［R］. New York：United Nations，2013：122.

法律介入有关的必要构成因素，其是法律介入新精神活性物质管制的必要性前提以及为受法律约束的公民提供预测可能性的参考标准。在新精神活性物质定义的外延解释上，立法者或被授权立法者应根据新精神活性物质的定义内涵，在符合法律保留原则之下，以适格的立法形式制定合理的规范。

我国《刑法》第 357 条第 1 款规定，毒品是指鸦片、海洛因、甲基苯丙胺（冰毒）、吗啡、大麻、可卡因以及国家规定管制的其他能够使人形成瘾癖的麻醉药品和精神药品。从该释义中可见，我国毒品的法律定义要素由"国家管制"和"成瘾性"所构成。"成瘾性"是毒品的自然属性，但不一定是毒品受到管制的直接因素，是成瘾所引发的社会危害性导致法律介入毒品管制。[1]"国家管制"是毒品的法律属性，其作为毒品的定义要素，既强调了国家介入公民生活的权力，也是对毒品管制正当性的解释。[2]

从前述联合国麻醉药品委员会与联合国毒品和犯罪问题办公室对新精神活性物质的定义解释中可以得出，联合国关于新精神活性物质的定义要素是非国际管制、模仿毒品效果以及潜在的成瘾性和危害性。

比较我国关于毒品的定义与联合国麻醉药品委员会、联合国毒品和犯罪问题办公室关于新精神活性物质的定义可以发现，新精神活性物质与毒品最显著的区别是非管制性，因而非管制性不仅是新精神活性物质区别于毒品的主要特征，而且是构成新精神活性物质的第一要义。新精神活性物质的第二要义为潜在成瘾性及其引发的危害性，第三要义是模仿性。

3. 新精神活性物质的法律含义

与许多国家一样，在开始使用"新精神活性物质"法律概念之前，我国早就开始使用"精神活性物质"这个概念，只是该概念通常作为医学用语或一般用语使用。作为医学用语使用，"精神活性物质是指能够穿越血脑障壁并且主要作用于中枢神经系统，进而对感觉、情绪、知觉、意识、认知和行为做出改变的化学物质"[3]。作为一般用语使用，"精神活性物质是指进入人体后能够影响人类心境、情绪、行为，改变意识形态，并可能导致瘾癖或

[1] 包涵. 论毒品的定义要素与授权列管原则[J]. 北京联合大学学报(人文社会科学版), 2017, 15 (3): 102.
[2] 包涵. 论毒品的定义要素与授权列管原则[J]. 北京联合大学学报(人文社会科学版), 2017, 15 (3): 103.
[3] 精神活性物质[EB/OL]. http://en.wikipedia.org/wiki/Psychoactive_substance#cite_note-bushbook-1.

依赖的一切化学物质"[1]。

1973 年，世界卫生组织从国际禁毒公约中关于麻醉药品和精神药物的规定出发，考虑到酒、烟草、挥发性溶剂三类未被列入国际管制的精神活性物质也与人类的健康密切相关，把可致滥用的依赖性药物和物质分为八类，如表 5 所示。

表 5　世界卫生组织对毒品的分类[2]

序号	类别	主要药物
1	酒精及镇静剂类	乙醇、巴比妥类及其他镇静催眠药
2	阿片类	阿片、吗啡、海洛因、美沙酮和哌替啶等
3	苯丙胺类	苯丙胺、右旋苯丙胺、甲基苯丙胺和利他林等
4	可卡因类	可卡因、可卡糊和古柯叶等
5	大麻类	大麻制剂
6	致幻剂类	麦角酰二乙胺（LSD）、麦司卡林和裸盖菇素等
7	挥发性化合物类	丙酮、四氯化碳和其他溶剂
8	烟碱类	烟草、鼻烟等

由表 5 可知，医学用语或一般用语的"精神活性物质"范围广泛，既包括国际禁毒公约和各国法律管制的麻醉药品和精神药品，即毒品；也包括非管制的酒精、烟草等物质。因而，法律用语的"新精神活性物质"与医学用语或一般用语的"精神活性物质"有联系，也有区别。其联系在于"新精神活性物质"也是一类"精神活性物质"；区别在于"新精神活性物质"专指尚未被国际或国家规定管制的、新出现的或先前已经出现但新近被滥用的精神活性物质。也就是说，"新精神活性物质"强调非管制性。

2013 年以来，我国一些学者对"新精神活性物质"的法律释义进行了探讨，他们从不同角度提出"新精神活性物质"的法律释义。例如，张黎等提出："所谓新精神活性物质，是指尚未被我国规定管制的能够使人形成瘾癖，其滥用问题已经对公共健康安全造成现实危害或潜在威胁的精神活性物质。"[3]该释义注重了与我国毒品法律释义的一致性，但是"能够使人形成瘾癖"的表述似乎缩小了国际社会关于新精神活性物质的范围，因为根据联合国麻醉

〔1〕 贾少微. 精神活性物质依赖[M]. 北京：人民卫生出版社，2013：1.
〔2〕 张涛. 毒品检验与鉴定教程[M]. 北京：中国人民公安大学出版社，2011：9.
〔3〕 张黎，张拓. 新精神活性物质的滥用危害与防控问题研究：以构建我国禁毒防控体系为视角[J].
中国人民公安大学学报(社会科学版)，2013(4)：89.

药品委员会、联合国毒品和犯罪问题办公室的定义，某种物质只要有潜在的
滥用风险及危害，都被包含在新精神活性物质的范围内。该定义中的"能够
使人形成瘾癖"则要求我国有关部门承担新精神活性物质能够使人形成瘾癖
的举证责任，而要证明一种新精神活性物质是否具有成瘾性，需花费一定时
间进行相关科学实验后才能认定。再如，马岩等认为："新精神活性物质是指
没有被联合国《1961 年麻醉品单一公约》和《1971 年精神药物公约》列管，
但具有滥用潜力，可以引起公共健康风险的精神活性物质。"[1]该释义突出了
与国际释义的统一性，但没有体现出我国毒品定义的特色。目前，受传统毒
品管制制度的制约，国际层面的新精神活性物质管制滞后于部分国家的相关
管制。一方面，国际列管的新精神活性物质种类较少，截至 2024 年年底，
《1961 年麻醉品单一公约》和《1971 年精神药物公约》仅列管 83 种；另一
方面，国际列管新精神活性物质的速度较慢。

综上，笔者基于对新精神活性物质法律释义的一般原则及其构成要素的
分析，对新精神活性物质的法律定义界定如下：新精神活性物质是指尚未被
我国法律规定管制、与毒品结构或功能相似、可能使人形成瘾癖以及引起公
共健康危害的精神活性物质。

（三）新精神活性物质与毒品的关系

目前，根据我国《刑法》《禁毒法》对毒品之规定，认定新精神活性物
质构成法律意义上的毒品，其应当具备两个条件：一是属于能够使人形成瘾
癖的麻醉药品或精神药品。如果不是麻醉药品或精神药品，或是不能使人形
成瘾癖的麻醉药品和精神药品，则不能被认定为毒品。二是具有管制性，即
其已被国家管制。如果没有被管制，也不能被认定为毒品。管制方式由国家
相关部门发布文件，明确被管制的麻醉药品和精神药品的种类和名称。例如，
国家食品药品监管总局、公安部、国家卫生计生委于 2013 年 11 月公布，自
2014 年 1 月 1 日起施行的《麻醉药品品种目录》（2013 年版）和《精神药品
品种目录》（2013 年版）是目前我国对麻醉药品和精神药品进行管制的基本
文件。

新精神活性物质是对以往已出现的毒品进行分子结构修饰或模仿其精神
效果的精神活性物质，具有可使人体产生类似甚至更强的兴奋或致幻作用，
存在成瘾的可能性，并带来危害性，因而具备上述第一个条件。然而，新精

---

[1] 马岩，王优美. 新精神活性物质办案实用手册[M]. 北京：法律出版社，2019：1.

神活性物质能否被认定为毒品，关键在于其是否被国家管制。如果没被管制，则不能被认定为毒品。2015 年 9 月，我国公安部、国家卫生计生委、国家食品药品监管总局、国家禁毒办印发了《非药用类麻醉药品和精神药品列管办法》。截至 2024 年 12 月，该办法的附录增补列管了 220 种非药用类麻醉药品和精神药品的新精神活性物质，以及整类芬太尼物质、整类合成大麻素物质。该办法使已管制的新精神活性物质具备被认定为毒品的第二个条件。因而，我国目前除《麻醉药品品种目录》（2013 年版）和《精神药品品种目录》（2013 年版）管制的 14 种新精神活性物质外，《非药用类麻醉药品和精神药品列管办法》管制的 220 种新精神活性物质及整类芬太尼物质、整类合成大麻素物质都是毒品，走私、贩卖、运输、制造这些新精神活性物质的行为，一般都应当被认定为毒品犯罪。

值得注意的是，我国把已管制的新精神活性物质认定为毒品，与联合国毒品和犯罪问题办公室对新精神活性物质的定义之间不存在冲突。新精神活性物质是对可能具有毒品的危害性但尚未被国际禁毒公约管制的新精神活性物质的统称，一旦被国内法所管制，就变成法律意义上的毒品，但仍可被称为一般用语的新精神活性物质。

因此，新精神活性物质的含义因使用对象的不同而有所区别，尤其需区分是作为一般用语使用还是作为法律用语使用。也就是说，作为法律用语使用，被管制的新精神活性物质是毒品，没被管制的新精神活性物质不是毒品；作为一般用语使用，新精神活性物质包括管制和非管制的新精神活性物质。

二、特性多样，非管制性是标志

新精神活性物质的主要特点如下：

（一）非管制性

目前，绝大多数新精神活性物质不是国际禁毒公约或国家法律规定管制的麻醉药品或精神药品，而是为规避现行毒品管制制度而制造的精神活性物质。不同国家、地区对麻醉药品、精神药品管制的种类不可能完全一致，致使存在于不同国家、地区的新精神活性物质种类也略有不同。各国禁毒执法机构在应对来自第一代传统毒品、第二代合成毒品的问题上投入了大量的精力，对于"中间形态"的第三代毒品，即新精神活性物质问题尚无暇顾及。

（二）主观故意性

不法分子在新精神活性物质的制造、走私、贩卖等环节都存在着主观故意性。为逃避法律的制裁，不法分子故意制造出与管制毒品结构相似的化学衍生物或与管制毒品药理作用相似的类似物。在新精神活性物质的走私、贩卖方面，当新精神活性物质在一个国家受到管制时，其生产或经销中心就会转移到另一个国家，以便销售活动（通过互联网）得以继续，或打着"合法兴奋剂""实验室药品"的旗号，将新精神活性物质推向市场，利用使用者不知情及想获得特定需求的愿望，驱使使用者消费此类物质。

（三）成瘾性

新精神活性物质具有较强的药物依赖性，容易被滥用成瘾。作用机制同被管制毒品（母药）类似，但毒性及成瘾潜力往往更强。与合成毒品相似，部分新精神活性物质对人体健康的危害是多样的、严重的，其精神依赖性较强、生理依赖性相对较弱，但并不意味着其成瘾性不强。相反，从新精神活性物质的兴奋作用、致幻作用可以分析出其成瘾性极强。例如，一氧化二氮（Nitrous oxide）俗称"笑气"，使用者使用会从量变引发质变，一旦成瘾就容易产生强制性的觅药行为，或者主动渴求去使用这样的物质。

（四）危害性

与毒品（国家规定管制的麻醉药品和精神药品）的效果相似，新精神活性物质容易在社会上形成较为严重的滥用危害。新精神活性物质作用于人体的中枢神经系统，影响人的思维、情感、意志和行为，容易导致精神依赖。具体危害如下：

1. 损害滥用者的健康

欧洲和美国调查显示，新精神活性物质导致的健康危害是多方面的，包括对滥用者神经、精神的影响和对心血管系统等重要生命器官的损害，以及滥用导致的急性过量中毒，甚至有致死危险。从现有资料来看，有的新精神活性物质对人体的损害丝毫不比"传统毒品"小，在某些方面，特别是对中枢神经系统的损害比"传统毒品"还要严重。

2. 诱发公共卫生和安全问题

新精神活性物质以中枢兴奋和致幻作用为主，滥用后急性中毒主要表现为产生不可控制的兴奋、易激惹、冲动，甚至暴力行为和暴力犯罪。另外，由于部分新精神活性物质对性活动具有刺激作用，由此不可避免会在滥用者之间引发性乱行为，因而导致性病、艾滋病等疾病的传播，造成严重的社会问题和公共卫生问题。日本的一项研究表明，滥用新精神活性物质引发的严重暴力事件是常见毒品的 7 倍。[1]部分欧洲国家、美国和中国等也有使用新精神活性物质诱发公共卫生和安全问题的报告和事件。

除具有毒品的一般危害外，新精神活性物质还具有自身特有的危害：一是多以合法外衣掩盖毒害实质，骗取和吸引人们吸食使用；二是从受管制地域流向非管制地域，不断寻找和开拓消费市场，进而大范围蔓延；三是在滥用初期，其危害性不易被察觉，但最终可能引发严重的公共健康问题；四是影响滥用者的辨认与控制能力，极易造成危害公共安全的严重后果。

（五）易变性

新精神活性物质的易变性是前所未有的。由于其是钻法律非列管的漏洞而生存，唯有快速修改现有列管物质结构或合成新结构的类似物、模仿物才有出路。2009—2019 年，每年新发现的新品种不少于 37 种，2013 年甚至超过 200 种。新精神活性物质的易变性使其市场表现出非凡的活力：一方面，新品种像雨后春笋般不断地增加；另一方面，部分原先的品种随着法律的管制而消失，还有部分已列管的新精神活性物质品种经过消费者的选择可能保留下来，在合成毒品市场上占据一席之地，成为新精神活性物质的核心品种。2013—2018 年，约有 60 种新精神活性物质已从合成毒品市场上消失，但是仅在 2016 年联合国毒品和犯罪问题办公室新报告的新精神活性物质就已超过 70 种。[2]

（六）隐蔽性

随着互联网技术的高速发展，世界范围内网民基数不断扩大，毒品犯罪分子利用网络渠道将毒品犯罪网络化，依托互联网平台进行线上的毒品交易买卖，从毒品犯罪分子所在地可以辐射全国乃至全世界，且交易便捷，难以发现和查证人、物、信息之间的对应关系，具有较强的隐蔽性。网络销售迅速成为新精神活性物质等新型毒品的主要交易形式，互联网平台已成为新精神活性物质的主要传播渠道。

毒品犯罪分子利用暗网或其他购物平台发售毒品信息，不仅销售不同

---

〔1〕 吕金峰. 新精神活性物质类新型毒品相关问题研究[D]. 兰州：甘肃政法学院，2019.

〔2〕 United Nations Office on Drugs and Crime（UNODC）. World Drug Report 2018 booklet 3：Analysis of Drug Markets[R]. Vienna：United Nations，2018：61.

类型的新精神活性物质，甚至提供制毒原材料、传授制毒方法。新精神活性物质的贩售已经形成一定规模的网络体系。首先，毒品交易人员通过微信、QQ、Skype 等网络社交软件进行沟通，商讨交易价格、毒品运输方式及运送地点等详细信息，双方无须见面即可通过网络聊天工具达成买卖新精神活性物质的意愿。其次，利用第三方支付平台，如微信、网银、支付宝等进行收付款。在新精神活性物质跨国交易案件中，通过外资银行、西联汇款或比特币等虚拟货币交易的方式也逐渐增加，大大增加了公安机关查处非法资金往来的工作难度。最后，在运输阶段，通过快递等物流手段即可完成运送。交易双方通常利用伪造的身份信息进行交易，并对新精神活性物质加以伪装，将其添加到巧克力、棒棒糖、果冻等食品中，非常具有迷惑性，不通过一定的检验技术手段难以分辨，快递员就这样在完全不知情的情况下将带有毒品的货物交至买家手上，"充当"毒品交易最后一环的重要角色。

三、分类多种，标准不同

新精神活性物质的种类不断变化、涌现，目前主要有以下两种分类：

（一）按化学结构分类

根据新精神活性物质化学结构的不同，目前最常见的有以下九类：

（1）合成大麻素类物质，例如 K2；

（2）合成卡西酮类物质，例如 MDPV；

（3）苯乙胺类物质，例如 2C-I；

（4）哌嗪类物质，例如 BZP；

（5）植物类物质，例如 Khat；

（6）氯胺酮或苯环己哌啶类物质，例如 4-MeO-PCP；

（7）色胺类物质，例如 5-MeO-DIPT；

（8）氨基茚满类物质，例如 MDAI；

（9）其他类新精神活性物质，例如 DMAA。

如图 10 所示，截至 2016 年 12 月，全球累计报告发现新精神活性物质种类中，合成大麻素类、合成卡西酮类、苯乙胺类、其他类和哌嗪类分列前五位。

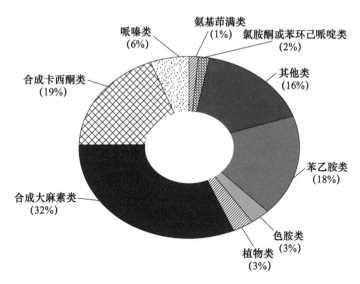

图 10　截至 2016 年全球累计报告发现新精神活性物质种类占比[1]

（二）按药理作用分类

新精神活性物质作用于中枢神经系统，能产生类似传统毒品的精神效用。国际禁毒公约管制的麻醉药品、精神药品的化学结构多种多样，根据它们产生的药理作用的不同，可将其分为七类。截至 2017 年年底，除已研制出覆盖七大类传统毒品精神效果的新精神活性物质外，不法人员还研制出不明药理作用的新精神活性物质。按药理作用分类具体如下：

阿片类，例如卡芬太尼；合成大麻素受体激动剂，例如 K2；兴奋剂，例如 MDPV；身心分离剂，例如氯胺酮；经典致幻剂，例如 2C-I；镇静催眠剂，例如苯二氮䓬类；药理效应未知类，例如 DMAA。[2]

为规避国际禁毒公约及国家禁毒法律的管制，近年来多数新出现的新精神活性物质采用了模仿传统毒品精神效果的路径制造，而不是通过模仿传统毒品相似的化学结构来获得。

〔1〕　United Nations Office on Drugs and Crime（UNODC）. World Drug Report 2017 booklet 4：Market Analysis of Synthetic Drugs[R]. Vienna：United Nations，2017：29.
〔2〕　United Nations Office on Drugs and Crime（UNODC）. World Drug Report 2017 booklet 4：Market Analysis of Synthetic Drugs[R]. Vienna：United Nations，2017：30.

第二节　新精神活性物质的常见品种

一、合成大麻素类，种类最多

（一）概述

1. 定义

大麻素类物质（cannabinoids）最初指源于植物大麻的精神活性成分，现在泛指作用于大麻素受体（Ⅰ型大麻素受体和Ⅱ型大麻素受体，或称 CB1 受体和 CB2 受体）的所有物质，包括内源性大麻素（endocannabinoids）、植物大麻素（phytocannabinoids）和合成大麻素（synthetic cannabinoids/marijuana）。[1] $\triangle^9$-四氢大麻酚（$\triangle^9$-tetrahydrocannabinol，$\triangle^9$-THC）是最具代表性的大麻素类物质，其既是植物大麻中的主要精神活性成分，也是评价其他大麻素类物质效价强度的参照物质。[2]

2. 分类

合成大麻素类物质主要有五类，分别为：经典大麻素类（classical cannabinoids）、非经典大麻素类（non-classical cannabinoids）、混合大麻素类（hybrid cannabinoids）、氨基烷基吲哚类（aminoalkylindoles）和二十烷类（eicosanoids）。经典大麻素类化合物是 $\triangle^9$-THC 类似物，如 HU-210。非经典大麻素类化合物与 $\triangle^9$-THC 结构差异较大，是最早用于娱乐的合成大麻素，如 CP 47497。混合大麻素类化合物具有经典大麻素类化合物和非经典大麻素类化合物的结构特征，如 AM-4030。氨基烷基吲哚类化合物的结构与 $\triangle^9$-THC 差异更为明显，如 JWH-018。二十烷类化合物是内源性大麻素的类似物，如 AM-356。最近出现的合成大麻素的化学结构更具多样性。

3. 命名

合成大麻素最初以合成它们的科学家、机构或公司命名，后来有一些以娱乐相关场景命名，还有一些以其化学名称缩写命名。部分合成大麻素有许

〔1〕 FRAGUAS-SÁNCHEZ A I, FERNÁNDEZ-CARBBALLIDO A,TORRES-SUÁREZ A I. Phyto-, endo- and synthetic cannabinoids：promising chemotherapeutic agents in the treatment of breast and prostate carcinomas[J]. Expert Opinion on Investigational Drugs, 2016, 25(11)：1311–1323.

〔2〕 HUESTIS M A. Pharmacokinetics and metabolism of the plant cannabinoids, delta9-tetrahydrocannabinol, cannabidiol and cannabinol [J] . Handbook of Experimental Pharmacology, 2005, 168：657–690.

多商品名或俗称。

4. 滥用

大约在 21 世纪初，合成大麻素开始被滥用，通常被喷洒在一些植物样品或载体上以吸烟的方式滥用。虽然现在很多合成大麻素的结构不再与△⁹-THC 母体类似，但它们与△⁹-THC 有许多共同的物理化学特征，如分子量小（通常 20—26 个碳原子）、极性低、脂溶性好、易挥发等，这些特征使它们就像△⁹-THC 一样可以被吸食。合成大麻素是近年来最常被滥用的新精神活性物质，全球报道的合成大麻素已超过 300 种，对滥用者的健康构成严重威胁。

5. 检验方法

现场可使用拉曼光谱仪或红外光谱仪对可疑物品进行初筛。实验室可采用气相色谱-质谱联用分析（GC-MS）、液相色谱-质谱联用分析（LC-MS）、核磁共振波谱分析（NMR）、傅里叶变换红外光谱分析（FT-IR）和激光拉曼光谱分析（Raman Spectra）等方法确认。

6. 法律管制

为加大对合成大麻素类物质违法犯罪行为的打击，从 2021 年 7 月 1 日起，我国将整类合成大麻素物质列入《非药用类麻醉药品和精神药品管制品种增补目录》，为合成大麻素类物质的管制提供法律保障。

（二）常见合成大麻素品种

1. JWH-018

名称：JWH-018。

通用名：（Naphthalen-1-yl）（1-pentyl-1*H*-indol-3-yl）methanone；（1-萘基）（1-戊基-1*H*-吲哚-3-基）甲酮；1-Pentyl-3-（1-naphthoyl）-1*H*-indole；1-戊基-3-（1-萘甲酰基）-1*H*-吲哚。

英文缩写：JWH-018、AM-678。

CAS 号：209414-07-3。

化学结构：

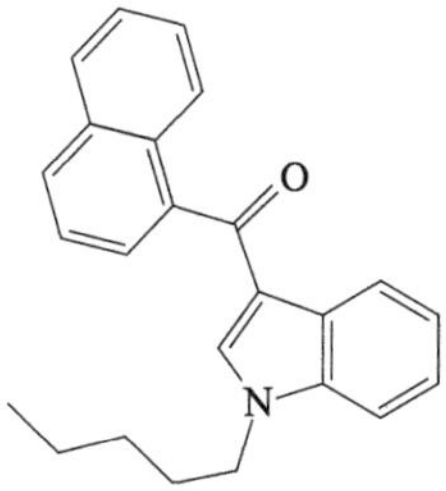

（1）概述。JWH-018 别名 AM-678，是大麻素受体的完全激动剂，对 II 型大麻素受体的选择性略强于 I 型大麻素受体。临床研究表明，JWH-018 的生物学效应与 △⁹-THC 类似，但比 △⁹-THC 作用强，容易使人产生耐受性。由于结构和生物学效应具有代表性，JWH-018 常作为其他合成大麻素类物质的参照药物。

（2）药理毒理作用。JWH-018 可导致受体快速超敏，引起精神病发作。其具有精神依赖性潜力，目前无公开发布的依赖性折算数据。

（3）法律管制。联合国已将 JWH-018 列入《1971 年精神药物公约》表二进行管制，其也是受国家管制最多的合成大麻素品种，共有十几个国家和地区对其进行管控。2008 年 12 月 18 日，奥地利对其进行管制；2011 年 9 月，澳大利亚将其列入《毒物标准》的违禁品进行管制；2012 年 2 月，加拿大将其列入管制；2014 年 1 月 1 日，我国将其列入《精神药品品种目录》（2013 年版）进行管制。

2. JWH-073

名称：JWH-073。

通用名：（1-butyl-1H-indol-3-yl）（naphthalen-1-yl）methanone；（1-丁基-1H-吲哚-3-基）甲酮；1-Butyl-3-（1-naphthoyl）-1H-indole；1-丁基-3-（1-萘甲酰基）-1H-吲哚。

英文缩写：JWH-073。

CAS 号：208987-48-8。

化学结构：

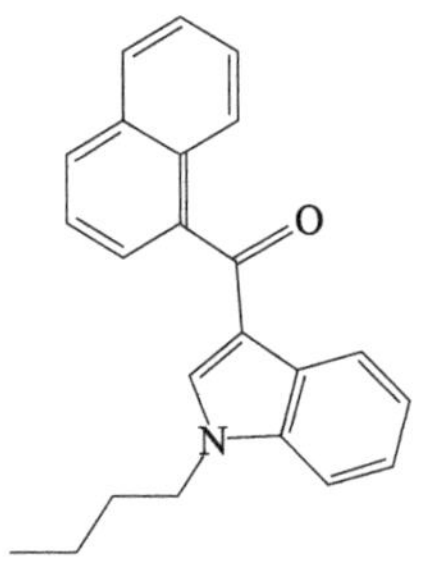

（1）概述。JWH-073 是大麻素受体的部分激动剂，对 I 型大麻素受体的作用强于 II 型大麻素受体，容易产生耐受性。

（2）药理毒理作用。JWH-073 具有精神依赖性潜力，目前无公开发布的依赖性折算数据。

（3）法律管制。2011 年 1 月，土耳其政府率先禁止销售 JWH-073。2011 年 3 月，美国将其列入管制；同年 7 月，澳大利亚将其列入管制。2014 年 1 月 1 日，我国将其列入《精神药品品种目录》（2013 年版）进行管制。2014 年 5 月，新西兰政府禁止销售该物质。

3. AM-694

名称：AM-694。

通用名：［1-（5-Fluoropentyl）-1H-indol-3-yl］（2-iodophenyl）methanone；［1-（5-氟戊基）-1H-吲哚-3-基］（2-碘代苯基）甲酮；1-（5-Fluoropentyl）-3-（2-iodobenzoyl）-1H-indole；1-（5-氟戊基）-3-（2-碘代苯甲酰基）-1H-吲哚。

英文缩写：AM-694。

CAS 号：335161-03-0。

化学结构：

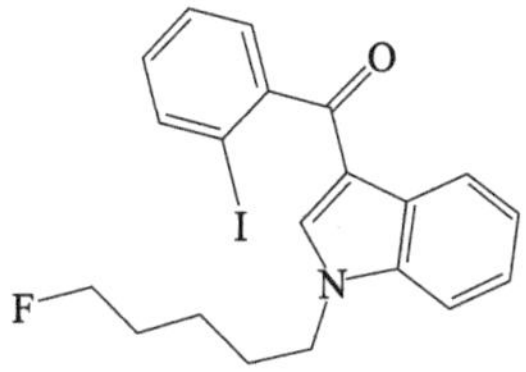

（1）概述。AM-694 是 I 型大麻素受体的选择性激动剂，常用作 I 型大麻素受体的显影剂，近年来已被滥用。

（2）药理毒理作用。与△⁹-THC 相比，其受体亲和力更高。目前没有直接的临床及动物研究资料，根据其结构推测其精神依赖潜力与 JWH-018 类似，无公开发布的依赖性折算数据。

（3）法律管制。2014 年 1 月 1 日，我国将 AM-694 列入《精神药品品种目录》（2013 年版）进行管制。

4. AM-2201

名称：AM-2201。

通用名：［1-（5-Fluoropentyl）-1H-indole-3-yl］（naphthalen-1-yl）methanone；［1-（5-氟戊基）-1H-吲哚-3-基］（1-萘基）甲酮；1-（5-Fluoropentyl）-3-（1-naphthoyl）-1H-indole；1-（5-氟戊基）-3-（1-萘甲酰基）-1H-吲哚。

英文缩写：AM-2201、JWH-2201。

CAS 号：335161-24-5。

化学结构：

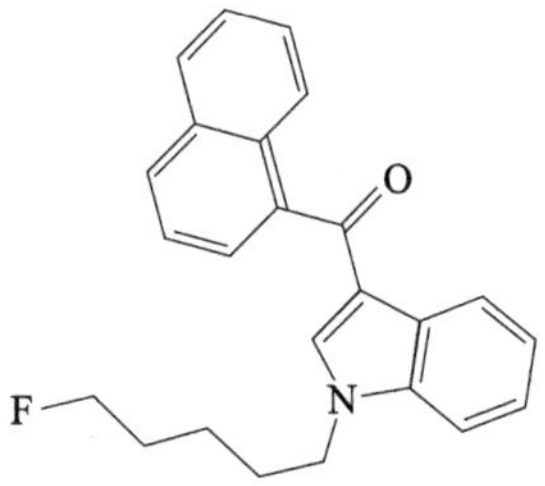

（1）概述。AM-2201 别名 JWH-2201，在结构和药物特点上与 JWH-018 类似，是大麻素受体的完全激动剂。

（2）药理毒理作用。AM-2201 可导致人体心动过缓和低体温，与 $\triangle^9$-THC 相比，其亲和力更高，目前无公开发布的依赖性折算数据。

（3）法律管制。联合国已将 AM-2201 列入《1971 年精神药物公约》表二进行管制。2011 年，美国将其列入管制；2014 年 1 月 1 日，我国将其列入《精神药品品种目录》（2013 年版）进行管制。

5. JWH-250

名称：JWH-250。

通用名：2-(2-methoxyphenyl)-1-(1-pentyl-1*H*-indol-3-yl) ethan-1-one；2-(2-甲氧基苯基)-1-(1-戊基-1*H*-吲哚-3-基)-1-乙酮；1-pentyl-3-(2-methoxyphenylacetyl)-1*H*-indole；1-戊基-3-(2-甲氧基苯乙酰基)-1*H*-吲哚。

英文缩写：JWH-250。

CAS 号：864445-43-2。

化学结构：

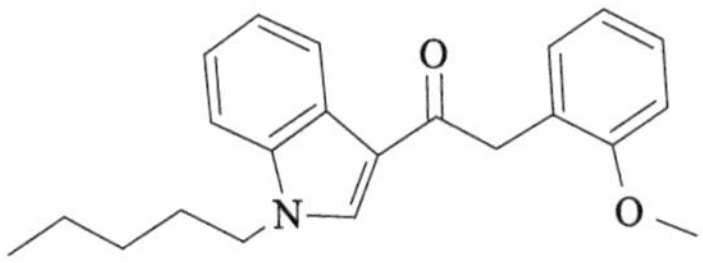

（1）概述。JWH-250 为大麻素受体激动剂，对 I 型大麻素受体结合力稍强于 II 型大麻素受体。

（2）药理毒理作用。与 $\triangle^9$-THC 相比，JWH-250 亲和力更高，目前无公开发布的依赖性折算数据。

（3）法律管制。2014 年 1 月 1 日，我国将 JWH-250 列入《精神药品品种目录》（2013 年版）进行管制；2015 年 10 月，澳大利亚将其列入管制。

二、合成卡西酮类，常见兴奋剂

（一）概述

1. 定义

卡西酮（Cathinone）属于单胺类生物碱，又被称为 β-酮基苯丙胺（β-keto-amphetamine），化学名为"2-氨基-1-苯基-1-丙酮"，药理作用和苯丙胺类兴奋剂相似。通过化学修饰等手段，卡西酮可转化为卡西酮的衍生物，此类合成卡西酮物质（Synthetic Cathinones）被统称为卡西酮类策划药。[1]

2. 分类

根据结构中的手性碳原子，合成卡西酮类物质被分为 R 和 S 两种异构体。研究表明，左旋 S(−)卡西酮的作用效果大于右旋 R(+)卡西酮。

3. 滥用

甲卡西酮和4-甲基甲卡西酮首次合成于20世纪20年代，最初仅作为抗抑郁药使用，20世纪60年代出现滥用。2009年以来，合成卡西酮类物质的滥用明显增加。英国和欧洲其他国家先出现合成卡西酮类物质的滥用，随后该类物质在美国逐步流行。近年来，我国山西省部分地区存在甲卡西酮滥用，且呈现蔓延趋势。根据联合国毒品和犯罪问题办公室《2018年世界毒品报告》，截至2017年年底，全球已发现合成卡西酮类物质148种，占已发现新精神活性物质总数的17.8%。

合成卡西酮类物质主要通过网络销售，其滥用人群和行为特征与其他合成毒品相似，主体人群为16—29岁的青少年。合成卡西酮类物质常见的滥用方式为鼻吸、口服和烫吸，也有皮下、静脉注射和直肠给药的案例报道。一般吸入几分钟内就能产生效果，30分钟后药效达到高峰并可持续2—3小时，静脉注射药效持续时间缩短近一半。临床调查显示，吸食合成卡西酮类物质初期会有欣快、精力旺盛及狂躁等精神反应，后期将出现抑郁、嗜睡、食欲下降、双手颤抖等症状，并且伴随妄想、焦虑、失眠、脱水、腹痛、呕吐等毒副作用，长期滥用会成瘾，产生一系列生理与心理损伤，严重的甚至会导致死亡。

---

〔1〕 马岩，王优美. 新精神活性物质办案实用手册[M]. 北京：法律出版社，2019：141.

（二）常见合成卡西酮品种

1. MDPV

名称：MDPV。

通用名：1-(1,3-benzodioxol-5-yl)-2-(pyrrolidin-1-yl)pentan-1-one；1-(1, 3-苯并二噁茂-5-基)-2-(N-吡咯烷基)-1-戊酮；1-(3,4-methylenedioxyphenyl)-2-(pyrrolidin-1-yl)pentan-1-one；1-[3,4-(亚甲二氧基)苯基]-2-(N-吡咯烷基)-1-戊酮；Methylenedioxypyrovalerone；亚甲基二氧吡咯戊酮。

英文缩写：MDPV。

CAS 号：687603-66-3。

化学结构：

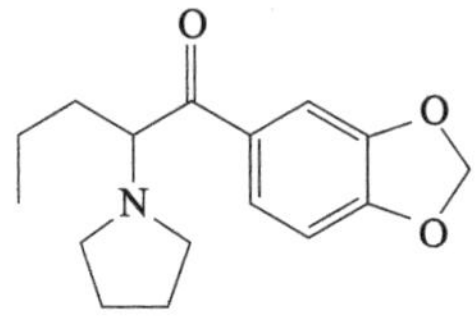

（1）概述。MDPV 的盐酸盐形式为非常细的结晶状粉末，颜色介于纯白色与黄褐色之间，有轻微气味，气味随着颜色的加深而加重。早在 20 世纪 60 年代，德国勃林格殷格翰公司（Boehringer Ingelheim）就已研发出 MDPV。[1] 2004 年，MDPV 被作为策划药物出售。在美国的加油站和便利店，含有 MDPV 成分的"浴盐"产品曾被作为娱乐药物销售。

（2）药理毒理作用。MDPV 常见的滥用方式包括口服、鼻吸和静脉注射。MDPV 精神活性作用与毒品可卡因、苯丙胺类似，最初的精神活性能维持3—4小时。MDPV 可引起血压升高、心动过速等，作用可持续 6~8 小时；高剂量 MDPV 会导致使用者产生长时间的强烈惊恐。目前，无公开发布的依赖性折算数据。

（3）法律管制。联合国已将 MDPV 列入《1971 年精神药物公约》表二进行管制。2011 年 12 月 8 日，美国将其列入《合成毒品控制法》（Synthetic Drug Control Act）进行管制，禁止在商店销售 MDPV 和多种其他相关合成毒品；2014 年 1 月 1 日，我国将 MDPV 列入《精神药品品种目录》（2013 年版）进行管制。

---

[1] 马岩，王优美．新精神活性物质办案实用手册[M]．北京：法律出版社，2019：145.

2. 4-MEC

名称：4-MEC。

通用名：2-Ethylamino-1-(4-methylphenyl) propan-1-one；1-(4-甲基苯基)-2-(乙氨基)-1-丙酮；4-Methylethcathinon；4-甲基乙卡西酮；4-Methyl-N-ethylcathinone；4-甲基-N-乙基卡西酮。

英文缩写：4-MEC。

CAS 号：1225617-18-4。

化学结构：

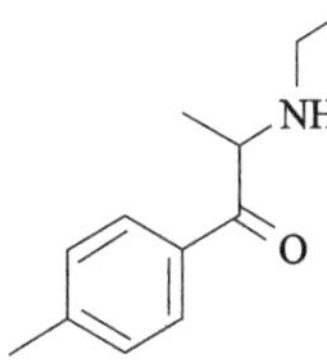

（1）概述。4-甲基乙卡西酮（4-MEC）与4-甲基甲卡西酮（4-MMC）有相似的化学结构，是一种具有致幻作用的合成兴奋剂。4-MEC 主要以粉末的形式出现，也有片剂形式。2010 年，4-MEC 作为 4-MMC 的替代物开始在网络上销售。4-MEC 常与其他卡西酮类物质混合销售，被称为"能源-1"（NRG-1）。[1]

（2）药理毒理作用。4-MEC 具有精神依赖性，可能对人体的认知功能有长期的损害，目前无公开发布的依赖性折算数据。

（3）法律管制。联合国已将 4-MEC 列入《1971 年精神药物公约》表二进行管制。新西兰等国家把 4-MEC 作为假"摇头丸"的有效成分进行管制；2017 年，美国将 4-MEC 列为《管制物质法案》（Controlled Substances Act, CSA）表 I 物质进行管制；2014 年 1 月 1 日，我国将 4-MEC 列入《精神药品品种目录》（2013 年版）进行管制。

3. 4-MMC

名称：4-MMC。

通用名：1-(4-Methylphenyl)-2-methylaminopropan-1-one；1-(4-甲基苯基)-2-甲氨基-1-丙酮；4-Methylmethcathinone；4-甲基甲卡西酮；Mephedrone；甲基麻黄酮。

_____

〔1〕 马岩，王优美. 新精神活性物质办案实用手册［M］. 北京：法律出版社，2019：147.

英文缩写：4-MMC。

CAS 号：5650-44-2。

化学结构：

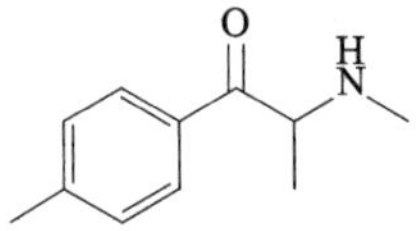

（1）概述。4-甲基甲卡西酮（4-MMC）是以卡西酮为基本骨架的人工合成兴奋剂，国外俗称"喵喵""Meph""MMC"等，我国俗称"土冰""筋"等。国外的 4-MMC 一般为白色粉末状，有时会被制成各种颜色的片剂或胶囊；国内的 4-MMC 常见为粉末状，呈微黄色，有时有褐色或黑色斑点。[1]

4-MMC 于 20 世纪 20 年代后期首次合成，当时并没有引起人们的关注。2003 年，地下非法实验室再次合成 4-MMC，在以色列作为策划药推出，并在整个中东地区快速蔓延，随后进入欧洲市场。因其作用与可卡因十分相似，又被称为合法的可卡因，是著名的俱乐部药品。[2]

（2）药理毒理作用。4-MMC 常见的滥用方式为口服、鼻吸和静脉注射。4-MMC 的作用介于摇头丸与可卡因之间，主要有兴奋和迷幻作用，还会引发磨牙、鼻出血、呕吐、皮疹、焦虑、偏执、短期记忆受损等问题，严重时可能会造成死亡，其中磨牙是最显著的副作用表现。其依赖性折算为，1g 4-MCC 相当于 1g 甲基苯丙胺。

（3）法律管制。英国、德国、中国台湾地区、加拿大及美国新泽西州和北达科他州等相继对 4-MMC 进行管制。2014 年 1 月 1 日，我国将 4-MMC 列入《精神药品品种目录》（2013 年版）管制。

三、苯乙胺类，常见致幻剂

（一）概述

1. 定义

苯乙胺类衍生物是指以苯乙胺结构为原型衍生出来、药理毒理作用与苯乙胺类似的一类物质。[3]

---

〔1〕 马岩，王优美. 新精神活性物质办案实用手册［M］. 北京：法律出版社，2019：149.

〔2〕 杨黎华. 合成毒品 4-甲基甲卡西酮的危害及滥用的预防［J］. 云南警官学院学报，2012（2）：19-21.

〔3〕 马岩，王优美. 新精神活性物质办案实用手册［M］. 北京：法律出版社，2019：229.

2. 分类

根据化学结构的不同，苯乙胺类新精神活性物质可分为两大类：一类是二甲氧基苯乙胺衍生物。二甲氧基苯乙胺衍生物又称 2C 系列化合物，在苯环的 2 位和 5 位有两个甲氧基取代基，使用后会产生类似麦角酰二乙胺（Lysergide，LSD）的强烈致幻作用。另一类是苯丙胺衍生物，其是以苯丙胺为基本骨架结构的化合物，苯环上通常具有单取代基或成环取代基。

3. 滥用

目前，苯乙胺类新精神活性物质已达上百种，是一类重要的新精神活性物质。其滥用多采用粉末口服，也有鼻吸、含服、直肠给药等方式。该类物质具有强烈的致幻作用或致幻和兴奋作用。使用过量则会产生严重的副作用，如精神错乱、被害妄想，以及心动过速、血压升高、肝肾功能衰竭等急性中毒症状，还可能引发抽搐和脑中风等，甚至导致死亡。长期滥用该类物质会导致神经系统损伤，出现依赖、成瘾、精神障碍等症状。

4. 检验方法

苯乙胺类新精神活性物质多为新化学结构，检测分析比较困难，可采用液相色谱-质谱联用、气相色谱-质谱联用及核磁共振等技术进行检测分析及结构鉴定。

5. 法律管制

由于使用苯乙胺类新精神活性物质易导致精神错乱，从而引发自残、恶性暴力案件及中毒事件，因此这类化合物在欧洲很多国家和美国都受到管制，在我国被列为第一类精神药品或非药用类麻醉药品和精神药品进行管制。

（二）常见苯乙胺品种

1. 2C-I

名称：2C-I。

通用名：2,5-Dimethoxy-4-iodophenethylamine；2,5-二甲氧基-4-碘苯乙胺。

英文缩写：2C-I。

CAS 号：69587-11-7。

化学结构：

（1）概述。2C-I 是具有致幻作用的 2C 家族苯乙胺类衍生物。1991 年，亚历山大·舒尔金（Alexander Shulgin）首次合成 2C-I 并将其收录在著作 *PiHKAL：A Chemical Love Story* 中。2C-I 因其致幻和移情作用被滥用，粉末、胶囊、片剂多采用口服，粉末也可采用鼻吸方式。

（2）药理毒理作用。2C-I 与 DOM、DOB 的药理毒理作用相似。使用 2C-I 会产生依赖性，目前无公开发布的依赖性折算数据。据报告，口服 3—25mg 2C-I 会产生 LSD 状致幻和视觉扭曲、MDMA 样移情作用。摄入 2C-I 后约 40 分钟开始出现主观效应，约 2 小时达到峰值，效应可以持续 8 小时。吸食过量会产生严重的副作用，出现精神错乱、脱水等症状。[1]

（3）法律管制。2003 年 12 月，欧盟成员国把 2C-I 列入管制；美国将 2C-I 列入《管制物质法案》表 I 进行管制，持有、运输和制造均属违法；英国、加拿大、澳大利亚、瑞典等国也都列管了 2C-I；2014 年 1 月 1 日，我国将 2C-I 列入《精神药品品种目录》（2013 年版）第一类精神药品进行管制。

2. 2C-H

名称：2C-H。

通用名：2,5-Dimethoxyphenethylamine；2,5-二甲氧基苯乙胺。

英文缩写：2C-H。

CAS 号：3600-86-0。

化学结构：

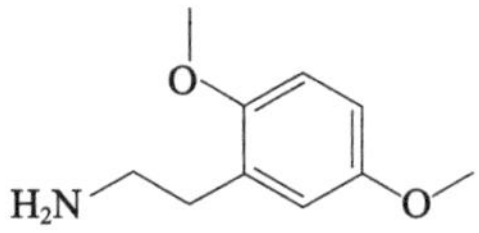

（1）概述。2C-H 是苯乙胺类衍生物，于 1932 年首次合成。2C-H 自身没有活性，是合成 2C-B、2C-C、2C-I、2C-N 等化合物的前体。

（2）药理毒理作用。2C-H 在引起显著的精神活性效应前，可能被单胺氧化酶灭活，其精神活性效应并不明显。2C-H 依赖性折算为，1g 2C-H 相当于 0.02g 甲基苯丙胺。

（3）法律管制。2016 年 10 月 31 日，加拿大将 2C-H 列为管制药物；2012 年，美国将 2C-H 列入《合成毒品控制法》表 I 管制药物；2014 年 1 月 1 日，

〔1〕 马岩，王优美. 新精神活性物质办案实用手册［M］. 北京：法律出版社，2019：230.

我国将 2C-H 列入《精神药品品种目录》（2013 年版）第一类精神药品进行管制。

四、哌嗪类，常见兴奋剂

（一）概述

1. 定义

哌嗪类物质是一类类似苯丙胺的化合物，其基本化学结构是 1 位、4 位有 2 个氮原子的六元杂环。哌嗪是一种重要的药物中间体，其衍生物较多。[1]

2. 滥用

哌嗪最初作为驱虫药上市，而后被认为有抗抑郁作用。首例哌嗪类新精神活性物质的滥用报道来自美国。2000 年年初，其在新西兰作为摇头丸的替代品被大规模使用；2004 年以后，其在欧洲普遍流行。哌嗪的化学结构和甲基苯丙胺相似，但作用仅有其 1/10。哌嗪滥用通常以片剂或胶囊的形式吞服，也有烟吸、鼻吸方式，还有极少数人采用注射方式。目前，最常见的哌嗪品种是 BZP，流行的用法是将 BZP 和 TFMPP 或其他毒品混合使用。

（二）常见哌嗪品种：BZP

名称：BZP。

通用名：1-Benzylpiperazine；1-苄基哌嗪。

英文缩写：BZP。

CAS 号：2759-28-6。

化学结构：

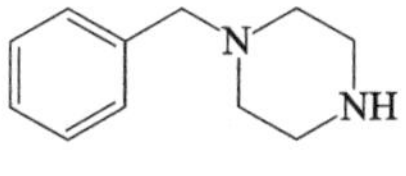

1. 概述

BZP 是首个合成的哌嗪衍生物，也是使用最广泛的哌嗪类物质。BZP 没有任何医疗用途，曾在 20 世纪 70 年代被作为抗抑郁药进行研究，但是由于其具有类似苯丙胺的作用和滥用潜力，最终没有在临床使用。20 世纪 90 年

---

[1] 马岩，王优美. 新精神活性物质办案实用手册[M]. 北京：法律出版社，2019：334.

代早期，美国加利福尼亚州发现，BZP 被掺杂在其他毒品中使用。1999 年，新西兰 BZP 滥用快速增长，随后引发世界流行。2000 年，欧洲出现滥用；2006 年，加拿大发现 BZP 和 TFMPP 复合药片成为夜店毒品的替代品；2008 年，美国出现 BZP 和摇头丸混合使用。[1]

2. 药理毒理作用

BZP 药理作用弱于 MDMA、甲基苯丙胺，滥用情况、依赖潜能、药理和毒理作用与苯丙胺相似，目前无公开发布的依赖性折算数据。BZP 和 TFMPP 联合使用，其药理学作用类似 MDMA。使用 BZP 会引起明显的毒性反应，主要与拟交感神经激活有关，包括瞳孔扩大、视力模糊、口干、过度警觉、瘙痒、易激惹、震颤等。此外，还可能出现焦虑、头痛、失眠、恶心、幻觉等，严重时会出现精神病症状、肾毒性、呼吸衰竭、高热、横纹肌溶解和惊厥等。

3. 法律管制

联合国已将 BZP 列入《1971 年精神药物公约》表二进行管制。直到 20 世纪 90 年代末，哌嗪类物质使用通常都被认为是合法的，是苯丙胺类药物的安全替代品。2002 年，美国把 BZP 列入管制；英国对哌嗪类物质的管控极为严格，之后欧盟将 BZP 列入管制；2014 年 1 月 1 日，我国将 BZP 列入《精神药品品种目录》（2013 年版）第一类精神药品进行管制。

五、氯胺酮或苯环己哌啶类，常见分离剂

（一）概述

1. 定义

氯胺酮或苯环己哌啶类物质均为芳环环己酮胺的衍生物。

2. 滥用

氯胺酮是该类新精神活性物质中的代表性物质，是目前滥用较多的一类致幻剂。使用氯胺酮会产生幻觉、精神与躯体分离的状态、欣快感等，目前氯胺酮已被部分国家列为严格管制的药物。近年来，与氯胺酮结构和作用相似的 MXE 等一类药物滥用现象逐渐显现，其一般采用鼻吸、口服、静脉或肌肉注射方式。但是，由于这些新精神活性物质滥用时间较短、滥用人群不多，目前尚未被多国列管。

---

[1] 马岩，王优美. 新精神活性物质办案实用手册[M]. 北京：法律出版社，2019：335-336.

（二） 常见氯胺酮或苯环己哌啶品种：MXE

名称：MXE。

通用名：2-(3-Methoxyphenyl)-2-(ethylamino)cyclohexanone；2-(3-甲氧基苯基)-2-乙氨基环己酮；Methoxetamine。

英文缩写：MXE。

CAS 号：1239943-76-0。

化学结构：

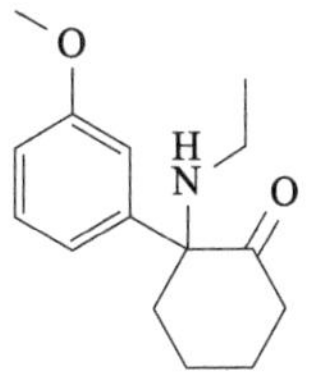

1. 概述

MXE 是一种氯胺酮替代药物，与氯胺酮相比，肾脏毒性较小。MXE 一般为白色、无味的结晶体。

2. 药理毒理作用

MXE 可以产生与氯胺酮相似的中枢作用，还可以产生明显的致幻作用，使使用者意识与感觉相分离。其精神症状还包括愉悦、兴奋、焦虑等，其他不良反应包括高血压、心悸、恶心、呕吐、癫痫、共济失调等。长期使用 MXE 会产生神经和外周毒性，具体症状包括困倦、口齿不清、注意力下降、震颤、肾脏和肝脏损害等。MXE 具有依赖性及滥用潜力，其依赖性折算为，1g MXE 相当于 0.025g 海洛因。[1]

3. 法律管制

联合国已将 MXE 纳入《1971 年精神药物公约》表二进行管制。MXE 已经被欧洲毒品和毒瘾监测中心列为新精神活性物质。日本、俄罗斯、英国、土耳其、韩国也将 MXE 列为管制药物。2015 年 10 月 1 日，我国将 MXE 列入《非药用类麻醉药品和精神药品列管办法》的《非药用类麻醉药品和精神药品管制品种增补目录》进行管制。

---

[1] 马岩，王优美. 新精神活性物质办案实用手册[M]. 北京：法律出版社，2019：356.

六、色胺类，经典致幻剂

（一）概述

1. 定义

色胺及其衍生物是一类经典且被广泛使用的致幻剂，是一类化学结构与色胺相似的吲哚生物碱。其化学结构为：

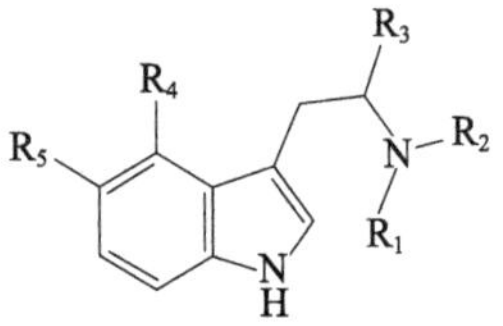

2. 滥用

色胺可以从迷幻蘑菇等植物中提取。在古代，人们就已发现色胺类物质的致幻作用，并用于宗教活动。但是，在日常生活中，色胺类物质的使用是受到限制的。20世纪中期，随着麦角酰二乙胺致幻剂的出现，毒品市场开始合成新型色胺类致幻剂，如"零号胶囊""火狐狸""黑猫"等，随后逐渐被年轻人用作娱乐消遣。近年来，已出现使用新型色胺类致幻剂中毒和死亡的病例报道。[1]

（二）常见色胺品种：5-MeO-DALT

名称：5-MeO-DALT。

通用名：N-Allyl-N-［2-（5-methoxy-1H-indol-3-yl）ethyl］prop-2-en-1-amine；N-烯丙基-N-［2-（5-甲氧基-1H-吲哚-3-基）乙基］-2-丙烯-1-胺；3-［2-（Diallylamino）ethy］-5-methoxy-1H-indole；3-（2-二烯丙基氨基）乙基-5-甲氧基-1H-吲哚；N,N-Diallyl-5-methoxytryptamine；N,N-二烯丙基-5-甲氧基色胺。

英文缩写：5-MeO-DALT。

CAS号：928822-98-4。

---

[1] 马岩，王优美. 新精神活性物质办案实用手册［M］. 北京：法律出版社，2019：295.

化学结构：

1. 概述

5-MeO-DALT 是一种具有轻微气味，外观为白色到浅棕色的粉末，分子式为 $C_{17}H_{22}N_2O$，属于色胺类衍生物，为 5-羟色胺类迷幻剂。5-MeO-DALT 为 5-HT2A 受体的部分激动剂，但不具有特异选择性。其能产生促肾上腺皮质激素样作用，引起知觉、情绪和意识变化，是一种短效的新精神活性物质。其可以通过口服或鼻腔吸入方式进入人体，服用后身体有快速、强烈的反应，会感到愉悦，并出现幻觉，失去对肢体的控制。

2. 药理毒理作用

5-MeO-DALT 产生的迷幻效应与色胺相似。使用者服用该物质后有快速、强烈的反应，如精神感到愉悦、身体有活力、出现幻觉等。其可引起人体血管收缩、血压升高、心跳加速、头痛和出汗。副作用包括吃东西的冲动（咀嚼）、瞳孔放大、颈部和下颌紧张（磨牙症）、轻微偏执或焦虑以及恶心。已公开报道的心理影响包括提高警觉性、增加唤醒和激动。其致幻作用可能导致人行为紊乱，甚至会出现危及生命的情况。虽然低剂量使用 5-MeO-DALT 不会出现后遗症，但同时服用其他毒品可能出现轻微肾衰和横纹肌溶解的现象。[1]5-MeO-DALT 对机体的长期影响尚不清楚。其依赖性折算为，1g 5-MeO-DALT 相当于 1g 海洛因。

3. 法律管制

2015 年 10 月 1 日，我国将 5-MeO-DALT 列入《非药用类麻醉药品和精神药品列管办法》的《非药用类麻醉药品和精神药品管制品种增补目录》进行管制；日本、新加坡、瑞典、美国和英国等也将其列入监管。

---

〔1〕 马岩，王优美. 新精神活性物质办案实用手册［M］. 北京：法律出版社，2019：298–299.

七、植物类，天然类

（一）概述

1. 定义

植物类新精神活性物质是指具有较强致幻作用、成瘾性等精神活性的天然植物。

2. 分类

（1）恰特草，是非洲之角和阿拉伯半岛的原生植物。

（2）卡痛叶，学名"Mitragyna speciosa Korth"，茜草科，是一种原产于东南亚的热带常绿高大乔木。卡痛叶含有多种生物碱，主要包括帽柱木碱（Mitragynine，MG）、帽柱叶碱（Miraphyline，MTP）和7-羟基帽柱木碱（7-Hydroxymitragynine，7-HMG）。

（3）鼠尾草（Salvia），又名墨西哥鼠尾草，唇形科，是一种原产于墨西哥瓦哈卡州森林地区的多年生草本植物。

3. 滥用

恰特草主要的吸食方式是咀嚼其新鲜的叶片和枝条，也可以将恰特草晒干后打成粉末泡水喝或食用干树叶，近年来还出现了恰特草的乙醇提取物。在埃塞俄比亚、肯尼亚、也门等种植区域，恰特草使用历史悠久，至今仍十分流行。自20世纪80年代以来，恰特草在英国、法国、比利时及澳大利亚等逐渐滥用，流行程度仅次于墨西哥鼠尾草。

卡痛叶的传统吸食方式是直接咀嚼其新鲜或干燥的叶片，或者将其作为茶叶冲泡饮用，以烟草形式出现的情况比较少见。卡痛叶原先只在泰国、马来西亚等国家滥用，但近年来已在国际上广泛流通，是缴获量最大的植物类新精神活性物质。卡痛叶具有解热、镇咳、抗抑郁、抗焦虑、减退食欲、降低血压等多种药理学活性，高剂量地吸食可能令使用者成瘾，导致震颤、厌食、色素沉着等不良反应发生。

鼠尾草是马兹提克族（Mazatec）印第安人的传统药物，常用于宗教活动。鼠尾草传统吸食方式为咀嚼其新鲜叶片或将叶片捣碎冲泡饮用，当前流行将叶片干燥粉碎制成烟草供吸食者使用。墨西哥鼠尾草的主要活性成分为丹酚A（Salvinorin A，SA），具有短暂而强烈的致幻作用，高剂量使用可能令使用者产生恐惧感，增加精神病的发病风险，其人体毒性研究十分匮乏。

4. 检验方法

恰特草的检验可利用植物学特征和显微特征，但作用有限，通常采用高效液相色谱-质谱联用等方法测定恰特草中的精神活性成分。

卡痛叶的成分检验可使用色谱和光谱方法。此外，通过检测特定的 DNA 序列，可获取其品系信息。

墨西哥鼠尾草中的丹酚 A 可采用色谱方法分析，如薄层色谱与紫外检测器联用可检测丹酚 A 的含量，高效液相色谱-质谱联用可对血液、尿液或唾液样本中的丹酚 A 进行定量检测。

5. 法律管制

卡痛叶及其所含的活性生物碱均未被列入国际禁毒公约管制，但泰国、美国部分州对其采取了管控措施。我国尚未对其实施管控。

墨西哥鼠尾草和丹酚 A 均未被列入国际禁毒公约管制，但德国、比利时、澳大利亚等国家以及美国部分州均对其采取了管控措施。自 2024 年 7 月 1 日起，我国对卡痛、帽柱木碱和 7-羟基帽柱木碱实施管制。

（二）常见植物品种：Khat

名称：Khat。

通用名：Qat，Gat，Chat，Miraa，murungu，Arabian tea，Abyssinian tea，恰特草，咖特，巧茶，阿拉伯茶，东非罂粟，Catha edulis Forssk（拉丁名）。

化学结构：

| （−）-卡西酮 | （+）-去甲伪麻黄碱 | （−）-去甲麻黄碱 |
| （−）-Cathinone Cathine | （+）-Norpseudoephedrine | （−）-Norephedrine |

1. 概述

恰特草，卫矛科巧茶属植物，为高 1 ~ 5m 的常绿开花灌木，其小枝密生细小白点状皮孔；叶对生，厚纸质或薄革质，椭圆形或窄椭圆形，边缘有明显密生钝锯齿。非洲东部和阿拉伯半岛是恰特草的主产地。[1]

---

〔1〕 马岩，王优美．新精神活性物质办案实用手册[M]．北京：法律出版社，2019：364.

2. 药理毒理作用

恰特草具有十分复杂的药理学和毒理学活性，可对机体的多个系统造成影响。恰特草的药理作用与苯丙胺类似，能缓解疲劳，使人血压升高、提高警惕性并产生欣快感，同时也可能使人出现抑郁、烦躁、厌食和睡眠困难等症状。恰特草会对神经系统、心血管系统、消化道及生殖系统产生损害，有引发肝功能衰竭、心肌梗死和口腔癌的风险。恰特草具有一定的药物依赖性，有学者认为，其成瘾潜力甚至可能高于苯丙胺类物质。[1]恰特草依赖性折算为，1g恰特草相当于0.0005g甲基苯丙胺。

3. 法律管制

恰特草中主要的精神活性成分为S(-)-卡西酮和去甲伪麻黄碱，二者的化学结构均与苯丙胺类似。其中卡西酮的药理作用也接近苯丙胺，恰特草有"天然苯丙胺"之称。值得注意的是，虽然卡西酮和去甲伪麻黄碱已分别被列入《1971年精神药物公约》表一和表二管制，但是目前恰特草尚未被列入国际禁毒公约管制。美国以及欧洲的比利时、丹麦、德国、希腊、法国、爱尔兰、意大利、拉脱维亚、立陶宛、波兰、斯洛文尼亚、芬兰、瑞典、挪威等多个国家均将其列管。2014年1月1日，我国将其列入《精神药品品种目录》（2013年版）进行管制。

八、氨基茚满类，兴奋剂类

（一）概述

1. 定义

氨基茚满类新精神活性物质是以2-氨基茚满（2-Aminoindane，2-AI）为骨架，通过N-烷基化、苯环官能团取代，引入亚甲基双氧桥等结构修饰衍生的一类化合物。[2]

2. 滥用

合成氨基茚满类化合物的初衷是用于医疗。20世纪70年代，据报道，氨基茚满类化合物具有支气管扩张和镇痛的作用，但随即发现这类物质能够显著影响5-羟色胺的摄取和再释放。此后，研究者又将氨基茚满类化合物视作抗帕金森病药物以及有心理治疗作用的潜在化合物，展开药理学研究。近年来，氨基茚满类

---

〔1〕 马岩，王优美. 新精神活性物质办案实用手册[M]. 北京：法律出版社，2019：366-367.

〔2〕 马岩，王优美. 新精神活性物质办案实用手册[M]. 北京：法律出版社，2019：322.

化合物以新精神活性物质的身份进入公众视野。2009—2010 年，在英国，其作为部分被管制的哌嗪类和卡西酮类精神活性物质的"合法替代品"受到追捧。目前，氨基茚满类新精神活性物质的滥用形势变得严峻。氨基茚满类新精神活性物质通常以粉末或晶体的形式存在，滥用方式以口服为主，也可通过鼻吸摄取。[1]

3. 检验方法

主要使用高效液相色谱-质谱/质谱串联法分析氨基茚满类新精神活性物质。

（二）常见氨基茚满品种：MDAI

名称：MDAI。

通用名：6,7-Dihydro-5H-cyclopenta[f][1,3]benzodioxol-6-amine；6,7-二氢-5H-环戊胺[f][1,3]苯并二氧杂环戊烯-6-胺；5,6-Methylenedioxy-2-aminoindane；5,6-亚甲二氧基-2-氨基茚满。

英文缩写：MDAI。

CAS 号：132741-81-2。

化学结构：

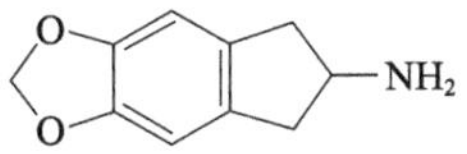

1. 概述

20 世纪 90 年代，MDAI 由普渡大学的尼可斯（Nichols）等人首次合成。2007 年前后，欧洲出现 MDAI 滥用。其主要滥用方式为鼻吸、嗅闻、口服和直肠给药（制成栓塞或溶解在酒精中作为灌肠剂使用），其中直肠给药起效最快。

2. 药理毒理作用

MDAI 作为 MDMA 的结构类似物，除了不具有 5-羟色胺的神经毒性，其他药理学性质与 MDMA 相似。目前，围绕 MDAI 开展的药理学研究还相对匮乏，其具体的作用机制还不明确，长期毒性研究未见报道。同时，缺乏相关的临床试验，与 MDAI 主观效应和健康风险相关的报告大多来自 Psychonaut Wiki、Erowid 等网络平台。根据网站的描述，MDAI 的使用剂量一般为 100—

〔1〕 马岩，王优美. 新精神活性物质办案实用手册[M]. 北京：法律出版社，2019：323.

150mg，吸食后使用者普遍感觉欣快感提升、共情能力和认知能力增强，出现的不良反应包括焦虑、失眠、恶心、大量排汗及心动过速。MDAI 毒理学作用也与 MDMA 相近，主要作用机制都与中枢神经系统和外周交感神经系统的过度刺激有关。[1]MDAI 依赖性折算为，1g MDAI 相当于 1g 海洛因。

3. 法律管制

目前，MDAI 尚未受到国际禁毒公约的管制。芬兰、捷克、波兰、奥地利、塞浦路斯、丹麦、爱沙尼亚、匈牙利、意大利、立陶宛、葡萄牙、瑞典等欧盟成员国，以及瑞士、白俄罗斯、马恩岛等部分非成员国和地区都将 MDAI 列入管制。虽然美国联邦法律尚未禁止 MDAI 的流通，但销售、持有 MDAI 可能因触犯《联邦类似物法案》而受到逮捕；路易斯安那州、明尼苏达州已将其列为管控物质。2015 年 10 月 1 日，我国将 MDAI 列入《非药用类麻醉药品和精神药品管制品种增补目录》进行管制。此外，巴西、澳大利亚、新西兰等国也对 MDAI 实施不同程度的管控。

九、芬太尼类，合成鸦片类

（一）概述

1. 定义

芬太尼类物质是指化学结构与芬太尼（N-[1-(2-苯乙基)-4-哌啶基]-N-苯基丙酰胺）相似，符合以下一个或多个条件的物质：（1）使用其他酰基替代丙酰基；（2）使用任何取代或未取代的单环芳香基团替代与氮原子直接相连的苯基；（3）哌啶环上存在烷基、烯基、烷氧基、酯基、醚基、羟基、卤素、卤代烷基、氨基及硝基等取代基；（4）使用其他任意基团（氢原子除外）替代苯乙基。[2]

2. 分类

目前，已发现近百种具有与芬太尼相似化学结构和效用的物质，但是仅有以下四种用于医疗：芬太尼（Fentanyl）、阿芬太尼（Alfentanyl）、舒芬太尼（Sufentanyl）、瑞芬太尼（Remifentanyl）。其他芬太尼类物质均未在医药、工业、科研或者其他领域被合法使用，多数以滥用为目的进行合成。芬太尼化学结构为：

---

〔1〕 马岩，王优美. 新精神活性物质办案实用手册［M］. 北京：法律出版社，2019：329.

〔2〕 马岩，王优美. 新精神活性物质办案实用手册［M］. 北京：法律出版社，2019：373.

3. 滥用

1960 年比利时杨森制药厂率先研发出芬太尼，1968 年美国批准将其用于医疗，20 世纪 70 年代其作为麻醉药及强力止痛药在临床使用，随后在部分西方国家出现滥用。目前，芬太尼是使用最为广泛的合成阿片类药物，主要用于手术中的镇痛（注射）和慢性长期疼痛的控制（贴剂）。

近年来，美国的芬太尼使用过量致死事件逐年上升。有关调查表明，1999—2016 年，美国阿片类物质过量使用致死人数超过 40 万人，2014 年以后呈爆发趋势；2015 年之后，芬太尼等人工合成阿片类物质滥用流行。近年来，美国药物滥用致死人数逐年上升，2017 年达到 7.2 万人，其中以芬太尼类物质为主的合成阿片类药物致死人数达 2.9 万人，同比增长 45%。[1]

滥用芬太尼类物质可产生幻觉、焦虑、抑郁等精神症状。芬太尼类物质脂溶性强，能快速穿越血脑屏障，并且对 μ 受体产生极高效的激动作用，这就是芬太尼类物质的镇痛作用、成瘾性、中枢抑制性远比吗啡强大的主要原因。与海洛因、吗啡等类似，过量使用所致的呼吸中枢抑制是芬太尼致死的主要原因。[2]

4. 法律管制

中国历来对阿片类物质的滥用与流行问题极为重视，早在《麻醉药品品种目录》（2013 年版）中已将 13 种芬太尼类物质列入管制，随后分别于 2015 年、2018 年陆续发布、更新《非药用类麻醉药品和精神药品管制品种增补目录》，把已发现的 12 种新型芬太尼类物质列入管制，共计列管 25 种，包括国际禁毒公约列管的 21 种。为加大对涉芬太尼类物质违法犯罪行为的打击，从 2019 年 5 月 1 日起，我国将整类芬太尼物质列入《非药用类麻醉药品和精神药品管制品种增补目录》，为非药用类芬太尼类物质的管制提供了充分的法律保障。

---

〔1〕 马岩，王优美. 新精神活性物质办案实用手册[M]. 北京：法律出版社，2019：374.
〔2〕 马岩，王优美. 新精神活性物质办案实用手册[M]. 北京：法律出版社，2019：374.

（二）常见芬太尼品种

1. Acetylfentanyl

名称：Acetylfentanyl。

通用名：N-（1-Phenethylpiperidin-4-yl）-N-phenylacetamide；N-（1-苯乙基哌啶-4-基）-N-苯基乙酰胺；Acetylfentanyl；乙酰芬太尼。

英文缩写：Acetylfentanyl。

CAS 号：3258-84-2。

化学结构：

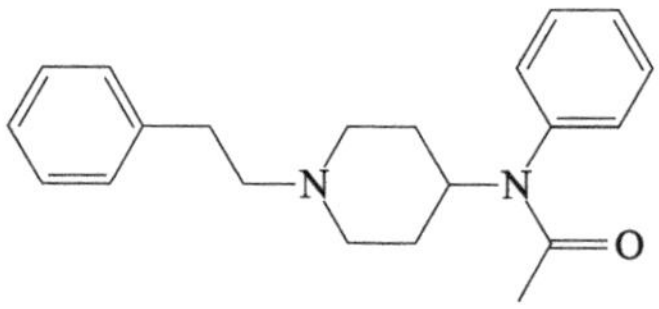

（1）概述。乙酰芬太尼是芬太尼的衍生物，属于阿片类的镇痛剂，但从未被用于医疗。20 世纪 60 年代，比利时杨森制药厂合成该物质；20 世纪 80 年代末期，乙酰芬太尼出现在毒品市场。2012 年之后，美国、俄罗斯相继发生过量使用乙酰芬太尼死亡的事件，其经常被混入海洛因或作为海洛因出售。[1]

（2）药理毒理作用。乙酰芬太尼属于 μ 阿片受体的激动剂。啮齿类动物实验显示，其镇痛效果约为吗啡的 16 倍、芬太尼的 1/3。毒品使用者的个人报告称，0.1—0.25μg（静注）或 10—15mg（鼻吸）可以达到类似海洛因或芬太尼的使用体验。乙酰芬太尼的不良反应与海洛因类似，过量使用可导致呼吸中枢抑制而死亡。其安全剂量范围较小，是极为危险的芬太尼衍生物。[2]

根据其药理学作用靶点、镇痛效果、吗啡替代效应及使用者的自我报告，可推测乙酰芬太尼具有强烈的成瘾性。其依赖性折算为，1g 乙酰芬太尼相当于 6g 海洛因。

（3）法律管制。2016 年，联合国将乙酰芬太尼列入《1961 年麻醉品单一公约》表一和表三进行管制。2015 年 10 月 1 日，中国将其列入《非药用类麻醉药品和精神药品管制品种增补目录》进行管制。2015 年，美国将其列

---

〔1〕 马岩，王优美. 新精神活性物质办案实用手册[M]. 北京：法律出版社，2019：376.

〔2〕 马岩，王优美. 新精神活性物质办案实用手册[M]. 北京：法律出版社，2019：377.

入临时管制；2017 年，又将其列入正式管制。

2. Butyrylfentanyl

名称：Butyrylfentanyl。

通用名：N-(1-(2-Phenylehyl)-4-piperidinyl)-N-phenylbutyramide；N-(1-苯乙基-4-哌啶基)-N-苯基丁酰胺；Butyrylfentanyl；丁酰芬太尼。

CAS 号：1169-70-6。

化学结构：

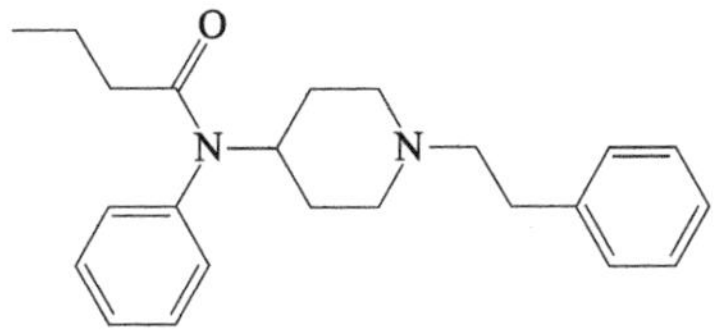

（1）概述。丁酰芬太尼在化学结构上是芬太尼的衍生物，属于短效阿片类镇痛剂，但未被批准用于医疗。2016 年起，在欧美地区陆续发生过量使用丁酰芬太尼致死的事件。其滥用一般采用鼻吸方式。[1]

（2）药理毒理作用。丁酰芬太尼的不良反应与海洛因类似，过量使用可导致呼吸抑制而死亡。推测丁酰芬太尼具有强烈的成瘾性。其依赖性折算为，1g 丁酰芬太尼相当于 1.25g 海洛因。

（3）法律管制。2017 年，联合国将丁酰芬太尼列入《1961 年麻醉品单一公约》表一进行管制。2015 年 10 月 1 日，我国将其列入《非药用类麻醉药品和精神药品管制品种增补目录》进行管制。2016 年，美国将其列入临时管制；2018 年，又将其列入正式管制。

3. Carfentanyl

名称：Carfentanyl。

通用名：Metyl-1-(2-phenylethyl)-4-[phenyl-(propionyl)-amino] piperidine-4-carboxylate；1-(2-苯基乙基)-4-[苯基(丙酰基) 氨基] 哌啶-4-甲酸甲酯；Carfentanyl；卡芬太尼。

CAS 号：59708-52-0。

〔1〕 马岩，王优美. 新精神活性物质办案实用手册[M]. 北京：法律出版社，2019：379.

化学结构：

（1）概述。卡芬太尼（又称4-甲酯基芬太尼）是芬太尼的类似物。1974年由比利时杨森制药厂最早合成，曾以商品名"Wildnil"在市场上作为大型动物的常用麻醉剂销售（兽用镇静剂）。经研究发现，卡芬太尼的镇痛效价是吗啡的10000倍，卡芬太尼被认为是已知效力最强的阿片类物质。卡芬太尼经常被掺杂在海洛因、芬太尼等毒品中销售，近年来，美国和部分欧洲国家已发生多起过量使用卡芬太尼中毒死亡事件。[1]

（2）药理毒理作用。卡芬太尼属于μ阿片受体的激动剂。其不良反应与海洛因类似，急性使用低剂量会产生愉悦、放松、痛觉丧失等现象，而高剂量使用会造成呼吸中枢抑制、昏迷，甚至死亡。[2]据推测，卡芬太尼具有极强的成瘾性，目前无公开发布的依赖性折算数据。卡芬太尼具有很高的亲脂性，可以很快地被吸收并扩散至全身，并且能够快速穿透血脑屏障进入脑内。人体静脉给药的血药浓度半衰期为42分钟。

（3）法律管制。联合国将卡芬太尼列入《1961年麻醉品单一公约》表一和表三进行管制。1988年，美国将卡芬太尼列入管制，并认为卡芬太尼是受《化学武器公约》约束的危险武器。2017年3月1日，我国将其列入《非药用类麻醉药品和精神药品管制品种增补目录》进行管制。

十、其他类，潜力无限

（一）概述

1. 定义

某些新精神活性物质无论是化学结构，还是药理作用都各具特色，很难按照化学结构或药理作用进行归类，故将其列为其他类。

---

[1] 马岩，王优美. 新精神活性物质办案实用手册[M]. 北京：法律出版社，2019：390.
[2] 马岩，王优美. 新精神活性物质办案实用手册[M]. 北京：法律出版社，2019：390.

2. 分类

（1）兼具中枢兴奋和致幻双重作用，如 Methoxphenidine 等。

（2）基本化学结构不同于芬太尼类和阿片类（如吗啡）药物，但能够结合特定的阿片受体，产生类似吗啡的镇痛作用，如 AH-7921、U-47700 等。

（3）基本化学结构不同于地西泮等苯二氮䓬类药物，但能够发挥相似的镇静和催眠作用，如 Phenazepam 等。

（4）基本化学结构不同于可卡因、苯丙胺、甲基苯丙胺等中枢兴奋剂，但可以通过调节单胺类神经递质，模拟其中枢兴奋作用，如 MPA 等。

3. 滥用

部分其他类新精神活性物质最初由医药公司研制，拟用于治疗各种精神疾病，但很快因效果不佳且具有潜在成瘾性而被放弃。2010 年起，该类新精神活性物质陆续出现在欧美毒品市场，并出现滥用导致死亡的案例。同时，我国发现部分该类新精神活性物质。这类物质往往具有潜在致依赖性及滥用风险，但其毒性作用及机制尚未弄清。

（二）常见其他品种：U-47700

名称：U-47700。

通用名：3,4-Dichloro-N-[(1R,2R)-2-(dimethylamino)cyclohexyl]-N-methylbenzamide；3,4-二氯-N-[(1R,2R)-2-(二甲氨基)环己基]-N-甲基-3,4-二氯苯甲酰胺。

英文缩写：U-47700。

CAS 号：82657-23-6。

化学结构：

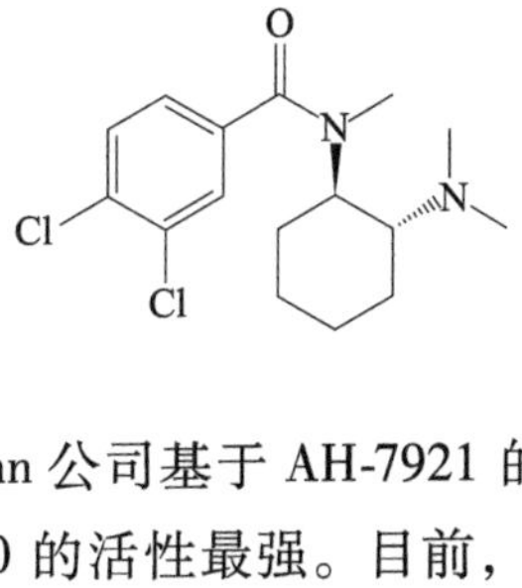

1. 概述

20 世纪 70 年代，Upjohn 公司基于 AH-7921 的结构，开发了多种阿片受体的激动剂，其中 U-47700 的活性最强。目前，U-47700 尚未被用于医疗，仅在科学研究中使用。2017 年，至少有 46 起 U-47700 过量使用引起死亡的报道。2018 年，中国报道检出 U-47700。[1]

〔1〕 马岩，王优美. 新精神活性物质办案实用手册[M]. 北京：法律出版社，2019：424.

2. 药理毒理作用

U-47700 单独或与芬太尼等混合使用，过量可引起死亡。[1] U-47700 作用于 μ 阿片受体，推测具有成瘾潜能，目前无公开发布的依赖性折算数据。

3. 法律管制

联合国将 U-47700 列入《1961 年麻醉品单一公约》表一和表三进行管制。2016 年，瑞典将其列入管制；同年，美国将其列入管制药品。2017 年 7 月，我国将其列入《非药用类麻醉药品和精神药品管制品种增补目录》进行管制。

---

〔1〕 马岩，王优美. 新精神活性物质办案实用手册[M]. 北京：法律出版社，2019：424.

第二章　新精神活性物质的形势

　　客观分析国际、国内新精神活性物质形势是加强其管控的必要前提。近年来，全球新精神活性物质形势主要表现为：区域蔓延不平衡；品种广泛、更新快；市场活跃易变；合成类缴获量总体增长，但植物类缴获量占支配地位；植物类滥用可能扩大；等等。我国新精神活性物质形势表现出香港和内地氯胺酮滥用刺激生产、地区性咖啡因消费导致甲卡西酮滥用与生产、国外新精神活性物质消费引发国内生产、新冠疫情助推国内新精神活性物质消费的演变轨迹，呈现出品种增长快且多元化、制造走私贩卖突出和滥用不明等主要特点。

第一节　全球新精神活性物质形势分析

一、全球涉及，区域不同

　　新精神活性物质爆发是一种影响全球的普遍现象。截至 2021 年年底，世界各区域 134 个国家报告发现新精神活性物质。[1]但就不同国家报告新精神活性物质的类型和数量来看，不同区域发现新精神活性物质的情况不同。据统计，全球报告新精神活性物质数量最多的 10 个国家是加拿大、芬兰、德国、匈牙利、日本、俄罗斯、瑞典、土耳其、英国和美国[2]，分别来自亚洲、欧洲和北美洲三个区域；而非洲、中美洲、近东和中东及西南亚等其他区域报告新精神活性物质的数量仍然有限。不同国家每年新精神活性物质形势也有所区别。

二、品种更新，前所未有

　　新精神活性物质具有较强的易变性、多样性，翻新品种的速度更是前所

---

[1] United Nations Office on Drugs and Crime（UNODC）. World Drug Report 2022［R］. Vienna: United Nations，2022：67.

[2] United Nations Office on Drugs and Crime（UNODC）. Post-UNGASS 2016：NPS trends, challenges and recommendations［R］.［S. l.］GLOBAL SMART UPDATE，2016（16）：4.

未有，大约以每周不少于 1 种的平均速度出现。[1]新精神活性物质市场充斥着非常的活力，创新性和停滞性并存。每年报告新发现的新精神活性物质数量仍在不断增加，然而部分新精神活性物质却只在合成毒品市场作短暂的停留：随着新精神活性物质新品种的不断涌现，部分原先的品种可能保留下来，其他的则随着时间的流逝而消失。截至 2021 年年底，全球累计报告发现 1127 种新精神活性物质[2]，但是经过筛选，同时期合成毒品市场中只保留有 80 余种核心新精神活性物质。

图 11 表示 2005—2017 年联合国毒品和犯罪问题办公室新精神活性物质早期预警咨询系统报告当年及累计发现新精神活性物质数目变化的情况，由图可知，2005—2015 年，全球新精神活性物质数目呈逐年增长趋势。其中，2009 年以后，增长提速，进入爆发期；2015 年累计发现 503 种，达到峰值。2016 年以来，新精神活性物质数目略有下降，表现出一种稳定的状态。当年新发现新精神活性物质数目排名前三的年份分别是 2013 年 202 种、2009 年 117 种、2015 年 100 种。

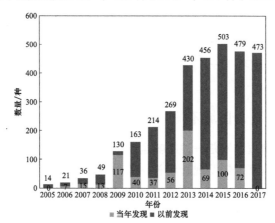

图 11　2005—2017 年全球报告当年及累计发现新精神活性物质数目[3]

〔1〕　United Nations Office on Drugs and Crime（UNODC）. Understanding the synthetic drug market：the NPS factor［EB/OL］.（2018）. https：//www. unodc. org/unodc/en/scientists/global-smart-update-2018-vol-19. html.

〔2〕　United Nations Office on Drugs and Crime（UNODC）. World Drug Report 2022 booklet 3［R］. Vienna：United Nations，2022：84.

〔3〕　数据来源：2005—2008 年为欧洲毒品和毒瘾监测中心的早期预警系统数据，虽然该数据可能比全球的数据小，但是可以忽略其差距。1997 年 6 月，欧洲毒品和毒瘾监测中心的早期预警系统率先对新精神活性物质开展监测。United Nations Office on Drugs and Crime（UNODC）. World Drug Report 2013［R］. New York：United Nations，2013：118. 2009—2016 年为联合国毒品和犯罪问题办公室数据。United Nations Office on Drugs and Crime（UNODC）. World Drug Report 2018 booklet 3［R］. Vienna：United Nations，2018：60. 2017 年为联合国毒品和犯罪问题办公室数据。United Nations Office on Drugs and Crime（UNODC）. Current NPS Threats［EB/OL］.（2023-05）https：//www. unodc. org/unodc/en/scientists/current-nps-threats. h.

三、市场活跃，转瞬即变

新精神活性物质市场是一个动态、易变的市场。一部分新精神活性物质出现后会很快地消失，无法在毒品市场站稳脚跟；而另一部分新精神活性物质则能在毒品市场站稳脚跟，建立其利润空间。2013—2016 年，约有 60 种新精神活性物质从合成毒品市场上消失。然而，相比之下，仅在 2016 年联合国毒品和犯罪问题办公室新报告的新精神活性物质就超过 70 种。[1] 目前，尚不确定这些新报告的新精神活性物质能否在合成毒品市场上站稳脚跟。但是部分已经列管的新精神活性物质已在合成毒品市场上占有了一席之地。例如，JWH-018 和安眠酮等已于 2015 年列入国际禁毒公约进行管制，但是目前它们仍活跃于合成毒品市场中。这些已经在合成毒品市场上站稳脚跟，且形成自身优势地位的新精神活性物质，并不意味着其已经被广泛地使用。2009—2014 年，已报告的 200 余种新精神活性物质没有出现在 2015 年和 2016 年的报告中，这表明这些新精神活性物质可能已经退出了国际市场。

四、种类广泛，作用全面

新精神活性物质作用于中枢神经系统，产生类似传统毒品的精神效果。《1961 年麻醉品单一公约》《1971 年精神药物公约》列管麻醉药品、精神药物的化学结构多种多样，根据它们产生的精神效果不同，可分为七种不同的类别：阿片类，例如海洛因、吗啡和芬太尼；大麻类毒品，例如大麻和四氢大麻酚；分离剂，例如苯环己哌啶；典型致幻剂，例如 LSD、2C-B；镇静剂/催眠药，例如地西泮；兴奋剂，例如可卡因、甲基苯丙胺；其他类，例如 DMAA。新精神活性物质会产生类似传统毒品的精神效果。例如，数目迅速增长的芬太尼类似物模拟了阿片的精神效果，合成大麻素类模拟了大麻的精神效果，其他新精神活性物质则模拟兴奋剂、致幻剂、镇静剂/催眠药和分离剂的精神作用。

新精神活性物质最先模拟的是摇头丸的精神效果，因而摇头丸兴奋剂市场成为首批出现新精神活性物质的市场。紧接着，新精神活性物质很快

---

[1] United Nations Office on Drugs and Crime（UNODC）. World Drug Report 2018 booklet 3 [R]. Vienna：United Nations，2018：61.

出现在其他细化的合成毒品市场。大量拥有不同化学结构的合成大麻素类新精神活性物质在一些欧洲国家迅速蔓延。这些合成大麻素类新精神活性物质被冠之"合法兴奋剂"进行销售，从而使得它们比那些被模仿的非法毒品更具有吸引力。2009 年，合成毒品市场中只有 32 种合成大麻素类新精神活性物质。到 2017 年，合成大麻素类的品种已经超过 250 种。2010年，欧洲报告发现具有分离作用的甲氧胺（MXE）等物质。[1]2015 年以来，具有阿片类毒品精神作用的新精神活性物质（主要是芬太尼类似物）的数目一直在增长，由此导致北美洲和欧洲因过量使用芬太尼类药物致死人数增加。模仿苯二氮䓬类镇静催眠作用的新精神活性物质也发生了上述情况。在南美洲，模仿 LSD 和 2C-B 致幻作用的新精神活性物质的出现也引发了一些严重的危害事件。

截至 2017 年年底，毒品制贩者已研制出覆盖七大类传统毒品精神效果的新精神活性物质。为规避国际禁毒公约及国家禁毒法律法规的管制，多数新出现的新精神活性物质采用了模仿传统毒品精神效果的路径制造，而不是通过模拟与传统毒品相似的化学结构来获得。

五、合成增长，植物支配

一般而言，新精神活性物质缴获数量的多少是多种因素相互影响的结果。但是，有关研究表明，新精神活性物质缴获量与其生产数量及各国的打击效率呈正相关关系。通过分析新精神活性物质缴获数量，能够认识其形势的发展变化状况。

图 12 和图 13 分别是 2005—2016 年分四次统计的全球合成类（不含氯胺酮）新精神活性物质、植物类新精神活性物质的年均缴获量。其中，合成类新精神活性物质主要包括合成大麻素类、合成卡西酮类、苯乙胺类、哌嗪类、色胺类、氨基茚满类和其他类，由于部分国家将氯胺酮认定为毒品，因而统计时未将其列入其中；植物类新精神活性物质主要包括恰特草和卡痛叶。

如图 12 所示，全球合成类（不含氯胺酮）新精神活性物质年均缴获量从 2005—2007 年的 10 吨持续上升至 2014—2016 年的 55.1 吨，增长约 5.5 倍，呈现单边上升态势。

---

[1] United Nations Office on Drugs and Crime（UNODC）. Understanding the synthetic drug market：the NPS factor［EB/OL］.（2018）. https://www. unodc. org/unodc/en/scientists/ global-smart-update-2018-vol-19. html.

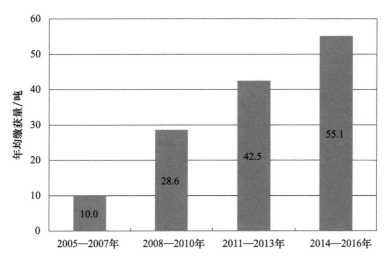

图 12　2005—2016 年全球合成类（不含氯胺酮）
新精神活性物质年均缴获量变化

如图 13 所示，2005—2016 年全球植物类新精神活性物质年均缴获量的变化与合成类新精神活性物质不同步，呈现波浪形变化态势。其从 2005—2007 年的 108.3 吨急速增长至 2008—2010 年的 488.4 吨，增长约 4.5 倍；2011—2013 年回落到 177.6 吨；2014—2016 年回弹到 273.6 吨，反弹约1.5 倍。

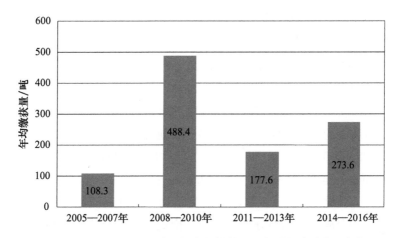

图 13　2005—2016 年全球植物类新精神活性物质年均缴获量变化

图 14 是 2005—2016 年分四次统计的全球合成类（不含氯胺酮）新精神活性物质、植物类新精神活性物质年均缴获数量的对比情况。由图可见，2005—2016 年，新精神活性物质年均缴获总量中植物类新精神活性物质的年均缴获量占支配地位。2005—2010 年，植物类新精神活性物质的年均缴获量占比均超过 91%，并于 2008—2010 年达到 488.4 吨，成为其历史最高值。2011—2016 年，合成类新精神活性物质的年均缴获数量增加，占比超过 16%，并于 2014—2016 年上升至 55.1 吨，成为其历史的最高值。但是同期植物类新精神活性物质的年均缴获数量反弹较快，尤其是非管制卡痛叶的缴获量增长很快。由此可见，植物类新精神活性物质可能蔓延流行。

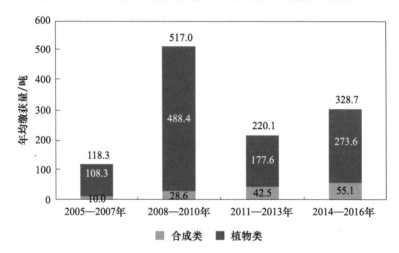

图 14   2005—2016 年全球合成类（不含氯胺酮）、
植物类新精神活性物质年均缴获量对比

图 15 是 2005—2016 年分四次统计的氯胺酮与其他合成类新精神活性物质年均缴获数量对比情况。由图可见，2005—2016 年，其他合成类新精神活性物质年均缴获量在合成类新精神活性物质年均缴获总量中的占比总体呈增大趋势，氯胺酮的占比总体呈减小之势。其他合成类新精神活性物质年均缴获量由 2005—2007 年的 10 吨（34%），上升至 2008—2010 年的 28.6 吨（64%），再上升至 2011—2013 年的 42.5 吨（76%）、2014—2016 年的 55.1 吨（69%，占比略有下降）。其他合成类新精神活性物质的年均缴获量以合成大麻素类和合成卡西酮类分列前两位。由此可见，合成类新精神活性物质的品种呈现多元化发展趋势。

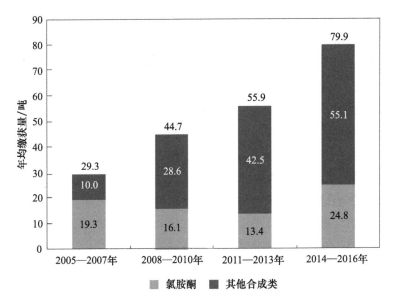

图 15　2005—2016 年全球氯胺酮和其他合成类新精神活性物质年均缴获量对比

六、滥用或增，危害不小

近年来，一方面，对青少年等普通人群以及流浪者和监狱服刑人员等特定人群的小规模定性调查结果表明，新精神活性物质的滥用可能正在扩散；另一方面，根据全球新精神活性物质的年均缴获量（见图 12）和缴获国家数目不断增长等情况可推测，全球新精神活性物质滥用人数可能呈增长态势，滥用植物类新精神活性物质的人群数量可能超过滥用合成类精神活性物质。但是，一个不争的事实是，目前全球新精神活性物质滥用人数不明，新精神活性物质滥用现状和趋势也难以全面评估。在新精神活性物质滥用方面，最令人担忧的是滥用者不清楚其含量和用量而带来的健康危害问题。

（一）欧盟青少年新精神活性物质滥用率上升

2011 年，欧洲权威的民意调查机构"欧洲晴雨表"（Eurobarometer）就12000 名随机选择的年轻人进行了一次调查。调查结果显示，在 15 岁至 24 岁的人群中，大约有 4.8% 的青少年曾经使用过仿效非法药物功效的合法物质。[1] 其中，按滥用率从高到低来排序，排名前五的是：英国（22.9%）、波

［1］　United Nations Office on Drugs and Crime（UNODC）. World Drug Report 2013［R］. New York：United Nations，2013：127.

兰（16.9%）、法国（13.6%）、德国（11.7%）和西班牙（8.0%）。在欧盟所有尝试过仿效非法药物功效合法药物的人群中，前述五国占比将近四分之三（73.1%）。[1]

在"欧洲晴雨表"的调查中，仿效非法药物功效的合法物质与本书中的新精神活性物质不是同一概念，但有相似的地方。仿效非法药物功效的合法物质的流行率可看作新精神活性物质的流行率。主要理由有二：一是仿效非法药物功效的合法物质被界定为在国家层面不受管制的精神活性物质。由于受国家层面管制的精神活性物质通常多于受国际层面管制的数目，仿效非法药物功效的合法物质的数量略少于新精神活性物质的数量。因此，欧盟新精神活性物质的总流行率可能高于仿效非法药物功效的合法物质的流行率。二是许多以"合法兴奋剂"出售的物质虽在国家层面被列管，但由于滥用者可能把其当作合法物质使用，因此，仿效非法药物功效的合法物质的流行率可能非常接近新精神活性物质的流行率。

"欧洲晴雨表"于2014年进行的调查显示，欧洲青少年（15—24岁）吸食新精神活性物质的终身流行率为8%，2013年度流行率为3%。过去12个月吸食新精神活性物质的大多数被调查者均是从朋友处获得新精神活性物质（68%），还有三分之一系从毒贩处获得（27%）。2015年，欧洲学校酒精和其他药物调查项目对15—16岁青少年的评估显示，新精神活性物质的终身流行率并不高，仅为4%，2014年度流行率为3%。普通人群新精神活性物质使用流行率的流行病学调查资料仍然非常稀少，最近的少数样本之一为德国，其18—64岁人群2015年的上年度流行率为0.9%。[2]

（二）北美洲芬太尼等滥用严重

2011年，"监测未来"（Monitoring the Future）在美国调查发现，十二年级学生（通常十七八岁）中合成大麻素的年度流行率为11.4%，是除大麻以外位列第二的物质。此外，美国也存在迷幻鼠尾草滥用问题。[3]2015年，虽然美国中学生中合成大麻素的流行率下降（十二年级学生中合成大麻素的年度流行率从2011年的11.4%降至2016年的3.5%，下降了三分之二以

---

[1] United Nations Office on Drugs and Crime（UNODC）. World Drug Report 2013［R］. New York：United Nations，2013：134.

[2] United Nations Office on Drugs and Crime（UNODC）. World Drug Report 2017 booklet 4［R］. Vienna：United Nations，2017：31.

[3] United Nations Office on Drugs and Crime（UNODC）. World Drug Report 2013［R］. New York：United Nations，2013：141.

上[1]），但是自 2014 年以来，合成鸦片类新精神活性物质——芬太尼的年度流行率上升。

（三）大洋洲哌嗪、合成卡西酮等滥用严重

新西兰哌嗪类新精神活性物质的滥用或许是全球最高的。2008 年 4 月，N-苄基哌嗪被列管。有关调查表明：新西兰 15—64 岁人群中 N-苄基哌嗪的年度流行率为 5.6%，为该国苯丙胺年度流行率（2.1%）的 2 倍多，是可卡因年度流行率（0.6%）的 9 倍。按照国际标准，这些流行率都属于较高的流行水平。[2]澳大利亚也发现了大量新精神活性物质，情况与欧洲和北美洲相似。[3]

（四）亚洲氯胺酮和卡痛叶滥用严重

亚洲，尤其是东亚和东南亚地区，氯胺酮滥用程度高于美洲和欧洲。[4]多年来，氯胺酮一直作为"摇头丸"的替代品，有时甚至被当作"摇头丸"销售。2011 年，氯胺酮的年度流行率在我国香港和澳门地区居第二位，在我国内地居第三位，在文莱居第四位，在印度、缅甸和日本居第五位，在新加坡居第六位，在印度尼西亚、沙特阿拉伯居第七位，而在以色列居第一位。此外，近年来，东亚和东南亚地区卡痛叶的滥用也呈增长趋势。2016 年，全球截获的卡痛叶大约为 500 吨，是 2015 年的 3 倍。西亚地区也存在着大规模滥用恰特草的传统。

（五）非洲恰特草和曲马多滥用严重

非洲历史上以恰特草的滥用为主，近年形成以曲马多为主的新精神活性物质的滥用。西非、中部非洲和北非地区正经历着滥用曲马多的危机。非法曲马多通常是在南亚地区制造，然后被贩运到非洲国家和中东部分地区销售。近年来，全球曲马多缴获量不断增加。2010 年全球曲马多缴获量不到 10 公斤，2013 年增长到近 9 吨，2017 年达到创纪录的 125 吨。2017 年，尼日利亚

---

〔1〕 United Nations Office on Drugs and Crime（UNODC）. World Drug Report 2017 booklet 4［R］. Vienna：United Nations，2017：32.

〔2〕 United Nations Office on Drugs and Crime（UNODC）. World Drug Report 2013［R］. New York：United Nations，2013：143.

〔3〕 United Nations Office on Drugs and Crime（UNODC）. World Drug Report 2013［R］. New York：United Nations，2013：152.

〔4〕 United Nations Office on Drugs and Crime（UNODC）. World Drug Report 2013［R］. New York：United Nations，2013：154.

的一项调查表明，在 15—64 岁人群中，约有 4.7% 的被调查者报告上一年中有过滥用曲马多的经历，该国滥用曲马多情况加剧。

（六）新精神活性物质滥用的特点

第一，新精神活性物质主要滥用人群以青少年为主、部分特殊人群为辅。2016 年，苏格兰对精神病患者、流浪者或乞丐、注射吸毒者及男男性行为者等特殊群体的一项调查表明，约 59% 的被调查者承认在过去 6 个月内曾滥用过新精神活性物质。由此可见，这些特殊群体特别容易滥用新精神活性物质。

第二，新精神活性物质滥用人群在性别上以男性居多，有的国家男性占其滥用总数的 70% 以上。然而，各国新精神活性物质在不同性别中流行率的差异或许不如传统毒品那么明显。

第三，新精神活性物质滥用者存在多种毒品混用的现象。虽然部分传统毒品吸毒者和合成毒品吸毒者也有多种毒品混用的问题，但是有关调查发现，多种毒品混用的确是新精神活性物质滥用的特征之一。在英格兰和威尔士，新精神活性物质的滥用与酒精消费、其他毒品使用等因素相关。在 16—59 岁被调查的新精神活性物质滥用者中，约有 84.9% 的人报告，在使用新精神活性物质的同时还使用着其他毒品。2015 年，在一项对欧洲滥用新精神活性物质的学生的调查中发现，约有四分之三的人吸食合成大麻素，约有四分之一的人使用鼻吸剂和安定剂/镇静剂，还有不到四分之一的人使用摇头丸等致幻剂。

第四，新精神活性物质滥用者感染艾滋病和丙型肝炎病毒的概率提高，特别是注射兴奋类新精神活性物质滥用者的感染率更高。借助兴奋类新精神活性物质欣快作用进行无保护性交等高风险性行为是新精神活性物质滥用者容易感染和传播艾滋病及丙型肝炎病毒的一个重要因素。就合成卡西酮类物质的注射者而言，为了增强性体验，他们通常会单独或混合（与甲基苯丙胺和可卡因等其他兴奋剂）注射合成卡西酮类物质。另外，由于此类物质作用时间较短，他们不得不再次注射，因而造成该类吸毒者比其他新精神活性物质非注射者及其他毒品注射者感染、传播艾滋病和丙型肝炎病毒的风险更高。

第五，新精神活性物质滥用者对其危害性了解较少。大多数新精神活性物质滥用者对新精神活性物质产品的成分、纯度、吸食剂量、吸食风险和危害等知识极为缺乏或了解非常有限，这使他们在使用新精神活性物质时面临着较高的风险。有关调查还表明，在使用新精神活性物质时，吸毒老手（有经验的吸毒者）和新手（新生的吸毒者）的风险意识是不同的，吸毒老手似乎更清楚其所用物质的成分、效果和剂量，也更加小心，而吸毒新手似乎对所用物质知之甚少。

综上所述，全球新精神活性物质形势变化复杂，由欧洲、北美洲、亚洲向非洲、中美洲、近东和中东及西南亚等地区不断蔓延，合成兴奋型新精神活性物质产量和种类逐步增多，植物类新精神活性物质贩运反弹、滥用可能增长。面对变化如此复杂的全球新精神活性物质形势，做好全球禁毒工作要不断增强忧患意识，坚持未雨绸缪、防患于未然；要加强新精神活性物质管制措施研究，创新新精神活性物质管控机制，严厉打击新精神活性物质违法犯罪，有效遏制新精神活性物质蔓延发展，切实减轻其危害。

第二节　中国新精神活性物质形势剖析

分析、掌握我国新精神活性物质形势的现状、特点和趋势，对积极探索新精神活性物质的应对措施，更加有效地治理新精神活性物质问题具有重要意义。

我国当代新精神活性物质问题的演变轨迹如下：起源于20世纪末期香港地区氯胺酮的滥用，继而从毗邻港澳的东南沿海地区向内陆蔓延，香港和内地氯胺酮滥用刺激国内生产，地区性咖啡因消费导致甲卡西酮滥用与生产，国外新精神活性物质消费引发国内生产，新冠疫情助推国内新精神活性物质消费。经历20余年的发展，由1999—2009年的新精神活性物质一元化时期进入2010年以来的多元化时期，后者由"氯胺酮＋甲卡西酮"阶段、"氯胺酮＋甲卡西酮＋合成大麻素＋其他新精神活性物质"阶段和"氯胺酮＋合成大麻素＋'药代'＋其他新精神活性物质"阶段构成。

一、出现较晚，发展较快

我国新精神活性物质问题经历了20余年的演变，可初步分为以下两个时期：1999—2009年为新精神活性物质一元化时期，也称为氯胺酮时期；2010以来为新精神活性物质多元化时期，该时期由2010—2013年"氯胺酮＋甲卡西酮"阶段、2014—2019年"氯胺酮＋甲卡西酮＋合成大麻素＋其他新精神活性物质"阶段和2020年以来"氯胺酮＋合成大麻素＋'药代'＋其他新精神活性物质"阶段构成。这两个时期都围绕着精神活性物质这个中心产生过不同的标志性品种。2010—2019年，进入新精神活性物质发展的爆发期；从2020年开始，步入新精神活性物质发展的快速变换期。

（一）新精神活性物质一元化时期（1999—2009 年）

该时期也称为氯胺酮时期，其主要特点是以氯胺酮为主，最初从滥用开始，继而引发贩运和生产，在较短时间内，便形成氯胺酮违法犯罪的完整环节。虽然早在 2001 年，中国等国家就把氯胺酮作为一类精神药品管制，但是目前国际社会仍然未将其纳入《1971 年精神药物公约》列管。

氯胺酮是当代首批出现的新精神活性物质之一，其滥用始于 20 世纪 70 年代。1971 年，美国首次报道旧金山和洛杉矶的氯胺酮滥用案例。20 世纪 90 年代早期，欧洲氯胺酮滥用增长。20 世纪末期，氯胺酮滥用扩散到日本、泰国以及中国。进入 21 世纪后，亚洲东南亚地区氯胺酮滥用逐渐增多，目前该地区已成为全球氯胺酮生产、贩运和滥用的主要地区。

自 2000 年以来，我国氯胺酮滥用不断增多。据国家药物滥用监测中心 2009 年的报告，K 粉滥用占历年药物滥用总构成的 0.3%，滥用者占新增吸毒人员的 8.6%（与摇头丸、冰毒一起计算，新增吸毒者多为多药滥用，很少单独使用 K 粉），滥用者以个体经营者居多，文化程度偏低。截至 2018 年年底，氯胺酮已成为我国第二大流行滥用的合成毒品，仅次于甲基苯丙胺（冰毒），约占吸毒人员总数的 2.6%，其滥用人员约为 6.3 万人。[1]

我国氯胺酮非法制造大约始于 2004 年，随后生产规模逐步扩大，并于 2011 年、2015 年达到其产量的峰值。图 16 是 2013—2018 年 9 月我国捣毁氯胺酮工厂数量统计。该图表明，2013—2016 年我国捣毁氯胺酮工厂数量年均近 120 个，2017 年以后下降。

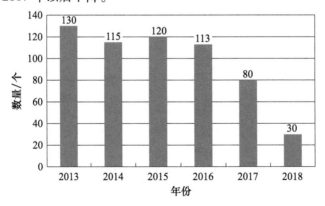

图 16　2013—2018 年 9 月我国捣毁氯胺酮工厂数量

〔1〕　中国国家禁毒委员会办公室. 2018 年中国毒品形势报告［R］. 北京：中国国家禁毒委员会办公室，2019：3.

图 17 是 2005—2018 年 9 月我国氯胺酮缴获量变化情况。由图可见，2006—2011 年我国氯胺酮缴获量逐年上升，并于 2011 年达到 14.3 吨；2012 年下降到 4.7 吨；2013—2015 年不断反弹，并于 2015 年达到 19.6 吨，创造了历史最高纪录；2016 年以来，逐年减少。笔者根据联合国毒品和犯罪问题办公室有关资料统计，2015 年，中国缴获氯胺酮 19.6 吨，约占全球缴获总量的 93%。虽然自 2008 年以来我国加强了打击制贩氯胺酮犯罪，例如我国公安部等六部门分别于 2008 年 7 月、2012 年 8 月将制造氯胺酮的主要原料羟亚胺、邻氯苯基环戊酮（邻酮）列入《易制毒化学品管理条例》附表品种目录的第一类易制毒化学品管理，从一定程度上遏制了其生产，但是制贩氯胺酮犯罪形势直到 2016 年才有所好转。

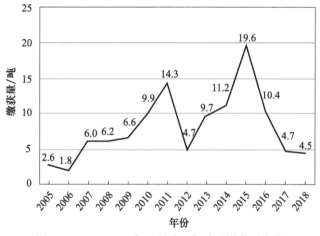

图 17　2005—2018 年 9 月我国氯胺酮缴获量变化

（二）"氯胺酮 + 甲卡西酮 + 其他新精神活性物质"时期（2010 年以来）

该时期也称为多元化新精神活性物质时期，由"氯胺酮 + 甲卡西酮"二元化时期和"氯胺酮 + 甲卡西酮 + 其他新精神活性物质"多元化时期构成。由于"氯胺酮 + 甲卡西酮"二元化时期过于短暂，只有不到 5 年的时间（2010—2013 年），因而也就将其归入多元化时期。

甲卡西酮于 1928 年由苏联科学家首次合成。1930—1950 年，甲卡西酮作为一种抗抑郁药物在临床使用。[1]1960 年，苏联娱乐场所发现甲卡西酮滥用。1989 年，美国密歇根州发生首次滥用案例，随后美国部分州出现甲卡西

---

[1] WADA K. The history and current state of drug abuse in Japan[J]. Annals of the New York Academy of Sciences, 2011, 1216: 62-72.

酮滥用。2003 年后，欧洲呈现甲卡西酮滥用现象。

大约在 2010 年，正当氯胺酮违法犯罪加剧时，我国山西省某市出现甲卡西酮滥用。山西省某市从事重体力劳动的煤矿工人和大车司机因提神需要，从 20 世纪 80 年代开始有吸食"面儿"（主要成分为咖啡因）的陋习，随后流传到民间，成为一种"民俗"。为了提高"面儿"的功效，不法人员往"面儿"中掺入麻黄素。1999 年，我国颁布《麻黄素管理办法（试行）》。随着我国逐步加强麻黄素的管理，不法人员获取麻黄素变得越来越困难。2010 年，长期在山西省某市从事药品批发生意的河南省安阳籍男士李某某，凭借其药理方面的知识，认为甲卡西酮可以替代麻黄素，于是从天津某制药厂非法购进一批甲卡西酮（我国已于 2005 年纳入一类精神品管制），将其添加进"面儿"中，并打着"面儿"的旗号非法贩卖。结果吸食者对掺有甲卡西酮的"面儿"的口感、劲道反响超出预期，市场供不应求。2010 年年初该市甲卡西酮的售价每克 7—8 元，2011 年涨到每克 18—20 元，最高时暴涨到每克约 100 元。甲卡西酮开始泛滥，吸食人数不断上升。《国家药物滥用监测年度报告（2016 年）》显示，我国甲卡西酮滥用例数和比例有所增加。2016 年（707 例）是 2015 年（246 例）的 2.9 倍，2016 年监测到的 707 人中，山西693 人，占 98.0%。[1] 2017 年该市滥用甲卡西酮的人数有 3000 多人。同时，滥用甲卡西酮还向该市周边城市蔓延。滥用甲卡西酮的危害远比滥用咖啡因大，其对人体中枢神经系统的危害更大、成瘾性更强，戒断反应明显，戒断较为困难。山西省某市的甲卡西酮基本来源于外省。由于山西省化工基础相对薄弱，易制毒化学品流入困难，甲卡西酮通常在河南、山东等化工大省进行制造，然后通过公路运输流入山西境内。

2011 年上半年，在公安部的统一指挥下，山西省开展专项整治活动，严厉地打击了甲卡西酮违法犯罪活动，使得 2011—2013 年该市的甲卡西酮犯罪情况有所收敛。但是自 2014 年以来，甲卡西酮案件数和缴获量开始反弹、上升。2015 年 12 月，该市某县被国家禁毒办列为毒品问题严重地区，进行挂牌重点整治。通过 3 年专项整治，2018 年 12 月某县被取消挂牌整治，成功实现摘帽。经过多年的严厉打击、严格管控、广泛宣传，目前该市甲卡西酮滥用问题得到有效遏制，甲卡西酮泛滥蔓延态势得到有效缓解。

我国查获源自境外的合成大麻素产品大约始于 2010 年，此后，其逐步占

---

〔1〕 中国国家食品药品监督管理总局. 国家药物滥用监测年度报告（2016 年）［EB/OL］. (2017-08-11). https://www.nmpa.gov.cn/xxgk/fgwj/gzwj/gzwjyp/20170811104001233.html.

领我国毒品消费市场。2018 年以来,烟草和电子烟形态的合成大麻素滥用提速。在新精神活性物质滥用总人数中,合成大麻素滥用人数排在氯胺酮、甲卡西酮之后,是近年我国新精神活性物质滥用人数增长较快的种类。

2020 年以来,随着全球新冠疫情流行,我国采取严管严控措施予以应对,因而"金三角"等境外毒源地毒品入境困难,导致海洛因、冰毒等主流毒品价格上涨较高。加之我国持续的严格管控新精神活性物质措施的出台与落实,尤其是自 2021 年 7 月 1 日起,我国对危害较大的合成大麻素物质实施整类管制,吸毒群体开始转向容易获取、价格便宜、效果相似的精神药品和麻醉药品市场,使用非列管的精神药品和麻醉药品等成瘾性物质替代。这种现象被简称为"药代",由此我国新精神活性物质形势进入新的发展时期。

二、亚洲中心,基本形成

我国新精神活性物质的现状如下:2010 年以来,我国新精神活性物质市场与国际接轨速度加快,分别超越第一代海洛因时期和第二代甲基苯丙胺时期的接轨速度,甚至成为部分新精神活性物质的生产源头地。在氯胺酮、甲卡西酮仍领风骚的同时,合成大麻素等其他新精神活性物质喷涌而出。截至 2019 年 8 月,我国报告发现 267 种新精神活性物质(截至 2022 年年底,我国已报告发现 345 种),制贩消费基本形成,并呈现以下主要特点:

(一)品种增长快且呈多元化

新精神活性物质是国际毒品管制制度法律漏洞和科学技术进步的产物,其主要利用世界各国对其是否管制,即便管制也存在着管制时间差来生存。当一种新精神活性物质被部分消费国家管制后,为规避法律的惩处,境内外不法人员会在较短时间内研发出尚未列管的新品种,由此推动新精神活性物质品种不断快速增长。联合国毒品和犯罪问题办公室有关资料显示:近年来,全球新精神活性物质新品种以不少于 1 种/周或 52 种/年的速度出现。[1]而我国新精神活性物质新品种出现的速度低于全球平均速度,大约以 0.6 种/周或 30 种/年的速度出现。即便如此,如图 18 所示,从 2014 年到 2019 年 9 月,我国累计报告发现的新精神活性物质品种已从 10 种迅速增长到 267 种。与2018 年年底全球、东南亚和东亚地区累计报告发现的新精神活性物质 891

---

[1] United Nations Office on Drugs and Crime(UNODC). Understanding the synthetic drug market: the NPS factor[EB/OL].(2018). https://www.unodc.org/unodc/en/scientists/global-smart-update-2018-vol-19.html.

种、434 种相比[1]，分别约占 30.0%、61.5%。由此可见，我国在世界新精神活性物质市场中的地位不可轻视，尤其在东南亚和东亚地区占据支配地位。

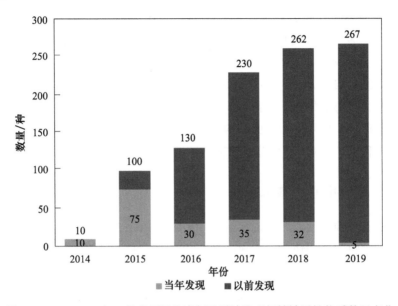

图18　2014—2019 年 9 月我国报告当年及累计发现新精神活性物质数目变化

表6、表7分别显示了 2015—2019 年 8 月我国新精神活性物质检材及其检出占比情况，以及 2017—2019 年 8 月我国列管和非列管新精神活性物质检出占比情况。如表6所示，2019 年以来，我国新精神活性物质的检出率下降，比 2017 年、2018 年减少了近 25%。这说明，随着管控和打击力度的加强，我国新精神活性物质的生产已经减少。但是，表7揭示了与表6不同的变化。如表7所示，即便是在我国不断增加列管新精神活性物质品种数目的前提下，2017—2019 年 8 月非列管新精神活性物质的平均检出率仍高达84.8%。这表明，伴随着管控和打击力度的加强，新精神活性物质品种尚在不断发展，种类不断增多。

——————
[1] United Nations Office on Drugs and Crime（UNODC）. Synthetic Drugs in East and South-East Asia Trends and Patterns of Amphetamine-type Stimulants and New Psychoactive Substances [EB/OL].（2019）. https：//www. unodc. org/unodc/en/scientists/publications-smart. html.

表 6 2015—2019 年 8 月我国新精神活性物质检材及其检出情况

项目	2015 年	2016 年	2017 年	2018 年	2019 年 8 月
检材总数/个	603	1727	1193	912	514
检出数/个	476	1519	780	582	206
检出率/%	78.9	88.0	65.4	63.8	40.1

表 7 2017—2019 年 8 月我国列管和非列管新精神活性物质检出情况

单位:%

项目	2017 年	2018 年	2019 年 8 月	平均
列管	15.0	18.3	12.5	15.3
非列管	85.2	81.7	87.5	84.8

我国报告发现的新精神活性物质的种类覆盖按化学结构可分为九大类,即合成大麻素类、合成卡西酮类、苯乙胺类、哌嗪类、植物类、氯胺酮或苯环己哌啶类、色胺类、氨基茚满类和其他类(芬太尼类、苯二氮䓬类等);按精神作用可分为七大类,即阿片类、大麻类、分离剂、典型致幻剂、镇静剂/催眠药、兴奋剂和其他类。其中,合成大麻素类、合成卡西酮类和芬太尼类品种增长明显。例如,某省办理的一专案现场曾缴获粉末状物质多达 170 余种,其中合成大麻素类 24 种、合成卡西酮类 12 种、苯乙胺类 10 种、色胺类 3 种和其他类 13 种。表 8 显示了 2015—2019 年 8 月国家毒品实验室检出我国新精神活性物质的构成情况,由表可见,在以上 5 年国家毒品实验室检出的新精神活性物质检材中,合成大麻素类、合成卡西酮类为主要种类;2017 年之前,合成卡西酮类、芬太尼类占比逐年增长。2017 年,按国家毒品实验室检出单一品种数量由高到低排序如下:N-Ethylpentylone(合成卡西酮类)、4-CEC(合成卡西酮)、AMB-Fubinaca(合成大麻素)、α-PVP(合成卡西酮类)和 N-Ethylhexedrone(合成卡西酮类)。由此可见,2017 年合成卡西酮类占比最大。2018 年以来,合成大麻素类占比迅速增长;合成卡西酮类、芬太尼类占比减少。由此可说明,2018 年以来,国内合成大麻素消费市场可能增长,国内芬太尼合成有所遏制。

表8　2015—2019年8月我国检出新精神活性物质构成　　单位:%

年份	合成卡西酮类	合成大麻素类	芬太尼类	苯乙胺类	色胺类
2015	43.1	27.6	1.2	14.2	6.0
2016	55.2	36.5	3.1	0.8	0.9
2017	64.7	18.5	5.0	1.4	0
2018	30.0	52.7	2.9	1.1	2.7
2019	17.8	72.0	0	0	0.4

（二）新精神活性物质向国外走私减少，国外走私入境增多

我国新精神活性物质问题的演变轨迹不同于海洛因、冰毒和氯胺酮问题。海洛因是过境引发消费，冰毒和氯胺酮都是先有滥用、后有生产，而新精神活性物质则是先有制造、后出现消费。新精神活性物质形势变化较快，且以2019年为界，之前，以新精神活性物质制造、走私、贩卖活动为主；之后，该情形发生了转变。

（1）2019年之前，我国制造、走私、贩卖新精神活性物质活动较突出。根据联合国毒品和犯罪问题办公室相关资料，我国生产的新精神活性物质曾主要销往欧洲的俄罗斯、英国、荷兰和比利时，北美洲的美国、加拿大，以及大洋洲的澳大利亚和新西兰等国。从我国破获的新精神活性物质犯罪案件情况来看，其犯罪类型以制造、走私、贩卖为主。"长三角"地区是此类案件的源头地区，我国制造、走私新精神活性物质从"长三角"地区逐渐向其他地区扩展蔓延。我国制贩新精神活性物质案件有以下特点：

第一，犯罪过程通常由联系境外买家、寻找境内研发生产企业或公司定制所需新精神活性物质、把生产出的新精神活性物质寄到境外等环节构成。

第二，犯罪人员以专业人才居多。从事新精神活性物质制造、走私的人员多数有着化工、化学、医药、进出口等专业背景，其法律和外语等相关知识水平较高，属于有着较高文化层次的专业人员的智能犯罪。根据在制造、走私、贩卖新精神活性物质犯罪过程中职责的不同，通常可将犯罪人员分为组织策划人员（负责寻找境外买家和境内生产制造企业、公司）、研发生产人员（负责境内新精神活性物质的研发、生产）以及快件货运人员（负责新精神活性物质的走私出境）三类。

第三，犯罪类型通常分为两类：一类是生产、销售一体化，此类案件的犯罪人员一般兼有多种身份；另一类是生产、销售相分离，此类案件的主要犯罪人员一般是组织策划者，承担类似经纪人的角色。

第四，走私方式以国际货运代理和国际快递为主。2017 年以前，在我国生产的新精神活性物质流往境外的方式中，国际快递出境占有一定比例。但是，自 2018 年以来，由于国际快递加强了监管，加之国际快递容易暴露邮寄的物品，可能会被快递公司拒绝寄递，因而新精神活性物质走私出境更多地通过国际货运代理公司或采用开辟中俄、中美贸易特别通道等方式进行，藏匿方式主要有文书夹带、电子产品夹带等。

第五，网络联系产销。互联网在新精神活性物质的生产、销售（走私）中发挥着不可或缺的桥梁作用。境内制贩新精神活性物质的组织策划等人员无论是寻找境外买家，还是结识境内具有新精神活性物质生产能力的企业或公司，都是通过互联网在有关的化工网站发布销售广告或搜索境内从事医药中间体研发、生产的化工、医药企业或公司进行的，且一般不使用新精神活性物质的俗名或化学品名，多用特别代码代替，隐蔽性较强。

第六，交易资金隐蔽。为使规模性的新精神活性物质交易便捷、隐蔽、安全和不易被察觉，新精神活性物质职业性犯罪团伙大多在境外注册公司，专门用于网上贸易的离岸结算，只有少数零星的违法交易通过跨境汇款的方式结算。

（2）2020 年以来，在我国非法生产新精神活性物质并走私到国外的活动急速下降，国外入境增多。

如前述表6所示，2019 年，在我国新精神活性物质检材中，其检出占比从 2018 年的 63.8% 降到 40.1%，降低了 23.7%。2020 年之后，则延续了这种下降趋势。与此同时，海关查获的出境新精神活性物质的种类和数量也呈现减少趋势。但是，与此相反，通过国际邮包渗透入境的精神药品、麻醉药品和新精神活性物质却出现上升趋势。由此也说明，我国新精神活性物质消费市场正在扩展，而其生产已经萎缩，来源地地位明显下降。

（三）滥用增长

与海洛因、冰毒和氯胺酮等毒品滥用路径相似，我国被滥用的新精神活性物质也从境外传入，只是传入的路径、数量有着较大区别。海洛因、冰毒和氯胺酮多以大宗走私方式入境，而新精神活性物质则通过较小重量的国际邮包或国际物流方式入境，且在入境形式上，新精神活性物质多以合法或新商品伪装，更具有欺骗性。新精神活性物质在我国的滥用蔓延速度也以 2019 年为界，之前较慢，之后加快了速度。

（1）2019 年以前，我国已存在新精神活性物质的滥用问题，但是滥用人数不清；除去氯胺酮、甲卡西酮和合成大麻素外，其他新精神活性物质的滥用情况基本不掌握。例如，滥用人数有多少、滥用人群有哪些、滥用人群的人口学特征如何、较常滥用的新精神活性物质有哪些、采用何种滥用方式、使用的频度是多少、从何处获得新精神活性物质、预防常识的掌握程度如何等。造成该事实存在的主要原因：一是我国滥用新精神活性物质的人数的确有限；二是实战一线缺乏新精神活性物质的快速检测方法和设施，而使用常见的毒品尿检卡等是不能检出新精神活性物质的。

近年来，国内流行通过污水监测来评估一个城市的毒品滥用情况。与通过对滥用者的调查掌握新精神活性物质的滥用情况相比，该方法更客观、更能接近事实的真相。但是，使用污水监测法的前提是已经掌握待监测新精神活性物质的污水检测方法。举例来说，要从污水中监测某个城市是否有人使用合成大麻素，前提是已经找到合成大麻素的污水检测方法。2016 年，国内有研究人员对 30 余个省会和直辖市的污水中的 4-甲基甲卡西酮、BZP、TFMPP、MDPV、PMMA 和 Methylone 等新精神活性物质进行了监测，除个别污水厂疑似检出上述 1—2 种新精神活性物质外，其余均未确定检出。这不能说明这些新精神活性物质在我国完全没有使用，但至少说明这些新精神活性物质在我国还没有大量使用。但令人遗憾的是，上述监测的新精神活性物质中没有合成大麻素，而合成大麻素是较为可能被滥用的新精神活性物质之一。

从我国对零售新精神活性物质的查获情况进行判断，我国已存在新精神活性物质的滥用。2016 年以前，天津、辽宁、山东、内蒙古、四川、江苏等多个地区已有合成大麻素制品出售，在娱乐场所吸食合成大麻素的案例也有发现。2017 年以来，除有更多的地区在娱乐场所查获合成大麻素外，"咔哇潮饮""彩虹烟""咖啡包""小树枝""果冻""巧克力""零号胶囊""娜塔莎"等含有新精神活性物质的新型毒品也被查获。这些情况都表明，我国滥用新精神活性物质的现象不容轻视。

（2）2020 年之后，尤其是新冠疫情的流行，助长了我国新精神活性物质滥用的加速蔓延。该阶段新精神活性物质的滥用除持续的品种多元化外，更是出现了"药代"，即用依托咪酯、右美沙芬等非列管精神药品、麻醉药品替代被管制的毒品，笑气、亚硝酸酯类等吸入剂开始占领毒品消费市场。

新冠疫情流行期间，受我国疫情严管严控政策等因素影响，来自境外"金三角"毒源地的海洛因、冰毒等主流毒品贩运线路受阻，导致我国这些主流毒品价格上涨较高，吸毒群体开始寻求获取容易、价格便宜、药效相似的精神药品、麻醉药品等成瘾性物质替代滥用，即"药物替代"（简称"药代"）问题出现。其实，"药代"问题在我国早已存在。例如，20 世纪末期，在我国东南等地区发生的"止咳水"的替代就是"药代"的一个典型案例。只是在海洛因、冰毒主流毒品供给充足、价格正常的情况下，多数吸毒人员更换毒品类型的可能性较小，"药代"问题表现得不够突出。新冠疫情及其之后时期，我国"药代"问题有三条主线表现尤为明显：

第一条"药代"主线是氯胺酮的替代。自20世纪末期以来，我国氯胺酮的滥用一直存在。但在2001年氯胺酮被我国法律列管之后，部分吸毒人员开始从日本等国家进口氟胺酮（F-Ketamine）替代氯胺酮；在2021年氟胺酮被我国法律列管后，再次出现溴胺酮的替代；2024年溴胺酮被我国法律列管后，出现替来他明滥用。氟胺酮、溴胺酮和替来他明等的药理效果与氯胺酮相近。氟胺酮，化学名称为a-邻氟苯基-2-甲胺基-环己酮，其外观为白色结晶粉末。氟胺酮与氯胺酮同属苯环己哌啶类物质，分子结构也与氯胺酮高度相似，只是其中的-Cl基团被-F所取代。有关药理实验表明，氟胺酮具有与氯胺酮类似的麻醉活性。溴胺酮与氯胺酮同属苯环己哌啶类物质，分子结构也与氯胺酮高度相似，只是其中的-Cl基团被-Br所取代。盐酸替来他明是一种白色粉末状物质，主要用于封闭麻醉及全身麻醉。替来他明是一种分离麻醉剂，其药理作用与氯胺酮类似。

第二条"药代"主线是合成大麻素的替代。合成大麻素在我国的滥用大约始于2010年，与其他种类的新精神活性物质相比，合成大麻素类物质的品种不仅较多，滥用人群也增长较快，这可从我国法律对合成大麻素类物质管制的时间和数量的历程中得到证实。2010年，我国首次将JWH-018等5种合成大麻素列入《精神药品品种目录》（2013年版）管制。此后，分别于2015年、2018年，分两批将5F-ABICA、AMB-FUBINACA等48种合成大麻素列入《非药用类麻醉药品和精神药品管制品种增补目录》管制。截至2021年年初，我国已先后三次列管了53种合成大麻素类物质。然而，如此对合成大麻素类物质立法管制的速度仍然赶不上合成大麻素新品种的合成速度，53种合成大麻素管制数量对超过300种的合成大麻素总数，犹如杯水车薪。为更加有效地遏制合成大麻素类物质的蔓延，彻底地减轻其对我国的危害，从2021年7月1日起，我国把合成大麻素整类物质列为毒品进行管制。之后，紧接着出现了依托咪酯的"药代"，在2023年12月1日我国法律对依托咪酯列管后，又出现了替来他明（兽用药）的替代。依托咪酯、盐酸替来他明的药理效果与合成大麻素相近。依托咪酯是一种咪唑类的有机化合物，20世纪60年代由杨森制药公司开发。依托咪酯具有中枢镇静、催眠和遗忘作用，是一种超短效、非巴比妥类的催眠药、麻醉诱导药、催眠性静脉全麻药。1972

年，依托咪酯首次被用于临床，因其安全性较大（对心血管和呼吸系统的低影响）而受到欢迎。近年来，国内外出现其滥用情况。

第三条"药代"主线是"止咳水"的替代。20 世纪 90 年代美国、日本以及我国的香港地区发生止咳水滥用问题，20 世纪 90 年代末期我国内地部分地区也开始出现该类问题。当时部分青少年滥用的"止咳水"是一类含有复方可待因的处方药，具有镇痛、镇咳效果，在临床医学上被用于治疗剧烈干咳及中等疼痛。该药如果在医生的指导下合理服用可以治病，但长期服用容易成瘾。可待因是鸦片中含有的一种菲类生物碱，1832 年首次从吗啡中分离得到。可待因药理作用与吗啡相似，但其效果约为吗啡的七分之一。我国法律早在 1985 年已将可待因及其可能存在的盐和单方制剂列入管制，在含有复方可待因的"止咳水"出现滥用后，我国又加强了含可待因止咳口服溶液的监管。2000 年 4 月 3 日，《国家药监局关于重申进一步加强含可待因止咳口服溶液管理的通知》发布，把所有含可待因止咳口服溶液列入处方药管理。2015 年 4 月 3 日，国家食品药品监管总局、公安部、国家卫生计生委联合发布了《关于将含可待因复方口服液体制剂列入第二类精神药品管理的公告》。在新冠疫情流行及其之后时期，出现了右美沙芬的"药代"，我国法律于 2024 年 7 月 1 日将右美沙芬列为第二类精神药品目录管制。右美沙芬是一种中枢性镇咳药，适用于感冒、急慢性支气管炎及其他上呼吸道感染引起的少痰咳嗽。右美沙芬是吗啡类的衍生物，具有与吗啡相似的特性，滥用会成瘾。

除上述三条"药代"主线外，阿片类药物、镇静安眠类药物等"药代"更加不能忽略。此外，还有笑气的滥用问题也应引起重视。笑气在我国的滥用始于 2015 年前后，最初由部分留学美英等国家的学生和前往这些国家的旅游者等传入。在笑气滥用蔓延的初期，由于我国对笑气的管控相对滞后，一些地方的青少年滥用笑气流行。随着滥用笑气青少年人数的增多，又衍生出非法经营、运输、存储笑气等违法犯罪问题，从而损害了青少年身心健康，危害了经济发展和社会安全稳定。笑气，学名一氧化二氮，化学式 N_2O，是一种无色有甜味的气体。1799 年英国化学家汉弗莱·戴维（Humphry Davy）发现其有麻醉作用，早期在牙科手术中被当作麻醉剂使用。目前，一氧化二氮的主要用途包括牙科和外科麻醉剂、工业制冷剂、食品加工中的喷射剂和密封剂以及航天助燃剂等。鉴于一氧化二氮的多种用途，目前我国仍未将其列为毒品管制，但其已于 2015 年被国家安全监管总局、工信部、公安部等十个部门列入《危险化学品目录》（2015 年版）管制。笑气具有成瘾性，滥用成瘾，会引发高血压、心脏病、恶性贫血、瘫痪、精神异常等多种并发症，吸入过量会导致窒息性死亡。目前，针对青少年滥用笑气问题，应加强综合治理，从强化青少年预防教育，加大生产和流通行业监管、惩罚力度，以及完善惩处法律政策等路径进行治理。

目前，我国新精神活性物质滥用包含非医用和医用精神药品、麻醉药品的滥用，滥用群体以青少年为主。非医用精神药品和麻醉药品的滥用主要包括合成大麻素、苯环利定类物质、色胺类物质、苯二氮䓬类物质、致幻类物质、植物类物质和吸入剂等。医用精神药品和麻醉药品的滥用主要由阿片类药物、镇静安眠类药物、依托咪酯、右美沙芬等构成。

（四）新型非列管易制毒化学品不断出现

2018年，我国易制毒化学品缴获量达到近年的峰值，通过加强全要素监管查缉制毒物品等措施，自2019年以来，制毒物品流失得到持续的有效遏制。但是，也出现了不法人员不断改进制毒工艺和路径，寻求使用易制毒化学品品种向合成流程更前端的非列管化学品转化的新特点。芬太尼、合成大麻素、氯胺酮、MDMA等毒品合成都出现新的化学前体。例如，近年来，云南省是我国查获易制毒化学品数量最多的省份，该省查获的非列管易制毒化学品约占其查获易制毒化学品总数量的70%。与新精神活性物质问题发展的趋势类似，易制毒化学品违法犯罪也朝着利用其管制制度存在立法滞后等漏洞的方向发展。新冠疫情之后，受毒品市场需求增长、常见毒品供应短缺、毒品价格居高不下等因素刺激，境内外制毒犯罪呈现反弹之势，对易制毒化学品需求增大。

综上所述，随着近年我国不断地创新新精神活性物质立法管制制度，加大对新精神活性物质的管控和犯罪打击，我国新精神活性物质问题治理实现了好转，有效地减少了氯胺酮、甲卡西酮和芬太尼的生产、贩运，降低了新精神活性物质新品种的研发速度，削弱了新精神活性物质生产源头的地位。但是，新冠疫情的流行助推了新精神活性物质的滥用。"药代""吸入剂替代"等新情况的出现，使我国新精神活性物质问题进入快速变换时期。加之，新精神活性物质的制造方法相对简单，衍生、变异品种多，市场复杂易变。据预测，未来我国新精神活性物质违法犯罪问题在一定程度上可控，但可能呈现上升态势，新精神活性物质品种将继续增多，制造新精神活性物质的原料、配剂将延续非列管易制毒化学品方向的发展，新精神活性物质滥用可能不断扩大，尤其是"药代"成瘾人数可能增长较快，新精神活性物质的管控、查处、打击等工作都将面临新的挑战和压力。

第三章　新精神活性物质的历史、爆发因素与路径

　　最早的新精神活性物质可以追溯到 19 世纪末期海洛因的问世，也就是半合成毒品的出现。在随后的一百多年中，其始终以一定速度不断发展着。进入 21 世纪后，尤其是自 2009 年以来，新精神活性物质以超常的速度增长，进入"井喷爆发期"。为什么近年会有如此之多的新精神活性物质出现？导致该情况发生的真正原因是什么？其是采取何种路径跻身于毒品市场的？其滥用的原因有哪些？以上论题都是本章所讨论的内容。

第一节　新精神活性物质的历史

一、前世今生，始终在变

　　人类世界最古老的毒品当属罂粟类、古柯类和大麻类毒品。早在公元前 4000 年，人类就开始种植和利用罂粟、古柯和大麻。人类利用罂粟治病止痛已有数千年的历史，制作鸦片大约始于 3500 年前。到了 18 世纪和 19 世纪，随着人类社会的进步和发展，人们种植、加工、使用罂粟、古柯、大麻的水平不断提高，使用的数量不断增多、范围不断扩大，其非药用价值逐渐被人类发现，其对人类社会的消极影响和负面影响不断增加。18 世纪，人类分离、提纯罂粟类、古柯类和大麻类毒品中的主要药用成分，逐步研制合成出其衍生物。1806 年，德国化学家 F. W. A·泽尔蒂纳从鸦片中分离出吗啡。吗啡因其有效的镇痛作用风靡欧美，随即产生成瘾问题。19 世纪 60—70 年代，为解决吗啡的成瘾问题，科学家开始研究新的药品。1874 年，英国人 G. R·莱特用吗啡合成出新的药品，德国人紧随其后完善了该药品的生产方法并起名为海洛因[1]，由此

---

[1]　杨丽君. 中国当代吸毒问题成因与治理[M]. 北京：群众出版社，2003：7.

开启了新精神活性物质和合成毒品的历史。从那时开始算起，新精神活性物质经历了近 120 年的发展，可初步分为四个发展阶段：1900—1939 年为第一阶段，也称萌芽时期；1940—1979 年为第二阶段，也称慢速发展时期；1980—2004 年为第三阶段，也称快速发展时期；2005 年至今为第四阶段，也称爆发发展时期。这四个阶段都围绕着精神活性物质这个中心产生过多个概念和标志性品种，且前三个阶段发展速度一般，自 2005 年以来的第四阶段则进入了其发展的爆发期，给全球毒品管制制度带来极大的挑战。

二、萌芽时期，第一阶段（1900—1939 年）

20 世纪起始至 20 世纪 30 年代为新精神活性物质产生的第一阶段，也是萌芽阶段。该阶段出现的新精神活性物质主要为鸦片类。20 世纪 20 年代中期，一些国家和国际禁毒公约把吗啡和二乙酰吗啡（海洛因）列入管制。例如，1925 年重新修订的《国际鸦片公约》明确禁止吗啡、海洛因。随着吗啡、海洛因被列管，当时尚未列管的二苯甲酰吗啡和乙酰丙酰吗啡，由于具有与海洛因相似的药理作用，便成为吗啡、海洛因的替代品。其二者的管制直至 6 年后才得以实现。1931 年《限制制造及调节分配麻醉品公约》（以下简称《1931 年公约》）首次对吗啡所有酯类、羟可待因酮和羟吗啡酮等新精神活性物进行列管。

三、慢速发展时期，第二阶段（1940—1979 年）

20 世纪 40 年代至 20 世纪 70 年代为新精神活性物质产生的第二阶段，也是慢速发展阶段。该阶段出现的新精神活性物质主要为合成鸦片类、苯丙胺类兴奋剂和麦角酸二乙酰胺等致幻剂。1945 年 9 月，第二次世界大战结束后，战争期间研发的各种化学合成鸦片类药物充斥市场，由于它们并不来源于鸦片，无法将其纳入《1931 年公约》列管，因而 1948 年新制定了将《1931 年公约》范围以外的药品置于国际管制之下的议定书，将合成鸦片类麻醉药品列入国际管制。1949—1954 年新增列管了美沙酮、哌替啶等 20 种合成鸦片类麻醉药物。至此，国际社会已建立了《1912 年海牙公约》、《1925 年国际鸦片公约》、《1931 年公约》和 1936 年 6 月 26 日《禁止非法买卖麻醉品公约》国际禁毒公约和多份禁毒议定书的毒品管制制度。为破解国际毒品管制制度的复杂性，1961 年 3 月 30 日，联合国大会通过《1961 年麻醉品单一公约》，此公约合并和修订以前有关麻醉品管制的国际条约，将麻醉品分别纳入 4 个附表，给予分级管制。截至 2024 年 12 月，已列管 143 种麻醉品。[1]随着《1961 年麻醉品单一公约》的签署，苯丙胺类兴奋剂、麦角酸二乙酰胺等致幻剂及安眠酮等新合成的精神药物开始占领毒品消费市场。20 世纪 70 年代后期，苯环己哌啶类新精神活性物质也被广泛使用。面对如此新毒情，1971 年 2 月 21 日，联合国大会通过《1971 年精神药物公约》，把 32 种精神药物分别纳入 4 个附表分级严格管制。截至 2024 年 12 月，已列管 175 种精神药物。[2]截至 2024 年 12 月，国际禁毒公约列管麻醉药品和精神药物共计 318 种。

四、快速发展时期，第三阶段（1980—2004 年）

20 世纪 80 年代至 2004 年为新精神活性物质产生的第三阶段，也是快速发展阶段。该阶段出现的新精神活性物质主要为合成鸦片类、苯乙胺类、氯胺酮类、色胺类等。此阶段的新精神活性物质先后被称为"策划药品"、"俱乐部药品"和"研究化学品"（Research chemicals）。"策划药品"一词始于 20 世纪 80 年代的美国，最初是指改变芬太尼结构而产生的各种鸦片类合成药物。后来，其含义发生扩展，包括亚甲二氧基甲基苯丙胺（摇头丸）类致幻剂。该词汇的使用也随着亚甲二氧基甲基苯丙胺（摇头丸）类致幻剂的流行从美国传到欧洲再传向全球。接着，"俱乐部药品"一词取代"策划药品"。20 世纪 90 年代末期出现"研究化学品"一词，该词正是一些销售苯乙胺类和色胺类新精神活性物质的人员创造出来的，发明该词汇的意图在于规避相关药物法律的管制。氯胺酮是当代首批出现的新精神活性物质，其滥用大约始于 1965 年；1971 年赛格尔（Siegel）首次报告了美国旧金山和洛杉矶的氯胺酮滥用病例[3]；20 世纪 70 年代中期，其滥用扩展。20 世纪 90 年代早期，欧洲氯胺酮滥用明显；20 世纪末期，扩散到日本、泰国以及中国。进入 21 世纪后，亚洲东南亚地区氯胺酮滥用逐渐上升，目前该地区已成为全球氯胺酮生产、贩运和滥用的主要地区。2001 年，中国已把氯胺酮作为一类精神药品管制。但是，截至当前国际社会仍然未将其纳入《1971 年精神药物公约》列管。苯乙胺类、哌嗪类新精神活性物质大约分别于 20 世纪 90 年代后

[1] International Narcotics Control Board. Psychotropic Substances[EB/OL]. [2024-01-03]. http://www.incb. org/incb/en/psychotropics/index. html.

[2] International Narcotics Control Board. Psychotropic Substances[EB/OL]. [2024-01-03]. http://www. incb. org/incb/en/psychotropics/index. html.

[3] 吴玉红，钟岩. 禁毒化学技术[M]. 北京：中国人民公安大学出版社，2015：165-166.

期、21 世纪早期出现滥用。

五、爆发发展时期，第四阶段（2005 年至今）

2005 年至今为新精神活性物质产生的第四阶段，也是爆发发展阶段。2006 年德国科学家首次鉴定出合成大麻素成分。合成大麻素的滥用大约始于 2004 年，随后出现了合成卡西酮和其他新兴精神活性物质的滥用。2012 年 1 月，英国广播公司首次报道"喵喵"和"麦弗冬"（Mephedrone）的滥用，其属于合成卡西酮类物质。2009 年，根据英国对名为 *Mixmag* 的流行跳舞杂志读者的调查，有三分之一的读者承认在最近一个月内使用过 Mephedrone，其已成为该调查中居第四位的流行精神活性药物。[1] 2012 年 5 月 26 日，美国迈阿密一位名叫鲁迪·尤金的青年男子，突然袭击路边一名流浪汉，几乎啃下对方面部的 80%。事后调查发现，该青年男子因过量服用"浴盐"，而出现暴力攻击他人的行为。[2] "浴盐"属于合成卡西酮类物质。

第二节　新精神活性物质爆发的因素和路径

虽然新精神活性物质不等于合成毒品，但是它们二者的关系紧密不可分割。从一定程度上来说，合成毒品是新精神活性物质的前身，其区别仅在于，合成毒品属于受国际禁毒公约或国家法律法规列管的精神活性物质。鉴于它们如此紧密的联系，新精神活性物质的发展离不开合成毒品市场的影响；反之，新精神活性物质的发展又推动了合成毒品市场的变革。

在 2009 年新精神活性物质爆发之前，也就是 20 世纪末期，欧洲等地区的合成毒品市场已经开始变革，这个变革可以看作新精神活性物质爆发的序曲。该序曲的主角是苯丙胺类兴奋剂（ATS）。随着部分苯丙胺类兴奋剂品种及其前体被管制，为了不失去这部分合成毒品市场，合成毒品的制贩者采用以下应对方法：一方面，合成新型的、具有类似化学结构和兴奋作用的苯丙胺衍生物；另一方面，使用未列管易制毒化学品，通过改变合成线路等方法生产原有的苯丙胺品种。例如，在用来合成甲基苯丙胺的麻黄碱和伪麻黄碱等易制毒化学品受到更加严格的管制后，北美洲和欧洲开始转向以 1-苯基-2-

---

〔1〕　甲卡西酮[EB/OL]. (2023-06-26). http://baike. chinaso. com/wiki/doc-view-296678. html.
〔2〕　美国当街啃食人脸男子照片曝光[EB/OL]. (2012-05-29). https://news. 163. com/12/0529/13/82M41KC300014JB5. html.

丙酮（P-2-P）为前体的新合成技术线路和工艺。然而，该"序曲期"的做法与随后"爆发期"的做法相比，新品种的数量有限（每年仅有个位数的新品种出现）、化学结构单一（主要是苯丙胺类似物），范围有限。[1]

一、爆发前期，暗流涌动

新精神活性物质爆发之前的合成毒品市场，以苯丙胺衍生物合成为主的新型合成毒品暗流涌动。大约在 2009 年，国际社会才开始广泛注意到大量新精神活性物质的出现。然而早在 20 世纪末期，欧洲等一些地区的合成毒品市场就已进入化学结构创新的动态时期，导致了多元化的兴奋型合成毒品出现。然而，从新型合成毒品的数量（每年仅有个位数的新品种出现）和化学结构的多样性（主要是苯丙胺、甲基苯丙胺和 MDMA 类似物）来看，新型合成毒品的范围是有限的。鉴于它们具有类似的化学结构和兴奋作用，这些毒品被称为"苯丙胺类兴奋剂"（ATS）。[2]

使用未列管易制毒化学品，通过改变合成线路等方式继续推进合成毒品市场的变革。例如，在用来合成甲基苯丙胺的麻黄碱和伪麻黄碱等易制毒化学品受到更加严格的管制后，北美洲和欧洲一些地区开始转向以 1-苯基-2-丙酮为前体的合成甲基苯丙胺的新技术线路和工艺。该时期的合成毒品市场的创新策略仅限于改变合成方法和用非列管易制毒化学品代替列管的前体化学品，同时仍致力合成同一范围的 ATS。[3]

虽然滥用者可能已经觉察到一些与往常用的合成毒品的纯度、组成的不同，但是出现在合成毒品市场上的新品种与以往使用的合成毒品非常相似。加之，这些新品种往往以原来合成毒品的名称出售，且含有一些滥用者所期望的精神活性物质，能够达到以往的精神效果，因而接受了这种现实。随着大量新精神活性物质的出现，合成毒品市场的这种情况发生了较大的改变。

---

[1] United Nations Office on Drugs and Crime（UNODC）. Understanding the synthetic drug market：the NPS factor［EB/OL］.（2018）. https：//www. unodc. org/unodc/en/scientists/global-smart-update-2018-vol-19. html.

[2] United Nations Office on Drugs and Crime（UNODC）. Understanding the synthetic drug market：the NPS factor［EB/OL］.（2018）. https：//www. unodc. org/unodc/en/scientists/global-smart-update-2018-vol-19. html.

[3] United Nations Office on Drugs and Crime（UNODC）. Understanding the synthetic drug market：the NPS factor［EB/OL］.（2018）. https：//www. unodc. org/unodc/en/scientists/global-smart-update-2018-vol-19. html.

二、专钻漏洞，规避风险

引发新精神活性物质突然大量涌现的因素较多，其中最主要的原因是，制贩新精神活性物质既可获取利润，又可规避被处罚的风险。对生产者和销售者而言，新精神活性物质可被冠以"合法兴奋剂"等合法商品之名进行销售。对吸食者来说，其使用"合法兴奋剂"也无违法风险。加之，新精神活性物质可通过互联网进行订购和购买，较传统毒品也更容易获取。

从新精神活性物质的发展史来看，其是国际毒品管制制度法律漏洞的产物。1912—1990年，国际社会先后缔结了10余个国际禁毒公约，目前仍然有效的是：1946年12月11日议定书修正的1936年6月26日《禁止非法买卖麻醉品公约》、《经1972年议定书修正的1961年麻醉品单一公约》、《1971年精神药物公约》和《1988年联合国禁止非法贩运麻醉药品和精神药物公约》。这些国际禁毒公约构成了现行的国际毒品管制制度。现行国际毒品管制制度是从1931年起采用列举法管制麻醉药品的：1931年通过的《限制麻醉品制造及管制麻醉品运销公约》首次采用列举法管制麻醉药品，同时首次推出了临时列管制度。随后，1948年通过的《将1931年公约范围外的药品置于国际管制的议定书》《1961年麻醉品单一公约》《1971年精神药物公约》的相关条款都进一步完善了麻醉药品和精神药物的列举法管制制度。《1961年麻醉品单一公约》第3条和《1971年精神药物公约》第2条对修改、确认列管麻醉药品、精神药物的程序进行了明确规定：（1）任何一个缔约国或世界卫生组织要提请增列一种新药物，应向联合国秘书长（现为联合国毒品和犯罪问题办公室执行主任）提出申请，由秘书长向各缔约国及联合国麻醉药品委员会转交申请和相关资料。（2）世界卫生组织药物依赖性专家委员负责对拟增列药物的危害（包括对精神的危害和滥用的可能、范围等）进行科学的评估后，作出是否列管的建议。（3）联合国麻醉药品委员会根据世界卫生组织药物依赖性专家委员的评估结果，对拟列管的新药物将被置于相关禁毒公约的哪一个附表中管制作出决定，并通过联合国经济及社会理事会的审核后，才能实施管制。对已列管麻醉药品、精神药物的附表位置改变及解除列管的程序同上。世界上大多数国家的毒品管制制度与国际毒品管制制度相似，采用"列表管制"，对于新精神活性物质，大多尚未进行严格的立法管控。一些不法人员发现传统毒品管制制度的这一漏洞，并抓住该漏洞逐步开发大量的新精神活性物质，形成滥用市场。

因此，利用毒品管制制度的非管制和管制程序复杂、冗长等法律漏洞制造新精神活性物质的问题一直存在。新精神活性物质就是严厉打击传统毒品的替代性产物，无论是新精神活性物质的生产、贩卖人员，还是滥用人员，都会利用各国法律管控的缺位、滞后，规避被法律处罚的风险，不断"合法"地生产、贩运、销售和滥用数量众多的新精神活性物质，推动其扩散。

三、喜新厌旧，拓展市场

为了规避被法律处罚的风险及应对合成毒品市场的变化，毒品制贩者开发并销售了大量的新精神活性物质。随着全球对易制毒化学品管控的加强，要想获得生产原先合成毒品的前体化学品变得更加困难。为保住合成毒品市场，一方面，毒品制贩者试图采用改变合成线路等方式以保持原有合成毒品的生产；另一方面，他们也在寻找具有类似精神效果的、新的物质替代原有的合成毒品。[1]

新的精神活性物质可能源于不同的化学"家族"，需要使用不同的前体化学品进行合成。关键是这些新的前体化学品是非管制的，其获得更加容易，被法律处罚的风险也较低。随着禁毒立法不断加强对新合成毒品的管制，或者由于使用者认识到一些新合成毒品的危害性，部分新合成毒品品种会退出合成毒品市场。但是，毒品制贩者不会放过此机会，他们会持续不断地增加或改变其提供的合成毒品品种。

正是在这种情形下，新精神活性物质作为冒充品被投放到合成毒品市场，制贩者使用原有合成毒品的品名进行销售，合成毒品的使用者仍然会买到他们以往使用过的、品名熟悉的、形状相同的、精神效果相似的毒品。一个典型的例子是"摇头丸"被替代的事实。在一些合成毒品市场中，"摇头丸"的成分、含量已经随着时间的推移而发生了明显的变化。

四、制造简单，原料易得

新精神活性物质的生产制造多通过获取普通的化学医药原料、借助化学实验工具、修改已管制毒品或其前体化学品的化学结构等方式进行制造，所需的工艺和房屋设施要求不高，容易隐蔽不被发现。此外，制造新精神活性

---

[1] United Nations Office on Drugs and Crime（UNODC）. Understanding the synthetic drug market：the NPS factor［EB/OL］.（2018）. https://www.unodc.org/unodc/en/scientists/global-smart-update-2018-vol-19.html.

物质的相关化学和医药原料、仪器设备等均可通过线上和线下市场大量购买获得，且不会引起别人的注意。[1]

五、替代扩张，逐占市场

向吸毒者提供更多的合成毒品种类已经成为毒品生产、贩运者拓展业务的一种有效手段。由于对合成毒品市场上现存毒品种类的质量和效果不再满意，部分吸毒者准备尝试使用新型的或鲜为人知的精神活性物质。毒品生产、贩运者是不会放过这样的机会的，他们除了像过去一样对原先使用的毒品分子进行较小改变，生产出新的毒品品种，还会通过制药和化工研究机构定制新精神活性物质。尽管这些新精神活性物质的化学结构与原有毒品的化学结构有着显著差异，但却能较好地模仿原有毒品的精神效果。目前，研制出的新精神活性物质的种类已经全部涵盖了已知的七大类精神效果。[2]

第三节　滥用新精神活性物质的原因

滥用新精神活性物质的原因是复杂的，是各种主客观因素共同作用的结果。客观因素主要是指滥用人员所处社会的经济、政治、文化、法制、教育等整体状况及其家庭、学校、就职机构和社区等微观社会环境。主观因素是指行为主体的生理和心理因素。一般而言，客观因素是外因，主观因素是内因，外因只有通过内因才能起作用，这就是说，即使客观环境因素再多，也必须通过主观因素才能起作用。[3]换言之，滥用新精神活性物质行为的产生，是行为主体的主观因素与客观环境因素共同作用的结果，其中主观因素起着决定性的作用。滥用新精神活性物质的客观因素主要是其所具有的非管制性，也就是说，滥用新精神活性物质是"合法行为"。正如前述观点，新精神活性物质是国际毒品管制制度法律漏洞下的产物，其在毒品市场中能够产生、存在和滥用，主要是基于其合法性。

---

〔1〕 United Nations Office on Drugs and Crime（UNODC）. Understanding the synthetic drug market：the NPS factor［EB/OL］.（2018）. https：//www. unodc. org/unodc/en/scientists/global-smart-update-2018-vol-19. html.

〔2〕 United Nations Office on Drugs and Crime（UNODC）. Understanding the synthetic drug market：the NPS factor［EB/OL］.（2018）. https：//www. unodc. org/unodc/en/scientists/global-smart-update-2018-vol-19. html.

〔3〕 杨丽君. 中国当代吸毒问题成因与治理［M］. 北京：群众出版社，2003：121.

有关研究表明，滥用新精神活性物质的原因既有与滥用常见毒品相类似的一般原因，例如好奇、追求感官新体验或性刺激、同伴影响、社交需要、无聊和获取能量等[1]；也有其自身特有的原因，例如合法使用、价格便宜、容易获得、难于检测、网络销售和质量较好等。本节主要讨论滥用新精神活性物质的特有原因。需要说明的是，由于不同时期、不同地域、不同人群，滥用新精神活性物质的主要影响因素可能不同，因此解释滥用新精神活性物质的主要原因应注意时期、国家、地区及人群的变化。例如：2012 年，吸食新精神活性物质的部分主要原因是买不到传统毒品及其质量不好；而到 2015 年和 2016 年却报告吸食新精神活性物质是因为价格便宜、获取方便，特别是可在线购买。但是，仍然可以归纳出一些共同的主要因素。

一、价格便宜，有竞争力

在毒品市场中，被列入管制毒品的价格通常会受到多种因素的影响而改变。例如，产量减少、贩运受阻等都会使毒品价格上升。尤其是当警方加大对毒品走私、贩运的打击力度时，毒品的价格必然上涨。此时，作为常见毒品的替代物，价格低廉的新精神活性物质就有了市场，会被那些认为常见毒品价格过高的吸毒人员所使用。加之，新精神活性物质常以"致幻剂"和"摇头丸"等受管制毒品之名出售，一些新精神活性物质的效果与传统毒品相似，且比较方便获得和价格低廉，因而对部分吸毒者，尤其是对低收入的吸毒人员极具吸引力。[2]

例如，我国山西省某市滥用甲卡西酮之所以会形成一定规模，不仅与特定的时期条件、特殊的地域习惯、人为的主观操纵等因素相关，也与甲卡西酮价格便宜有着紧密关联。2010 年，山西省煤炭行业飞速发展。一方面，从事煤矿开采和煤炭运输等重体力工作的人员年均收入较高；另一方面，这些人员文化素质偏低、业余生活匮乏，使其成为咖啡因消费群体。在此期间，当地滥用的咖啡因发生了质变。不法人员利用容易获取的甲卡西酮替代难于获取的麻黄素，混合于咖啡因中，得到了当地吸毒人员的认可。当年，当地

〔1〕 United Nations Office on Drugs and Crime（UNODC）. World Drug Report 2017 booklet 4 [R]. Vienna：United Nations，2017：32.
〔2〕 BENSCHOP A, BUJALSKI M, DABROWSKA K, et al. New Psychoactive Substances：transnational project on different user groups, user characteristics, extent and patterns of use, market dynamics, and best practices in prevention. NPS-transnational Project [R]. Amsterdam：University of Amsterdam，2017：9.

甲卡西酮价格约为每克 50 元，冰毒价格却高达每克 200 元。因此，部分原来滥用冰毒的吸毒人员会使用甲卡西酮替代冰毒，由此扩大了甲卡西酮的滥用。

二、容易获得，降低风险

不同滥用新精神活性物质的人群获取新精神活性物质的渠道不同，但是决定他们采用何种渠道的基本原则是一致的，即"是否容易获得"。通常，他们会选择比较容易获得新精神活性物质的渠道。也就是说，"容易获得"是部分人群滥用新精神活性物质的重要原因之一。

有关部分欧洲国家滥用新精神活性物质的调查显示，滥用新精神活性物质人员获取新精神活性物质的渠道大概如下：本地新精神活性物质店购买、本地部分便利店购买、朋友赠送、夜店提供和网店在线购买等。[1]英国、爱尔兰、匈牙利和芬兰的吸毒成瘾者、流浪者和囚犯等低收入人群使用新精神活性物质是因其能够比较容易地从当地经销商处获得。对其而言，新精神活性物质的合法性不重要，网络在线购买也不够方便，唯有价格便宜与现成的可用性显得更为重要。[2]再如，合成大麻素在荷兰之所以不受欢迎，一个重要的原因是荷兰人可以比较容易地从本地咖啡店获得不同的天然大麻品种。[3]

三、方法缺乏，难于检测

吸毒在很多国家都属于违法犯罪行为，如果一个行为人被确定吸毒或吸毒成瘾，依据相关国家法律，其要接受相应的处罚。即便在一些国家吸毒是合法的，但在社会价值观上吸毒也被认为是一种不光彩的行为。而判断一个人是否吸毒的常用手段是对其进行尿检。目前，全球多数国家使用的尿检板只能对常见毒品进行检测，而新精神活性物质的尿检板尚未被开发使用，因

〔1〕 BENSCHOP A, BUJALSKI M, DABROWSKA K, et al. New Psychoactive Substances: transnational project on different user groups, user characteristics, extent and patterns of use, market dynamics, and best practices in prevention. NPS-transnational Project〔R〕. Amsterdam: University of Amsterdam, 2017: 9.

〔2〕 European Monitoring Centre for Drugs and Drug Addiction(EMCDDA). High-risk drug use and new psychoactive substances〔R〕. Luxembourg: Publications Office of the European Union, 2017: 14.

〔3〕 BENSCHOP A, BUJALSKI M, DABROWSKA K, et al. New Psychoactive Substances: transnational project on different user groups, user characteristics, extent and patterns of use, market dynamics, and best practices in prevention. NPS-transnational Project〔R〕. Amsterdam: University of Amsterdam, 2017: 9.

此存在着使用新精神活性物质不可检测或难以检测的实际情况。由此成为部分国家一些人群滥用新精神活性物质的主要原因。

对德国滥用新精神活性物质的有关调查显示，该国滥用合成大麻素人员使用合成大麻素的最主要原因是，其在筛选是否吸毒的尿检试验中具有不可检测性。[1]

四、网络销售，交易隐蔽

近年来，随着经济全球化和网络技术的发展，网络毒品犯罪，尤其是暗网贩毒规模快速增长。据估计，全球暗网的毒品销售额约为每年1.7亿—3亿美元。[2]2014年，一项对部分国家暗网购买毒品的调查表明，北美洲的美国、加拿大暗网购买毒品百分率高达约11%；欧洲的瑞典、波兰、挪威、丹麦、英国、法国、荷兰等近20个国家以及大洋洲的澳大利亚、新西兰，平均暗网购买毒品百分率约为8%，其中瑞典最高，达25%；南美洲的巴西暗网购买毒品百分率较低，约为2.5%。[3]2016年，中国在网络扫毒行动中，共缴获毒品10.8吨，清理、删除涉毒非法信息1.2万条，抓获涉毒犯罪嫌疑人2.1万名。[4]

中国已形成"互联网+物流"的贩毒模式。不法分子充分利用互联网勾连交易的便利条件，不仅在网络上使用隐语、暗语等发布、订购、销售新精神活性物质等毒品，通过物流寄递等渠道运送新精神活性物质等毒品，而且在网络上招聘、物色"马仔"人体运毒。上海、江苏等地已侦破多起利用智能快递柜系列贩毒案，贩毒分子在收取毒资后将存有毒品的快递柜位置和取件密码通过手机发送给吸毒人员"取货"。[5]

与传统贩毒方式相比，网络贩毒具有采用微信、支付宝、Q币等在线支

〔1〕 European Monitoring Centre for Drugs and Drug Addiction(EMCDDA). High-risk drug use and new psychoactive substances[R]. Luxembourg：Publications Office of the European Union，2017：14.

〔2〕 United Nations Office on Drugs and Crime (UNODC). World Drug Report 2018 booklet 3[R]. Vienna：United Nations，2018.

〔3〕 United Nations Office on Drugs and Crime (UNODC). World Drug Report 2016 [R]. Vienna：United Nations，2016：25.

〔4〕 中国国家禁毒委员会办公室．2016年中国毒品形势报告[R]．北京：中国国家禁毒委员会办公室，2017.

〔5〕 中国国家禁毒委员会办公室．2018年中国毒品形势报告[R]．北京：中国国家禁毒委员会办公室，2019.

付，交易活动"两头不见人"，收寄不用真名等隐蔽性特点，属于新兴的非接触型犯罪，具有犯罪边界模糊、犯罪空间跨越性大、犯罪过程追踪难、固定犯罪证据难和预防打击难等特点。与普通的网络相比，"暗网"就是贩毒组织的避风港，这主要是由"暗网"的特点决定的，由于"暗网"运营商和使用者借助复杂的隐藏手段掩盖了身份，并采用数字货币（如比特币）进行交易，执法机关无法通过网络搜索进入，打击难度更大。

新精神活性物质制贩者当然不会放过如此方便、快捷的渠道，况且有的新精神活性物质尚未列入管制，其完全可以通过普通网络（无须使用暗网）进行销售，滥用者可通过互联网轻松地访问毒品销售网站，在线购买，由快递物流邮寄，交易简便、快捷。因此，网络平台成为部分滥用者购买新精神活性物质的一种主要手段。网络交易模式加剧了新精神活性物质的滥用程度，渗透至社会的不同阶层，正逐步形成稳定的市场。

五、质量保障，品质放心

部分国家吸毒人员使用新精神活性物质的原因是基于其质量较好的保证。例如，2009年，英国（英格兰）和爱尔兰调查第一波使用甲卡西酮的原因时发现，由于摇头丸和可卡因的纯度降低，部分吸毒成瘾人员改用纯度较高、质量较好的甲卡西酮。斯洛文尼亚关于合成甲卡西酮使用原因的调查也支持了上述观点。[1]再如，2009年，荷兰滥用新精神活性物质的扩张也与当时常见摇头丸的质量下降相关。[2]

六、缺乏知识，危害不清

由于新精神活性物质是国际或国家非管制的精神活性物质，具有潜在成瘾性，因此可能出现滥用进而引发公共健康或安全问题。但是，有相当数量的滥用新精神活性物质人员是在不清楚其危害的情况下开始使用的。有关调查发现，以下三个原因间接地导致新精神活性物质滥用者不了解或不知晓新

[1] European Monitoring Centre for Drugs and Drug Addiction(EMCDDA). High-risk drug use and new psychoactive substances[R]. Luxembourg: Publications Office of the European Union, 2017: 14.

[2] BENSCHOP A, BUJALSKI M, DABROWSKA K, et al. New Psychoactive Substances: transnational project on different user groups, user characteristics, extent and patterns of use, market dynamics, and best practices in prevention. NPS-transnational Project [R]. Amsterdam: University of Amsterdam, 2017: 9.

精神活性物质的危害：一是新精神活性物质法律概念的缺位。目前，虽然有的国家已对部分新精神活性物质进行了立法管制，但是有相当数量的国家没有规定新精神活性物质的法律定义。即便有国际层面的法律释义，然而由于其采用概述式的描述，无法让公民明确地知道究竟哪些物质属于新精神活性物质。二是不法分子在销售新精神活性物质时，故意强调其"合法性"，而不提其危害性，蒙骗消费者使用。三是许多国家缺乏专门针对新精神活性物质的预防教育和减少危害教育。[1]

七、其他因素，不可忽略

在一些国家和地区，滥用新精神活性物质与特殊的社会环境有关。例如，英格兰和威尔士部分人群滥用新精神活性物质与出入酒吧等夜店有关。"欧洲晴雨表"2017年调查也显示，在过去12个月使用新精神活性物质的被调查者中，65%在聚会时吸食，60%与朋友一起吸食，仅有9%的人在日常活动中消费。再如，英国监狱和新西兰四个中央城市警察局看守所分别报告了囚犯、在押人员存在使用新精神活性物质的问题。[2]

尽管污水分析结果与吸毒的关系十分复杂，但是不可否认污水分析能够相对客观地揭示当地的吸毒情况。在一定监测期内，甲基苯丙胺、亚甲二氧基甲基苯丙胺（摇头丸）和海洛因等常见毒品显示出相对规律的滥用情况，而新精神活性物质的滥用则是在特定几个月内出现了几个明显的短期高峰。由此可见，与滥用常见毒品相比，新精神活性物质的消费并不稳定。[3]

[1] BENSCHOP A, BUJALSKI M, DABROWSKA K, et al. New Psychoactive Substances: transnational project on different user groups, user characteristics, extent and patterns of use, market dynamics, and best practices in prevention. NPS-transnational Project [R]. Amsterdam: University of Amsterdam, 2017: 11.

[2] United Nations Office on Drugs and Crime (UNODC). World Drug Report 2017 booklet 4 [R]. Vienna: United Nations, 2017: 33.

[3] United Nations Office on Drugs and Crime (UNODC). World Drug Report 2017 booklet 4 [R]. Vienna: United Nations, 2017: 33.

第四章　全球新精神活性物质的防控措施

新精神活性物质的爆发改变了毒品管制的立法以及已经适用于合成毒品管制的工具、方式和机制等，给合成毒品的监测、认定及管制等都带来一系列的新挑战。然而，国际社会和有关区域、国家并没有等闲视之，而是采取相关措施积极应对。

第一节　联合国新精神活性物质的防控措施

面对新精神活性物质的挑战，联合国等国际组织采取监测预警、立法管制、确立检测方法、加强国际合作和易制毒化学品管制等措施应对。

一、早期监测预警，掌控毒情趋势

新精神活性物质市场具有的波动性、扩散性和品种更新快速性等特征使得传统合成毒品的监测难以胜任。新建立的新精神活性物质监测机制要既能敏感地捕捉到新精神活性物质市场的变化，又能及时发现其新出现的趋势和威胁。为了实现对新精神活性物质的有效监控，目前联合国、部分区域和国家已建立了各自层级的早期预警系统。这些系统不仅能够更加仔细地监测新精神活性物质的出现和传播，而且能提高有关国家对新精神活性物质滥用健康风险的认识，还能成为提供共享信息的平台。

在联合国层面，联合国毒品和犯罪问题办公室负责运作全球新精神活性物质早期预警咨询系统（EWA）。该系统是由联合国毒品和犯罪问题办公室与国际法医毒理学家协会合作开发的一个在线工具系统，于2013年6月26日启动，目的是通过监测、分析和报告全球新精神活性物质的形势、检测方法、毒理作用、治疗方法和国家立法管制等情况，一方面为成员国提供新精神活性物质决策的依据和参考；另一方面作为新精神活性物质数据库，为成员国提供数据支撑。[1]

目前，该系统已成为交流新精神活性物质信息的国际平台，其信息主要来源于"全球合成物监测：分析、报告和趋势"（SMART）项目的"国际合作网络"（ICE）和国际麻醉品管制局的"缴获毒品数据库"（IDS）。ICE提供新精神活性物质分析、鉴定的法庭科学数据，IDS提供新精神活性物质法律管制信息、成员国的年度问卷调查、法庭科学研究机构的报告与其他国际机构的分享数据等。[2]

EWA系统隶属SMART项目管理。2008年9月，联合国毒品和犯罪问题办公室启动应对合成毒品特别是苯丙胺类兴奋剂（ATS）威胁的SMART项目。其目的有二：一是通过对特定成员国的实验室人员、执法人员和决策人员的能力建设和提供技术支持，形成有效的合成毒品信息，为政府决策提供有力支撑；二是搭建网络信息共享平台，以便成员国在线交流苯丙胺类兴奋剂的生产、贩运、滥用及分析技术等信息，从而提升成员国应对苯丙胺类兴奋剂挑战的能力。

SMART项目以子项目的形式进行，选择不同区域开展。2008年在泰国曼谷开启首个子项目，即东亚和东南亚区域计划。截至2022年12月，该计划完成了对文莱、柬埔寨、中国、印度尼西亚、老挝、马来西亚、缅甸、菲律宾、新加坡、泰国和越南等11个东亚及东南亚国家的能力建设。2011年1月，SMART项目开始执行第二个子项目，即拉丁美洲地区计划。

SMART项目最初是为应对苯丙胺类兴奋剂的威胁而设立的。随着合成毒品的变化发展，根据新精神活性物质逐步加剧的形势，以及2012年联合国麻醉药品委员会"促进针对新精神活性物质构成的挑战开展国际合作"的第55/1号决议的要求，联合国毒品和犯罪问题办公室要利用SMART项目改进信息收集办法，鼓励国际组织进行协同合作，建立全球和区域性的合作框架，共享信息。[3]SMART项目开始关注新精神活性物质问题，将新精神活性物质纳入实施对象。2013年3月，SMART项目发布第一份全球新精神活性物质评估报告——《新精神活性物质的挑战》（The Challenge of New Psychoactive Substances）。同月，联合国麻醉药品委员会通过第56/4号决议，再次敦促联合国毒品和犯罪问题办公室要及时和全面地共享新精神活性物质的信息。作

〔1〕 马岩，王优美. 新精神活性物质办案实用手册[M]. 北京：法律出版社，2019：8.
〔2〕 马岩，王优美. 新精神活性物质办案实用手册[M]. 北京：法律出版社，2019：9.
〔3〕 International Narcotics Control Board. CND Resolution 55/1 Promoting international cooperation in responding to the challenges posed by new psychoactive substances[EB]. (2012-03-16).

为联合国毒品和犯罪问题办公室的回应，2013 年 6 月，SMART 项目开始启动 EWA 系统的建设。

2017 年，联合国麻醉药品委员会通过第 60/4 号决议：授权联合国毒品和犯罪问题办公室建立新精神活性物质毒理学网站，加强全球新精神活性物质毒理学等数据的收集，以揭示其对公众健康的危害。至此，在联合国层面形成"联合国毒品和犯罪问题办公室负总责，SMART 项目具体分管新精神活性物质监测、分析和研究，EWA、ICE、IDS 和毒理学网站收集信息"的全球新精神活性物质监测预警体系。该监测预警体系提供的新精神活性物质现状与趋势、药理毒理学分析报告等，为国际社会新精神活性物质决策提供必要的数据支撑。自 2009 年至 2022 年，联合国毒品和犯罪问题办公室已出版 27 期《全球合成物监测项目信息专报》（GLOBAL SMART UPDATE）和 1 份《新精神活性物质的挑战》报告等有关新精神活性物质研究的重要成果，这些成果为全球新精神活性物质治理及研究提供了重要的参考。

在区域层面，欧洲毒品和毒瘾监测中心和欧洲刑警组织负责运作欧盟早期预警系统，监测该区域的新精神活性物质情况。欧洲是最早出现新精神活性物质滥用的地区，自 1997 年起，欧盟率先在全球开展新精神活性物质预警工作，目前已形成一套完整的欧盟早期预警系统，适用范围拓展至包括所有种类的新精神活性物质。[1]该系统的关键任务是作为新精神活性物质的警报系统，发挥预警作用，该系统由法医学专家、健康和执法专业人士及研究人员参与。[2]欧洲毒品和毒瘾监测中心自 1997 年开始对欧洲新精神活性物质监测以来，目前已形成较为成熟的新精神活性物质的检测、预警和报告工作机制。该中心是全球最先进的新精神活性物质监测预警机构，为欧盟及其成员国列管新精神活性物质提供科学依据。

2005 年，欧盟理事会作出了关于新精神活性物质的信息交流、风险评估和控制的第 2005/387/JHA 号决定，明确了欧洲毒品和毒瘾监测中心及其科学委员会在新精神活性物质预警系统中的职责，除了为新精神活性物质立法管制提供风险评估，还提供有关成员国管制新精神活性物质的最佳实践和指导方针信息，促进这些国家之间的实践交流。

在国家层面，澳大利亚、比利时、加拿大、智利、哥伦比亚和意大利等国通过将新精神活性物质纳入现有毒品监测系统来监测本国的新精神活性物

〔1〕 欧洲毒品和毒瘾监测中心·预警系统．国家概况·卢森堡[M]．欧共体官方出版局，2012.
〔2〕 欧洲毒品和毒瘾监测中心·预警系统．国家概况·卢森堡[M]．欧共体官方出版局，2012.

质情况；英国、中国等专门创建了新精神活性物质监测系统，如英国法庭早期预警系统；还有部分国家正在建立新精神活性物质早期预警机制。

二、加快立法管制，提供治理之盾

新精神活性物质结构的多样性及其新品种的迅速增加使现行的列表立法控制毒品制度面临着较大的挑战。采用该制度管制毒品的优势是不存在含糊之处，但是也有着立法过程冗长、滞后等缺陷，难以适应近年来合成毒品市场的快速变化。

面对新精神活性物质的爆发，有的国家采取改革立法控制毒品制度等措施来应对。这些改革包括采取同时控制物质群的立法，例如骨架管制毒品制度。该制度将由母体分子结构衍生出的化合物都列入管制，这样，那些在立法上没有明确的新出现的新精神活性物质也可基于化学结构的相似而受到管制。还有的国家实行类似物管制制度，由于该制度对新出现的新精神活性物质在与其母体化合物化学结构相似方面的要求更加宽泛，所以其管制范围比骨架管制制度还要宽泛。新精神活性物质的爆发也使得部分国家开始寻求能够替代现行的仅基于化学结构相似性的毒品管制制度。例如，美国2012年颁布的《合成药物滥用预防法案》（Synthetic Drug Abuse Prevention Act of 2012）中，首次提出了对合成大麻素类新精神活性物质的管控，其管控的依据既基于化学结构的相似，也基于其对大脑的精神效果（从神经化学的角度）。爱尔兰和英国汲取了美国的经验，在其后出台的精神活性物质法中，不仅强调管控依据从化学结构到精神效果的转变，还把这种转变作为控制快速进化的合成毒品市场的基础。

为应对新精神活性物质的挑战，破解立法滞后、管制范围不广等难题，联合国、部分区域及国家积极采取改善立法控制制度等措施。

（一）联合国立法

2013年，联合国毒品和犯罪问题办公室正式定义了新精神活性物质的概念。[1]联合国对新精神活性物质的立法管制仍然沿用原先的毒品管制制度进行。2015—2024年，联合国麻醉药品委员会已将83种新精神活性物质纳入《1961年麻醉品单一公约》（25种）和《1971年精神药物公约》（58种）附表管制，具体如表9所示：

[1] United Nations Office on Drugs and Crime（UNODC）. World Drug Report 2013［R］. New York：United Nations，2013：60.

表9 2015—2024 年国际禁毒公约新列管的新精神活性物质

年份	《1961 年麻醉品单一公约》	《1971 年精神药物公约》	共计
2015	AH-7921	甲氧麻黄酮（4-甲基甲卡西酮）、25B-NBOMe（2C-B-NBOMe）、25C-NBOMe（2C-C-NBOMe）、25I-NBOMe（2C-I-NBOMe）、N-苄基哌嗪（BZP）、JWH-018、AM-2201、3,4-亚甲基二氧基吡咯戊酮（MDPV）、甲酮（beta-keto-MDMA）	10
2016	乙酰芬太尼、MT-45	副甲氧基甲基苯丙胺（PMMA）、α-吡咯烷基苯戊酮（α-PVP）、副甲基甲米雷司（4,4'-DMAR）、2-(3-甲基苯基)-2-乙氨基环己酮（MXE）、芬纳西泮	7
2017	U-47700、丁酰芬太尼	4-甲基乙卡西酮（4-MEC）、3,4-亚甲二氧基乙卡西酮、1-苯基-2-甲氨基-1-戊酮、哌乙酯、1-(2-噻吩基)-N-甲基-2-丙胺（MPA）、MDMB-CHMICA、5F-APINACA（5F-AKB-48）、XLR-11	10
2018	卡芬太尼、奥芬太尼、呋喃芬太尼、丙烯酰芬太尼（丙烯芬太尼）、4-氟异丁基芬太尼（4-FIBF，pFIBF）、四氢呋喃芬太尼（THF-F）	AB-CHMINACA、5F-MDMB-PINACA（5F-ADB）、AB-PINACA、UR-144、5F-PB-22、4-氟苯丙胺（4-FA）	12
2019	对氟丁酰芬太尼、邻氟芬太尼、甲氧基乙酰芬太尼、环丙基芬太尼	ADB-FUBINACA、FUB-AMB（MMB-FUBINACA，AMB-FUBINACA）、CUMYL-4CN-BINACA、ADB-CHMINACA（MAB-CHMINACA）、N-乙基降戊酮（ephylone）	9
2020	Crotonylfentanyl、Valerylfentanyl	2,5-二甲氧基-4-氯安非他明、AB-FUBINACA、5F-AMB-PINACA、5F-MDMB-PICA、4F-MDMB-BINACA、4-氯甲卡西酮、N-乙基己酮、α-吡咯烷氧基己酮、氟阿普唑仑、依替唑仑	12
2021	异硝氮烯	CUMYL-PEGACLON、MDMB-4en-PINACA、3-甲氧基苯环利定、二苯基乙基哌啶、氯氮唑仑、二氯西泮、氟溴唑仑	8
2022	溴啡、甲硝苯	eutylone	3
2023	2-甲基-AP-237、etazene、etonitazepyne、protonitazene	ADB-BUTINACA、α-PiHP、3-甲基甲卡西酮	7
2024	butonitazene（丁硝唑或布托尼他嗪）	3-氯甲基卡西酮、dipentylone、2-氟脱氢氯胺酮、去氯乙唑	5
合计	25	58	83

（二）科学评估

根据现行国际毒品管制制度，新精神活性物质在被列入国际禁毒公约管制之前，需世界卫生组织药物依赖性专家委员会（ECDD）对其滥用倾向进行科学评估。自 2015 年以来，ECDD 已进行过多次严格的科学评估和审查，成功推动 83 种新精神活性物质被纳入《1961 年麻醉品单一公约》和《1971 年精神药物公约》列管。

联合国关于新精神活性物质滥用倾向评估的工作流程如下：首先，提出申请。成员国或相关国际组织向联合国秘书长提交关于某种新精神活性物质列管意愿的申请，然后秘书长将申请交由联合国麻醉药品委员会和世界卫生组织开展立法前风险评估工作。其次，风险评估。由世界卫生组织药物依赖性专家委员会对拟列管的新精神活性物质进行风险评估，并向联合国麻醉药品委员会提供评估报告（报告内容包括物质简介、化学性质、化学修饰转变为已列管物质的可能性、一般药理学特征、依赖性及滥用可能性和范围、引发公众健康等风险的严重程度、医用价值、工业用途、非法制造和运输、国际国家管控及监控措施的建议等）。[1]最后，正式列管。联合国麻醉药品委员会依据 ECDD 给出的评估报告，决定是否将某种新精神活性物质纳入国际禁毒公约进行列管。[2]

（三）区域立法

任何一个欧盟国家发现一种新精神活性物质时，可向欧洲毒品和毒瘾监测中心和欧洲刑警组织报送相关信息，二者收集、分析相关资料，除向其他国家通报外，还向欧盟理事会和欧盟委员会提交联合报告。根据报告，欧盟理事会决定是否进行风险评估，评估内容包括该新精神活性物质潜在的个人健康危害和社会危害及对其采取管制措施的有效性。如果需要风险评估，则由欧洲毒品和毒瘾监测中心组织有关专家进行，并形成报告。基于风险评估报告，欧盟理事会可根据《欧洲联盟条约》第 34 条第 2 款 c 项的规定[3]，决定是否将该新精神活性物质列入管制。

---

〔1〕 World Health Organization. Guidance on the WHO Review of Psychoactive Substances for International Control[DB/OL]. (2019-05-10). https://www. who. int/medicines/areas/quality_ safetyGLS. _WHORev_PsychoactSubst_IntC. _2010. pdf.

〔2〕 World Heath Organization. Essential Medicines and Heath Products[DB/OL]. (2019-05-10). https://www. who. int medicines/acess/controlled-substances/.

〔3〕 European Monitoring for Drug and Drug Addiction [DB/OL]. http://www. emcdda. europa. eu/html. cfm/index16783EN. html.

如果欧盟理事会决定将一种新精神活性物质列入管制，欧盟成员国应在欧盟理事会决定之日起 1 年内，履行《1961 年麻醉品单一公约》和《1971 年精神药物公约》规定的义务，根据本国法律对该新精神活性物质的控制措施和刑事处罚进行立法。欧盟理事会将提供一个处理新精神活性物质的灵活、快速机制，该机制不阻止欧盟成员国在其国内维持或采取任何新精神活性物质国家管制措施。截至 2018 年 9 月，欧盟理事会已经列管 33 种新精神活性物质，其中 1999—2014 年列管 9 种，2015 年以来列管 24 种。[1]

三、探索检测方法，查明毒品真身

结构多样、数量较多的新精神活性物质爆发，使得毒品鉴定这门法庭科学面临着新的难题。当一种新精神活性物质问世并引发滥用时，要将其列入管制，首先需要对其进行检测分析，以查明结构。但绝大多数新精神活性物质都属于人为设计制造的新化学物质，对其进行检验既缺乏标准物质，也无标准检验方法，因而法庭化学工作者需通过新方法和新设备分析和鉴定携带大量未知信息的新精神活性物质。[2]

近年来，关于新精神活性物质的研究主要集中在人体外新精神活性物质检测、人体内新精神活性物质及其代谢物（包括污水中新精神活性物质及其代谢物）检测及生物样品中新精神活性物质的前处理方法等方面。

人体外新精神活性物质的检测方法有：气相色谱-质谱联用分析、液相色谱-质谱联用分析、核磁共振波谱分析、傅里叶变换红外光谱分析、激光拉曼光谱分析等。为了便于新精神活性物质的认定，一些国际组织和国家建立了新精神活性物质分析图谱库。例如，缴获毒品分析科学工作组（Scientific Working Group for the Analysis of Seized Drugs，SWGDRUG）以及联合国毒品和犯罪问题办公室 SMART 项目都建立了新精神活性物质图谱库，我国国家毒品实验室也建立了常见新精神活性物质的图谱库。鉴定一种新精神活性物质疑似物，可将其相关分析图谱先在上述图谱库中进行检索比对。若比对成功，则表明该新精神活性物质疑似物可能是已发现的新精神活性物质；若未比对成功，则该新精神活性物质疑似物可能是从未报告过的新精神活性物质，

[1] European Monitoring for Drug and Drug Addiction [DB/OL]. http://www.emcdda.europa.eu/html.cfm/index16783EN.html.

[2] United Nations Office on Drugs and Crime (UNODC). Understanding the synthetic drug market: the NPS factor [EB/OL]. (2018). https://www.unodc.org/unodc/en/scientists/global-smart-update-2018-vol-19.html.

尚需解析其结构。

人体内新精神活性物质及其代谢物的检测方法有：高效液相色谱法、气相色谱-质谱联用分析和液相色谱-质谱联用分析等方法。对污水中新精神活性物质及其代谢物的检测，主要利用"全二维气相色谱联合飞行时间质谱、傅里叶转换离子回旋共振质谱和液相色谱串联高分辨质谱等高分辨质谱的非靶向分析技术"，以及"基于高分辨质谱的全扫描模式联合液相质谱的多重反应监测模式或气相质谱的选择离子监测模式的拟靶向分析技术"。[1]

生物样品中芬太尼类物质的前处理方法主要有"液液萃取法、固相萃取法、干血点法、蛋白质沉淀联合液液萃取法、中空纤维液-液-液微萃取、分散液-液微萃取"[2]等。

四、推进国际合作，形成禁毒合力

鉴于新精神活性物质问题的全球性特征，开展防控新精神活性物质的国际合作是十分必要的治理举措。2012—2020年，联合国麻醉药品委员会、联合国毒品和犯罪问题办公室及国际麻醉品管制局等联合国关于毒品的决策、监管和执行机构通过决议、会议、项目和报告等多种方式推动防控新精神活性物质的全球合作。

（一）联合国麻醉药品委员会的决议

为加强新精神活性物质防控的国际合作，联合国麻醉药品委员会作出以下主要决议：2012年3月16日第55/1号决议、2013年3月15日第56/4号决议、2014年3月21日第57/9号决议、2015年3月17日第58/11号决议、2016年3月22日第59/8号决议、2017年3月17日第60/4号决议、2018年3月16日第61/8号决议和2019年第62/4号决议等。这些决议为开展新精神活性物质防控的国际合作提供了依据。[3]

---

〔1〕 郑晓雨，袁明俊，王德高，等. 基于污水流行病学的毒情研判技术研究进展[J]. 生态毒理学报，2020，15(4)：79-87.

〔2〕 王继芬，吕昱帆，范琳媛，等. 芬太尼类新精神活性物质及其检验方法进展[J]. 科学技术与工程，2020，20(6)：2111.

〔3〕 United Nations Office on Drugs and Crime (UNODC). Resolution 59/8[EB/OL]. (2016). https://www. unodc. org/unodc/site-search. html? q =CND +59% 2F8.

（二）联合国禁毒机构的会议

国际麻醉品管制局与联合国毒品和犯罪问题办公室等联合国禁毒机构召开推进防控新精神活性物质主要国际会议如下：

2015 年 4 月 21 日至 24 日，国际麻醉品管制局与联合国毒品和犯罪问题办公室在曼谷联合召开"前体化学品和新精神活性物质"（Precursor Chemicals and New Psychoactive Substances）国际会议。

2016 年 4 月 19 日至 21 日，在美国纽约联合国总部举行 2016 年联合国大会世界毒品问题特别会议（The 2016 United Nations General Assembly Special Session，UNGASS 2016），会议成果文件呼吁会员国加强执法机构检测和识别新精神活性物质的能力，并促进跨界合作和信息共享，以遏制新精神活性物质扩散。

2016 年 10 月 27 日，国际麻醉品管制局在维也纳召开题为"关于新精神活性物质、前体和前前体的应对"（Operational Responses to New Psychoactive Substances，Precursors and Pre-precursor）的会议。

2017 年 1 月 24 日，国际麻醉品管制局在维也纳召开"关于解决和应对世界毒品问题的跨领域问题的业务建议：新精神活性物质、前体和前前体"（Operational Recommendations on Cross-cutting Issues in Addressing and Countering the World Drug Problem：NPS，Precursors and Pre-precursors）会议。

2018 年 6 月 11 日，联合国毒品和犯罪问题办公室在巴西举办第二届美洲新精神活性物质区域会议。

2018 年 8 月 27 日，联合国毒品和犯罪问题办公室在尼日利亚召开"西非曲马多及其他处方药危机"（The Crisis of Tramadol and other Prescription Medicines in West African）研讨会。

（三）联合国禁毒机构的项目

2014 年 12 月，国际麻醉品管制局开始运行"离子项目"。该项目是一个相互交流新精神活性物质非法制造和贩运等信息的实时通报系统，由各个国家或地区上传新精神活性物质非法制贩等信息，通过收集、协调、分享有关信息，以加强国家和地区间的新精神活性物质情报交流，及时掌握各国新精神活性物质制贩和滥用情况。该系统只对已注册的政府禁毒工作人员开放，是警察、海关、禁毒和卫生执法机构，法庭科学实验室及邮政安全检查等部门普遍使用的联合国新精神活性物质系统。截至 2018 年，该系统已拥有 120 个注册用户，交流新精神活性物质及其前体化学品信息 1500 条。该系统运营的第一个月，通过项目信息缴获新精神活性物质超过 375 公斤。[1] 此外，该项目还开展"全球合成物监测：分析、报告和趋势"（GLOJ88）以及"全球法庭科学技术资助"（GLOU54）等子项目活动，以提升有关国家新精神活性物质监测、分析能力。

从 2015 年开始，联合国毒品和犯罪问题办公室"全球法庭科学技术服务"项目通过研发、发布推荐新精神活性物质分析方法、实验室能力盲测及实验室人员培训等方式帮助成员国实验室提高人体内外新精神活性物质的检测能力。[2]

2018 年 3 月 7 日，联合国毒品和犯罪问题办公室与澳大利亚、加拿大、芬兰、新西兰、韩国、俄罗斯和美国合作，以提升这些国家对阿片类等新精神活性物质的分析识别能力，加强对新精神活性物质的监测，提高应对能力。

（四）联合国禁毒机构的研究报告

2013 年，联合国毒品和犯罪问题办公室推出第一份新精神活性物质的专题报告——《新精神活性物质的挑战》。此外，除国际麻醉品管制局与联合国毒品和犯罪问题办公室在其分别发布的年度易制毒化学品报告、年度全球毒品形势报告、全球 ATS 评估报告及年度工作报告中都有关于新精神活性物质专题的论述外，联合国毒品和犯罪问题办公室负责的 SMART 项目，已出版 27 期《全球合成物监测项目信息专报》（2009—2022 年）。据不完全统计，有 50 余份联合国禁毒机构报告涉及新精神活性物质专题。其中，代表性报告包括 2013 年《新精神活性物质的挑战》、2016 年第 16 卷《2016 年联大特别会议后：新精神活性物质趋势、挑战和建议》（Past-UNGASS 2016：NPS Trends，Challenges and Recommendations）、2018 年第 19 卷《新精神活性物质对合成毒品市场的影响》（Understanding the Synthetic Drug Market：the NPS Factor）和 2019 年第 21 卷《全球阿片类药物危机》（Understanding the Global Opioid Crisis）等。[3]

---

〔1〕 United Nations Office on Drugs and Crime（UNODC）. Early Warming Advisory（EWA）on New Pyhboactive Substances（NPS）［EB/OL］.（2019-05-10）. https：//www. unodc. Org/LSS HomeNPS.

〔2〕 United Nations Office on Drugs and Crime（UNODC）. World Drug Report 2015［R］. New York：United Nations, 2015：60.

〔3〕 United Nations Office on Drugs and Crime（UNODC）. SMART Publications［EB/OL］.（2023）. https：//www. unodc. org/unodc/en/scientists/publications-smart. html.

五、立法管制前体，消除制毒源头

合成毒品前体化学品的复杂性和多样性本来已经使其管制存在着较大的难度，新精神活性物质的爆发更是加剧了前体化学品的管制难度。合成新精神活性物质不受地理环境的限制，只需易制毒化学品（前体化学品）和相关简单设备即可生产制取。从减少新精神活性物质危害的角度来看，新精神活性物质制成后的危害一定大于其制成前的危害，因此，对合成新精神活性物质的易制毒化学品实施严格管控，截断其流入非法制造新精神活性物质的途径，是遏制其生产的有效之策。[1]

联合国《1961年麻醉品单一公约》和《1971年精神药物公约》都要求成员国对易制毒化学品进行管制，但是没对需管制的具体易制毒化学品品种进行规定。直到《1988年联合国禁止非法贩运麻醉药品和精神药物公约》，才落实了成员国关于易制毒化学品的管制。该公约第3条、第12条和第13条不仅规定了应管制的易制毒化学品范围及其管制的总要求[2]，而且规定了用于毒品生产的原料（易制毒化学品）和设备的管制、监督概括性措施，还要求各国政府根据本国的法律制定对有关犯罪行为和处罚的规定。此外，《1988年联合国禁止非法贩运麻醉药品和精神药物公约》第12条也规定了国际麻醉品管制局具有如下具体职责：监督成员国政府执行易制毒化学品管制措施，修改该公约表一和表二管制物质范围。截至2017年11月1日，全球已有188个国家批准加入或核准《1988年联合国禁止非法贩运麻醉药品和精神药物公约》。

要对制造新精神活性物质的前体化学品进行立法管制，前提是先得识别与认定制造新精神活性物质的关键前体化学品及其制造方法。就部分新精神活性物质而言，虽然可以识别一些近似的合成方法，但鉴于它们迅速增长的数目和化学结构的变异性，要想全面地弄清其制造方法，确定其所用的关键前体化学品十分困难。自2009年新精神活性物质爆发以来，NPP和ANPP是已报道的许多芬太尼类似物的前体化学品。截至2024年年底，《1988年联合

[1] United Nations Office on Drugs and Crime（UNODC）. Understanding the synthetic drug market：the NPS factor［EB/OL］.（2018）. https：//www. unodc. org/unodc/en/scientists/global-smart-update-2018-vol-19. html.

[2] 《联合国禁止非法贩运麻醉药品和精神药物公约》第12条第1款："缔约国应采取其认为适当的措施，防止表一和表二所列物质被挪用于非法制造麻醉药品或精神药物，并应为此目的相互合作。"

国禁止非法贩运麻醉药品和精神药物公约》表一和表二共列管 53 种易制毒化学品，其中表一列管 45 种，表二列管 8 种。

第二节　各国新精神活性物质立法管制

世界各国对新精神活性物质立法管制按管制对象可分为列表管制、类似物管制和骨架管制，按立法程序快慢可分为临时管制程序和快速管制程序，按管制模式可分为平行立法和单列立法。

一、立法路径，各显神通

（一）按管制对象区分的立法路径

按管制对象来分，有三种立法路径：

（1）列举法与临时、快速管制程序结合制度。采用列举法与临时管制程序结合制度的国家有丹麦、新加坡、匈牙利、新西兰、英国、澳大利亚、克罗地亚、巴林、德国、加纳、爱尔兰、意大利、拉脱维亚、荷兰、沙特阿拉伯、韩国和西班牙等。采用列举法与快速管制程序结合制度的国家有中国、卢森堡、瑞典、挪威、波兰和斯洛伐克等。[1]

（2）类似物管制制度，如美国和加拿大等。

（3）骨架管制制度，如澳大利亚、塞浦路斯、意大利、卢森堡、法国、挪威、英国等 19 个亚洲、欧洲和北美洲国家。

（二）按立法程序快慢区分的立法路径

按立法程序的快慢来分，有两种立法路径：

（1）临时管制程序，指为遏制和减少新出现的新精神活性物质的蔓延和危害，对那些缺乏风险评估，一时不明确或未知其成瘾性、耐受性和对身体危害性的新精神活性物质所采取的一种快速的暂时管制的做法及流程。

（2）快速管制程序，指为遏制和减少新出现的新精神活性物质的蔓延和危害，对那些情况紧急、不及时管制可能发展蔓延的新精神活性物质所采取的一种加快风险评估和列管的做法及流程。

---

[1] United Nations Office on Drugs and Crime（UNODC）. Legal Responses[EB/OL].（2023）. https://www.unodc.org/LSS/Page/NPS/LegalResponses.

（三）按是否有专门立法区分的立法路径

按是否有新精神活性物质的专门立法来分，有两种立法路径：

（1）专门管制立法，即有专门管制新精神活性物质的立法，如中国、奥地利、爱尔兰、罗马尼亚、新西兰和英国等。

（2）非专门管制立法，如少数国家通过医药法、毒物法和消费者安全法等管制新精神活性物质。

二、立法管制，现状不同

（一）美国

美国是典型的采用类似物立法管制的国家。美国《管制物质法案》中规定，某种物质满足下列条件即可被认为"管制物质类似物"：一是化学结构与被列入附表 I 或附表 II 的物质实质相似；二是效果（兴奋、抑制或致幻）与附表 I 或附表 II 中管制物质实质相似或更强。该法案规定由美国食品药品监督管理局（Food and Drug Administration，FDA）与美国缉毒署（Drug Enforcement Administration，DEA）一起评估新精神活性物质滥用的潜在危险，将滥用的新精神活性物质视为"管制物质类似物"等同于附表 I 中的物质进行管制，以打击非法生产、买卖、走私和持有新精神活性物质的行为。

美国在立法管制新精神活性物质方面的优势是，采用类似物管制制度遏制"故意制造或销售与管制物质类似的物质"的行为且临时列管快速有效。首先，类似物管制制度是毒品列管制度的立法创新，由司法裁判确定毒品类型。通过类似物诉讼对某种物质展开司法调查，一旦认定其为类似物，即"追认"其为毒品，则参照《管制物质法案》附表 I 对应的罚则进行处罚。该制度在新精神活性物质进入市场之前就实施管制，阻止了旨在通过修改物质化学结构来规避法律的企图。其次，美国的临时列管程序通过大幅压缩、削减启动和决定管制所需的时间，有效地提升了及时管制新出现的新精神活性物质品种的针对性。

但是，类似物管制制度存在法律定义不明晰的问题。在类似物管制制度下，与"相似性"相关的问题不清晰，必须通过法院予以裁定。司法实践中，"实质相似"问题引起专家争论，因为美国任何法院均未发布过关于建立拟适用的标准，争议回溯过程可能会侵犯被告从一开始就能够知道自己是否触犯某项罪名的权利。此外，司法裁判某种物质属于管制物质类似物需经过漫长的审判，对于行为的处罚缺乏时效性。

美国采取的毒品类似物管制制度的主要优点：一是扩大毒品管制范围；二是采用"事后类推"的管制方法，可以通过司法裁判追溯新精神活性物质的修饰、制造或者贩卖等行为；三是管制较彻底，理论上有彻底封堵新精神活性物质修饰与更新途径的可能。主要缺点：一是认定类似物的标准难以操作，化学结构的"实质相似性"没有客观的结论；二是类似物触及刑法禁止类推的原则；三是管制手段为司法裁量，不具有管制的普适性。

（二）英国

2011 年，英国设立了临时列管程序，要求根据预警信息禁止进口新发现的新精神活性物质，并对某类物质实施为期 12 个月的临时管制，管制级别等同于《毒品滥用法案》中的 B 类毒品。在此期间，政府将委托专家委员会对临时列管物质的危害性、成瘾性等进行评估，以决定是否需要正式管制。"临时毒品清单"适用 1971 年《毒品滥用法案》对毒品滥用相关违法行为的处罚。

英国是采用平行立法的代表性国家。2016 年，英国颁布实施《精神活性物质法案》，通过专门的法律来处理具有毒品作用但不易被列举管制的精神活性物质。该法案笼统地设定"精神物质"这一概念，补充管制 1971 年《毒品滥用法案》中未列举管制的精神活性物质。平行的规范制度既突出了法律的针对性，又能有效地应对新精神活性物质变异快的特点。《精神活性物质法案》不列举"精神物质"的种类，避免了列举定义带来的滞后性，强化了警察与司法系统的执法权力，在审判过程中也不用依据具体的管制附表，扩大了打击的范围。

平行立法的局限之处在于，针对同样具有"精神作用"的物质，存在着管制混乱、交叉的现象。因为平行立法导致相似的物质在不同的法律当中被予以不同的管制，法律适用后果差异较大、不统一。另外，在实践中，为避免类推，《精神活性物质法案》只能通过限定犯罪行为和降低法定刑的方式控制惩罚的程度。该法案不处罚消费"精神物质"的行为，对于犯罪行为的划定范围较为保守，且较之《毒品滥用法案》中毒品犯罪罚则也相对较轻[1]，不法分子只要设计出不属于《毒品滥用法案》的物质，就可以逃避较为严厉的法律处罚。

---

[1] 包涵. 新精神活性物质管制的国际经验和中国路径[J]. 公安学研究，2018，1(3)：54.

（三）澳大利亚

澳大利亚结合刑法、药品监管和消费者法，利用丰富的法律法规政策管制新精神活性物质，而不只是单纯地通过某一法律法规来实施管制。2005年，澳大利亚将模拟立法引入刑法，这意味着对已管制的精神活性物质的相关刑事责罚可自动适用于毒品类似物。这一管制措施将某些核心特征作为毒品的列举要素，可称之为"骨架管制"。[1]另外，在识别新精神活性物质方面，澳大利亚通过提供有证标准物质（CRMs）作为联邦、各州及领地认定某种物质的参考标准，防止联邦、各州及领地之间"各自为营"的做法。

澳大利亚采取的骨架结构管制制度的主要优点：一是被管制对象的定义更为明确，易于操作；二是列管范围宽，可同时管制同类物质，无须单独列举。主要缺点：一是不具备管制骨架结构的新精神活性物质仍持续被发现和滥用；二是妨碍国民经济建设。

2015年澳大利亚颁布的犯罪立法修正案重新定义了精神活性物质的概念，扩宽了新精神活性物质的管制范围。将"精神活性作用"具体解释为"对生理产生影响"或"有成瘾性"，并将其作为判断是否为精神活性物质的准入条件。澳大利亚重新定义"精神活性物质"概念后，只要具有精神活性作用且未被其他法律管制的物质都将受到严格的进口管制。据此定义，新精神活性物质被认为是一类被滥用的药物，其危害可能是多重的、不明确的或未知的。由于澳大利亚简单地概括了精神活性作用，新精神活性物质成为一类物质的总称，如此模糊将不可避免地导致其法律适用产生问题。目前，还不能客观地评估该法案的功效，但澳大利亚国内学者对该法案中定义新精神活性物质的两个限制条件，争议较大。

澳大利亚各州拥有独立的立法权，由此会导致一定程度的司法管辖延误。当某种新精神活性物质在澳大利亚某个州或领地受到管制时，不法分子会转移到另外一个未管制的州或领地进行销售推销。虽然有标准的立法框架，但澳大利亚各州在执行框架时仍然存在差异，从而出现在不同州或领地新精神活性物质的合法与非法认定不一致的现象。

（四）新西兰

2013年，新西兰颁布实施了《精神活性物质法案》，该法案要求：精神活性产品在被合法销售前，须经国家监管机构核准；精神活性物质的制

〔1〕 刘建宏. 新禁毒全书：第6卷[M]. 北京：人民出版社，2015.

造商、进口商必须证明其产品不会造成过度的危害风险；举证责任由此类产品的销售商承担。该法案还规定了防止人为规避监管而企图用销售香熏或原植物食品来蒙蔽的应对措施。2013 年 8 月，新西兰又增加了一项新的监管许可制度，该制度要求供应商或制造商在经销一种新精神活性物质产品之前，需对其危害性进行评估，并支付危害评估费用，以证明其是否安全。只有该物质被评估为具有较低的危害风险时，才能获得在新西兰销售的许可。

新西兰政府实施新的监管许可制度，通过标签内容和零售限制来规范那些被证明是低风险的物质，有利于减少黑市引入更多的有害物质，有效禁止了新精神活性物质的走私、制造和销售，且将举证责任归咎于制造商和经销商，也为政府减轻了一定的财政负担。但是，该制度也有负面影响，即可能导致被批准销售的精神活性物质没有其他用途，仅以其精神效果用于娱乐性消费，仍然存在滥用的可能性。该制度的目的是促使形成一个受管制的低风险精神活性物质市场，以便政府有精力管制具有高风险的精神活性物质，避免司法资源的浪费。但这种市场的存在，可能导致新西兰和邻国澳大利亚之间的新精神活性物质标准不一致，进而使新精神活性物质流向处罚更轻的国家，引发滥用的风险。

（五）奥地利

面对新精神活性物质的挑战，奥地利诉诸本国的药品法。《奥地利医药产品法》规定，对可能影响机体或精神状况的物质进行归类管理。例如，只要"香料"（spice）和含有合成大麻素的类似产品在当地"麻醉药品用具店"出现，就可以《奥地利医药产品法》打击经销这些物质的行为。

2012 年，奥地利颁布实施《新精神活性物质法》，由此成为首批通过一部综合性法律管制新精神活性物质的国家之一。该法沿用了欧盟关于新精神活性物质的定义：如果某种物质具有潜在的精神效果，其尚未被纳入《1961 年麻醉品单一公约》和《1971 年精神药物公约》管制的纯品或配剂，滥用可能威胁公共健康安全的，都将被定义为新精神活性物质。除《奥地利医药产品法》已管制的新精神活性物质外，该法律适用于其他所有的新精神活性物质。该法授权卫生部部长发布条例，采用适当宽泛的通用定义，确定拟管制的各个化学族的精神活性物质。该法规定，如果无法证明某一新精神活性物质的合法用途，则该物质将被没收。依据该法，可对国家市场进行更为广泛的监测，对新精神活性物质进行更有效的风险评估。通过适用《奥地利医药产品法》解决新精神活性物质问题的做法被证明是非常有效的。

单从"香料"（合成大麻素）来看，奥地利公开销售和经销"香料"的现象很快就消失了。

《新精神活性物质法》与《奥地利医药产品法》具有很多相似之处，但该法总体处罚程度较《奥地利医药产品法》轻。与《奥地利医药产品法》规定不同，新精神活性物质的消费者不会面临任何处罚。同时，不法分子可通过"设计"物质的化学结构逃避重法的处罚。

第三节　国外毒品预防教育工作借鉴

一、国际社会，提供标准

联合国毒品和犯罪问题办公室发布的《预防药物滥用国际标准》（2015年版）[1]指出，虽然国际标准重点是防止国际公约所列管的药物（包括处方药的非医疗使用）的使用，但在预防其他精神活性物质，如烟草、酒精和吸入剂等方面也能参考并适用，且有理由相信毒品预防的一般策略也能有效地预防新精神活性物质的使用。

国际标准按照人的成长过程将预防阶段分为产前和婴儿期、幼儿期、童年中期（青春期早期）、青春期和成年期五个阶段，将毒品预防主体分为家庭、社区、学校、社会媒体和娱乐场所，并按照人们不同年龄段的情感发展特点与机制，分别提出相关的工作方法和建议。其中，针对家庭、社区、学校、社会媒体、娱乐场所等的工作建议具有一定的参考价值：在家庭方面，要增强家庭父母和子女的联系，家长要积极参与孩子的生活、教育和交际，进一步提升家庭的教育和监管作用；在社区方面，要推进执行烟酒防控政策，积极与高校合作，向社区提供充分的培训和资源，促进社区预防工作的开展；在学校方面，由老师向学生开展个人社交技巧和个人情绪、压力调节教育，改善教室环境，通过帮扶政策防止学生辍学，由学生、老师、家长等共同参与制订学校毒品预防方案，促进学生积极健康发展；在工作场所方面，由雇主、管理层、员工共同参与制订毒品预防方案，为有需要的员工提供简单的干预（包括网上介入）以及辅导、转诊治疗和重返社会等服务；在社会媒体方面，提高烟酒价格和使用烟酒的最低年龄，对烟酒零售商进行教育，防止

---

[1] United Nations Office on Drugs and Crime（UNODC）. International Standards on Drug Use Prevention[R]. Vienna：United Nations，2015.

其向法定年龄以下的年轻人出售烟草和酒精制品；在娱乐场所方面，对员工和管理人员开展责任制服务和处理醉酒顾客技巧的培训，为有需要的员工和管理人员提供咨询和治疗。

二、欧洲联盟，给出示范

2009 年，欧盟出台了《欧盟禁毒行动计划（2009—2012 年）》（EU Drugs Action Plan for 2009-2012），该计划旨在增加人们的识毒、防毒、拒毒知识，提升人们的禁毒意识，为下一步禁毒工作打下坚实的基础。该计划将预防青少年药物滥用列为重点工作，得到众多成员国的积极响应，这些国家开展了形式多样的宣传教育活动。

大约在 2000 年，英国开始了一项"光明未来计划"（positive futures），该计划以 10—20 岁青少年为主要对象，目的是增长青少年见识，引导青少年积极参加各类体育活动，促使青少年建立健康的生活方式，向青少年传播社会正能量，以减少其对成瘾物质的使用。同期，荷兰也开展了一项"健康学校计划"，该计划主要针对 11—18 岁青少年，向他们传播预防酒精、烟草、大麻和毒品等常识，使其认识到滥用这些物质的危险性；大力加强青少年生命健康教育，促使其认识到生命和健康的重要性，远离毒品等成瘾物质，为自己的健康和生命负责。

三、美国实践，知能并重

美国的精神活性物质预防教育开始得比较早，主要可以分为学校预防教育和社会综合预防教育两个层次。

学校预防教育的主要做法：第一，从学龄前就开始设置关于预防酒精、烟草和毒品的一整套课程，预防毒品等成瘾物质的使用。面向不同年龄的学生，其教育目标也不同。小学生要了解烟草、酒精等成瘾物质与毒品的区别，知悉吸食毒品属于违反法律的行为，懂得在遇到危险或者其他必情况时及时求助；初中学生应了解毒品成瘾与药物依赖的机理，明晰吸食毒品或者滥用精神活性物质所导致的危害后果；高中学生应具有识毒、拒毒的能力。第二，实施"LST"（Life Skills Training）项目，将情感教育和生活技能训练融入预防教育，增强学生的抗逆能力。LST 项目以研究滥用行为的原因为出发点，将滥用原因与学生心理相结合，向学生传授拒毒知识，提升学生拒毒能力，提高其情感处理和抗压水平，推广相关的跟进课程，提高了教育的效果。第三，创新教育方式，采取网络课堂和师生互动等方式，实施"Just Think Twice"项目。该项目由受过培训的老师指导学生先通过网络获取丰富的精神活性物质相关信息，然后采取师生互动、共同参与、角色扮演、小组讨论、互问互答、思考探索等方法使学生养成预防精神活性物质的意识和行为。

社会综合预防的主要做法：通过积极整合社会多方禁毒资源，共同构建坚实的禁毒铜墙铁壁。促进家长与学校的联系，家校联动、密切配合，共同开展对学生的预防教育。培训家长，提高家长的倾听、交流和沟通能力，提升家长对孩子进行监督、纠正、帮助和引导的水平。动用多种力量，对社区涉毒的青少年进行积极的跟踪帮扶和教育，防止其继续深陷迷途。充分发挥警察的重要作用，推动警力下沉和警务前移，积极参与毒品预防教育工作，既提高了毒品预防教育工作的效率，又密切了警察和民众之间的关系，从而获得良好的社会效果。

四、他山之石，可以攻玉

国际社会和有关国家关于毒品预防教育的做法对我国的主要启示如下：

（一）毒品预防教育时间节点前移

联合国发布的《预防药物滥用国际标准》（2015年版）建议从幼儿期就开展成瘾物质的预防教育工作，美国也在低年级就开始相关成瘾物质的预防教育工作。究其原因：一方面，是由儿童的生长发育规律决定的。在儿童时期，孩子已经开始接触、了解和认知外界，并不断进行感知和自我反馈，该时期是孩子世界观、人生观、价值观形成的初始阶段，正是对其开始预防教育的黄金时期。另一方面，随着全球新精神活性物质的不断发展，部分不法分子采取形形色色的形式将新精神活性物质包装成"跳跳糖""奶茶""气球"等日常生活用品以激发孩子的好奇心，并标称"合法兴奋剂""策划药品""不成瘾药物"等引诱青少年尝试使用。在好奇心的驱使下，涉世未深、防备心欠缺的青少年一旦尝试，则可能落入滥用新精神活性物质的深渊。

（二）增加毒品预防教育的内容

一些欧美国家的预防教育内容包括香烟、酒精、毒品及新精神活性物质。通过接触较广泛的精神活性物质，让孩子从小树立起大毒品观，养成健康的生活方式，增强自信，遇到问题和困难及时与家长或者学校沟通联系，学会情感处理和社交技巧，结交良友，避免成瘾物质的滥用。

（三）重视青少年的情感和生活技能教育

"感人心者，莫先乎情。"教育的根本就是情感和观念的教导和抚育。青少年正值身心成长和价值观形成的关键时期，生理、心理发育尚不成熟，自我情绪管理能力不足，沟通和表达能力欠佳。部分欧美国家十分重视学生的情感教育，学校专门开设情感处理课程，帮助学生提高自身的情感处理和抗压能力；反观我国学校毒品预防教育，则有待加强情感教育、同伴教育和生活技能培训等。

（四）建立毒品预防教育工作共同体

新精神活性物质等毒品预防教育是一项复杂的综合工作，各参与主体不能各自为政，需要协调、沟通、配合加以落实。比如美国成立的家长禁毒委员会，不仅促进了家长和学校的联系，密切了家长和学校的配合，而且对家长进行培训，提高了家长的禁毒知识和有关技能，打破了家校之间沟通交流的壁垒，在家校互动的基础上构建起了一道坚实的禁毒长城。

第五章 我国新精神活性物质防治的现状与问题

作为负责任的大国，我国始终把禁绝毒品作为神圣使命，始终把防范毒品新问题作为应尽义务，始终把加强国际禁毒合作作为重要任务。针对新精神活性物质防治工作，我国采取监测评估、创新法律法规、源头防范、严厉打击、预防教育和国际合作等措施应对。

第一节 我国新精神活性物质防治的现状

一、监测评估，立法前提

我国新精神活性物质监测评估工作由国家禁毒办负责，国家毒品实验室从 2011 年开始具体实施。截至 2021 年年底，国家禁毒办已开展了收集、分析、危害评估、法律列管等一系列工作。

我国新精神活性物质监测评估体系由国家级、省级两个层级构成。国家级职能主要由国家禁毒办承担，具体交由公安部禁毒局国家毒品实验室实施。该实验室通过对从各地公安机关和海关收集到的疑似新精神活性物质检材的分析，实现对我国新精神活性物质的制造、贩运、走私、滥用现状及发展趋势的监测。一方面，为我国新精神活性物质是否列入管控提供依据；另一方面，向联合国毒品和犯罪问题办公室的全球新精神活性物质早期预警咨询系统（EWA）报告，提供我国新精神活性物质的相关情况。通过分析检测，如果结果表明所分析的疑似检材为我国已经列管的新精神活性物质，则会由相关部门启动有关调查程序；如果结果表明所分析的疑似检材为我国尚未列管的新精神活性物质，则记录其有关信息为今后可能的列管做好准备。省级职能主要由省、区、市禁毒办承担，主要职责包括组织其所辖公安机关和有关部门及时监测和上报列管新精神活性物质的情况，以及重点监测国家禁毒办发布预警的尚未列管的新精神活性物质的情况。

我国监测评估新精神活性物质的主要法规是自 2005 年 11 月 1 日起施行的《麻醉药品和精神药品管理条例》（已经历 2013 年、2016 年两次修订）及其《麻醉药品品种目录》（2013 年版）、《精神药品品种目录》（2013 年版），主要规范文件是自 2015 年 10 月 1 日起实施的《非药用类麻醉药品和精神药品列管办法》及其《非药用类麻醉药品和精神药品管制品种增补目录》。

根据《非药用类麻醉药品和精神药品列管办法》第 3 条第 1 款规定（麻醉药品和精神药品按照药用类和非药用类分类列管。除麻醉药品和精神药品管理品种目录已有列管品种外，新增非药用类麻醉药品和精神药品管制品种由本办法附表列示。非药用类麻醉药品和精神药品管制品种目录的调整由国务院公安部门会同国务院食品药品监督管理部门和国务院卫生计生行政部门负责），具体程序如下：国家禁毒办首先提出拟列管的新精神活性物质（非药用类麻醉药品和精神药品）建议清单，然后交给非药用类麻醉药品和精神药品专家委员会在 3 个月内完成风险评估和列管论证。非药用类麻醉药品和精神药品专家委员会采取查阅科学文献、开展成瘾性及危害性判定动物实验和调查相关案例等方式，综合考虑拟列管新精神活性物质的滥用潜能、走私贩卖及现实危害等情况，给出是否予以列管的建议。对该专家委员会提出列管建议的新精神活性物质，国家禁毒办将继续提请国务院公安部门会同国务院食品药品监督管理部门和国务院卫生计生行政部门予以列管。上述部门在接到列管建议后的 6 个月内，完成对新精神活性物质的列管工作。

而药品类新精神活性物质的列管，根据《麻醉药品和精神药品管理条例》第 3 条第 1 款和第 2 款规定[1]，由国务院药品监督管理部门会同国务院公安部门、国务院卫生主管部门制定、调整并公布。

二、创新制度，堵塞漏洞

我国积极创建新精神活性物质立法管制制度，从 2001 年起就开始探索氯胺酮的管制。2013 年以来，随着全球新精神活性物质的爆发，我国加快新精神活性物质立法管制的探索，目前已形成列举法与快速程序结合、药用类和

---

[1] 《麻醉药品和精神药品管理条例》第 3 条第 1 款和第 2 款规定："本条例所称麻醉药品和精神药品，是指列入麻醉药品目录、精神药品目录（以下称目录）的药品和其他物质。精神药品分为第一类精神药品和第二类精神药品。目录由国务院药品监督管理部门会同国务院公安部门、国务院卫生主管部门制定、调整并公布。"

非药用类麻醉药品和精神药品互补、单一品种列举与重点种类骨架结构管制一体化的新精神活性物质单行立法管制制度。截至 2024 年年底,我国共列管 234 种新精神活性物质及整类芬太尼物质、整类合成大麻素物质。其中,14 种新精神活性物质按照《麻醉药品和精神药品管理条例》列入《麻醉药品品种目录》(2013 年版)和《精神药品品种目录》(2013 年版)管理,其余 220 种新精神活性物质和整类芬太尼物质、整类合成大麻素物质均按照《非药用类麻醉药品和精神药品列管办法》列管于该办法的增补目录。

(一) 把药用类新精神活性物质纳入《麻醉药品和精神药品管理条例》管理

2001 年 5 月 9 日、2004 年 7 月 5 日,国家药品监督管理局分别下发通知:自 2001 年 6 月 1 日起,氯胺酮原料药按第二类精神药品管理;自 2004 年 7 月 15 日起,属第二类精神药品的氯胺酮及其可能存在的盐及其制剂被"升级"为第一类精神药品管理。

2010 年 8 月 2 日,国家食品药品监督管理局、公安部、卫生部联合公告,自 2010 年 9 月 1 日起,4-甲基甲卡西酮列入第一类精神药品管理。

2013 年 11 月 11 日,国家食品药品监管总局、公安部、国家卫生计生委联合公告,印发了《麻醉药品品种目录》(2013 年版)和《精神药品品种目录》(2013 年版),自 2014 年 1 月 1 日起施行。该目录在已列管氯胺酮、4-甲基甲卡西酮的基础上,又将 JWH-073 等 12 种新精神活性物质列入《精神药品品种目录》(2013 年版)管制,至此我国共计列管了 14 种药用类新精神活性物质。

该立法路径主要延续了我国传统毒品立法管制制度的做法。

(二) 创立《非药用类麻醉药品和精神药品列管办法》,把非药用类新精神活性物质纳入管理

面对新精神活性物质的爆发,如果再沿用传统的毒品立法管制路径,则立法速度较慢,不能满足及时遏制新精神活性物质快速发展势头的需求。针对非药用类新精神活性物质,我国采用快速程序单列立法进行专门管制。

2015 年 9 月 24 日,公安部、国家卫生计生委、国家食品药品监管总局、国家禁毒办联合公告,印发了《非药用类麻醉药品和精神药品列管办法》,该办法附表《非药用类麻醉药品和精神药品管制品种增补目录》一次性列管了 116 种非药用类新精神活性物质,自 2015 年 10 月 1 日起施行。

《非药用类麻醉药品和精神药品列管办法》规定，对非药用类麻醉药品和精神药品的管制，由国家禁毒办主要负责，对拟纳入列管的品种会同相关部门按照明确的评估标准进行评估；并规定国家禁毒办可根据实际监测情况及时启动列管工作，从非药用类麻醉药品和精神药品专家委员会风险评估到完成列管，立法程序一般不超过 9 个月。

2017 年 1 月 25 日、2017 年 5 月 22 日，公安部、国家食品药品监管总局、国家卫生计生委分别联合公告，将卡芬太尼等 4 种芬太尼类物质、U-47700 等 4 种物质列入《非药用类麻醉药品和精神药品管制品种增补目录》管制，自 2017 年 3 月 1 日、2017 年 7 月 1 日起施行。

2018 年 8 月 16 日，公安部、国家卫生健康委员会、国家药品监督管理局联合公告，将 4-氯乙卡西酮等 32 种物质列入《非药用类麻醉药品和精神药品管制品种增补目录》管制，自 2018 年 9 月 1 日起施行。

2019 年 4 月 1 日，公安部、国家卫生健康委员会、国家药品监督管理局联合公告，将芬太尼类物质（整类）列入《非药用类麻醉药品和精神药品管制品种增补目录》管制，自 2019 年 5 月 1 日起施行。

2021 年 3 月 15 日，公安部、国家卫生健康委员会、国家药品监督管理局联合公告，将合成大麻素类物质（整类）和氟胺酮等 18 种物质列入《非药用类麻醉药品和精神药品管制品种增补目录》管制，自 2021 年 7 月 1 日起施行。

2024 年 6 月 16 日，公安部、国家卫生健康委、国家药品监督管理局联合公告，将溴啡等 46 种新精神活性物质列入《非药用类麻醉药品和精神药品管制品种增补目录》管制，自 2024 年 7 月 1 日起施行。

至此，我国共列管 234 种新精神活性物质及整类芬太尼物质、整类合成大麻素物质。

（三）借鉴骨架结构管制制度，拓展芬太尼类物质、合成大麻素类物质的立法管制范围

随着芬太尼类新精神活性物质在北美地区和欧洲部分国家蔓延及危害的加剧，我国进一步加强了对该类物质的立法管制。我国历来重视阿片类物质的滥用与流行问题，早在《麻醉药品品种目录》（2013 年版）中已将 13 种芬太尼类物质列入管制，随后分别于 2015 年、2018 年陆续发布、更新《非药用类麻醉药品和精神药品管制品种增补目录》，把已发现的 12 种新型芬太尼类物质纳入管制，共列管 25 种，其中包括国际禁毒公约列管的 21 种。为加大对涉芬太尼类物质违法犯罪行为的打击，2019 年 4 月 1 日，公安部、国家卫生健康委员会、国家药品监督管理局联合公告，自 2019 年 5 月 1 日起，将整类芬太尼物质列入《非药用类麻醉药品和精神药品管制品种增补目录》管制。2021 年 7 月 1 日起，将整类合成大麻素物质列入《非药用类麻醉药品和精神药品管制品种增补目录》管制。

该立法路径再次突破了我国现有的毒品立法管制制度。像联合国和许多国家一样，我国一直以来采用列举法的毒品立法管制制度。该方式的主要优势在于，明确被管制药品的品种和范围，有利于保障公民的权利，提供预测的可能性。其主要缺陷是，被管制药品品种的增加或删除需经法定程序，过程冗长、花费时间长。以上缺陷也是国际毒品管制制度的漏洞，多数合成类新精神活性物质正是钻这些漏洞而产生的。因而，只有弥补传统毒品立法管制制度的漏洞，才能实现及时立法管制新精神活性物质。而采用骨架结构管制制度对整类芬太尼物质、整类合成大麻素物质进行立法管制，不仅拓宽了其管制范围，而且达到了对新精神活性物质事前管制的目的。

（四）出台司法解释和规范性文件，完善新精神活性物质犯罪案件的法律适用

我国不仅从立法方面及时为打击新精神活性物质违法犯罪提供法律保障，还从执法方面通过相关部门出台司法解释、规范性文件等，提供新精神活性物质定罪量刑的数量标准，不断地完善新精神活性物质犯罪案件的法律适用，实现有效打击新精神活性物质违法犯罪的目的。

2016 年 4 月，《最高人民法院关于审理毒品犯罪案件适用法律若干问题的解释》发布，规定了 14 种新精神活性物质（12 种新精神活性物质、氯胺酮和恰特草）定罪量刑的数量标准。其余新精神活性物质的定罪量刑数量标准，可参照适用已正式印发的毒品依赖性折算表进行。截至 2023 年，国家禁毒办已印发五份毒品依赖性折算表：2016 年 6 月印发的《104 种非药用类麻醉药品和精神药品管制品种依赖性折算表》，该表涵盖了 2015 年 9 月发布的《非药用类麻醉药品和精神药品列管办法》所附增补目录中的 104 种新精神活性物质。2017 年 10 月印发的《100 种麻醉药品和精神药品管制品种依赖性折算表》，该表明确了《麻醉药品品种目录》（2013 年版）和《精神药品品种目录》（2013 年版）中的 100 种药品（尚未明确定罪量刑数量标准）与海洛因或者甲基苯丙胺的折算标准，其中包括少数新精神活性物质的折算标准。2019 年 1 月印发的《3 种合成大麻素依赖性折算表》，该表明确了 AMB-

FUBINACA、ADB-FUBINACA、5F-ADB 与海洛因的折算标准。[1]2021 年 11 月印发的《氟胺酮和 7 种合成大麻素依赖性折算表》，该表明确了氟胺酮和 7 种合成大麻素与海洛因的折算标准。2023 年 9 月印发的《依托咪酯依赖性折算表》，该表明确了依托咪酯与海洛因的折算标准。

虽然我国能紧随国际管制新精神活性物质的步伐，积极创新我国毒品管制制度，加强对新精神活性物质的管制，但也存在着立法管制新精神活性物质的规范性文件法律层级较低、配套措施不完善、办理新精神活性物质犯罪案件的法律适用水平有待提升等问题。

三、生产贩运，重点打击

随着我国打击海洛因、冰毒等第一代、第二代毒品犯罪的力度日益增强，一些不法分子转而投入新精神活性物质的走私、运输、贩卖和制造等违法犯罪中。针对一定时期内，我国部分地区制造、走私和贩卖新精神活性物质犯罪突出的情况，我国开展了打击非法新精神活性物质生产与贩运犯罪的专项活动。制造、走私和贩卖新精神活性物质犯罪是指，犯罪嫌疑人明知所制造、走私和贩卖的是新精神活性物质，仍将其作为毒品的替代品，流向境外毒品市场或吸毒人群，获取巨额利益的行为。

根据相关国际通报，以及对案件的分析发现，我国从事生产、走私和贩卖新精神活性物质的人员多以具有化工、医药和法律知识的专业人员为主，他们受到巨额利益的诱惑驱使，利用各国毒品管制的差异来逃避法律打击。从事生产、走私和贩卖新精神活性物质的犯罪活动，通常依据境外不法分子的需求，采取网上沟通联系、订单式生产和国际快递邮件运送等方式进行。

根据 2014—2018 年中国毒品形势报告，我国新精神活性物质制造、走私、贩卖和滥用问题突出，"长三角"地区是新精神活性物质非法制造、走私的源头地区，其他地区也出现扩展、蔓延之势。

2013 年 11 月，我国破获"张磊制贩新精神活性物质和制毒物品案"，向 50 多个国家（地区）和国际组织通报了 4000 余条涉案线索。2015 年 12 月，上海市第一中级人民法院依法判处张磊有期徒刑 14 年，剥夺政治权利 3 年，并处罚金 30 万元。该案是近年来我国打击新精神活性物质和非列管制毒原料

---

[1] 马岩，王优美. 新精神活性物质办案实用手册[M]. 北京：法律出版社，2019：431-432.

不法活动的最大战果，也是多国联合打击跨国毒品犯罪的经典案例。[1]

2015 年 6 月，武汉市海关会同湖北省公安禁毒部门破获"张正波等人制贩新精神活性物质案"，抓获犯罪嫌疑人 8 名，缴获 3,4-亚甲二氧基甲卡西酮（我国管制的第一类精神药品）4 公斤、疑似新精神活性物质 20 余公斤，并向该案所涉及的美国、英国等 20 余个国家和地区及有关国际禁毒组织通报了 1144 批次新精神活性物质涉案线索，提出了开展本案执法合作、共同打击新精神活性物质犯罪的倡议。[2]

2016 年，《非药用类麻醉药品和精神药品列管办法》公布实施以来，国家禁毒办加强新精神活性物质管控工作，多次组织召开会议分析新精神活性物质违法犯罪形势及打防工作，部署各地开展线索排查、专项打击和宣传培训等工作，使得已列管新精神活性物质的制造、走私呈明显下降趋势。江苏、上海、吉林等地联合侦破系列制贩新精神活性物质案件 28 起，根据相关国家执法协作请求，部署核查向境外邮寄新精神活性物质线索，各地共抓获违法犯罪嫌疑人数十人，捣毁新精神活性物质非法生产窝点 8 处，缴获已列管新精神活性物质 800 余公斤、非列管新精神活性物质上吨。[3][4]2016 年 7 月，江苏省南京市海关首次摧毁海关系统新精神活性物质规模化制毒工厂 1 个，打掉制贩团伙 2 个，犯罪嫌疑人在非法购买易制毒化工原料并批量加工后，采用伪报品名、夹藏等方式通过邮寄渠道出口英国、俄罗斯。[5]

2017 年，为加强对重点人员和重点物品的排查管控，我国部署开展"清制毒物品"专项行动，严厉打击制毒物品犯罪和新精神活性物质犯罪。全国各地公安机关破获新精神活性物质犯罪案件 30 起，缴获新精神活性物质 1178 公斤、原料 2230 公斤，抓获犯罪嫌疑人 53 名，捣毁地下加工厂 4 个。南京市破获"9·28"特大制售新精神活性物质案件，为目前我国破获的最大的新精神活

〔1〕 中国国家禁毒委员会办公室.2016 年中国禁毒报告［R］. 北京：中国国家禁毒委员会办公室，2016：42.
〔2〕 中国国家禁毒委员会办公室.2016 年中国禁毒报告［R］. 北京：中国国家禁毒委员会办公室，2016：42.
〔3〕 国家禁毒办：已完成 4 种芬太尼类物质列管法律程序，我国列管的新精神活性物质已达 134 种［EB/OL］.(2017-02-16). https://mp. weixin. qq. com/s/lDj_sjhYdim8_LUqbEV1tw.
〔4〕 中国国家禁毒委员会办公室.2016 年中国禁毒报告［R］. 北京：中国国家禁毒委员会办公室，2016：43.
〔5〕 中国国家禁毒委员会办公室.2017 年中国禁毒报告［R］. 北京：中国国家禁毒委员会办公室，2017：42.

性物质案件。[1]

2018 年，全国缴获新精神活性物质 204.9 公斤。全国共有 16 个省区市缴获新精神活性物质，有 13 个省区市缴获量上升。

2019 年 9 月，内蒙古自治区警方历经 15 个月的艰苦侦查，成功破获一起特大贩卖新精神活性物质公安部督办案件，缴获新精神活性物质 9 公斤，涉案资金 400 余万元。

四、国际治理，履行担当

与传统毒品问题类似，新精神活性物质的生产、贩运和消费已不再局限于一个国家或地区，而是全球面临的共同挑战。新精神活性物质问题所具有的国际化特征，要求其治理应建立在世界各国广泛合作的基础上。

我国不断深化与国际禁毒组织的合作，积极参加联合国毒品和犯罪问题办公室、国际麻醉品管制局等国际机构组织的防控新精神活性物质等禁毒国际会议；加强区域禁毒合作，积极搭建和引导东亚次区域、东盟和中国、上海合作组织、金砖国家等多边禁毒执法合作平台；强化与俄罗斯、巴基斯坦、美国、澳大利亚、加拿大、菲律宾、英国等周边和重点国家禁毒双边合作；利用联合国、多边、双边国际禁毒合作平台，宣传我国厉行的禁毒立场和成效，及时回应国际社会和其他国家关切的新精神活性物质等禁毒热点问题。

2014—2019 年，我国积极参加或举办 2016 年世界毒品问题特别联大、全球易制毒化学品和新精神活性物质大会、第三十二届国际缉毒执法大会及联合国毒品和犯罪问题办公室"巴黎进程"禁毒国际会议等十余次联合国机构会议；第四十届东盟禁毒高官会议，第十四届东盟和中日韩禁毒工作会议，以及第六届东盟和中国禁毒合作协调会议，中美禁毒合作会议，与美国、俄罗斯、老挝、缅甸、泰国、越南、柬埔寨等国的年度专题禁毒会晤等十余次多边和双边会议，就新精神活性物质治理、易制毒化学品管制等主题进行沟通，展示我国高度负责的禁毒态度和务实措施。此外，我国还积极参与国际麻醉品管制局的"聚合项目""棱柱项目""离子项目"，联合国毒品和犯罪问题办公室的 SMART 项目、"甲胺行动"、"邮包行动"等多边国际合作项目；与老挝、缅甸、泰国，或老挝、缅甸、泰国、柬埔寨、越南开展"平安航道"联合扫毒行动，缴获了多批拟向俄罗斯和美国出口的新精神活性物质；与美国、巴基斯坦、

---

[1] 中国国家禁毒委员会办公室. 2018 年中国禁毒报告[R]. 北京：中国国家禁毒委员会办公室，2018：40.

加拿大、澳大利亚、新西兰、瑞典等多个国家开展执法合作，成功破获"上海市灿禾张磊案""湖北省张正波案""湖北省王华案""浙江省孙丽娣案""河北省王凤玺案"等多起具有国际影响的新精神活性物质跨国案件；核查并及时回应俄罗斯、美国、加拿大、澳大利亚、英国、瑞典等国提出的新精神活性物质情报线索 4000 余条，向俄罗斯、美国等数十个国家和地区通报新精神活性物质涉案线索数千条；继续开展双边、多边禁毒外警培训项目，执法联络员项目及警务硕士研究生留学生项目等近 100 个，培训外国禁毒警察和官员超过 1500 名，不断提升禁毒工作能力。[1][2][3]

五、预防教育，降低滥用

早在 1991 年，我国政府就把"禁吸"作为一项重要任务写进了指导我国禁毒工作的禁毒方针，要求开展毒品预防教育工作。然而，直到 20 世纪 90 年代中期，我国毒品预防教育才开始起步。1999 年，根据毒情变化，我国调整禁毒方针，将"禁贩、禁种、禁吸"三禁增加为"禁吸、禁贩、禁种、禁制"四禁，把"禁吸"调整到毒品四禁工作的首位，毒品预防教育工作开始引起关注。2003 年，教育部颁布《中小学生毒品预防专题教育大纲》；2004 年，我国第三次修改禁毒方针，首次提出"预防为本"的指导思想；2007 年 12 月 29 日，第十届全国人民代表大会常务委员会第三十一次会议审议通过《禁毒法》，《禁毒法》第四次对禁毒方针进行了修改，将"预防为主"置于禁毒方针的首位；2014 年，《中共中央、国务院关于加强禁毒工作的意见》（中发〔2014〕6 号）要求深入开展毒品预防教育；2015 年 8 月，为落实中发〔2014〕6 号文件关于毒品预防教育的要求，国家禁毒办、中宣部、教育部等 14 个部门联合制定了《全国青少年毒品预防教育工作规划（2016—2018）》，首次在国家层面启动了中国青少年毒品预防教育"6·27"工程（以下简称"'6·27'工程"）。随着我国不断加强毒品预防教育的法律、政策和工程的出台，尤其是实施"6·27"工程以来，毒品预防教育工作以往存在的"形式主义"做法得到一定改善，实效性有所提升。最突出的

〔1〕 中国国家禁毒委员会办公室.2016 年中国禁毒报告[R].北京：中国国家禁毒委员会办公室，2016：45-49.
〔2〕 中国国家禁毒委员会办公室.2017 年中国禁毒报告[R].北京：中国国家禁毒委员会办公室，2017：45-47.
〔3〕 中国国家禁毒委员会办公室.2018 年中国禁毒报告[R].北京：中国国家禁毒委员会办公室，2018：43-44.

效果体现为：自 2016 年以来，我国新滋生吸毒人员数量持续下降；自 2018 年以来，全国现有吸毒人员总数连续下降。

当前，我国已形成基本完整的毒品预防教育体系，具备法律政策依据、专项经费、师资队伍、教材课件资源、禁毒基地设施和科技支撑等开展毒品预防教育所需的基本保障条件；除了公安部门，有关国家禁毒委员会成员单位的参与度提升，一线基层实施部门的落实度增加，毒品预防教育的方式手段更加丰富多样，特别是基于青少年群体的需求，依托互联网，利用新科学技术发展起来的毒品预防教育新媒体平台呈现出较强的生命力。

我国毒品预防教育体系主要由学校、家庭、社区和社会四个层次构成。学校毒品预防教育以在校青少年学生为对象，是该体系中的主阵地，发挥着"龙头"作用；其他层次的教育对象各有侧重，其作用也不可或缺，发挥着辅助或主要作用。学校毒品预防教育工作基本落实了师资队伍、课时安排和活动规划、专项经费及教材课件资料等保障，采取专题讲座、主题班会、同伴教育、参观禁毒基地、网络竞赛、征文比赛、"小手拉大手"、文艺会演和体育比赛等多种形式开展；家庭毒品预防教育主要通过创建、开展和谐家庭、文明之家、"无毒家庭"、"大手拉小手"和"父母学校"等活动，倡导文明健康的休闲娱乐，进行科学的亲子教育，提高父母禁毒知识和教育水平等；社区毒品预防教育以开展禁毒宣传教育，加强吸、戒毒重点人员管理和创建"无毒社区"等方式进行；社会毒品预防教育主要借助电视、网络、报刊和广播等平台开展禁毒宣传教育活动。

然而，新精神活性物质快速涌现的毒情对我国毒品预防教育构成新的挑战，毒品预防教育与新毒情不相适应的情况日益凸显，因此，我国毒品预防教育工作亟待创新，以适应新毒情的变化。

六、管制前体，减少合成

与传统种植毒品不同的是，新精神活性物质的合成无须种植，不受地理环境的限制，只需易制毒化学品（前体化学品）和相关简单设备即可生产制取。从减少新精神活性物质危害的角度出发，其制成后的危害肯定大于制成之前的危害，因此，对易制毒化学品实施严格管控，截断其流入非法制造新精神活性物质的途径，是遏制新精神活性物质生产的有效之策。

我国重视易制毒化学品的管控，为防止易制毒化学品流入非法制造新精神活性物质等制毒渠道，采取了以下措施：

第一，不断推进易制毒化学品立法和《易制毒化学品管理条例》修订工作；建立健全两高一部（最高人民法院、最高人民检察院和公安部）重大制毒物品犯罪案件联合督办协作机制，加强指导重大案件的侦查、起诉和审判工作。2017年12月22日，公安部、商务部、国家卫生计生委、海关总署、国家安全生产监管总局、国家食品药品监管总局联合发布公告，将制造芬太尼类物质的2种前体化学品NPP、4-ANPP和制造甲基苯丙胺的3种前体化学品溴素、1-苯基-1-丙酮、氯代麻黄碱纳入一类易制毒化学品进行管制，自2018年2月1日开始执行。自2021年9月20日起，3-氧-2-苯基丁酸甲酯、3-氧-2-苯基丁酰胺、2-甲基-3-[3,4-（亚甲二氧基）苯基] 缩水甘油酸、2-甲基-3-[3,4-（亚甲二氧基）苯基] 缩水甘油酸甲酯、苯乙腈和γ-丁内酯6种物质被列入《易制毒化学品管理条例》附表进行管制。自2024年9月1日起，4-（N-苯基氨基）哌啶、1-叔丁氧羰基-4-（N-苯基氨基）哌啶、N-苯基-N-（4-哌啶基）丙酰胺、大麻二酚、2-甲基-3-苯基缩水甘油酸及其酯类、3-氧-2-苯基丁酸及其酯类、2-甲基-3-[3,4-（亚甲二氧基）苯基] 缩水甘油酸酯类被列入二类易制毒化学品进行管制。至此，我国列管易制毒化学品"47种+四类"。

第二，不断强化易制毒化学品进出口国际核查。2015—2017年，我国通过国际麻醉品管制局出口前通知书系统，积极开展易制毒化学品的进出口国际核查，共发出易制毒化学品出口核查函2000余份，涉及全球数十个国家和地区，阻止262批次7.112万吨易制毒化学品进出口，有力遏制了易制毒化学品流入非法制造新精神活性物质等制毒渠道。

第三，严格执法，不断加强对易制毒化学品的管理，依法保护合法生产经营，严厉打击制毒物品犯罪。2017年，我国先后排查有关企业1.4万家，集中开展溴代苯丙酮等重点易制毒化学品专项督查和甲胺等39种非列管化学品、反应釜等4种制毒设备专项调查。2018年1月，国家禁毒办、公安部、国家质检总局联合下发《关于加强氢气瓶管理严防流入制毒渠道的通知》（禁毒办通〔2018〕9号）。2014—2017年，全国共破获制毒物品案件2118起，缴获各类制毒物品9381.9吨。[1][2][3]

〔1〕 中国国家禁毒委员会办公室.2016年中国禁毒报告[R].北京：中国国家禁毒委员会办公室，2016：41.

〔2〕 中国国家禁毒委员会办公室.2017年中国禁毒报告[R].北京：中国国家禁毒委员会办公室，2017：31-32.

〔3〕 中国国家禁毒委员会办公室.2018年中国禁毒报告[R].北京：中国国家禁毒委员会办公室，2018：40.

七、重点省市，各有特色

我国新精神活性物质问题严重地区，其整治做法各有不同。

（一）上海市

上海市作为中国最大的工商业城市之一，本身化工和医药产业就相当发达，存在数量庞大的相关企业和从业人员，同时也是中国乃至亚洲的物流、航运及金融中心之一，这些都为不法分子从事新精神活性物质的制贩、运输和走私活动提供了客观的便利条件。

自 2012 年起，上海市有关新精神活性物质的核查案件数量开始大幅上升，于 2013 年达到高峰。其中，引起国内外社会广泛关注的是 2013 年"上海市灿禾张磊案"。2011 年，公安部向上海市禁毒部门通报了灿禾公司及其法人张磊涉嫌走私新精神活性物质（疑似 4-甲基甲卡西酮）至法国的有关线索，此后 2 年内，公安部陆续共收到张磊涉嫌走私新精神活性物质至国外的国际核查十余次，涉及英国、美国、俄罗斯、澳大利亚、新西兰等 13 个国家及其管制的 10 余种新精神活性物质和化学品。上海市禁毒部门于 2013 年成功侦破此案，犯罪嫌疑人张磊以"制造毒品罪"和"传授犯罪方法罪"数罪并罚，判处有期徒刑 14 年，剥夺政治权利 3 年，并处罚金 50 万元。此案既是近年来我国打击制贩新精神活性物质和非列管制毒原料违法犯罪活动取得的重大战果，也是多国联合打击跨国毒品犯罪迄今最成功的典型案例之一，在国际禁毒领域产生了极大反响。

针对制造新精神活性物质的管控工作，2015 年，上海市禁毒委员会联合工商、税务、安监、环保、食药监等单位及市局网安、各公安分县局等部门，针对非法研制、生产、销售及外流新精神活性物质的情况，开展了动态排摸和管控查处专项整治行动。2015 年 12 月 30 日，《上海市禁毒条例》（2022 年已修正）公布，并于 2016 年 4 月 1 日起实施，其中第 17 条规定有关部门和机构有义务报告发现制造新精神活性物质的行为。[1]2016 年，上海市禁毒委员会主导全市各管理职能部门出台《关于加强毒品类似物动态排摸和管控查处工作的实施意见》（沪禁毒办〔2016〕2 号），依法形成了长效管理机制。

---

[1] 《上海市禁毒条例》第 17 条规定："教育、卫生计生、科技、农业等部门以及教学科研、医疗卫生、生物制药等机构，发现可能用于制造毒品、具有成瘾性且易被滥用的物质，应当及时向市禁毒委员会报告。市禁毒委员会应当及时组织开展评估，并向市人民政府报告有关情况。"

(二) 浙江省

浙江省在积极参与全国禁毒部门扎实开展打击跨国新精神活性物质违法犯罪"邮包行动"等专项行动的同时，主动开展省内新精神活性物质的治理。

近年来，浙江省充分利用本地互联网电商发达、办案取证条件好等优势，深入开展互联网涉毒化学品信息搜索、研判、处置工作，成功破获一系列互联网涉毒案件。自 2013 年以来，通过直接输出线索或协助取证等方式，协助全国各地公安禁毒部门破获一大批利用互联网销售麻醉药品、精神药品的案件。2014 年 11 月，杭州市公安局禁毒支队会同余杭区分局禁毒大队根据网上搜索，获取有人利用淘宝平台贩毒的情报，后进行网上跟踪，查明全案事实，同河南省公安机关共同破获重大部级目标案件。同期，金华市公安局禁毒支队会同东阳市公安局禁毒大队侦破一起利用淘宝贩毒的案件，涉及全国30 个省 135 个涉毒对象，涉案毒品交易金额高达近 300 万元。

浙江省探索走访本地互联网化学品服务企业，对其进行禁毒宣传教育，要求其提供本企业数据库中掌握的涉毒化学品销售、求购、询盘、交易信息，并建立措施，对涉及新精神活性物质的信息予以屏蔽，取得了一定的治理工作经验。2006 年，浙江省禁毒部门在全国率先启用"易制毒化学品信息管理系统"：一方面，在定期走访当地化工企业时，进行禁毒知识的宣传教育；另一方面，留意发现有关制毒的相关信息，并将信息上传系统。化工企业自身配合公安机关的定期核查工作，一旦发现相关线索也会第一时间提供给公安部门，以形成有效的互联网管控机制。此外，浙江省定期召开药品监督管理局、教育厅、农业农村厅、卫生健康委员会等部门的联席会议，加强各部门的相互合作，解决临时存放和销毁有关涉案物品的问题。

浙江省禁毒部门设立禁毒总队（省级）、禁毒大队专管员（市级）、派出所联络员（区级）三级化管理模式。联络员与各派出所辖区民警日常工作合并统一，联络员在例行检查工作中按照"浙江省公安厅易制毒化学品企事业单位实地检查记录表"相关要求，每个季度在辖区内进行易制毒化学品网格化管理排查，将相关信息上报给市级公安部门禁毒大队的专管员，由专管员汇总信息上报给省级禁毒总队，并将此项工作纳入派出所绩效考核。浙江省公安部门的这项排查工作，可全面了解全省的易制毒化学品企事业单位的人员、仓库、台账、安全制度等情况，真正做到了底数清、情况明，管控易制毒化学品的工作落实到了实处。

2018 年 3 月 5 日，《浙江省人民政府办公厅关于加强新精神活性物质治理工作的意见》发布，明确提出了加强源头管理，增强防范控制能力的要求，对化学品科研活动安全管理、化学品企业信息排查、化学品和药品生产监管、社会面排查防控等方面作了具体规定。

（三）江苏省

江苏省是化工大省，2016 年易制毒化学品生产经营企业已达 3 万余家，其中相当一部分是技术含量不高的作坊企业。由于拥有众多化工技术人员，丰富的制毒原料和大量规模不一的化工厂房、车间，江苏省要比其他地区更容易滋生制毒活动。2010 年以来，在全国破获的易制毒化学品案件中，江苏省的破案占比越来越大，主要涉及盐城地区和张家港市的羟亚胺问题，在全国造成一定的影响。2012 年江苏省南京市破获系列出口新精神活性物质案件，2013 年、2014 年又先后接到部局传递的，来自美国、德国、俄罗斯、澳大利亚等国涉及江苏省的新精神活性物质案件线索。

在管控层面：首先，江苏省从防范毒品源头出发，在堵截外部毒品流入的同时，防范易制毒化学品非法流出和不法分子在省内制造毒品。其次，及时对毒情严重、治安复杂的地区开展重点整治；进一步加强羟亚胺、邻酮、新精神活性物质等突出毒品问题的治理，严控江苏籍人员外流从事涉毒违法犯罪活动，坚决防止在本省形成毒品加工厂和毒品集散地；建立易制毒化学品监管责任追究制度，建立健全易制毒化学品流失追溯制度，依法追究违法违规企业法人和相关责任人的责任，不断完善易制毒化学品管理机制。最后，加强易制毒化学品管理信息系统建设和应用，倡导企业自律、市场规范和社会监督的氛围，发挥易制毒化学品行业协会作用，建立企业信用等级管理制度；加强监管麻醉药品和精神药品的生产、运输、经营、使用等环节，依法查处其违法行为。

在打击犯罪层面，江苏省公安厅禁毒部门积极探索，不仅破获一批具有较大影响力的新精神活性物质案件，而且率先出台《治理新精神活性物质问题工作指引》等侦查、破案、执法规范性文件，为其他省区办理此类案件提供了可贵的经验借鉴。

（四）山西省

山西省需要管控的新精神活性物质主要是甲卡西酮。2010 年首次在山西省某市所辖的两个县发现甲卡西酮，仅 2 年时间，已基本覆盖全市 13 个县区。2011 年后半年，该市公安局开始侦办甲卡西酮类案件，全年共破案 40

余起，缴获甲卡西酮近 600 克；2012 年，共破获甲卡西酮类案件 56 起，缴获甲卡西酮超 3200 克；2013 年 1 月至 5 月，共办理该类毒品案件 52 起，缴获甲卡西酮 2200 克。2011—2013 年，甲卡西酮类案件占到该市全部毒品案件总量的约 40%。2015 年 3 月 24 日，在该市一公寓内发现整套全面的专业制毒工具，有反应釜、干燥器、蒸馏器等，还有大量的现成品、半成品和原材料，经过实验室检验确定为甲卡西酮。虽然从已掌握的情况来看，该市的甲卡西酮主要来源于外地（由天津市、辽宁省两地流出，部分在河南省中转，最后流入该市），但是，从近年侦办的多起甲卡西酮制贩毒案件来看，该市早已经出现制造甲卡西酮的窝点。

为了有效管控山西省甲卡西酮的现状，山西省禁毒部门从源头抓起，重点针对甲卡西酮的吸食人群，即煤矿工人、大货车司机及重体力劳动者等进行定期的毒品预防教育，并定期给这些人群做健康体检，以有效减少此类人群的甲卡西酮滥用。此外，各级公安机关禁毒部门充分调动积极性，把打击制造、贩卖新型毒品工作作为禁毒工作的重点，调动一切可利用的资源，加大对可能存在的制贩毒窝点、小型化工厂、制药厂等高危企业、宾馆、出租房屋、小型公寓等隐蔽场所进行地毯式排查，并协同网监、技术侦查等部门运用互联网对可疑地区和可疑人员进行定期布控。同时，加强公安机关禁毒部门自身队伍建设，掌握新型毒品的相关知识，提高科学研判技术，为有效侦破此类案件时刻做好准备。

第二节　国内外新精神活性物质立法管制比较

一、比较对象，逐一分解

为借鉴国外立法管制的成功经验，不断完善我国新精神活性物质的立法管制，将从新精神活性物质立法管制的依据、对象和模式三个方面进行比较、评价。

（一）立法管制的依据

不同国家立法管制新精神活性物质的依据、性质、层级、主体及主要内容都不尽相同，体现出各国的特色，具体比较如表 10 所示。

表 10   各国新精神活性物质立法管制依据比较

国家	主要管制依据	性质	主要内容
中国	《麻醉药品和精神药品管理条例》《非药用类麻醉药品和精神药品列管办法》	行政法规及规范性文件	国务院药品管理部门主管麻醉药品和精神药品品种目录相关调整工作,国务院公安等相关部门会同决定调整《非药用类麻醉药品和精神药品管制品种增补目录》
英国	《毒品滥用法案》《精神活性物质法案》	法律	药物滥用咨询委员会主管相关工作
美国	《管制物质法案》	法律	类似物管制制度,食品药品监督管理局、缉毒局管制
澳大利亚	《刑法》、《犯罪修正案1995(9.2精神活性物质和其他措施)》(the Criminal Code Act 1995-Part 9.2 Psychoactive Substance)、联邦及各州毒品法律	联邦法律及各州法律	骨架管制制度,药品管理局管理《药品和毒品的统一调度标准》(Standard for the Uniform Scheduling of Medicines and Poisons, SUSMP)、司法部部长决定临时列管物质、严禁进口精神活性物质
新西兰	《精神活性物质法案》	法律	销售前须经全国性的监管机构(隶属卫生部)核准
奥地利	《新精神活性物质法》《奥地利医药产品法》	法律	授权卫生部部长发布条例(指令),采用适当宽泛的定义,确定拟管制的各个化学族的精神活性物质

(二) 立法管制的对象

全球大部分国家均采用列表管制制度,因为在新精神活性物质蔓延成国际性问题前,各国根据实际情况对各自国家所面对的不同新精神活性物质品种进行管制,如美国主要涉及列管亚甲基二氧吡咯戊酮。但受制于立法程序的时间限制,新精神活性物质在市场流通与开始管制之间存在空隙,从而使滥用危害扩散。为解决新精神活性物质立法管制的滞后性,有的国家应运而生了类似物管制制度及骨架管制制度。

美国是类似物管制制度的代表。该制度是为应对早期甲基苯丙胺等管制药物的合成衍生物快速增加的情况而产生的创新性立法,由司法裁判确定毒品类型,赋予了司法部门管制毒品的职能。类似物管制制度省去了持续更新管制物质清单的麻烦,但具有类推嫌疑,且行为人对其所交易或持有的物质缺乏违法的预测可能性。在判定某种物质是否与管制物质实质相似方面也没有公认的科学方法,且通过司法判定将耗费大量时间和资源,有违该制度的立法初衷。

澳大利亚是骨架管制制度的代表。骨架管制制度实际上是遵循了列举管制的规则。在新精神活性物质可能蔓延之前，抢先立法管制，这是行之有效的方法。但以骨架定义物质存在太多变化，使管制变得较为困难；还有可能将具有科学、医疗用途的物质列入管制，限制医学的发展。类似物管制制度与骨架管制制度具有共同的特征，均不会明确提及单一管制物质，这对一般公众而言，较难理解和明白究竟哪些物质被管制。在采用骨架管制制度的国家，尽管某种特定物质已受管制，但无法在其禁毒法律中查到它们。只有当某种新精神活性物质被明确列入管制物质附表时，其使用量才会下降。如澳大利亚将甲氧麻黄酮列入毒品法后，其使用量才有所下降。

（三）立法管制的模式

以平行立法的模式应对新精神活性物质的泛滥问题比较新颖，仅英国等少数国家在尝试，该立法模式旨在保持毒品列管附表的稳定，在原有管制程序的基础上，突出应对新精神活性物质更新迅速的特点。[1]平行立法不再受原有毒品管制立法及毒品管制附表的限制，其采用"兜底式"的方式来定义管制物质。[2]例如，英国的《精神活性物质法案》管制所有能够产生"精神作用"的物质。然而，平行立法依然有弊端，即管制物质混乱、交叉致使禁毒体系混乱，差异较大的法律后果让不法分子有选择的"余地"，法律适用的统一性遭到破坏。简而言之，平行立法是以较为宽泛的适用条件同时降低处罚幅度来管制新精神活性物质的。

我国制定实施的《非药用类麻醉药品和精神药品列管方法》沿用列管法管制策略，选择单行规范性文件管制新精神活性物质，使新精神活性物质的列管似乎独立于原有毒品管制，呈现出一定的平行立法特征。[3]但由于《非药用类麻醉药品和精神药品列管办法》依据我国《禁毒法》和《麻醉药品和精神药品管理条例》等法律法规的规定制定，所以我国管制新精神活性物质并非完全独立于原有的禁毒法律体系。这是我国单列立法模式区别于平行立法模式的特征。平行立法模式规定了相应的违法犯罪行为及定罪量刑标准，我国单列立法模式因为受制于立法层级的限制，并没有规定相应的违法犯罪行为及定罪量刑标准。

〔1〕 包涵．新精神活性物质管制的国际经验和中国路径[J]．公安学研究，2018，1(3)：53.
〔2〕 包涵．新精神活性物质管制的国际经验和中国路径[J]．公安学研究，2018，1(3)：53.
〔3〕 包涵．新精神活性物质管制的国际经验和中国路径[J]．公安学研究，2018，1(3)：58.

二、立法管制，存在差异

国内外新精神活性物质立法管制的主要差异如下：

（一）立法管制依据的差异

比较而言，我国对新精神活性物质立法管制法规层级较低，仅为行政法规及规范性文件，其他国家立法管制依据均为法律，立法层级和法律效力均高于我国。如美国和英国，管制物质（毒品）与普通药品分开管制，管制体系相对独立，在立法上也不受限制。中国的新精神活性物质立法管制策略，在形式上采取了类似于英国的平行立法手段，但是实质上与其存在极大的区别，英国《毒品滥用法案》与《精神活性物质法案》是完全平行的关系，且在法律层级上是一致的。[1]另外，英国《精神活性物质法案》虽然没有对"精神物质"进行列举，但是在犯罪行为及法定刑上进行了折中，较之于管制毒品要宽松很多。然而，中国管制新精神活性物质的立法，即《非药用类麻醉药品和精神药品列管办法》，在层级上比管制毒品的法规更低，并且在对应的法定刑上没有特殊的规范。[2]此外，中国新精神活性物质立法管制制度，在麻醉药品和精神药品管制体系之下，在立法上受限于上位法，即《禁毒法》《麻醉药品和精神药品管理条例》，因此，不仅法律层级相对较低，而且很多具体操作也有一定局限性。

（二）立法管制对象的差异

参照国际立法管制新精神活性物质的做法，我国采用列表管制新精神活性物质。而在国际上，又延伸出以美国为代表的类似物管制制度及以澳大利亚为典型的骨架管制制度。这两种立法管制制度旨在扩大毒品管制的范围，将明确列举式管制扩展为类推管制，以此来封堵新精神活性物质的变化路径。目前，我国新精神活性物质立法管制与国际社会基本保持了同步，一定程度上还超前于国际社会。2001—2014年，我国运用传统毒品管制制度率先将国际社会未列管的14种新精神活性物质纳入管制。2015—2024年，我国在遵循国家立法原则的基础上，采用快速立法程序、骨架管制制度和单列立法模式列管220种新精神活性物质及整类芬太尼物质、整类合成大麻素物质。但是，依靠司法裁判的类似物管制制度不适合我国的立法渊源。这是我国与以

〔1〕 包涵. 新精神活性物质管制的国际经验和中国路径[J]. 公安学研究, 2018, 1(3): 58.
〔2〕 包涵. 新精神活性物质管制的国际经验和中国路径[J]. 公安学研究, 2018, 1(3): 58.

上国家立法管制新精神活性物质的较大区别之一。

（三）立法管制模式的差异

我国单列法规规范新精神活性物质的立法模式与英国平行立法模式有相似之处。但实质上，因《非药用类麻醉药品和精神药品列管办法》属于规范性文件且根据我国《禁毒法》《麻醉药品和精神药品管理条例》出台实施，在这样的关系及立法层级下，我国新精神活性物质单列立法模式同平行立法独立管制"精神物质"采用"兜底式"定义的方式，以及独立规定违法犯罪行为及刑责处罚是不完全相同的。

第三节　我国新精神活性物质防治工作中的现存问题

虽然我国新精神活性物质治理取得了一定成就，但该项工作毕竟尚处于起步阶段，有待解决的问题还较多，具体包括新精神活性物质监测预警不完善、立法管制不健全、毒品预防教育内容滞后、打击违法犯罪效率尚需提升、互联网监管薄弱、物流寄递业防控不足、海关监管不够、管控机制缺位、国际治理有待深化、民警执法素质能力不足，以及查缉、检测技术手段落后等。

一、监测预警不完善，完善在即

（一）新精神活性物质发现难

2019 年以前，我国国家毒品实验室检测的新精神活性物质检材主要来源于海关送检的疑似新精神活性物质查获物，而公安部门送检的疑似检材数量有限。我国新精神活性物质发现机制不健全的弊端亟待解决。

（二）新精神活性物质预警响应机制缺乏

目前，我国新精神活性物质监测、评估工作主要服务于某种新精神活性物质是否应该被立法管制。新精神活性物质的立法管制无疑是其治理中一项相对重要的工作，但是该项工作并不能替代新精神活性物质治理的全部工作。这就是说，新精神活性物质的监测还应该有着预警和响应等功能，而这正是近年来我国新精神活性物质监测、评估工作所欠缺的。

（三）新精神活性物质分析检测难

发现新精神活性物质后，还存在着检测难的情况。造成该难题的成因：

一是缺乏新精神活性物质的标准品，难以对新精神活性物质进行定性、定量分析。二是大部分新精神活性物质没有标准分析方法，需要有科研能力的单位先建立标准分析方法。三是高端分析技术人员和检测设备缺乏。新精神活性物质的分析一般需要色谱仪、质谱仪、核磁等大型精密设备仪器和高端专业人才，而目前我国新精神活性物质大多依赖国家毒品实验室和省级毒品实验室进行分析，绝大多数的地市级毒品实验室基本不能承担其检测工作。

（四）新精神活性物质滥用监测难

新精神活性物质的滥用监测主要通过三种方式进行：一是通过案例发现，依赖于新精神活性物质滥用致病、致死或者肇事、肇祸等相关案例的发生，进行调查分析。二是通过问卷调查，即在特定人群中开展调查。该方式易操作、时间快、成本低，但结果体现滥用程度有限，数据仅能用于参考，无针对性。三是基于生物样本（血样、尿样、唾液）的分析统计。这种方式得来的统计数据更为精准，但需要收集足够量的样品进行实验室分析。当前，大多数地方难以对生物样本中的新精神活性物质进行科学有效的分析检测，从而无法及时、准确地发现新精神活性物质。

二、立法管制不健全，健全在即

（一）新精神活性物质管制的规范性文件层级较低

《非药用类麻醉药品和精神药品列管办法》由公安部、国家卫生计生委、国家食品药品监管总局及国家禁毒办颁布，《麻醉药品和精神药品管理条例》由国务院制定，且《非药用类麻醉药品和精神药品列管办法》依据我国《禁毒法》和《麻醉药品和精神药品管理条例》等法律法规制定，因此《非药用类麻醉药品和精神药品列管办法》从属于《麻醉药品和精神药品管理条例》。《非药用类麻醉药品和精神药品列管办法》规定，"各级公安机关和有关部门依法加强对非药用类麻醉药品和精神药品违法犯罪行为的打击处理"，所以《非药用类麻醉药品和精神药品列管办法》同样具有将列管的"非药用类麻醉药品和精神药品"相关违法犯罪行为与《刑法》的毒品犯罪相关联的功能。[1]但《刑法》第357条中所谓的违反"国家规定"，最低只限于"国务院制定的行政法规、规定的行政措施、发布的命令与决定"，而《非药用类

---

[1] 包涵. 新精神活性物质管制的国际经验和中国路径[J]. 公安学研究，2018, 1(3)：58.

麻醉药品和精神药品列管办法》非国务院所规定，因此在规范性文件层级较低的情况下，是否能够自动建立新精神活性物质与毒品犯罪的联动关系，需相关规定加以明确。[1]

（二）新精神活性物质法律定义不明确

新精神活性物质既是一个社会用语，也是一个法律用语。其作为法律用语使用时，应具有确定性，被管制的新精神活性物质是毒品，没被管制的新精神活性物质不是毒品。其作为社会用语使用时，则不具有确定性，新精神活性物质包括管制和非管制的新精神活性物质。

大约在 2013 年，国际社会开始把"新精神活性物质"作为法律用语使用。2013 年，联合国毒品和犯罪问题办公室在《2013 年世界毒品报告》中首次对新精神活性物质进行定义。该报告指出，新精神活性物质是指模仿已被列管毒品效果的、尚未被《经 1972 年议定书修正的 1961 年麻醉品单一公约》和《1971 年精神药物公约》列管的纯净物或制剂，其滥用可能威胁公共健康安全。[2]然而，目前中国法律法规尚未明确给出新精神活性物质的定义。虽然"新精神活性物质"一词多用于官方通信和信息传递，以确保与主要国际信息来源保持一致，但是由于该概念没有区分法律用语和社会用语，因而会带来一定程度的混淆，给执法者造成执法上的困扰，导致部分执法人员认为新精神活性物质不是毒品。对公众而言，不清晰明了的法律法规也很难被遵守。实际上，我国已经管制的新精神活性物质是毒品。明确新精神活性物质的法律定义，既能够清楚地描述新精神活性物质的类别，从而清晰地支持政策和技术讨论，也有利于解决执法者和公众的困扰。

（三）新精神活性物质管制的法律规范与配套措施不完善

我国新精神活性物质立法管制在模式、程序和方式等方面都有了较大的发展，但是对部分新精神活性物质相关违法犯罪活动的行政处罚及刑事责任尚未明确，管制新精神活性物质的法律规范与配套措施还有完善的空间。例如，我国《刑法》第 355 条对"依法从事生产、运输、管理、使用国家管制的麻醉药品、精神药品的人员，违反国家规定，向吸食、注射毒品的人提供国家规定管制的能够使人形成瘾癖的麻醉药品、精神药品"的行为，明确了

〔1〕 包涵. 新精神活性物质管制的国际经验和中国路径[J]. 公安学研究, 2018, 1(3): 58.
〔2〕 United Nations Office on Drugs and Crime(UNODC). World Drug Report 2013[R]. New York: United Nations, 2013: 60.

刑事责任。但对如持有、制造已管制的麻醉药品、精神药品、新精神活性物质的行为，却没有明确其刑事责任及行政处罚。在英国《精神活性物质法案》和美国《管制物质法案》中，无论是采用平行立法还是类似物管制制度，都有明确的对应处罚规则。[1]而我国《刑法》仅对鸦片、海洛因和甲基苯丙胺作出了明确的"毒品种类-数量-刑罚"的对应关系，对于其他毒品，则依附于司法解释、部门规章、法院内部文件来实现。[2]针对《非药用类麻醉药品和精神药品列管办法》新列管的物质，还需司法机关单独制定司法解释来明确其定罪量刑的标准。[3]这使行为人无法预见自己的行为后果，同时也让不法分子有了可乘之机。此外，令被管制的新精神活性物质处于"有罪而无罚则"的状态，司法机关可能错过合理有效的追诉期限。

管制新精神活性物质仅注重列管速度是不够的，这无异于将列管成果虚置。这样即使某种新精神活性物质被列入了管制，也将面临缺乏罚则的境地。同时，未明确新精神活性物质相关违法犯罪活动的行政处罚及刑事责任，使执法部门打击新精神活性物质犯罪困难，而该难点主要是由管制新精神活性物质的法律规范与配套措施不完善引起的。

（四）新精神活性物质犯罪案件的法律适用水平有待提升

由于涉及新精神活性物质的犯罪是一类新型的毒品犯罪，对该类犯罪应该如何准确地适用法律，是执法部门及其执法人员面临的又一个新的挑战。目前，在办理新精神活性物质案件中存在以下问题：一是部分新精神活性物质定罪量刑数量标准缺乏。新精神活性物质定罪量刑数量标准主要依据最高人民法院发布的司法解释及国家禁毒办发布的相关折算表进行。[4]但是，上述司法解释和文件无法覆盖全部的被列管新精神活性物质，未被覆盖的新精神活性物质应如何定罪量刑是一个亟待解决的问题。尤其是整类芬太尼物质和整类合成大麻素物质被列管后，新出现的芬太尼品种和合成大麻素品种如

---

[1] 包涵. 新精神活性物质管制的国际经验和中国路径[J]. 公安学研究, 2018, 1(3): 61.

[2] 包涵. 新精神活性物质管制的国际经验和中国路径[J]. 公安学研究, 2018, 1(3): 61.

[3] 包涵. 新精神活性物质管制的国际经验和中国路径[J]. 公安学研究, 2018, 1(3): 61.

[4] 2016年4月发布的《最高人民法院关于审理毒品犯罪案件适用法律若干问题的解释》（其中包括氯胺酮等14种新精神活性物质的定罪量刑数量标准）、2023年6月发布的《全国法院毒品案件审判工作会议纪要》，以及国家禁毒委员会办公室正式印发的五份毒品依赖性折算表（2016年6月印发的《104种非药用类麻醉药品和精神药品管制品种依赖性折算表》、2017年10月印发的《100种麻醉药品和精神药品管制品种依赖性折算表》、2019年1月印发的《3种合成大麻素依赖性折算表》、2021年11月印发的《氯胺酮和7种合成大麻素依赖性折算表》、2023年9月印发的《依托咪酯依赖性折算表》）。

何定罪量刑也迫切需要解决。二是部分新精神活性物质犯罪案件中，毒品数量认定存在分歧。例如：有的案件涉案新精神活性物质的含量极低，能否按纯度折算？有的案件同时查获多种新精神活性物质，应如何计算、认定该案件中毒品的数量？对于这些问题，司法实践中均存在分歧。三是部分新精神活性物质犯罪案件的量刑有分歧。2017 年 7 月，笔者在 X 省 X 市调研时了解到，法院和检察院对涉嫌贩卖甲卡西酮犯罪在认识上不统一，这使其在批捕、起诉、审判过程中遇到较大困难。有的不予批捕；有的批捕后不予起诉，起诉部门或不接卷或退卷；有的审判机关按咖啡因作出从轻判决，客观上造成了重罪轻判；有的审判机关则比照海洛因作了从重判决，造成同罪不同判的问题。四是部分法院和检察院对新精神活性物质犯罪案件，一概要求做定量分析鉴定，由于技术方法缺乏和工作量增大，给检验鉴定工作带来较大压力。

三、预防教育不适应，创新在即

（一）认识存在分歧

认识是对事物基本情况的感知和了解，是下一步规划工作、开展行动的基础。2020 年之前，对新形势下新精神活性物质的预防教育工作要不要开展、如何开展，我国不同决策者、专家和学者持有不同意见，理论界尚不能达成统一认识。这无疑加剧了该工作的开展难度，导致我国新精神活性物质预防教育工作滞后。

有的专家和学者认为，新精神活性物质在许多方面和毒品相似，可以直接将新精神活性物质的预防教育工作囊括在毒品预防教育中，无须再单独开展针对新精神活性物质的预防教育工作。而有的学者认为，固然新精神活性物质在某些方面与毒品相似，但是传统毒品预防教育工作和新精神活性物质的特征不相适应，且新精神活性物质发展、危害正不断加剧，形势日益严峻，应大力开展针对新精神活性物质的预防教育工作。还有部分地区本就担心禁毒宣传教育会影响地区形象，担心加强禁毒宣传教育工作，特别是新精神活性物质宣传教育工作可能会产生其他不良影响。近年来，我国针对新精神活性物质的宣传教育工作推进缓慢，社会各方对新精神活性物质的了解和认识不足。

为掌握我国新精神活性物质宣传教育情况，笔者曾于 2015 年 10 月至 2020 年 4 月分别对全国各地禁毒委员会的官方网站、微信公众号中新精神活性物质的宣传情况进行调研，具体结果如下：

（1）禁毒网站调查对象：共查询全国各地禁毒委员会官方网站 43 个。

（2）禁毒网站调查结果和结论：有的网站无法登录；有的网站有标题无内容；大部分网站都是发布近期工作动态，很少发布关于新精神活性物质的资讯。2018 年 7 月 5 日，"中国禁毒网"才首次发布新精神活性物质基础知识，向社会介绍新精神活性物质。

（3）禁毒微信公众号调查对象：共查询禁毒微信公众号 354 个，其中政府号 260 个、个人号 54 个、其他组织号 27 个、事业单位号 6 个、企业号 6 个、媒体号 1 个。

（4）禁毒微信公众号调查结果：298 个禁毒微信公众号涉及新精神活性物质，占比 84.2%；有关新精神活性物质资讯 6612 则，其中预防教育资讯（包括新精神活性物质常识、常见种类、预防教育活动等）384 则，占比 5.8%。

（5）禁毒微信公众号调查结论：作为一种常见的自媒体，禁毒微信公众号涉及新精神活性物质预防教育的最早资讯大约始于 2015 年 11 月 30 日 "阳光一生"公众号刊载的《新精神活性物质：亟须警惕的"第三代毒品"》一文。该公众号由山东省禁毒委员会办公室主办，是近年来影响力较大、阅读人数较多的禁毒微信公众号之一。我国较权威的禁毒公众号"中国禁毒"则于 2016 年 3 月 28 日第 207 期才刊载《第三代毒品太可怕了，千万别碰》首条新精神活性物质预防教育资讯。但是，被调查的微信公众号关于新精神活性物质的宣传教育资讯较少，约占其全部关于新精神活性物质资讯的 6%。

部分禁毒专业工作者新精神活性物质知识匮乏。例如，2020 年 4 月，笔者对云南省昆明市、玉溪市和丽江市的 51 名中学毒品预防教育教师就新精神活性物质的认识情况进行了调研，结果如下：认为新精神活性物质是毒品的占 64.3%，不是毒品的占 7.1%，不知道的占 28.6%；认为吸食新精神活性物质是一种违法行为的占 100%。

由此可见，不知道、未正确掌握或误解新精神活性物质常识的被调查中学毒品预防教育教师超过 90%，因而普通民众对新精神活性物质常识的了解也难以超出预期。

（二）观念近乎落后

观念是人们在长期的生活和工作中形成的对于某一事物的看法和认识，对人的思想和行动具有重要影响。毒品预防教育的工作效果与人们的观念相关。长期以来，重知识传播、轻行为培养的观念在我国的毒品预防教育工作中根深蒂固。然而，随着禁毒形势和毒品预防工作的推进，人们逐渐认识到，再扎实的禁毒知识归根到底还是要落实到行为上来，因此，开展毒品预防教育工作应特别加强对于行为模式的培养。

部分地区开展毒品预防教育的观念不适应当前的毒品新形势。第一，没有树立正确的禁毒宣传观念。部分已经开展毒品预防教育工作的地区观念落后，没有认识到禁毒宣传只是毒品预防教育中一个重要方面，单纯地将禁毒宣传等同于毒品预防教育，简单地认为毒品预防教育就是发传单、办讲座、组织禁毒宣传活动，让人们认识到毒品的种类和危害即可。第二，没有树立正确的毒品预防教育观念。部分地区没有充分认识到毒品预防教育的重要性，敷衍塞责、态度消极，没有将该项工作落实到位。第三，只重视毒品知识的传播，而忽略了对人们（特别是青少年）行为模式的培养。向教育对象传播毒品危害及相关知识固然重要，但是人的所有意识都是通过行为来实现的，因此对教育对象行为的培养也十分重要。单纯的毒品知识和危害教育已经不能适应不断发展和变化的毒情形势，需进一步加强对人们特别是青少年和儿童拒毒行为和技能的培养。因此，需进一步更新观念，扎实推进毒品预防教育工作。

（三）缺乏理论指导

理论是对现实的抽象，对实践有着重要的指导作用。开展毒品预防教育工作，必须认真研究其理论基础，以便更好地构建毒品预防教育工作体系。我国的毒品预防教育理论与近年来新精神活性物质不断发展的形势不相适应，主要表现在以下两个方面：第一，我国毒品预防教育基础理论缺乏。长期以来，我国毒品预防教育理论呈碎片化，多散见于心理健康、德育、教育等基础理论之中，没有形成自身的理论雏形，需要进一步加强系统的理论研究。究其原因：一方面，是由于毒品预防教育在我国相对起步较晚、基础较差；另一方面，是由于我国毒品预防教育理论发展速度较慢，难以适应当下日新月异的毒情形势，特别是新精神活性物质的形势。第二，我国毒品预防教育理论体系尚未形成，难以在工作中落实和开展。

（四）内容不够全面

教材是思想传播的载体，毒品预防教育工作的效果与毒品预防教育教材的质量密切相关。毒品预防教育教材质量高、内容全、方式优，毒品预防课程效果好，自然会收到良好的教育效果。我国部分地区毒品预防教育及其教材没有及时将新精神活性物质内容纳入的情况普遍存在，例如，对云南省昆明市、玉溪市和丽江市的 51 名中学毒品预防教育教师的调研表明，在其开展的毒品预防教育课程中，包括新精神活性物质内容的约占35.7%，所使用的毒品预防教育教材有新精神活性物质常识的只有约28.6%。

由此可见，青少年毒品预防教育中存在着新精神活性物质常识缺乏的漏洞。而这些漏洞一旦被不法人员利用，采用各种方式激发青少年的好奇心，容易诱使青少年滥用新精神活性物质。

（五）方式传统单一

当前，我国毒品预防教育工作与网络技术结合程度还不够紧密。例如，在毒品预防宣传方式上，多采用传统的单页传单、条幅标语、大屏幕广告等方式，未能积极与互联网技术相结合，采取线上线下同步进行的方式，打造全方位立体的毒品预防宣传体系。笔者采用线上问卷调查和面对面问卷调查的方式，对595名云南省昆明市、丽江市、玉溪市、楚雄市等初二至高三学生、中等职业教育学生和全国各地大学生进行了"获取新精神活性物质知识的渠道"的调研，结果表明，青少年学生了解吸食新精神活性物质危害等知识的渠道占比从高到低依次为：互联网（67.58%）、电视广播报纸（63.74%）、学校（63.55%）、家庭（37%）和其他（31.5%）。

由此可见，互联网、电视广播报纸和学校教育是学生了解新精神活性物质常识的主要渠道。但是，近年来我国禁毒宣传活动与互联网技术的融合度不够。

（六）体系机制不健全

毒品预防教育工作体系不应一家独大，而应由社会多方齐抓共管、协调开展、层层渗透、环环相扣。我国毒品预防教育体系不健全的主要原因在于：一是部分地区过度依赖公安机关。长期以来，部分地区以公安机关为主导的毒品预防教育体系逐渐形成，公安机关要承担繁重的公共禁毒宣传、学校禁毒教育、毒品案件办理、涉毒人员管控等任务。这不仅占用了大量的警力、物力和财力资源，更不利于由家庭、学校、社区、社会、国家（教育部门、公安机关、司法机关）等组成的毒品预防教育综合工作体系的建设。二是家庭教育和情感教育缺失。根据毒品三级预防理论，个体成长的过程可分为婴幼儿、儿童、青少年和成人等时期，主要的介入主体有家庭、学校、社区、司法机构等。个体在不同的成长时期应由不同的主体及时介入，开展相关毒品预防教育工作，以加强对个体的教育和监督，减少或避免其受到各类精神活性物质的侵害。然而，当前我国部分地区的毒品预防教育体系尚不健全，相关部门之间分工不明，难以形成毒品预防教育工作合力，以家庭教育和情感教育为主的预防体系建设相对薄弱。

家庭教育对一个孩子的人生发展起着至关重要的作用。当前，我国部分地区在开展毒品预防教育工作过程中，过度地依赖学校和社会教育，降低或者忽视了家庭在毒品预防教育中的重要作用。主要有以下几点因素导致了这种现象：第一，部分家长不关注、不重视毒品预防教育。多数学生家长还停留在以往应试教育的思维之中，忽略了对孩子的毒品预防教育。第二，部分家长不懂、不会毒品预防教育。有的学生家长掌握一些毒品知识，但是没有科学地掌握相关毒品知识，不敢对孩子开展毒品预防教育；有的学生家长虽然科学地掌握了相关毒品知识，但是不懂教育理论和方法，不会对孩子开展毒品预防教育。第三，家校沟通衔接力度不足。由于缺少相应的沟通机制，再加上部分家长工作繁忙等，家庭和学校之间常常出现信息差。部分处于叛逆期的学生利用家校之间的信息差，逃避家长和学校的管理和监督，受不良亚文化的浸染，极有可能成为"瘾君子"。

青少年处于生长发育的关键时期，心智尚不成熟，不能较好、及时地处理自己的情感问题和释放自身的压力。青少年毒品预防教育中的情感教育问题越来越受到学者们的关注。当前，青少年毒品预防教育中的情感教育普遍缺失，无论是毒品预防教育的课堂，还是常见的社区禁毒宣传，都较少关注青少年受众的心理和情感。大量概念化、教条化、模式化、指标化的预防教育或禁毒宣传，主要靠外部的知识灌输和行为规范，并不重视人的内在情感，对于青少年受众缺乏真正的动员，不足以激发他们投入禁毒宣传和毒品预防的情感。[1]

四、打击犯罪效率不高，提升在即

我国侦破制造、走私、贩卖新精神活性物质犯罪案件存在的主要问题如下：

（一）新精神活性物质案件线索来源难

新精神活性物质犯罪具有组织严密、隐蔽性强的特点，如今线索情报主导警务已经是警务工作的主流，案件线索情报尤其在案件侦查中发挥着重要作用。新精神活性物质案件线索来源主要有：上级业务部门交办的线索，日常监督检查发现的线索，互联网信息巡查发现的线索，群众举报的线索，案

---

[1] 雷海波. 青少年毒品预防教育的创新发展[J]. 中国青年社会科学, 2018, 37(5): 107-112.

件查处发现的线索，以及海关、邮政、工商、安监、药监、外单位移交的线索等六类。目前，社会对新精神活性物质的认识度较低、新精神活性物质监测设备和立法管制相对落后、犯罪分子作案手段多样、网络交易多使用暗语等，导致发现的线索较少，给打击工作带来一定困难。

（二）新精神活性物质案件资金监控难

涉毒资产在毒品交易、生产、运输环节及清洗环节的流动方式发生诸多新的变化：传统模式下，大多是通过 ATM 机取现、无卡转账存入现金等方式实现资金流动；新兴业态下，毒品购买、生产、运输的联系可以通过互联网或第三方服务软件实现，多以虚拟货币等电子货币形式实现价值转移，资金周转速度快，周期缩短。虚拟空间涉毒犯罪克服了现金支付的弊端且极具模式化，多借助于寄递物流实现人货分离，为犯罪活动提供便利并降低交易风险，在交易完成后，可以利用第三方网络支付平台快速转移资金，经过多次转移降低被禁毒和反洗钱部门侦控的概率。一些不法分子使用境外服务器作跳板，利用国内外监管存在的"中空"地带，达到对涉毒资金清洗和合法化的目的，从而增加公安机关监管打击的难度。

（三）新精神活性物质案件调查取证难

侦查制造新精神活性物质等犯罪主要通过现场勘查、来源倒查、延伸打击、侦查协作等进行。通过侦查可以获取的新精神活性物质案件证据种类主要有以下五种：一是新精神活性物质和化学品、相关包装物、制毒工具和设备等物证材料；二是违法犯罪使用的电脑、手机等电子设备，以及电子设备中使用微信等社交软件涉及的新精神活性物质违法犯罪内容，特别是涉及交易新精神活性物质品种、时间、方式、价格商定的电子证据；三是违法犯罪使用的银行账户和支付宝、微信等网络支付工具涉及的交易账号、交易流水、交易明细、转账记录等涉及资金交付的证据材料，重点收集固定原料、设备、新精神活性物质交易的支付信息等证据；四是国内物流快递、国际货物代理运输的单据，以及原料、设备、成品的物流寄递相关信息证据；五是嫌疑人查询、浏览、下载、阅存有关新精神活性物质列管政策的记录及其化工行业从业经历等反映其主观明知的证据。

毒品犯罪中的举证责任由侦查机关承担，对于上述提到的证据类型都需要调查取证。假如犯罪嫌疑人拒不交代，则侦查机关唯有掌握充分的证据证明犯罪嫌疑人从事新精神活性物质犯罪，才能对其打击处理。但是，随着信息化的发展，网络为新精神活性物质犯罪提供了人毒分流、便捷高效、"安全"的市场平台,无接触式的"网上制贩毒、网上交易、物流快递"等新型手段不断翻新。加之,涉毒人员反侦查意识较强,联系时利用除 QQ、微信以外的国外即时通信工具或游戏平台,交易时不带手机或使用数据难以恢复的苹果手机,运往国外时多采用虚假报关等方式蒙混出去,导致难以形成确实、充分的证据链条。而且,吸食新精神活性物质人员聚众吸食时多选择"日租房"。这些做法使侦查办案人员调取、固定证据难度明显增加。买卖双方在整个交易过程中没有碰面,没有目击证人,即使被当场捉获也很难让其伏法、为其定罪,极大地增加了侦查人员破案的难度。缺乏确实、充分的证据链条,进入诉讼阶段后,检察机关和审判机关一般也不予认可。此外,取证过程中涉及多方面的协作配合,由于各机构利益与规程不同,取证工作操作起来并非易事。

(四) 新精神活性物质案件打击处理难

一是新出现的新精神活性物质列管滞后,缺乏执法依据,公安机关只能对已列管的新精神活性物质犯罪进行打击,对于尚未列管的新精神活性物质犯罪,不能进行定罪。例如,2016 年笔者在上海市调研时,跟随办案民警查看了一起部级目标案件,涉及山东、江苏等多个省市,查获疑似"芬太尼"的出口。多个省市的公安、海关人员纷纷聚集上海市,全力以赴、加班加点争取早日破获此案件。但在坚守了数个日夜后,最后检测结果却是疑似物并非列管物质。办案民警告诉笔者:"像这样的情况已经历过很多次,明明看起来是新精神活性物质,可检测的结果却是国内没有列管,即便是国外已列管,最后也只能作罢。"该情况的多发可能导致禁毒民警逐渐丧失打击新精神活性物质的积极性。二是我国制造的新精神活性物质大多销售至国外,嫌疑人自己并不清楚新精神活性物质的最终流向和用途,加上经营时间较长,国际司法协作难度大,或导致案件线索中断,无法继续;或调查取证任务重、难度大,较难查清。此外,很难查清嫌疑人员生产、销售新精神活性物质的数量。

五、互联网监管薄弱,加强在即

互联网技术和体量的增加降低了违法犯罪者被发现的风险,互联网犯罪加剧是近年来全球犯罪的主要特点之一,该特点也不可避免地投射在新精神活性物质等涉毒违法犯罪方面。调查显示,我国制造、走私和贩卖新精神活性物质犯罪也利用互联网这个便利的平台进行勾连、交易。一些不法人员不需要实地进行采购、验货、寄递，而是蜗居在隐蔽的办公室内，通过邮箱、ICQ、MSN、Skype 等发布某种化学品的销售信息，国外不法人员看到信息后将会下达订单，买卖双方通过互联网完成联系、合作和交易。国内不法人员为了降低被处罚的风险，会编造不存在的企业与邮寄地址，采用国际邮包快递等方式寄往境外。有的不法分子运用互联网拓展新精神活性物质的吸食群体，增加使用者的兴奋体验，维系毒品圈子。他们通过大量的不良社交网络，或以亲身服用者的身份来宣传吸食新精神活性物质带来的兴奋与快感，严重误导社会群体尤其是青少年滑向新精神活性物质滥用的泥潭。

受互联网空间管理不健全、化学品信息发布和传播管理不规范、网络监测技术滞后、网络监管主体认识不到位及监管人员数量不足等因素的制约，互联网新精神活性物质等涉毒的形势日渐严峻。早在 2010 年 9 月，为加强易制毒化学品互联网销售信息监管，防范不法人员利用互联网非法销售易制毒化学品，公安部等五部局就联合发布了《关于加强互联网易制毒化学品销售信息管理的公告》。[1]但是，该管理办法落实效果不佳，我国对互联网化学品销售信息的监管仍然有限，加之，不法人员利用俗名、暗语等进行联络、交易，以及暗网使用的增长，都加大了监管的难度和体量。

六、物流寄递防控不足，增强在即

（一）实名寄递落实率需提升，无接触取件比例大

部分不法人员在填写快件面单时，只填写邮寄地址，不填写寄件人信息。例如，有的涉毒包裹来源地查询不到，而面单上的人员信息、电话和地址都是虚假信息。再如，约有 30% 的寄件者寄件时不带身份证，只需口述身份证号与身份证署名就可以进行邮寄，这些操作使实名制沦为一种流程形式，在客观上也给物流贩运新精神活性物质等提供了机会。

一些快递揽件人员甚至还会非法借用合法企业的营业执照，向快递公司申请非法集体账号，并以集体账号的名义向国外寄件。这种行为造成倒追国内企业时，该企业并不知道自己被注册了国际快递账户，并已经用于寄递包裹。2016 年，浙江省禁毒部门在办理一起新精神活性物质案件时查明，某企业的营业执照复印件被企业内部人员透露给了社会闲散人员，该社会闲散人

---

〔1〕 2010 年 9 月 21 日，公安部、工业和信息化部、国家工商行政管理总局、国家安全生产监督管理总局和国家食品药品监督管理局发布了《关于加强互联网易制毒化学品销售信息管理的公告》。

员又利用该复印件到快递公司注册了集体账户，在街面上开设了快递揽件点，承接各地国际快递，以该集体账户的名义进行国际快递活动。

随着近年来自助寄取件、菜鸟驿站等收件点投放比例上升，无接触、不见面取件比例增大。据笔者调查，有的取件点见面取件率不超过 10%。信息决定破案效率，连姓名等基本的信息都缺乏，破案更是无从谈起。

（二）安检能力不足，科技设备缺乏

经调查某市某快递公司发现，该公司日收货物 14 万件以上，目前尚无有效方法来识别收到的包裹是否存在涉毒等风险。快递物品从发货到收货，通常需经过两次 X 光机安全检查，即发件地区一次、收件地区一次。每日需验视 14 万件以上的货物对量大人少的小公司而言，除了工作量大，安检效果也有限。而常规末端门店的验视设备更弱，一般只配备电脑、手持出件器和监控摄像头三种装备，对普通物品只能进行直观目测检查，安全把关的作用更小。快件寄递门店安检能力不足与每年不断上升的业务量的反差，给不法分子贩运新精神活性物质等毒品留下漏洞。

（三）操作不规范，监管缺位

物流寄递业务由托运、验视、运送、收货和监管五个关键环节构成，其中托运等前四个环节主要是物流寄递企业自身的业务，而监管则包括企业自身的内部监管和工商、交通运输等相关职能部门的外部监管。

物流寄递涉新精神活性物质等毒品风险可能源自物流寄递企业的托运等前四个环节未按有关制度进行规范操作，也可能源自对于每个环节的运行未实施内外部监管。近年来，物流寄递市场既存在多家公司相互争抢货源、恶性竞争的事实（从而带来托运时实名制不落实、验视时科技设备落后和收货时不认真核实等管理不规范甚至混乱问题），也存在着内外部监管不力等情况，这些都可能给新精神活性物质等毒品贩运留下可乘之机。

七、海关监管不够，提高在即

（一）邮件快递查验模式滞后

海关进出境邮件快递主要依靠传统的"人工机检挑单、手工开箱作业"模式开展查验工作：邮政企业提供基本数据向海关传输报送，由邮政工作人员手工将包裹逐个放置到传输带分拣线上过 X 光机，海关执法人员使用 X 光机对包裹逐个进行查验，使用邮检现场"号图同屏"比对系统分析、判断新

精神活性物质等毒品走私高风险来源地国、出境目的国的包裹，逐个辨别包裹内是否可能存在藏匿、夹藏的毒品，以决定转入人工开箱查验通道还是转入直接放行通道。决定转入人工开箱查验通道的，海关工作人员随后在待查验区逐个挑拣包裹开箱查验。该查验模式费时费力，效率不高。如果新精神活性物质等毒品被包装成塑料制品、灯具、化工产品、食品添加剂等，则辨识困难。加之，这类案件的情报信息来源少，一旦查到相关货物，一般无人认领；如果遇到大宗货物，则排查更加困难，很难做到对每一件货物都排查到位。

（二）高查验率与高通关率存在冲突

海关是邮件快递进出境的唯一合法渠道，有的国内海关年监管的进出境包裹、快件量超过 1 亿件（票）。海关对进出境的邮件快递开展高频率的查验工作，势必会造成通关效率的下降、延缓通关速度。而为保证高效通关，也势必会造成部分新精神活性物质等违禁物品被邮递进出境，这也是实践中无法完全克服的先天性困难。

（三）不重视监管，毒品走私查缉力度不够

海关是把守国家经济大门的守门人，征税是其立身之本的工作职责，但部分海关过于注重税收和贸易便利化工作，对新时代全方位维护国门安全的认识还不全面，对职能定位还不够清晰，一定程度存在着海关职能集中于维护国门经济安全的片面认识。部分海关在日常工作中主要以超限量涉税物品为查缉重点，投入的查缉力量和人工成本较高，但对新精神活性物质等非涉税物品未加以充分、足够的重视，查缉力度有限。

以上海关在进出境邮件快递查验监管上的不足，可能加剧了新精神活性物质等毒品进出境的增多。

八、管控机制缺位，建立在即

目前，我国新精神活性物质管控机制缺乏，还没有一个行政机构负责全面管理企业化学产品的生产、销售等相关事宜。例如，市场监督管理部门专注于管理企业的注册行为，却忽视监控企业生产、经营的具体品种是否在经营范围之内；药品监督管理部门监管生产、经营成品药，以及生产、经营麻醉药品、精神药品和药品类易制毒化学品，却并不掌控其他化学品的情况；应急管理部门只监管企业是否安全生产，以及非药品类易制毒化学品的生产、

经营；生态环境部门只监管企业的生产排放；商务部门只监管企业出口列入敏感物项名单之内的化学品，不掌握其他化学品出口的情况；海关部门基本仅凭申报材料认定出关化学品的情况，并不具备一一检查实际出口化学品品种的能力；公安部门目前也只对易制毒化学品开展行政监管，无法掌握易制毒化学品目录以外的化学品生产、经营情况。因此，任何企业只要获得市场监督管理部门发放的工商营业执照，便可以生产、经营、出口非管制的化学品。国内有大量从事"化学品定制"的化工企业，这些企业声明其主要生产医药中间体、医药原料药，但却没有统一某个部门监管所谓的医药中间体、医药原料药是否真的用于合法制药。只要成功注册一家生产、经营化工产品的企业，就能轻而易举、不受制约地进行非列管化学品生产及出口活动，同时，还有大量未经注册的皮包公司也在从事化学品交易业务。新精神活性物质就是在这样的监管乱象背景之下得以滋生、蔓延。

九、国际治理深化不够，深化在即

当前，全球新精神活性物质治理存在着各国认识不统一、治理不平衡、合作不积极的普遍问题。

（一）对新精神活性物质治理的认识存在差异

世界各国在文化、经济、政策和法律上对新精神活性物质存在认识差异，导致在发现、立法管制和治理等方面都落后于新精神活性物质发展变化的形势。以新精神活性物质泛滥的美国为例，在中国对新精神活性物质"芬太尼"实施整类列管的背景下，作为全球第一大毒品消费市场的美国，迄今为止仍未采取全面、系统、完整的有力举措，只对芬太尼类物质采取了为期2年的临时列管措施，并已于2020年2月6日到期。

（二）新精神活性物质监测预警及其治理不平衡

除欧洲发达国家、美国、中国等少数国家外，许多国家限于经济技术条件等原因尚未对新精神活性物质展开及时有效的监测预警、评估管制和有效治理，导致新精神活性物质的管制存在国家之间的差异或时间差。这为新精神活性物质留下了赖以生存的空间，其由管制国家流向非管制国家，最终在全球蔓延。

（三）与医药、化工行业的密切联系使得新精神活性物质治理难度增大

新精神活性物质是为了规避法律管制而在实验室设计出来的，与医药、

化工行业密切相关，离不开麻醉药品和精神药品、含麻醉药品和精神药品成分的未管制药物、成瘾化学物质等母体，其伪装性强，给世界各国对上述药品、药物和物质的监管带来了较大挑战。作为世界医药制造大国和化工大国，在严格管制麻醉药品和精神药品的情况下，我国仍存在着部分管制药品、未列管的含麻醉药品和精神药品成分的药物、成瘾化学物质的滥用现象。而大多数国家出于医疗、化工行业发展和经济利益的正常考量，也存在着相关药品药物和物质获取容易、流失和滥用严重的问题。2020 年以前，我国已多次查获由日本走私入境的新精神活性物质"氟硝西泮"（俗称"蓝精灵"），其本是一款进口处方药，有安神镇静的医疗效果，但却被不法分子用于吸食和犯罪。隐藏在庞大的医药、化工行业背后，与合法用途纠缠在一起，这也是新精神活性物质国际治理较为棘手的困难之一。

十、执法素质能力不足，培训在即

治理新精神活性物质也对公安民警等执法人员的责任意识、查缉技能、知识储备和办案能力等都提出了更高的要求。然而，在禁毒实战中，部分执法民警无论是在掌握新精神活性物质的专门知识，还是在新精神活性物质犯罪案件的查缉、侦办能力及法律适用水平等方面，都存在着一定的差距。在调研中，有禁毒部门民警这样反馈笔者："实施走私、贩卖、制造新精神活性物质的犯罪人群通常为化学领域的专业人才，甚至有的是专家，他们不仅能根据国外订单自主修改研发新精神活性物质，同时熟知禁毒法律法规，能利用法律非列管的漏洞获取钱财。加之，办理这类案件，网络取证难度大、办案能力经验不足、时效也跟不上，往往造成人力、物力的损失。"的确，在打击新精神活性物质犯罪中，存在因办案民警自身专业知识和能力不足，贻误最佳破案时机，让不法人员有机可乘的情况。

十一、科技手段落后，装备在即

发现、检测新精神活性物质是开展其治理的前提。但是，近年来新精神活性物质查缉方法趋于传统，查缉装备科技含量不高、缺乏现场快速检验设备；实验室检测仪器不够先进、缺乏标准检验方法、检测程序烦琐、不具有时效性，且能承担新精神活性物质检验、鉴定的实验室不多。在网络监控和取证、物流快递及海关查验等方面，同样存在着相关设备、技术手段落后的问题。这些问题都制约着新精神活性物质的监测预警、打击与防控。

第六章　加强我国新精神活性物质治理的对策

　　新精神活性物质问题是近年来全球禁毒工作的难点、热点问题，加强其治理、有效遏制其违法犯罪的增长、减小社会危害，既是做好我国禁毒工作的必要举措，又是我国强化国际禁毒合作的重要内容，还是建设平安中国的重要保障。

　　新精神活性物质治理是一项具有战略性和前瞻性的禁毒任务，涉及禁毒理念、思路、制度、机制和措施的创新与治理能力的提升。新精神活性物质的治理要坚持党的全面领导、系统谋划顶层设计、从国内外实际出发、紧紧依靠人民群众、着力优化社会治理，及时改进现有毒品治理模式。依据新精神活性物质的新形势，笔者提出创新理念、"三减"并举、国内国际统筹的治理思路，以及数据、立法、预防、打击、网络、物流寄递、海关、机制、国际、素质能力和科技等"十一推动"的治理措施。

第一节　加强新精神活性物质治理的必要性

一、形势需要：应对新精神活性物质违法犯罪新毒情

　　新精神活性物质具有易制造、善伪装、难管控、会迷惑等特性，加之，非主流文化、互联网和物流寄递的辅助，使得相关的制造、走私、贩卖和运输等违法犯罪形势日渐突出。为防止新精神活性物质违法犯罪的多发，必须加强对新精神活性物质的治理。

二、禁毒需要：推进毒品治理体系和治理能力现代化

　　新精神活性物质的迅猛发展和治理不足与新时代禁毒工作的要求不相适应，尤其是在推进国家毒品治理体系和治理能力现代化建设的背景下，加强

新精神活性物质的治理显得尤为重要。当前，我国毒品治理体系和治理能力总体上已适应毒品形势发展的要求，不仅取得禁毒的重大成就，实现了近年来毒情好转，而且在第一代和第二代毒品治理上积累了宝贵的经验。解决新精神活性物质治理中存在的列管滞后、法律适用争议多、打击处理难等问题，不仅是新时代禁毒工作的重点任务，是对我国禁毒工作的完善和发展，也是推进我国毒品治理体系和治理能力现代化的必然要求。

三、法治需要：维护社会治安、公共安全和人民健康

新精神活性物质的蔓延具有与传统毒品、合成毒品相似或更强的危害性，极易引发破坏社会治安和损害公共健康的恶劣后果，严重影响滥用者的身心健康。新精神活性物质威胁社会治安、公共安全和人民健康，败坏社会风气，影响经济健康发展，是法治社会所不能容忍的。新精神活性物质治理，需要依靠法律力量、使用法律武器、运用法律手段和发挥法律作用。

四、经济需要：保障医药、化工行业正常秩序和健康发展

新精神活性物质的生产离不开麻醉药品和精神药品及化学品，给医药、化工行业正常的科研、生产、储存、运输、销售、使用等环节带来了困扰，增加了管理风险和成本。我国是世界医药制造和化工生产大国，相关生产企业众多、行业规模较大，不断研发、制造新品种的麻醉药品和精神药品及具有精神性的化学品是医药、化工行业发展的正常需要。加强新精神活性物质治理，既有利于维持和保障医药、化工行业的健康发展和合法利益，也有利于堵住新精神活性物质流向毒品的渠道。

五、国际需要：积极担当全球新精神活性物质的治理责任

新精神活性物质的治理是一个全球性问题，仅依靠一国之力难以有效解决，在当今世界经济全球化的不断变革中，新精神活性物质的治理也必须秉持密切国际合作之道。各国应认真履行国际禁毒责任和义务，有所担当，与国际社会共同研究、积极应对新精神活性物质治理难题，维护世界安全和稳定。我国是世界第二大经济体、最大的发展中国家、联合国安理会常任理事国之一，崇高的国际地位和大国形象，使得我国新精神活性物质的治理受到国际社会的热切关注和期盼。加强新精神活性物质治理，既是我国作为禁毒负责任大国担当的需要，也是世界各国在解决毒品问题上携手合作、共治共赢的要求。

第二节 加强我国新精神活性物质治理的思路

新精神活性物质治理是使用国家正式力量和社会非正式力量解决新精神活性物质问题的诸多方式手段的总和，目的在于限制、消除新精神活性物质问题产生的原因、条件，以减少新精神活性物质的危害。

新精神活性物质治理可分为预防、管控和打击三个方面：预防主要包括防范新精神活性物质的宣传教育工作；管控主要是对重点人员、重点设备、重点原料、重点行业和重点品种等的排摸、管理、控制以及毒情监测等；打击则主要指新精神活性物质的情报获取、信息研判、专门调查和立案侦查、案件起诉和法庭审判等工作。新精神活性物质的治理思路是指导我国新精神活性物质治理的总体策略、基本政策和路径。

一、提高认识，树立大禁毒新理念，把新精神活性物质治理纳入我国毒品治理体系，总体规划部署

面对近年来种类多元易变、危害与欺骗并存、挑战严峻复杂的新精神活性物质形势，要深刻认识到治理新精神活性物质的必要性和前瞻性。

首先，要消除部分决策者存在着的错误认识，即新精神活性物质主要危害其他国家，对我国的危害较轻。造成该错误认识的原因主要是对我国新精神活性物质的危害情况认识不清，从而存在着盲目乐观的心理。其实，纵观近40年我国毒品违法犯罪形势变化的历史，从海洛因等第一代传统毒品受国际毒品形势的影响，到冰毒等第二代毒品生产与国际毒品形势并行，再发展至部分第三代合成毒品引领国际毒品形势等特点来看，不仅不能轻视新精神活性物质对我国的危害，而且要有强烈的忧患意识，要认识到我国新精神活性物质滥用的概率或许更大。

其次，要摒弃部分执法人员存在的不正确认识，即由于部分新精神活性物质尚未被列管，且在禁毒一线工作中，对管制毒品的管控已经花费了较大的精力，因此对未列管的新精神活性物质只能"睁一只，闭一眼"。产生此类不正确想法的主要因素是对禁毒的义务、目的认识尚不到位。作为禁毒一线执法人员，不仅要做到"有法可依，执法必严"，也要具备"毒情监测"的职业意识。虽然部分新出现的新精神活性物质尚未被纳入管制，但是一线执法人员有义务将这些新发现、新动向及时地向上级报告，勇于鸣笛、吹哨

新毒情,以便决策者、决策机构制定新的应对之策。

再次,要改变以往小禁毒的惯性思维,树立大禁毒新理念。理念是行动的先导,禁毒理念直接影响禁毒工作思路和措施。创新禁毒理念是治理新精神活性物质首先要解决的问题之一。大禁毒理念包括以下含义:一是要拓展毒品及禁毒工作的范围。除了要准确掌握毒品的内涵,即法律意义上毒品的定义及范围,也就是国际禁毒公约和国家法律法规规定管制的麻醉药品和精神药品,还应关注毒品的外延包括一切具有精神活性的物质,尤其是"尚未被国际或国家规定管制的、新出现的,或者先前已经出现但新近才被滥用的精神活性物质"。也就是说,禁毒的范围应包括对毒品形势发展趋势的防控,即对新精神活性物质的治理。二是要增加禁毒主体。与传统毒品一样,新精神活性物质问题不是一个单纯的犯罪问题或健康问题,而是一个复杂的政治、经济和社会问题。因此,禁毒工作需要形成党委领导、政府负责、部门协作、社会共管、人民参与及国际合作的多位一体大禁毒格局,以改变公安部门单打独斗的小禁毒局面。其中,党委领导、政府负责、部门协作是指公安机关、检察院和法院在办理新精神活性物质犯罪案件时,要相互协商、相互支持,高效联动,形成打击合力;社会共管是指发动社会各界力量,举党政军警民之力,齐抓共管、齐力防范新精神活性物质;人民参与是指利用人民的力量治理新精神活性物质,减少其危害;国际合作是指要主动加强与联合国毒品和犯罪问题办公室等国际组织及相关国家的国际禁毒执法合作,充分发挥国际禁毒合作阻止新精神活性物质渗透的屏障作用。

最后,加强新精神活性物质治理的最重要认识,就是要将该项治理纳入我国毒品治理体系,列入禁毒工作总体规划加以部署。要从战略的高度,在充分认识新精神活性物质违法犯罪规律特点的基础上,对该项治理作出整体、全面、系统的规划,并将其作为必要任务加以落实。要紧紧抓住新精神活性物质生产、流通和消费三个环节,探索国际与国内相结合的治理新模式。要改变"见子打子",被动应对,缺乏整体、长远谋划的做法。

二、实施以减少消费为中心,减少生产与减少流通为支撑,"三减"衔接促进的治理策略

尽管毒品的历史几乎与人类文明史一样悠久,但是毒品的滥用直到 19 世纪中后期才形成规模,尤其是人工栽培技术、精炼提取技术和化学合成技术的发展,使毒品出现了量产,对毒品滥用蔓延起着推波助澜的作用。随着吸毒人数

及其危害的增长，一些国家和国际社会开启了禁毒的历史。例如，1729 年中国清朝的雍正皇帝颁布了中国历史上的第一个"禁烟令"。再如，1880 年以来，国际社会开启了合作禁毒的历史。经过近 300 年的禁毒斗争，根据毒品违法犯罪的必要组成环节，先后产生了"减少毒品供应"、"减少毒品需求"和"减少毒品危害"的三大禁毒战略，也是目前全球仍然坚持和遵循的禁毒策略。

新精神活性物质作为一类新的毒品问题，既有毒品的共性，也有自身的特性，其治理要汲取和继承有效的传统禁毒策略。新精神活性物质问题涉及生产、流通和消费三个必要环节，对其治理必然要包括减少生产、减少流通与减少消费，即实施"三减并举"的治理策略。然而，生产、流通和消费三个必要环节的地位是不一样的，通过分析新精神活性物质产生的原因可以发现，新精神活性物质消费人群的存在才是该问题出现和发展蔓延的根本原因。换句话说，对新精神活性物质的治理应将"减少消费"置于最重要的位置。因此，要实施"以减少消费为中心，减少生产与减少流通为支撑，'三减'衔接促进的治理策略"。

"减少消费"是指通过对人的控制，实现控制和减少滥用新精神活性物质的一种策略。具体做法有二：其一，控制或减少新生吸毒人员，主要依靠对一般人群或易染毒人群开展毒品预防教育来实现；其二，控制或减少现有吸毒人员，主要通过对他们采取戒毒治疗和身心康复等综合性干预措施，使其停止吸毒来实现。[1]

"减少生产"是指通过法律的手段，在立法和执法上对新精神活性物质的种植、制造等环节实施严格管制，对违反有关规定者予以从重罚处，通过切断新精神活性物质的来源来控制该问题的一种策略。[2]

"减少流通"是指通过法律的手段，在立法和执法上对新精神活性物质的运输、贩卖等环节实施严格管制，对违反有关规定者予以从重罚处，通过切断新精神活性物质的流动通道来控制该问题的一种策略。

"以减少消费为中心，减少生产与减少流通为支撑，'三减'衔接促进的治理策略"是指，治理新精神活性物质应以"减少消费"为中心，"减少生产与减少流通"为辅助，对新精神活性物质问题的所有必要环节，即生产、流通和消费都要予以全面治理。

---

〔1〕 杨丽君. 中国当代吸毒问题成因与治理[M]. 北京：群众出版社，2003：131.
〔2〕 杨丽君. 中国当代吸毒问题成因与治理[M]. 北京：群众出版社，2003：132.

三、主动作为，探索履行担当与传播中国治理相结合的禁毒国际合作新路径

近年来，加速发展的新精神活性物质所带来的实际或潜在危害，是全球需共同面对的问题。新精神活性物质的生产、贩运和消费已基本形成全球化格局，治理新精神活性物质已成为禁毒国际合作的重要内容。要紧密围绕服务国家总体外交大局，深刻地认识新精神活性物质全球治理的重要性和紧迫性，积极参与新精神活性物质的国际治理，在努力为新精神活性物质国际治理贡献中国力量的同时，旗帜鲜明地宣扬我国新精神活性物质治理的理念、思路、措施和经验，推动构建"共建共治共享"的新精神活性物质国际治理格局。参与新精神活性物质国际治理，要改变过去参与新精神活性物质国际治理中"被动应付"的方式，要建立"主动作为"的新方式，以强化新精神活性物质国际治理合作为主线，以推进履行大国担当与传播中国治理为抓手，着力提升对遏制新精神活性物质蔓延重要性的认识，着力建立新精神活性物质国际治理执法合作机制，提高新精神活性物质国际治理合作的效率。

"主动作为"是指我国在参与新精神活性物质国际治理中一种处事的方式或态度，其表明我国作为一个具有中国特色社会主义道路自信、理论自信、制度自信、文化自信的大国，会积极、主动着手处理好新精神活性物质国际治理的相关事务，会依靠我国自己的治理能力筑牢新精神活性物质蔓延的防线。该种处事方式既是我国综合实力增强的必然结果，也是应对一些西方国家恶意中伤的有力反击。

"履行担当"是指我国作为一个负责任的大国，在新精神活性物质国际治理中，要义无反顾地担负起更多责任，履行本国的责任义务，维护多边主义，携手应对新精神活性物质国际治理的挑战。在履行大国担当的同时，要向北美洲、欧洲等区域的新精神活性物质主要消费国家表明：在其国内实施"减少消费"策略和打击"推广滥用犯罪"远比"甩锅"于其他国家更重要。全球新精神活性物质问题加剧的主要原因有二：一是消费市场的存在；二是一些毒贩或毒品犯罪组织有目的地向吸毒人员推销滥用新精神活性物质，即"推广滥用犯罪"的存在。[1]此外，有关国家应及时向我国通报在其国内出现的新精神活性物质品种、来源等信息，以便我国有针对性地打击新精神

---

[1] 温联晖. 新精神活性物质问题现状与思考[J]. 中国禁毒研究，2018（2）：45.

活性物质的生产活动。

"中国治理"是指在中国共产党领导下形成的我国治理新精神活性物质的体系、模式、制度和经验等。"传播中国治理"就是要向世界宣讲中国治理经验，以供其他国家学习借鉴。

四、预防为先，形成监测预警、前瞻立法、严厉打击和重点管控相衔接的国内治理新途径

新精神活性物质问题是毒品问题的新发展，其不是一个单纯的犯罪问题或健康问题，而是一个复杂的政治、经济和社会问题。对新精神活性物质的治理，既要坚持我国一贯厉行禁毒的基本立场，也要采用综合治理等具有中国特色的禁毒治理方针、原则，还要针对新精神活性物质问题的特点、规律提出以预防滥用教育为先，以监测预警形势和超前立法管制为前提、保障，以严厉打击和重点管控为抓手的政策，提升新精神活性物质国内治理效率。

"预防为先"，预防新精神活性物质滥用是一条基础性、战略性的，最终解决新精神活性物质问题的治本路径。其与"以减少消费为中心"的策略一脉相承，也是该策略的具体体现，因而应将"预防为先"置于优先地位来实施。尤其是对尚未列管的新精神活性物质而言，减少生产和减少流通都基本无法可依，只能通过预防教育、减少消费来治理。

"监测预警"是发现新精神活性物质问题的主要路径。针对新精神活性物质品种出现快、消失快及容易变异等特点，及时掌握其形势变化是治理新精神活性物质问题的前提和必要路径之一。

"前瞻立法"是为了解决国际和我国既有毒品管制制度中存在着的立法管制毒品品种滞后、列表管制制度效率不高和立法过程冗长等问题，改变新精神活性物质钻国家法律及毒品管制制度漏洞而生存的现状，为及时、有效地打击新精神活性物质犯罪提供法律依据的一条必要路径。

"严厉打击"是指治理新精神活性物质要坚持我国一贯厉行禁毒的基本立场，基于毒品对个人、家庭、国家、社会的巨大危害，以"零容忍"的态度，采取严刑峻法，依法从严打击新精神活性物质违法犯罪行为，有效地遏制新精神活性物质的蔓延。

"重点管控"指新精神活性物质治理的有关主体对涉及新精神活性物质生产、制造、研发、销售、运输、物流寄递、储存和使用的重点人员、重点设备、重点原料、重点行业和重点品种等的排摸、管理和控制。由于部分新

精神活性物质存在着合法用途，对该部分新精神活性物质的治理既要保证其合法使用，又要堵塞其流入毒品渠道的所有漏洞。

第三节　加强我国新精神活性物质治理的措施

新精神活性物质的治理措施是指，针对新精神活性物质的滥用及非法生产、制造、走私、贩卖等问题采取的具体治理措施。

一、数据推动：建立健全新精神活性物质监测预警系统

新精神活性物质监测预警系统是一套集新精神活性物质信息收集、整理、分析、评估、预警、列管、预防、控制和打击于一体的综合体系。该系统收集、整理涉及新精神活性物质治理的信息，基于这些信息进行风险分析，其结果可作为新精神活性物质预测预警或治理的依据，供决策部门参考。监测预警是新精神活性物质治理的前提，其能够改变新精神活性物质治理的被动性，对潜在新精神活性物质的事前预防起到积极主动的作用。该系统监测主体是各级禁毒委员会办公室；监测对象主要是有潜在滥用风险的新精神活性物质，潜在的新精神活性物质制造、贩运和滥用人员，等等。该系统由新精神活性物质列管的早期监测预警系统及其防控打击监测预警系统构成。目前，我国已基本建立新精神活性物质列管的早期监测预警系统，但是尚未建立新精神活性物质防控打击监测预警系统，因而，建立健全新精神活性物质监测预警系统势在必行。

（一）完善新精神活性物质列管的早期监测预警机制

新精神活性物质列管的早期监测预警机制是指相关部门参与该项工作的过程与方式，主要包括监测预警工作的主体，监测预警信息的收集、分析、评价和发布，等等。新精神活性物质列管的早期监测预警机制是科学、准确和及时进行预警的必要保障。

要明确国家禁毒委、省级禁毒委和地市级禁毒委的监测预警主体地位及其职责。在公安机关现有国家、省级二级监测预警中增补地市一级，形成国家、省级和地市级为一体的三级监测预警系统，完善新精神活性物质监测预警机制，提高新精神活性物质监测预警的敏感性和准确性。国家禁毒委员会统领国家层面的新精神活性物质信息反馈、风险评估和列管论证等工作，省级禁毒委负责各省新精神活性物质的收集、检测和报告等工作，地市级禁毒

委承担及时收集和检测新精神活性物质等工作，发挥新精神活性物质的哨点作用，做到早发现、早报告。

要完善预警指标数据监测收集机制，明确监测数据的收集渠道、内容和审核。要完善预警信息分析研判机制，构建预警指标体系和指数、筛选预警方法、建立预警模型和划分预警等级等，提高实时分析、集中研判的能力，做到早预警。

国家禁毒办要掌握我国药用类、非药用类麻醉药品和精神药品，以及新精神活性物质的使用情况，尤其要及时预警短时期内购买量激增的新精神活性物质，及时评估其是否存在滥用风险，综合评估专家的意见决定是否列管该物质，及时扩大新精神活性物质的列管范围，有效避免新精神活性物质在社会上的扩散和使用，进一步增强治理能力。

要完善公安部门与海关、公共卫生机构等有关部门的协同监测机制。国家禁毒委应就相关部门的监测协作，制定出台有关管理办法，就各相关部门的职责作出明确规定，确保新精神活性物质协同监测机制发挥有效作用。

我国对可滥用但未被列管的新精神活性物质，尚未开展有效的制度性管控工作。在实际工作中，基层执法人员经常因为国家立法尚未列管而对发现的毒情不予重视，继而导致涉毒情况的进一步滋生与蔓延；在毒情达到一定程度后，国家才会重视，启动立法管控，而这时往往已错过最佳管控时期。因此，要开展信息搜集与科学研判工作。在日常工作中，要积极开展信息搜集与监控工作，一旦发现可疑物质，就将其录入新精神活性物质打防监测预警系统，以丰富库存信息。当有关人士要获取某种化学物质的精神活性时，可查找此系统，了解本区域是否生产该物质及其相关信息。这样将信息收集与科学研判作为新精神活性物质管控工作的前提，可以有效地提升管控工作的主动性，为科学防控工作做好铺垫。

（二）提升新精神活性物质检测能力

新精神活性物质的分析、鉴定是对其实施监测的必要前提，有助于了解清楚未知的新精神活性物质的成分和结构，为后续跟进的危害评估和列管提供依据。针对目前新精神活性物质检测方面存在的问题，要加快新精神活性物质实验室检验新方法的研究，制定出台鉴定技术标准。要加强省级、地市级毒品实验室新精神活性物质检测能力建设，采取定期或不定期集中培训的方式，重点开展新精神活性物质定性、定量检验鉴定的培训，要求熟练掌握不同检材、不同种类新精神活性物质的检测方法。要研发新精神活性物质现场快速检测技术，以满足一线执法人员快速查处新精神活性物质之需求。要加强毒品实验室网络建设，完善国家、区域、省和重点地市四级网络建设。

（三）建立新精神活性物质打防监测预警系统

新精神活性物质打防监测预警系统主要服务于对新精神活性物质违法犯罪的打击和防控，其基于新精神活性物质打击防控的大数据运行。通过导入海量大数据信息，并对其进行数据化处理，形成由涉新精神活性物质人员、案件、社会行业信息及网络信息等数据组成的治理新精神活性物质数据专题库。在该数据专题库下，利用大数据技术，挖掘隐藏在数据背后的涉新精神活性物质线索。对挖掘出的涉新精神活性物质线索进行评估，根据涉新精神活性物质线索的风险程度进行预警等级的评定，并制订科学的响应预案，从而发布及时、准确的预警指令。相关部门根据指令，对涉新精神活性物质进行核查、处置和防控。

（四）建立新精神活性物质互联网监测预警机制

新精神活性物质互联网监测预警机制是指搜索、研判、处置互联网新精神活性物质信息的工作过程与方式。要加强网络毒品犯罪情报信息收集、分析和研判，重视结合公安内外网进行。要全面收集网络新精神活性物质犯罪情报，拓展网络新精神活性物质犯罪情报信息来源，注意搜索互联网平台发布的各类信息，掌握最新出现的新精神活性物质。只有经过分析、研判的情报信息才能成为有用信息。要分析、研判所收集到的网络新精神活性物质信息，提高研判质量，一旦发现可疑信息，对其进行实地核查，掌握信息的真实情况，并将核查结果反馈在互联网平台中。要加强对网络阵地的控制，收集、分析和研判新精神活性物质犯罪高发的网络中的相关情报信息，为网络新精神活性物质管控服务。

（五）建立新精神活性物质预警响应机制

新精神活性物质预警的目的就是使其治理更具有主动性，执法部门能够有针对性地开展工作。新精神活性物质预警响应机制是指参与新精神活性物质治理的相关部门参与该项工作的过程与方式，具体包括预警响应主体、预警响应时间和范围、预警响应措施及预警结果的反馈等内容。也就是说，在预警信息发布后，对应的有关治理部门应根据信息启动响应机制，采取相关治理措施，应对不同程度的新精神活性物质形势。要分级分类形成新精神活性物质治理主体，其治理内容应覆盖新精神活性物质问题的滥用消费、生产制造和运输贩卖等全部环节。要加强研究治理新精神活性物质的新措施。要对预警周期内新精神活性物质形势及其预警信息进行科学评估，并把评估结论反馈给预警主体，使反馈意见发挥指导今后预警工作或为其提供参考的作用。

二、立法推动：完善新精神活性物质立法管制

（一）提升新精神活性物质立法管制的法律层级

从整体来看，我国的新精神活性物质管制在行政法规、刑事裁判规则，以及管制手段、程序等方面都有了较大的发展，也积累了一定的制度性规范，新精神活性物质的管制基本做到"有法可依"。但是，从新精神活性物质的立法管制制度来看，管制新精神活性物质的规范性文件层级较低。[1]因此，应提升新精神活性物质立法管制的法律层级，由现有的部门规章上升到行政法规层级，并将管制新精神活性物质的立法与执法职能分离。

1. 提升立法层级

《非药用类麻醉药品和精神药品列管办法》是国务院授权没有相应立法权的国务院相关部委制定的管制规范。按照我国授权立法"权力转移说"，《非药用类麻醉药品和精神药品列管办法》的立法主体层级降低，相应的《非药用类麻醉药品和精神药品列管办法》的法律层级也就降低。提升管制新精神活性物质立法层级，就是要改变管制新精神活性物质的立法主体，即从国务院相关部委上升为国务院。这样就能解决由授权立法层级过低引起的法律层级过低问题。同时，也解决了授权立法层级低与我国《刑法》第357条所谓"国家规定"最低只限于"国务院制定的行政法规、规定的行政措施、发布的命令与决定"不相适应的问题。相应地，也能使被管制的新精神活性物质与我国《刑法》中关于毒品的定义及相关毒品犯罪关联起来。

2. 分离立法与执法职能

在我国现行新精神活性物质立法管制制度中，调整《非药用类麻醉药品和精神药品列管办法》管制品种目录的机关为国务院公安部门、药品监督管理部门和卫健委等行政部门。此外，《非药用类麻醉药品和精神药品列管办法》规定"各级公安机关和有关部门依法加强对非药用类麻醉药品和精神药品违法犯罪行为的打击处理"，即执法部门亦是公安机关和有关部门。

---

〔1〕 包涵. 新精神活性物质管制的国际经验和中国路径[J]. 公安学研究，2018，1（3）：57.

国务院相关部门同时承担立法和执法的职能，不利于新精神活性物质管制工作的开展，建议分离管制新精神活性物质立法与执法职能。由国务院行使立法职权制定相关行政法规，由公安部、卫健委、药监局及国家禁毒办继续行使执法职权。《2016 年中国毒品形势报告》显示，自 2015 年 10 月我国增列 116 种新精神活性物质后，这些被管制的新精神活性物质的制造、走私问题得到了遏制，但仍有不法分子不断制造出新类型的新精神活性物质来规避法律管制，并作为被管制物质的替代品向国外客户推荐。[1]虽然，目前我国新精神活性物质滥用情况不清，但新精神活性物质制造及走私出口已成为不可回避的问题。分离我国管制新精神活性物质的立法与执法职能，有助于我国执法机关将更多的精力投身于新精神活性物质的监测、预警、风险评估和列管论证；将立法职能交由国务院一级承担，也能够规范地适用我国《刑法》，明确刑责，严厉打击制造、走私新精神活性物质的犯罪行为。

（二）明确新精神活性物质的法律定义

建议通过立法来明确我国"新精神活性物质"的法律定义，避免与社会用语混淆，避免影响执法工作、司法裁判以及行为人对违法犯罪行为的预测。

1. 界定新精神活性物质的法律概念

统一新精神活性物质的定义，就是要使新精神活性物质的法律定义与我国《刑法》规定的毒品定义相统一。"在毒品的定义中，应当尽可能排除与毒品所引发法律介入的必要性无关的要素，保留最为直接的定义要件"，"作为具有否定评价意义的毒品，其定义所涉及的要素是法律介入毒品管制的必要性前提以及为受法律约束的公民提供预测可能性的唯一手段"。[2]"在毒品定义的外延解释上，立法或授权立法也应根据毒品的定义内涵，在符合法律保留的原则之下，以适格的立法形式制定合理的规范。"[3]

我国授权立法管制新精神活性物质，在定义新精神活性物质时也应该做到与毒品定义相统一。作为授权立法管制的新精神活性物质，在定义新精神活性物质时也要考虑其"非管制性"、"成瘾性"、"危害性"及"模仿性"等定义要素。此外，我国管制新精神活性物质的《非药用类麻醉药品和精神

[1] 中国国家禁毒委员会办公室.2016 年中国毒品形势报告[R].北京：中国国家禁毒委员会办公室，2017.
[2] 包涵.论毒品的定义要素与授权列管原则[J].北京联合大学学报（人文社会科学版），2017，15（3）：99.
[3] 包涵.论毒品的定义要素与授权列管原则[J].北京联合大学学报（人文社会科学版），2017，15（3）：99.

药品列管办法》采用列举式定义，对于毒品的定义要素可以忽略，通过列举的方式，已经表达了国家对管制物质的态度，体现了管制正当性，但是因为我国管制新精神活性物质立法层级较低，无法与我国《刑法》形成对应关系，致使列入附表管制的物质与我国《刑法》脱节，因此，建议立法时将新精神活性物质的定义与《刑法》规定的毒品定义相统一。

另外，"新精神活性物质"的定义应该更倾向于与毒品定义保持一致性。笔者认为，新精神活性物质是指尚未被我国法律规定管制，与毒品结构或功能相似、可能使人形成瘾癖以及引起公共健康危害的精神活性物质。

2. 统一新精神活性物质的术语

当讨论新精神活性物质广泛的类型或类别时，也要尽可能使用一致的术语。这对支持清晰的政策和技术讨论及宣传教育都至关重要。在公众没有认识到新精神活性物质的性质和风险之前，他们可能出现对新精神活性物质的误解，认为新精神活性物质是毒品的安全替代品。因此，毒品预防教育要积极宣传滥用这些物质所带来的健康危害及安全风险等信息，提高公众的防范意识。在开展新精神活性物质预防教育时，要注意避免在无意中促进其新产品的传播。

（三）完善管制新精神活性物质的法律规范

我国现有管制新精神活性物质的制度并没有明确地提及新精神活性物质对应的刑罚。《非药用类麻醉药品和精神药品列管办法》中新列管的新精神活性物质，仍需司法机关单独制定司法解释来明确其定罪量刑标准。

1. 明确列管新精神活性物质启动机制，进一步加快列管速度

《非药用类麻醉药品和精神药品列管办法》中明确规定，将一种新精神活性物质列入管制的期限最长为 9 个月，但未明确规定启动列管的机制，也未明确规定列管的最短期限。2017 年 7 月增列 U-47700 等 4 种新精神活性物质与 2017 年 3 月列管 4 种芬太尼衍生物仅相差 4 个月的时间，列管速度有了明显的提高，但是无法明确列管启动时间。所以，建议在《非药用类麻醉药品和精神药品列管办法》中增补启动列管的机制，明确规定列管的最短期限。此外，可参考我国台湾地区的做法。我国台湾地区"毒品危害防制条例"中规定："毒品之分级及品项，由法务部会同行政院卫生署组成审议委员会，每三个月定期检讨，报由行政院公告调整、增减之，并送请立法院查照。"该规定将审议毒品列管的周期确定为 3 个月，在时限上更加紧密、严格的同时，也将毒品列管审议的事项予以常态化。

建议将我国新精神活性物质（非药用类麻醉药品和精神药品管制品种）目录的调整工作变为由国务院公安部门会同国务院药品监督管理部门和国务院卫生健康行政部门、国家禁毒办及专家委员会，每季度定期召开联席会议，根据专家委员会的风险评估和论证报告进行目录调整。

2. 及时制定新列管的新精神活性物质定罪量刑数量标准

对新精神活性物质的立法管制，首先要追求列管速度，但只追求列管速度而不明确其法律后果，会使具有强制力的义务型规范缺乏相应的处罚规则，这无异于将殚精竭虑获得的列管成果虚置。[1]所以，及时制定新列管的新精神活性物质的定罪量刑标准对管制新精神活性物质至关重要。建议国务院相关部委在决定列管特定新精神活性物质时，积极会同、报请最高人民检察院、最高人民法院立项起草其定罪量刑标准。

（四）提升新精神活性物质犯罪案件的法律适用水平

对新精神活性物质犯罪案件的定罪量刑，可依据最高人民法院 2023 年 6 月 26 日印发的《全国法院毒品案件审判工作会议纪要》规定："走私、贩卖、运输、制造、非法持有刑法、司法解释明确规定了定罪量刑数量标准的毒品的，按照相关标准依法定罪量刑。对于刑法、司法解释未规定定罪量刑数量标准的毒品，参考已有折算标准，综合考虑其毒害性、滥用情况、受管制程度、纯度及犯罪形势、交易价格等因素，依法定罪量刑。涉案毒品既无定罪量刑数量标准，亦无折算标准的，应当委托有关专业机构确定涉案毒品的致瘾癖性、毒害性、纯度等，综合考虑其滥用情况、受管制程度及犯罪形势、交易价格等因素，依法定罪量刑。"对于刑法、司法解释未规定定罪量刑数量标准的毒品，但已有折算标准的，可参照适用国家禁毒办印发的《依托咪酯依赖性折算表》《氟胺酮和 7 种合成大麻素依赖性折算表》《3 种合成大麻素依赖性折算表》《100 种麻醉药品和精神药品管制品种依赖性折算表》《104 种非药用类麻醉药品和精神药品管制品种依赖性折算表》，以及《最高人民法院关于审理毒品犯罪案件适用法律若干问题的解释》和 2004 年原国家食品药品监督管理局制定的《非法药物折算表》进行折算，综合考虑其毒害性、滥用情况、受管制程度、纯度及犯罪形势、交易价格等因素，依法定罪量刑。对于既无定罪量刑数量标准，也没有明确折算标准的新精神活性物质，应当委托有关专业机构确定涉案毒品的致瘾癖性、毒害性、纯度等，综合考

---

[1] 包涵. 新精神活性物质管制的国际经验和中国路径[J]. 公安学研究，2018，1（3）：61.

虑其滥用情况、受管制程度及犯罪形势、交易价格等因素，依法定罪量刑。

《刑法》第357条第2款规定："毒品的数量以查证属实的走私、贩卖、运输、制造、非法持有毒品的计算，不以纯度折算。"《昆明会议纪要》规定："对于含有两种以上毒品成分的混合型毒品，应当根据相关成分和含量鉴定，确定其所含不同毒品的成分及比例，并根据主要毒品成分和具体形态认定毒品种类、确定名称。混合型毒品中含有海洛因或者甲基苯丙胺（冰毒，下同）成分的，一般以海洛因或者甲基苯丙胺分别认定毒品种类；不含海洛因、甲基苯丙胺成分，或者海洛因、甲基苯丙胺含量极低的，可以根据混合型毒品中其他定罪量刑数量标准较低且含量较高的毒品成分认定毒品种类，并在量刑时综合考虑其他毒品的成分、含量和全案毒品数量。"因此，对于一案中查到两种以上新精神活性物质的，可选择其他定罪量刑数量标准较低且含量较高的毒品成分认定毒品种类，并综合考虑其他毒品的成分、含量和全案毒品数量予以量刑。

新精神活性物质犯罪的量刑应遵循毒品犯罪的量刑规则，即"毒品数量＋其他情节"，应以涉案毒品数量为基础，综合考虑犯罪的具体性质、情节、危害后果以及被告人的主观恶性、人身危险性等因素，准确决定判处的刑罚，确保罪责刑相适应。

按照海洛因比对将新精神活性物质量化后，对于少量贩卖新精神活性物质的犯罪案件，建议只作定性分析鉴定；对于大宗贩卖新精神活性物质的犯罪案件和有可能判处死刑刑罚的犯罪案件，再作定量分析。

（五）增设新精神活性物质分级管制制度

新精神活性物质的种类繁多，既有合成类毒品，也有植物类毒品。在我国管制新精神活性物质的规范性文件《非药用类麻醉药品和精神药品列管办法》中，可尝试增设更多分级管制制度，依据新精神活性物质的成瘾性、滥用率、药用价值及社会危害性等要素，对《非药用类麻醉药品和精神药品管制品种增补目录》进行再分类，对不同类别新精神活性物质施以不同的法律待遇或管制态度。分级管制可实现针对新精神活性物质问题实施较为迅速的响应，在将某种新精神活性物质归于某一特定级别的过程中，确定国家对其管制轻重与法律态度。而且，该制度的设立无须颠覆目前的毒品管制体系，只需在《禁毒法》修改时增设毒品分级管制制度，这在立法技术上没有障碍，也有较为成熟的域外立法经验可资借鉴。建立与我国国情相适应的新精神活性物质分级管制制度，是我国创新立法管制新精神活性物质的重要举措，也可为我国采用分级管制制度管制其他毒品提供经验。

建议将新精神活性物质分为三级：第一级为成瘾性强、滥用率高、无药用价值、社会危害性强的新精神活性物质；第二级为成瘾性强、滥用率高、无药用价值、社会危害性不强的新精神活性物质；第三级为成瘾性不强、滥用率不高、无药用价值、社会危害性不强的新精神活性物质。此外，还要根据毒品级别配置不同程度的法律管制措施。

（六）结合《消费者权益保护法》减少新精神活性物质的滥用

建议修改《消费者权益保护法》，增加生产商有义务只向市场提供安全产品的规定，以此作为防范新精神活性物质进入市场的第一关。建议规定，任何产品不得"具有任何风险，或者存在对人身安全和健康构成最低风险威胁的产品用途"，同时其特点、标签、警告和使用说明都应该包括产品安全性的内容。此外，经销商也必须将存在的严重风险及其采取的防范措施报告主管部门，否则将予以处罚。如此规定将使我国禁毒部门有充足的时间考虑，某种物质是否符合"毒品"的定义、是否将其纳入管制及其相对应的定罪量刑标准。

在法律法规尚未列管某种新精神活性物质的情况下，《消费者权益保护法》可被用于快速反应，从而减少其制造、获取和销售，以保护公众健康。《消费者权益保护法》针对的物质，可以是国家禁毒办发布预警信息的物质，也可以是国际新发现的精神活性物质。由于新精神活性物质常被冠以"合法兴奋剂"等名称进行出售，因此，一经发现出售此类物质，且未贴上"不供人食用"的标签或者未注明使用此类物质会导致不良后果，就可利用《消费者权益保护法》对生产商和经销商进行处罚。

三、预防推动：创新毒品预防教育

面对近年来新精神活性物质的复杂毒情，要提高认识，及时将新精神活性物质纳入毒品预防教育，积极而全面地开展新毒情下的毒品预防教育，推动毒品预防教育的创新。毒品预防教育工作者要以勇于挑战、时不我待的决心，以攻坚克难的信心全力以赴，全面开展新精神活性物质的预防教育工作。

（一）创新理念，树立大毒品预防教育观

古语有云："君子谋时而动，顺势而为。"针对新毒情，要树立大毒品预防教育观，改变狭窄的传统毒品预防教育观。大毒品预防教育观主要有以下

特点：一是要建立"大毒品"理念。所谓"大毒品"是指毒品预防教育中的毒品概念不能只讲其法律概念，应扩展其外延，涵盖精神活性物质的范畴，让受教育者明白毒品的范围较广，覆盖了所有精神活性物质，而不局限于甲基苯丙胺、海洛因、摇头丸、可卡因等常见毒品。二是要建立"普遍预防"观念。"普遍预防"是指对一切具有精神活性的物质都要持警惕态度，绝不能滥用，滥用就可能导致成瘾。三是要更新毒品预防教育的内容，及时纳入新精神活性物质常识，以丰富和完善禁毒知识体系。要通过宣传和教育，提高人们防毒、拒毒意识，严谨用药、谨遵医嘱，不盲目食用或使用不明精神活性物质，珍爱生命，杜绝或减少精神活性物质的滥用，保障人们健康发展。四是要扩大毒品预防教育的参与面。要进一步宣传毒品预防教育的重要性，落实毒品预防教育工作责任制，积极吸引和动员社会多方力量参与毒品预防教育。例如：建立家庭和学校禁毒协作机制，增进家长与学校毒品预防教育的积极互动；建立禁毒社工组织，充分发挥禁毒社工的积极性，使其参与禁毒宣传教育和社区戒毒工作。要积极探索低龄儿童毒品预防教育工作，真正做到毒品预防教育"从娃娃抓起"，不断扩大毒品预防教育的参与面。五是要重点加强对青少年拒毒行为和技能的养成训练。当前，我国毒品预防教育工作的重心多放在毒品常识的宣传教育上，重禁毒知识的传播，轻行为和技能的养成。对毒品预防教育实践来说，再牢靠的禁毒知识，归根结底还是要转化到人的行为上来。教育人如何将掌握的禁毒知识转化为自身的禁毒行为，以抵制毒品的诱惑，拒绝毒品，一直是毒品预防教育的一大难题。对此，要迎难而上，积极研究探索，开展相关工作试点。

（二）梳理理论，指导毒品预防教育实践

理论为实践提供指引，对开展实际工作有着重要作用。毒品预防教育是一项复杂而系统的工作，理应有自己的理论体系。要加强理论研究，夯实相关理论，以进一步指导实践工作。

第一，建立毒品预防教育的基础理论。基础不牢，地动山摇。基础理论是学科理论体系建设的根本，毒品预防教育也应进一步加大对基础理论的研究和归纳。毒品预防教育的基础理论可由马克思关于人的全面发展学说、教育的两大基础理论和德育基础理论等组成。其中，马克思关于人的全面发展学说主要包括毒品预防教育工作与促进人的自由发展、人的和谐发展和人的充分发展之间的关系；教育的两大基础理论主要包括教育与社会发展的关系，以及教育与人的发展的关系；德育方面的基础理论主要包括道德认知、道德

情感、道德意志和道德行为；心理健康理论包括精神分析理论、行为主义理论、认知理论和人本主义理论。可将这些基础理论与毒品预防教育工作充分结合，从基础理论上探寻毒品预防教育工作的创新点。

第二，建立学科自身的理论。毒品预防教育不仅是一门学科，也是一种科学。从法律的角度来讲，吸毒成瘾者是违法人员，应受到法律的惩处。但是，从健康的角度来讲，吸毒成瘾者又是患有慢性脑疾病的病人。古语有言："上医治未病。"如何在这种慢性脑疾病发生之前积极地进行预防，应成为毒品预防教育理论研究的主要目的。毒品预防教育主体应以预防教育对象个体的成长和发展为主线，充分发挥主观能动性，不断向受教育对象渗透预防教育理念，培养其健康的行为模式，从而减少成瘾物质的滥用。国外部分地区，特别是欧美发达国家，对于成瘾物质的研究起步早、成瘾监测体系发达、理论基础较强，应积极组织有关专家和学者翻译相关外文文献和专著，借鉴国外有关成功经验，并根据我国国情完善和创新理论。以此，进一步夯实毒品预防教育理论，推动毒品预防教育学科发展。

第三，不断加大对新精神活性物质的研究力度。要采取一系列措施鼓励更多的专家和学者参与到新精神活性物质相关研究中去，进一步夯实理论基础，以应对日益复杂的毒情形势。

第四，大胆创新，以新精神活性物质预防教育为支点，积极开拓毒品预防教育工作新局面。结合我国毒品预防教育现状、新精神活性物质特点和国外先进经验等，通过组织学术沙龙、理论座谈会等，积极探讨新精神活性物质预防教育新思路、新方法，并针对重点地区开展新精神活性物质预防教育试点工作，不断探索我国毒品预防教育新模式。

（三）更新教材，增加新精神活性物质预防内容

教之以本，习之以材。一方面，要督促各地积极开展青少年毒品预防教育工作，力争全面实现毒品预防教育进课堂、进教材，减少和避免青少年受到毒品的侵害；另一方面，要及时更新毒品预防教育教材，将新精神活性物质的定义、常见种类及其危害等常识编进教材，及时培训禁毒专兼职教师，提升其培养学生拒毒的能力水平，从知识水平和行为养成等方面全面提高学校的毒品预防教育能力。

（四）借助网络，丰富毒品预防教育的工作方式

当今社会是网络社会，网络技术已被广泛应用到各个领域。要应用网络技术开展毒品预防教育，提高毒品预防教育的及时性、有效性和趣味性。

第一，应用互联网技术创新禁毒宣传教育方式，努力实现良好的社会效果。利用微信公众号平台积极开展毒品宣传教育工作，科学有效地宣传新精神活性物质有关知识和危害；积极建设向社会开放的禁毒宣传教育网站，引导人们学习、了解禁毒知识；还可以利用互联网虚拟现实（VR）技术，真实再现毒品和新精神活性物质的外观形态，便于人们观察识别。

第二，将无毒社区的创建与互联网技术相结合。例如，针对社区涉毒重点人员，采取随机视频报到等形式，以实现对禁毒重点人口的实时动态管控。互联网技术使毒品预防教育工作摆脱了时间、空间的限制，不仅大大提高了工作效率，而且促进了毒品预防教育工作更好地开展。

第三，利用暗网技术，探索新精神活性物质预防教育新机制。随着网络技术的发展，部分毒品违法犯罪分子通过暗网技术进行新精神活性物质的交易和有关信息的传播，要加强对暗网技术的研究，探索暗网信息破解机制，归纳、分析暗网上新精神活性物质的有关信息，以此来有针对性地指导当前的毒品预防教育工作。

（五）开放合作，完善毒品预防教育的综合体系

从毒品预防教育的三级预防体系来讲，当前我国一级预防体系建设力度较强，以家庭教育和情感教育为重点的二级和三级预防体系建设力度较弱。因此，应以加强家庭教育和情感教育为抓手，不断完善毒品预防教育综合体系。

第一，畅通家校禁毒交流协作机制。例如，定期举办禁毒家长会、举办禁毒亲子游戏等，密切学校和家长的联系，以加强对学生的监管。第二，加大对家庭的禁毒宣传教育力度。积极引导学生家长参观禁毒展览，参加毒品预防教育培训、亲子沟通技能培训，以增长学生家长禁毒知识，增强学生家长毒品预防教育水平，提高其与子女沟通、交流能力，密切亲子关系，强化家庭教育对孩子的监督和管教作用。第三，进一步加强青少年学生的情感教育工作。教师是学校毒品预防教育和情感教育的主导者，教师的水平直接决定了学校毒品预防教育和情感教育的水平。应悉心挑选有责任心、上进心的年轻教师加入毒品预防教育工作队伍，并对其进行专业培训，使其掌握基本的毒品预防教育和情感教育的知识和技能，以在日后的工作中全面提高学生的禁毒知识和自我情感处理水平。促使学生在遇到问题和压力时不逃避、不懈怠，敢于面对、勇于求助，积极解决问题。第四，不断加强与国外的交流合作。采取定期组织专家和学者出国进行考察、组织毒品预防教育学术论坛

等方式，不断加大与国际组织、其他国家和地区的交流与合作，学习国外先进经验，并结合我国实际国情，将国外先进经验本土化，以促进我国毒品预防教育工作不断发展。

四、打击推动：提升新精神活性物质犯罪打击效能

我国新精神活性物质犯罪以制造、走私、贩卖新精神活性物质为主要类型，严厉打击此类犯罪也是新精神活性物质治理中的一项重要任务。

（一）强化专项打击，彰显威慑力，保持严打高压态势

我国新精神活性物质犯罪的高发地区主要是长江三角洲地区，在高发地区开展重点整治的专项打击活动，可以充分利用现有的禁毒力量做到有的放矢、重点突破。要加强对新精神活性物质研发、生产等源头违法犯罪活动和贩运、进出口等分销环节的执法打击，加大对吸食等违法行为的查处力度。要切实加大组织和协调力度，广辟线索来源，强化专案攻坚，深化多警种合成作战，破获一批重特大新精神活性物质犯罪案件，形成对新精神活性物质违法犯罪活动的集群打击效应。

（二）加强情报信息搜集，依托大数据，实现精准打击

要广辟新精神活性物质案件信息来源，深入经营案件线索，实现全链条、全网络打击。围绕重点领域、重点部位、重点人员做好全面排查工作，建立完善新精神活性物质信息库，依托国家禁毒大数据中心云南项目及预警系统建设，汇总整合信息，全面提高主动发现、精准打击新精神活性物质犯罪的能力。

要及时更新数据并全面共享数据。所有的新精神活性物质信息均通过系统进行上报、反馈、预警，各地市向各省上报新精神活性物质信息，各省初审认定为新精神活性物质后上报国家预警系统，实现数据及时更新和共享。要健全国际新精神活性物质信息交换机制，实现国际数据互联互通，以帮助更好地发现、识别和检测新精神活性物质。

（三）增强资金监控力度，斩断毒资链条，强化侦查防控措施

要加强对大额现金交易和虚拟货币支付的监测和预警，提高新精神活性物质等涉毒犯罪资产调查和刑事追诉效率。要强化新精神活性物质等涉毒资产查处工作，及时追缴新精神活性物质等涉毒犯罪所得，斩断新精神活性物质犯罪经济链条。公安机关应加大对新精神活性物质涉毒资产的查控力度，

配合有关部门收集与特定涉毒非法活动有关的金融证据，有效识别非法资金来源；扩大网上巡查范围，加大对第三方支付平台及网络通信的侦控，深入研究"暗网"涉毒问题。

（四）固定犯罪证据，提高证据提取水平

在查获新精神活性物质案件过程中，要及时固化证据，着重查明身份信息、通联信息、车辆信息、活动信息、财富信息、网络信息、涉毒信息和寄递信息等；调查取证工作应当依法、规范开展，以秘密调查为主、公开调查为辅。专门调查前，应分析情况、制订方案、确定方向、明确目标，科学地选择调查重点和突破口，查明情况、收集证据。在调查过程中，对发现存在违法犯罪嫌疑的，依法立案侦查或移交有管辖权的部门处置；对排除违法犯罪但存在涉新精神活性物质问题嫌疑的，纳入管控视线，落实管控措施。

五、网络推动：强化新精神活性物质网络管控

目前，"互联网＋"物流寄递涉及新精神活性物质等毒品犯罪增多，不法分子利用网络的便捷，从事新精神活性物质定制、交易等违法犯罪活动占较大比例，因而加强网络管控势在必行，主要措施如下：

（一）加大互联网新精神活性物质违法犯罪的监管

要提高公安机关互联网监管能力，增加专职人员加强监管，迫使网络新精神活性物质不法人员不敢违法犯罪。要强化与互联网企业的合作，使其积极、主动地向网络监管部门报告网络新精神活性物质等违法犯罪情报信息，形成互联网新精神活性物质违法犯罪的监控合力。公安机关要全方位监管青少年上网行为，通过设置青少年专用浏览器与 APP 等手段，防止青少年直接接触新精神活性物质等毒品网络信息。

（二）加强网络禁毒宣传教育

要加强互联网企业道德与法律教育，提高其自律意识，使其在为大众提供互联网便捷服务的同时，能够自觉和坚决地抵制发布与传播网络新精神活性物质等毒品违法犯罪信息，实现企业的自控与自我管理，从根本上降低网络新精神活性物质等毒品违法犯罪的发案率。要加强互联网工作人员道德与法律教育，使其树立正确的道德观念，增强法律意识，提高拒绝网络新精神活性物质等毒品违法犯罪的能力。

要向社会宣传网络新精神活性物质等毒品违法犯罪的危害性，使公众对

网络新精神活性物质等毒品违法犯罪产生排斥和厌恶心理。要加强社会公众道德和法律教育，建立社会主义道德观与法制观，培养公众互联网责任意识、自律意识，保障网络环境的和谐稳定及健康运行。要加强青少年禁毒知识、法制道德教育，提高青少年法制道德和禁毒意识，培养青少年拒绝新精神活性物质等毒品的自律性。要充分发挥网络自媒体的宣传教育作用，利用微博、微信等自媒体所具备的贴近公众、快捷实用等优势开展有效的网络禁毒宣传教育。

（三）加大电商平台规范化管理

互联网新精神活性物质等毒品犯罪的加剧是由多种因素共同作用所造成的，仔细分析，与各大电商平台本身制度的缺陷及监管的缺位密切相关。如果不加强对电商平台的规范管理，网络新精神活性物质等毒品犯罪会不断蔓延，也会影响正常消费者浏览购物，降低电商平台的影响力。因此，加大电商平台规范化管理势在必行。

要认真落实电子商务的实名认证机制。实名认证既是网络电商平台获取店家信息的唯一途径，也是判断其是否有资格进驻电商平台的唯一标准。电商平台应确保平台店主的身份信息属实，不让实名认证形同虚设，以堵塞网络违法犯罪的漏洞。

要加强对互联网电商平台入驻店主的监管，全面把关店主发布的信息，密切监控可能发布新精神活性物质等毒品信息的店铺，一经发现，立即向公安机关举报。

要加强对互联网支付的监管。电商平台的交易通常需经过第三方交易平台才能完成，监控网络支付应该同时从电商平台和第三方交易平台两方面入手，及时收集第三方交易平台的交易信息，通过电商平台即刻冻结不正常交易资金或终止不正常交易，并及时上报公安机关予以处理。

（四）建立网络信息化专业队伍

要引进网络信息化专业人才，培育网络信息化专业队伍。网络新精神活性物质等毒品犯罪属于高技术领域的犯罪，而新精神活性物质等毒品犯罪侦查人员往往不具备网络信息化的专门知识和技能，因此要有效地打击和预防网络新精神活性物质等毒品犯罪，引进信息化专业人员十分必要。近年来，计算机技术比较发达的国家应对日趋严峻的网络犯罪的普遍做法是设立专业网络警察予以打击，因而建立我国网络信息化专业队伍是很有必要的。

六、物流寄递推动：强化新精神活性物质物流寄递管控

目前，采取"互联网＋物流寄递"方式进行非接触式贩运新精神活性物质是新精神活性物质犯罪的主要特点之一，因此强化对化学品的物流寄递管控也是治理新精神活性物质的一个必要措施。

（一）加强物流寄递市场监督管理

要强化物流寄递企业主体责任，加强对从业人员管理，落实岗前安全培训制度，提升一线揽件人员、安检员识别和辨认新精神活性物质等毒品的能力。相关管理部门要建立健全奖惩制度，广泛开展企业、个人举报奖励活动。物流寄递企业要加强安全防范设施建设，研发、安装人脸识别系统、移动 X 射线人体检查仪等设备，实现新精神活性物质等化学品物流寄递查验的智能化和现代化。明确受托方物流寄递安全责任，依法严格执行实名收寄制度、收寄验视制度和安检制度。加大执法检查力度，严格监督物流寄递企业执行管理制度，定期或不定期检查、抽查各物流寄递企业，倒查物流寄递渠道涉及新精神活性物质等毒品案件的责任，及时立案查处物流寄递企业违法行为线索，实现全覆盖式的监管。

（二）加大物流寄递贩运新精神活性物质的防控与打击

要严打利用物流寄递渠道贩毒的组织者，强化公安禁毒、邮政、交通运输、海关、市场监督管理、出入境检验检疫、移民管理和应急管理等部门的协作，建立健全联席会议制度、情报交流制度、协查协办制度，加强涉毒情报交流、寄递业管控和案件协查等方面的协作与配合，实现资源共享、优势互补，更好地服务于物流寄递贩运新精神活性物质等毒品的打击、防控工作。要加强基础信息采集和更新，及时采集、更新和汇集国内外物流寄递企业基础数据和行业信息，尤其是交通运输和邮政部门要进一步完善快递安全监管平台，实时掌握物流快递邮件的各项信息，与相关警务实战平台对接，实现对人、车、物的实时预警和精准控制打击。

要建立物流寄递贩运新精神活性物质重点国家和地区的情报收集和分析研判机制，加大对这些重点国家和地区新精神活性物质流通的精准预防和监控。要持续加强对物流寄递、交通运输、网络运营等行业的阵地控制能力，积极物建秘密力量、建立相关特情，发挥特情作用，深入收集国际物流寄递贩运新精神活性物质等毒品的信息，提高源头监控能力。

七、海关推动：增强新精神活性物质海关进出口监管

针对新精神活性物质多被以国际物流、邮件快递等方式走私、贩卖的特点，加强新精神活性物质海关进出口监管也势在必行。

（一）深化海关与邮政快递企业合作

要完善进出境邮递物品信息化管理系统建设。该系统由海关总署于2018年开发建设，主要用于全国各海关驻邮局办事处对进出境邮件包裹开展监管查验工作，基于各邮政快递企业实时传输的邮包面单数据运行。海关要加强与邮政快递企业的沟通和协作，敦促其尽快落实邮件面单电子数据的对接传输工作，力争做到邮路信息中收寄件人名称，收寄件国家及具体地址，内件品名、数量、重量、价值等数据及时有效地传输对接到海关信息系统，发挥该信息系统助力于邮件进出境查验监管、缉私缉毒工作的作用。

要推进驻海关邮局查验场所配套设施建设，增设智能化分拣查验传输线，配备协勤人员，以匹配信息化管理系统启用后的邮包分类查验监管工作。海关要依托邮件面单数据，提前分析研判新精神活性物质等毒品走私高风险寄源国等风险要素信息，设置参数功能实现邮件自动布控、分类下线和查验的监管流程，提高信息化预警防控效能及行邮监管工作效率，提高新精神活性物质等毒品的查获率。

（二）建立新精神活性物质等毒品信息收集研判共享机制

要探索建立健全一个跨层级、跨现场、跨领域、跨渠道的新精神活性物质等毒品风险信息收集研判联动共享的长效机制，推进对新精神活性物质等毒品的精准性监管查缉工作。应明确海关监管主管部门承担对关区内新精神活性物质等毒品查缉工作的业务指导、专家培训和载体汇编等职能。关区内业务现场有专人作为风险信息研判工作联络员，承担本口岸现场相关查缉信息的编发、报送工作，以及相关信息整理和载体文稿的撰写、编发等工作。

要在新精神活性物质走私进出口突出的海关设立新精神活性物质等毒品风险信息分析中心，选定相关业务专家专人负责的团队，收集、整理相关领域内全国海关查缉信息；收集、整理国内外新精神活性物质等毒品发展的动态信息，分析各类案件特点，发布相关实物图片、过机图像和案件风险特点分析；定期编发"新精神活性物质等毒品查缉监管风险动态"。根据关区内业务现场的实际情况，通过案件分析、毒情研判，实时收集、整理和提炼相

关领域的风险要素，及时向监管主管部门提出参数设置建议和现场需求。

（三）提升海关智慧缉毒执法能力

要强化查缉新精神活性物质等毒品的缉毒高科技装备建设。要在海关驻邮局办事处现场、口岸旅检现场、快件监管中心等区域，配备手持式拉曼光谱分析仪等装备，加强对新精神活性物质等毒品疑似物的检测，对不明颗粒物、粉末等高风险物品实行必查、必检；在以上场所，还要安装运用 CT 机和智能审图系统，提升对新精神活性物质可疑物品的查验识别效率，力争实现对各类新型毒品的智能查缉；在各主要旅检出入境现场安装人体 X 光机检查仪，针对经风险研判筛查出的高风险携毒人员和在旅检出入境现场发现的可疑人员进行人体过机检查，以确保人和物的彻底查验，提高新精神活性物质等毒品的查缉效率。

要充分利用海关驻邮局办事处"号图同屏"系统中的邮件图像记录功能，每日由监管现场复核人员对出口新精神活性物质重点国家的高风险邮件进行图像复核，完善异常邮件的专家研判处置机制。要强化旅客舱单信息化管理系统的应用，积极运用现有的旅客舱单数据，加强风险分析和研判工作，重点筛选携毒高风险国际航班航线及旅客名单信息，发现有携毒嫌疑的旅客要彻底开箱开包查验，发现案件线索应立即联系移交缉私部门处置。

八、机制推动：建立健全新精神活性物质社会管控机制

新精神活性物质的不断涌现暴露出我国化学品监管工作存在一定漏洞，堵塞该监管漏洞的措施如下：

（一）构建新精神活性物质联防联控机制

新精神活性物质联防联控机制是指，我国国家、省和地市三级政府为治理新精神活性物质而启动的三级多部门协调工作的过程与方式。参与该机制的成员单位是与新精神活性物质治理有关的主体，主要包括公安机关、海关、邮政、交通运输、市场监督管理、应急管理、药监、生态环境、银行、工信、宣传及教育等部门。这些部门应分工协作，形成治理新精神活性物质的有效合力。

从国家正式力量的角度出发，新精神活性物质的治理主体及其责任如下：公安机关负责基础排摸、查处打击工作；海关部门负责进出口环节监管、走私情报信息核查侦查工作；邮政、交通运输部门负责国际邮件、物流快递抽

查监管工作；药监等部门负责化工企业、医药企业、实验室生产新精神活性物质问题防范工作；生态环境部门负责环境监测，以此发现、获取生产新精神活性物质线索；银行反洗钱部门通过对异常资金流分析研判，发现、获取走私、贩卖新精神活性物质线索；工信部门负责依法清理、屏蔽互联网涉新精神活性物质信息；宣传部门负责加强对新精神活性物质的防范宣传工作。以上新精神活性物质治理主体都应从自身的职能出发，承担相应的治理职责。如何有机结合上述治理主体，形成治理新精神活性物质的强大合力？这就需要建立不同层级的新精神活性物质联防联控机制，以实现新精神活性物质的有效治理。

（二）建立新化学品社会监管机制

要探索建立化工企业自愿与政府监管相适应的社会化监管机制，完善新化学品监管工作。早在 2009 年，国际麻醉品管制局就提议各国撰写化学工业自愿行为准则，建立社会企业自愿参与禁毒合作的机制。时任国际麻醉品管制局主席哈米德·顾德温（Hamid Goodwin）在《化学工业自愿业务守则撰写准则》（Guidelines for a Voluntary Code of Practice for the Chemical Industry）中指出，"政府与化工企业之间的自愿合作协议是实施易制毒化学品管制的坚实基础。实践表明，这些协议提供了充分的灵活性，既保障了企业的合法商业贸易，又体现出企业参与易制毒化学品管制，防止其流入非法制毒市场的自愿性"，"行为准则是对现行法律的补充，其能比法律作出更快的反应"。2010 年我国超越美国成为全球第一化学工业大国，2011 年我国工业和信息化部发布《责任关怀实施准则》（HG/T 4148—2011），该准则继承了 20 世纪 80 年代全球化学工业发起的不断改善环境、守护健康和安全等方面的自愿性行动的做法，被称为"化学工业的救赎"。建立新化学品社会监管机制可以参考借鉴"责任关怀"行动的成功经验。[1]

我国探索建立新化学品社会监管机制可以从以下四个方面入手：其一，在加强对化工企业依法自律管理制度建设指导、全流程信息化监管、社会责任意识培养的基础上，建议建立网上"化学工业禁毒自愿报告系统"，由化工企业自主填报、自主更新维护，发布的信息自动上传至政府监管部门，实现企业自由与政府监管机构实时、有效沟通；其二，制定基于企业积极自愿参与、政府协同配合的工作办法，有机衔接政府管制、企业自愿行为、社会

---

〔1〕 温联晖．新精神活性物质问题现状与思考［J］．中国禁毒研究，2018(2)：46.

信用评价、实名备案等工作机制；其三，对于自愿行为积极、效果良好的相关企业，可在政策扶持、税费减免、社会形象树立、公益广告宣传、表彰奖励等方面给予考虑落实，鼓励化工企业自愿自治、主动配合，与政府监管同步、共建共享监管信息、互相信任，突出化工企业社会监管的主体地位，充分发挥化工企业与政府密切配合的主观能动性；其四，建立化工企业与政府监管部门良性互动的社会伙伴关系，打破现有政府监管采取的行政监督检查、事后追责处罚等手段强硬、命令式的上下级不对等局面，形成化工企业由被动完成到主动推进、由政府监管一家独唱到百花齐放的社会化监管体系，推进新精神活性物质治理工作的科学化和社会化。[1]

要关注全球范围内已建立化学工业自愿合作机制的国家，走出国门参观学习、开展交流合作，借鉴他国成熟的经验做法，结合我国实际情况，推进化工企业自愿与政府监管相适应的社会化监管体系的国际化和现代化。

（三）建立中间体监管机制

中间体是化工、医药行业广泛使用的化学品，是保障民生健康不可或缺的重要物质，但是一旦流入非法渠道成为制毒物质，后果将不堪设想。一些化工企业在使用医药中间体时，未经许可就生产麻醉药品和精神药品，因而部分省市对中间体以"非法生产麻醉药品和精神药品就是制毒"进行论处和严格管控。如此管理的结果，虽然遏制了部分企业、个人利用中间体制毒，但是也制约了多数化工、医药企业的合法发展，增加了执法人员的工作负担。因此建议：建立中间体药用与非药用分类管理制度，依据中间体最终生产目的将其分为药用类中间体（以生产合法麻醉药品和精神药品为目的）和非药用类中间体（以生产合法化工产品为目的），并就其生产、运输、经营和使用等环节实施不同级别的许可审批管理，对非药用类中间体可适度放宽审批条件，但是两类中间体的日常监管级别应当一致。这样分类列管，有利于保障化工、医药企业对中间体的合法用途，加强对中间体管控，提高工作效率。

要加强对中间体生产、运输、经营和使用等环节的监管。[2]完善我国特殊药品监管信息网络建设，补全相关企业、人员等填报信息，实现与公安机关人口信息系统互联，开展对中间体生产、运输、经营和使用等环节的有效预警与实时动态管控，有效落实制造新精神活性物质的管控工作。

---

〔1〕 温联晖. 新精神活性物质问题现状与思考［J］. 中国禁毒研究, 2018(2): 46.
〔2〕 温联晖. 新精神活性物质问题现状与思考［J］. 中国禁毒研究, 2018(2): 46.

九、国际推动：深化新精神活性物质国际治理合作

（一）展现中国担当，支持发挥国际组织的作用

要在积极倡导并践行多边主义、共同构建"人类命运共同体"的基础上，坚持"广泛参与、责任共担"的禁毒国际合作原则，在新精神活性物质国际治理中主动作为，展现我国负责任大国的态度和担当。要大力支持和维护联合国毒品和犯罪问题办公室、联合国麻醉药品委员会、国际麻醉品管制局、国际刑事警察组织（International Criminal Police Organization）、世界卫生组织等国际组织的指导、协调及沟通作用，密切与国际组织的联系，积极参与国际新精神活性物质的治理。

（二）以"一带一路"为平台，建立健全新精神活性物质国际执法机制

跨国犯罪是新精神活性物质问题的主要特点之一，其本质就是利用各国法律、执法方面的差异以逃避打击。打击新精神活性物质跨国犯罪必须依靠相关国家密切的执法合作。

要以国际禁毒公约和我国已签署的多边、双边禁毒合作协议为抓手，增添新精神活性物质国际治理合作的内容，深入开展跨国、跨境新精神活性物质联合执法行动，加大新精神活性物质治理力度，不断完善禁毒多边、双边执法合作机制。

要以"一带一路"为载体，与其沿线重点国家建立双边治理新精神活性物质的合作执法机制。采取联合行动侦办跨国重大新精神活性物质犯罪案件，实现情报共享、线索核查、跨境侦控办案程序和司法文书认可、证据交换、身份核查及追捕、移交、引渡等执法合作，增强执法的时效性和快速反应能力。

要建立"一带一路"新精神活性物质情报交流共享机制。要充分发挥禁毒情报的基础和主导作用，以"情报先行""情报导侦"为引导，将情报工作置于优先发展的地位。要建立"一带一路"情报信息交换网络，制定情报交流的方法和操作规程，及时开展深层次情报交流。要坚持境内与境外、人力与技术、传统手段与科技信息化手段、线上与线下"四结合"，建立健全新精神活性物质情报工作体系，使其布局科学、结构合理、手段先进，能够真正服务于实战。要加强隐蔽力量建设和境外阵地控制，强化对境外新精神活性物质问题严重地区情报信息的收集、研判，不断拓展境内外情报信息收集的渠道、方式和角度。要建立新精神活性物质情报信息收集和综合研判工

作机制，充分实现情报引领专案侦查主动权，发挥精、准、狠打击的作用。

要继续拓展"一带一路"沿线重点国家以打击新精神活性物质犯罪为主题的禁毒执法培训和对外禁毒设备、物资援助等交流，积极帮助这些国家提高新精神活性物质治理能力。

（三）完善新精神活性物质国际早期监测预警机制

要加强与联合国毒品和犯罪问题办公室全球新精神活性物质早期预警咨询系统（EWA）、欧盟早期预警咨询系统（EEWS）等先进国际、国家组织监测预警机构合作，强化新精神活性物质种类、生产、贩运、滥用及危害等方面的国际信息交流与共享，及时获知新出现及滥用的新精神活性物质，通过提前分析研判和评估，采取前瞻性的立法列管，降低新精神活性物质走私入境的风险。掌握各国新精神活性物质制贩、滥用趋势以及立法管制情况，既有助于提升我国新精神活性物质检验鉴定和危害评估等监测预警水平，又有助于指导和开展新精神活性物质国际治理合作。

十、素质能力推动：提高禁毒队伍执法素质能力

加强禁毒执法人员新精神活性物质执法培训，提高其执法专业知识和能力，也是治理新精神活性物质的必要措施之一。

（一）增加新精神活性物质问题严重地区禁毒民警编制

为适应毒情发展变化，针对禁毒民警数量不足的现实，要增加禁毒专门力量，尤其要增加新精神活性物质问题严重地区以及网络新精神活性物质防范的禁毒警力。新精神活性物质违法犯罪与互联网的叠加，使得传统禁毒民警的专业素质和能力都面临着新的挑战。新精神活性物质治理等禁毒新形势，要求增加一批既懂新精神活性物质等禁毒业务知识，又掌握计算机互联网监控、取证的专业人员，开展专业的情报经营、分析与研判，从中确定案件线索，有效推进网络安全监管部门与禁毒部门网络新精神活性物质等毒品信息的共享，提高网络涉毒案件的侦破效率和新精神活性物质的治理效果。要创造条件，适当充实辅警力量，管好、用好辅警，以缓解警力不足的问题。要优化警力资源、调整警力部署，将新精神活性物质治理等禁毒工作与反恐维稳、社会治安整治、打击非法出入境、矛盾纠纷排查化解等重点工作或专项行动相结合，做到各项工作同抓共管，避免警力浪费。

（二）加强新精神活性物质执法培训

禁毒民警的业务素质包括新精神活性物质常识及其管制法律法规等内容，

禁毒民警的业务能力包括互联网监测和取证及法律适用等执法办案能力。

要构建新精神活性物质执法培训的科学内容体系，将法律知识、警务技能作为重点内容，按照针对性、实用性和规划性等原则，选择有关法律知识、警务技能进行培训。要根据新精神活性物质违法犯罪的最新情况，不断概括、更新新精神活性物质违法犯罪的规律与特点、情报收集、案件侦查谋略和措施、专案侦查技战法和信息化应用等专题的培训教材或讲义，切实提高新精神活性物质执法培训的针对性，提高禁毒民警办理复杂新精神活性物质案件的能力。

新精神活性物质常识培训的内容主要包括，新精神活性物质外观、气味、危害性、吸食后的反应及与其他常见毒品的区别。禁毒民警既要了解已列管的新精神活性物质，更要注重学习那些尚未列管、执法中常见的新精神活性物质。新精神活性物质法律适用培训主要包括新精神活性物质犯罪的定罪量刑数量标准、毒品数量认定方法、量刑规则、犯罪嫌疑人和被告人主观明知的认定、证据收集与审查、管辖等内容。新精神活性物质案件侦查培训主要涵盖新精神活性物质常见的交易手段、生产方式、合成途径和贩运方式等内容，电子数据取证技术以及我国《刑法》《刑事诉讼法》《公安机关办理刑事案件程序规定》《最高人民法院、最高人民检察院、公安部关于办理刑事案件收集提取和审查判断电子数据若干问题的规定》等相关法律中关于电子证据取证工作的相关规范。

要加强网络监管人员新精神活性物质等涉毒专业培训，使其能够在网络监管的过程中更为高效、准确地监测到网络新精神活性物质等毒品犯罪的信息，提高信息化侦查水平。

要加强一线执法人员新型高科技监管查验设备和信息化管控系统的运用培训，使他们能够及时掌握各类高科技设备、信息系统的操作与应用技术，充分发挥高科技设备和信息系统在新精神活性物质治理方面的"利剑"作用。

要积极参与联合国毒品和犯罪问题办公室、联合国麻醉药品委员会、世界海关组织、国际刑事警察组织、万国邮政联盟等国际组织举办的关于新精神活性物质的国际治理交流和培训活动，以及相关国家人员就邮件查验、案件打击等方面进行的学习交流。

十一、科技推动：加大科技助力新精神活性物质治理力度

面对新精神活性物质等毒品犯罪新形势，完善信息工作机制、加强禁毒

科技设备研发、强化科技知识培训、提高科技应用水平已成为公安禁毒部门的必然选择。要强化科技强警意识，牢固树立"科技就是禁毒工作的战斗力"的指导思想，重视科技投入，统筹兼顾、科学规划，学习先进的技术手段和打击方法，引进先进的技术设备，实现新精神活性物质治理由手工型向数据型、由人力密集型向科技密集型、由数量规模型向质量效能型转变，提高我国禁毒工作的效率。

要保障禁毒执法部门用于案件侦查的查缉、侦查、取证和防护装备。拓展运用"污水验毒""毛发检毒""禁毒大数据"等科技手段，实施全覆盖、动态化的新精神活性物质等毒情监测，多维度分析新精神活性物质等毒情变化，科学评估治理成效。要围绕"数据警务""智慧警务"建设，创新"禁毒大数据"融合应用，为有效治理新精神活性物质等毒品问题提供情报信息支撑，不断提高科技禁毒水平。

要加强先进技术手段的引进和应用。网络新精神活性物质等毒品犯罪具有高智能性，公安机关防控、打击网络新精神活性物质等毒品犯罪也应引进并熟练掌握各项先进技术，这样才能更好地对网络新精神活性物质等毒品犯罪进行有效的侦查，也有利于彰显公安机关防控、打击网络新精神活性物质等毒品犯罪的威慑力。应用有关高科技手段能够帮助公安机关更容易地获取想要获取的信息，从而简化侦查程序、提高侦查效率，加大对网络新精神活性物质等毒品犯罪的打击力度。

要结合物流寄递新精神活性物质等贩毒的新趋势、新变化，不断创新取证方法和手段，进一步发挥信息、科技手段在情报获取、嫌疑人员控制、证据获取等方面的重要作用。

要加强大数据技术在治理新精神活性物质等毒品问题中的研究和应用。大数据技术为禁毒工作提供了新思路，成为推动禁毒工作创新发展的引擎。治理新精神活性物质离不开大数据技术的助力。要进行治理新精神活性物质大数据应用顶层规划，开展打防管控监测预警系统、精准化监测预警模型、数据收集共享机制、多部门协同联动机制、预警信息反馈机制和保障机制等治理新精神活性物质大数据技术的研究和应用工作。所谓治理新精神活性物质大数据技术，是指在数据思维的理念下，以数据驱动决策，对海量的数据进行分析和处理，以发现新精神活性物质违法犯罪的线索、规律、趋势，及时发布预警并制订响应预案，通过多部门协同作战，达到监测预警新精神活性物质违法犯罪形势，预防、控制和打击新精神活性物质违法犯罪效果的科学技术。治理新精神活性物质大数据是禁毒大数据的一种重要表现形态。治理新精神活性物质大数据技术能够提供新精神活性物质违法犯罪活动的信息源,有利于提高禁毒部门对新精神活性物质违法犯罪的预警能力和预防、打击新精神活性物质违法犯罪的效率,改变现有新精神活性物质治理的工作模式,等等。

专题报告

专题研究一　近年来东南亚的新精神活性物质形势

东南亚十一国（越南、老挝、柬埔寨、泰国、缅甸、马来西亚、新加坡、印度尼西亚、文莱、菲律宾、东帝汶）是中国"一带一路"倡议建设的重要参与者，尤其是"21世纪海上丝绸之路"的桥头堡。然而，众所周知，毒品问题是制约影响东南亚发展的一大因素，且混杂于复杂的政治、民族、宗教、安全等问题中。东南亚作为全球毒品最重要的生产和集散地之一，逐渐从传统毒品海洛因向合成毒品甲基苯丙胺、摇头丸过渡。同时，随着全球毒情形势变化，以氯胺酮、合成阿片类药物、苯二氮䓬类药物及衍生物为主的新精神活性物质，近年来开始出现蔓延。虽然鸦片、海洛因、冰毒依然是东南亚的主要毒品，但是近年来东南亚新精神活性物质形势严峻，其发展不可小觑，东南亚已成为全球新精神活性物质生产、贩运的一个源头。2019年7月，联合国毒品和犯罪问题办公室发布的《东南亚地区有组织犯罪的演变、发展及影响》（Transnational Organized Crime in Southeast Asia：Evolution，Growth and Impact）报告显示，东南亚有组织跨国犯罪集团获利最多的非法业务是贩卖合成毒品，东南亚的毒品市场已经从传统毒品海洛因向合成毒品甲基苯丙胺、氯胺酮及新精神活性物质转变。

根据地理区位、毒品形势、禁毒合作等因素，东南亚可分为湄公河下游区域和东南亚海洋国家区域两大区域，湄公河下游区域包括中南半岛上湄公河流经的缅甸、老挝、泰国、柬埔寨、越南五国，东南亚海洋国家区域包括马来半岛和马来群岛上的马来西亚、印度尼西亚、菲律宾、新加坡、文莱、东帝汶六国。这也是目前联合国毒品和犯罪问题办公室东南亚和太平洋区域办事处（UNODC Regional Office for Southeast Asia and the Pacific）对东南亚毒品与犯罪问题监测、分析、统计、报告、指导使用的一种区域划分。

近年来，长期制造毒品的包括"金三角"在内的湄公河下游区域，已经从鸦片、海洛因等传统毒品转向生产甲基苯丙胺、氯胺酮等其他合成毒品及新精神活性物质，尤其是甲基苯丙胺的大量生产进一步巩固了其作为世界主要毒源地的地位。有迹象表明，东南亚海洋国家区域非法制造甲基苯丙胺的水平正在下降，毒品市场开始青睐氯胺酮等新精神活性物质。

一、东南亚新精神活性物质的分布

（一）区域分布以东南亚海洋国家为主

从区域分布来看，东南亚新精神活性物质主要集中在东南亚海洋国家区域，以新加坡、印度尼西亚、马来西亚等国为主，这与传统毒品分布主要集中在湄公河下游区域的特点正好相反。据联合国毒品和犯罪问题办公室统计，截至 2019 年年底，在东南亚发现报告的新精神活性物质种类数量中，新加坡最多，报告发现 118 种新精神活性物质，之后依次为印度尼西亚约 60 种、马来西亚约 25 种、越南约 20 种，泰国、菲律宾、文莱、缅甸、柬埔寨等国也报告发现新精神活性物质，老挝没有报告，东帝汶则因经济落后、禁毒条件有限而无法识别报告。

（二）种类分布逐渐呈现多样化

从种类分布来看，东南亚新精神活性物质以氯胺酮为首，其次为合成大麻素类，而后是合成卡西酮类，其余的则是苯乙胺、芬太尼类、苯二氮䓬类等物质。

首先，氯胺酮的非医疗使用最为突出，制造和贩运已经成熟，毒品市场渠道较多。与甲基苯丙胺一样，自 2015 年以来，东南亚的氯胺酮缴获量急剧上升，2019 年至少缴获 4 吨氯胺酮，比 2014 年增加了 14 倍，且所有缴获的氯胺酮主要来自马来西亚、缅甸、泰国和越南。大部分氯胺酮是在"金三角"制造和贩运，2019 年中国、马来西亚、泰国和越南等多个国家缴获了大批来自"金三角"的独特茶袋包装的氯胺酮。东南亚氯胺酮的制造和贩运也使得中国、马来西亚、泰国、越南等周边国家和地区深受其害。同时，东南亚毒品市场上的氯胺酮还来自南亚印度、巴基斯坦、比利时、法国、德国、荷兰、西班牙等国。

其次，合成大麻素类在除氯胺酮外的新精神活性物质中占比最大，合成卡西酮类紧随其后。近年来，在东南亚发现的芬太尼类等具有阿片类药物作用的新精神活性物质数量稳步增加。经检测分析，其具有极强的危害性，与北美洲、欧洲的药物滥用过量致死案事件有关。

此外，除了氯胺酮的普遍非医疗使用，东南亚地区各个国家的其他新精神活性物质种类也各有特点：泰国的新精神活性物质主要是以芬太尼、诺芬太尼为主的芬太尼类物质和以地西泮、氟硝西泮为主的苯二氮䓬类药物及物质，且芬太尼类物质多与甲基苯丙胺混合使用；新加坡则以苯二氮䓬类物质为主。

（三）成为部分新精神活性物质的主要产区

近年来，几乎东南亚地区每个国家都报告缴获了各种类型的新精神活性物质。在其毒品市场上，作为"摇头丸"出售的毒品中就发现了各种各样的新精神活性物质。例如，新加坡报告称，在"摇头丸"片剂中发现的主要新精神活性物质是合成卡西酮、合成大麻素、哌嗪、色胺和苯乙胺等。种种迹象表明，随着传统毒品黑色产业的转型升级和市场需求的发展，东南亚地区已经成为全球部分新精神活性物质的主要产区，有着足以影响全球新精神活性物质形势的生产、贩卖、运输活动和消费市场。

（四）是氯胺酮的最大生产、贩运和消费地区

受全球毒潮和毒品消费市场存在等因素的影响，加之中国自 2001 年起率先把氯胺酮列为精神药品进行严格管制，氯胺酮的生产、贩运和消费等相关非法产业和市场逐渐转移至东南亚地区。自 2005 年以来，东南亚已成为全球最主要的氯胺酮制造、贩运和滥用地区。根据联合国毒品和犯罪问题办公室资料，早在 2001 年中国香港、台湾地区已经开始缴获氯胺酮，而泰国和缅甸则分别于 2003 年和 2006 年才缴获到氯胺酮。如图 19 所示，2001—2019 年，东南亚地区的氯胺酮缴获量分别于 2007 年、2015 年和 2019 年（仅为新加坡、印度尼西亚、马来西亚、缅甸、泰国的缴获量）形成过三个峰值。其中，最低峰值在 2007 年，为 11828 公斤，占全球缴获总量的 97.5%；最高峰值在 2015 年，为 22017 公斤，占全球缴获总量的 96.8%。[1] 2019 年缴获了14114 公斤，是 2003 年（832 公斤）缴获量的 17 倍。东南亚地区的氯胺酮缴获量几乎均来自中国、马来西亚、缅甸、泰国和越南，且大部分是在"金三角"地区制造和贩运。2019 年，中国、马来西亚、泰国、越南等多个国家均缴获了大批来自"金三角"地区用茶袋包装的氯胺酮。近年来，在东南亚地区已经相继查获、捣毁了许多秘密氯胺酮加工厂，同时氯胺酮的缴获量也大

---

[1] United Nations Office on Drugs and Crime（UNODC）. Annual Drug Seizures [DB/OL]. (2022). https://dataunodc. un. org/data/drugs/Annual%20Drug%20Seizures.

幅增加。但是，自 2017 年以来中国氯胺酮制造减少，所缴获的国内生产的氯胺酮也随之减少。氯胺酮的制造发生了地域转移的变化，有从马来西亚、缅甸、泰国扩散至东南亚其他国家的趋势和情况。

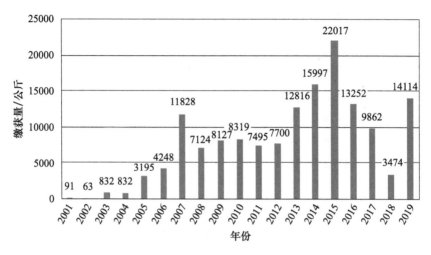

图 19　2001—2019 年东南亚地区氯胺酮缴获量统计

资料来源：联合国毒品和犯罪问题办公室资料。

（五）卡痛叶成为流行的植物类新精神活性物质

卡痛为茜草科帽蕊木属植物，原产于印度、马来西亚和泰国等国家，其树叶被称为卡痛叶。卡痛叶含有生物碱 7-羟基帽柱木碱和帽柱木碱，具有类似于鸦片的药用价值，是一类含有精神活性物质的植物。除 1943 年泰国、2012 年美国部分州、2024 年中国对卡痛叶立法管制外，目前国际社会及很多国家都未对卡痛叶进行管制，从而导致近年来卡痛叶滥用增长。世界各地许多产品都在广告宣传中注明含有卡痛叶，其通常与其他物质混合使用。东南亚地区通常是马来西亚、泰国、缅甸等国报告缴获卡痛叶，由于马来西亚、泰国出产卡痛木，因而该地区的缴获量通常以该两国居多。[1] 缅甸于 2008 年首次报告缴获了卡痛叶，2019 年缴获了创纪录的 2542.6 千克；泰国于 2013 年首次报告缴获了卡痛叶，2019 年缴获了 85707.7 千克；马来西亚于 2010 年首次报告缴获了卡痛叶，2019 年缴获量超过 180 吨，创造了该国缴获卡痛叶的新纪录；文莱于 2019 年首次报告缴获了卡痛叶。

---

[1]　United Nations Office on Drugs and Crime（UNODC）. Annual Drug Seizures［DB/OL］.（2022）. https：//dat.unodc. un. org/data/drugs/Annual％20Drug％20Seizures.

如图 20 所示，自 2014 年以来，东南亚地区卡痛叶缴获量较大，并于 2016 年达到峰值 407 吨。由此说明，卡痛叶这类植物类新精神活性物质正在流行。卡痛叶就地取材的易得性和便宜有效的实惠性，为该植物类新精神活性物质在东南亚地区的流行提供了便利条件和广阔市场。

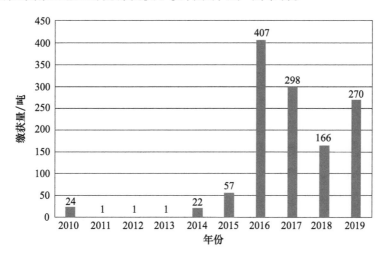

图 20　2010—2019 年东南亚地区卡痛叶缴获量统计

资料来源：联合国毒品和犯罪问题办公室资料。

二、东南亚各国新精神活性物质的最新进展

2019 年，在东南亚十一国中，除老挝、东帝汶之外，其余九国全部发现并报告有新精神活性物质出现和使用。

（一）文莱

2019 年，文莱全面实施了《伊斯兰刑法》，《伊斯兰刑法》和普通法律并行，表明在实际已暂停死刑后对死刑有了更宽容的执法。因此，文莱的禁毒工作需要靠伊斯兰教和政治法律双管齐下。目前，文莱出现的新精神活性物质已有氯胺酮、苯二氮䓬类（Erimin-5）、合成大麻素类和植物类，仍以氯胺酮使用增多为主要特点，同时存在 Erimin-5 的非法销售和使用，但总体数量较少。2019 年，文莱首次缴获了原产于埃塞俄比亚的恰特草和东南亚特有的卡痛叶液体制品（kratom）两种植物类新精神活性物质。（详见表 11）

表11 2019年文莱新精神活性物质缴获情况

新精神活性物质类型	氯胺酮	尼美西泮	卡痛叶（液体）	恰特草
缴获量	1.6千克	503片（0.3克/片）	9升	80千克

资料来源：联合国毒品和犯罪问题办公室于2020年5月发布的《东亚和东南亚地区合成毒品：最新发展和挑战》（Synthetic Drugs in East and Southeast Asia：Latest Developments and Challenges），第33页。

（二）柬埔寨

2019年是柬埔寨人民党单独领导新一届政府执政的第一年，政府工作有条不紊，经济增长率居东盟国家首位，对外交往积极主动。柬埔寨关于禁毒和新精神活性物质治理工作的成效主要是于2018年首次缴获过境恰特草，但2019年未再缴获和报告。该事实可能表明：柬埔寨未使用恰特草，且未报告发现其他新精神活性物质。

但是，柬埔寨氯胺酮滥用增多，2018年、2019年分别缴获氯胺酮36.3公斤、33.1公斤，约是2017年的6倍、5倍。（详见图21）

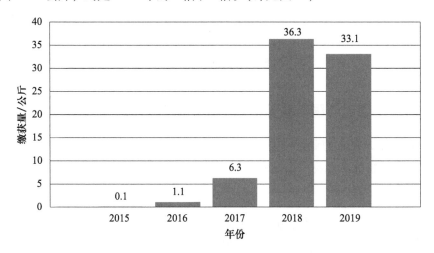

图21 2015—2019年柬埔寨氯胺酮缴获量统计

资料来源：联合国毒品和犯罪问题办公室于2020年5月发布的《东亚和东南亚地区合成毒品：最新发展和挑战》，第37页。

（三）印度尼西亚

2019年，大选年度的印度尼西亚政治和社会形势虽有波澜但大局稳定。印度尼西亚报告，2018年其合成大麻素类物质主要来源于中国。此外，还报告发现主要来源于中国的合成卡西酮类物质，如亚甲基二氧吡咯戊酮（MDPV）、4-甲基甲卡西酮和甲基酮（bk-MDMA），其目的地为美国、法国等。

2019年，合成大麻素类物质继续在印度尼西亚的新精神活性物质市场上占据主导地位，这是自2017年以来观察到的一种趋势。值得特别注意的是，根据2018年印度尼西亚对工人进行的最新毒品使用调查，一种被称为"大猩猩烟草"（Gorilla Tobacco）的合成大麻素类物质是使用较广泛的第五种合成药物及物质，仅次于大麻、甲基苯丙胺、镇痛药和摇头丸。印度尼西亚是世界最大的烟草生产国，不少不法分子将新精神活性物质掺入烟草中使用，具有高度隐蔽性和长期危害性。印度尼西亚积极采取措施治理新精神活性物质问题，2019年其新精神活性物质缴获具体情况如表12所示。

表12　2019年印度尼西亚新精神活性物质缴获情况

新精神活性物质类型	合成大麻素类	氯胺酮	苯二氮䓬类	巴比妥类
缴获量	12.1公斤	5.1公斤	9472片	226711片

资料来源：联合国毒品和犯罪问题办公室于2020年5月发布的《东亚和东南亚地区合成毒品：最新发展和挑战》，第49页。

（四）老挝

2019年，老挝人民革命党领导的政府继续提倡紧凑和高效执政，严格依法治国、严防走私，打击毒品犯罪。截至2020年5月，老挝没有使用和贩运新精神活性物质的报告。

老挝的毒品主要是来自"金三角"地区的冰毒。2019年老挝缴获了超过5吨的冰毒，是该国有史以来最大的缴获量，是2015年的30多倍。同时，老挝是易制毒化学品运往缅甸的重要过境国。

（五）马来西亚

马来西亚的新精神活性物质以氯胺酮和卡痛叶（kratom，也有报道译为"克拉托姆"[1]"克腊托姆"[2]）为主，并开始出现合成卡西酮类和合成大麻

---

[1] 克拉托姆（Kratom）著名的止痛功效可能来自它的一种代谢物[EB/OL]. (2019-07-12). http://www.rrrry.com/art_41198.htm.

[2] 唐青叶. 东南亚地区新精神活性物质治理的困境与出路[M]//张勇安. 国际禁毒蓝皮书：国际禁毒研究报告（2020）. 北京：社会科学文献出版社，2020：78.

素类等新精神活性物质。近年来，马来西亚每年缴获的氯胺酮数量大幅增加（详见图22），2019年更是自2016年以来首次摧毁了一个秘密的氯胺酮加工厂，此外还查获拆除一个苯二氮䓬类非法药物生产场所。

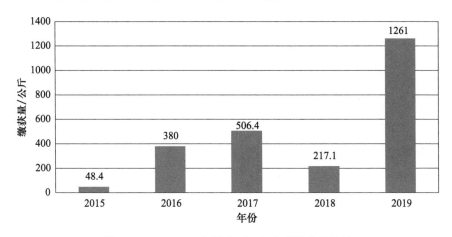

图22　2015—2019年马来西亚氯胺酮缴获量统计

资料来源：联合国毒品和犯罪问题办公室于2020年5月发布的《东亚和东南亚地区合成毒品：最新发展和挑战》，第63页。

马来西亚是卡痛树的原产地之一，其树叶卡痛叶含有许多生物碱，食用后会产生兴奋和镇静作用。卡痛叶具有一定药用价值，但是当其被滥用时就会成为毒品。近年来，马来西亚每年缴获的卡痛叶数量大幅增加，2019年的缴获量超过180吨，是有史以来报告的最大数量，是2015年缴获量的6倍。（详见表13和图23）同时，从2018年到2019年7月，马来西亚共发现并鉴定了29种新精神活性物质，其中大多数是合成卡西酮类物质和合成大麻素类物质。（详见表14）

表13　2019年马来西亚新精神活性物质缴获情况

新精神活性 物质类型	氯胺酮	卡痛叶 （固体）	卡痛叶 （液体）	苯二氮䓬类
缴获量/公斤	1261	180181.1	101516.7	85

资料来源：联合国毒品和犯罪问题办公室于2020年5月发布的《东亚和东南亚地区合成毒品：最新发展和挑战》，第63页。

图 23　2015—2019 年马来西亚卡痛叶及其液体物质缴获量统计

资料来源：联合国毒品和犯罪问题办公室于 2020 年 5 月发布的《东亚和东南亚地区合成毒品：
最新发展和挑战》，第 63 页。

表 14　2018—2019 年 7 月马来西亚新精神活性物质类型

编号	新精神活性物质种类	具体名称
1	合成卡西酮类	4-甲基甲卡西酮（麻黄酮/ 4-MMC）
2		甲酮（3,4-亚甲二氧基甲卡西酮/ MDMC）
3		4-甲基乙卡西酮（4-MEC）
4		乙酮（3,4-亚甲二氧基-N-乙基卡西酮/ MDEC）
5		3,4-(亚甲二氧基)-N-甲基卡西酮
6		3-氟甲卡西酮
7		4-氯甲卡西酮
8		4-甲基丁酮
9		4-甲基-α-吡咯烷基丁二酮（MPBP）
10	合成大麻素类	JWH-018
11		AM-2201
12		JWH-250
13		XLR-11
14		MMB-FUBINACA（AMB-FUBINACA）
15		5F-INPB-22（5-fluoro-NPB-22）
16		MDMB-CHMICA
17		5F-MDMB-PINACA（5-fluoro-ADB）
18	哌嗪类	1-(3-三氟甲基苯基)哌嗪（3-三氟甲基苯基哌嗪/TFMPP）
19		N-苄基哌嗪（苄基哌嗪/ BZP）
20		1-(4-氟苯基)哌嗪

编号	新精神活性物质种类	具体名称
21	苯环己哌啶类	氯胺酮
22		甲氧胺
23		脱氯-N-乙基氯胺酮
24	色胺类	5-甲氧基-N,N-二异丙基色胺
25		5-甲氧基-N-异丙基-N-甲基色胺
26	苯乙胺类	对甲氧基甲基苯丙胺（对甲氧基-N-甲基苯丙胺/PMMA）
27	其他类	依替唑仑
28	植物类	卡痛叶
29		恰特草

资料来源：联合国毒品和犯罪问题办公室于 2020 年 5 月发布的《东亚和东南亚地区合成毒品：最新发展和挑战》，第 65 页。

（六）缅甸

目前，缅甸除继续保持着"金三角"地区传统毒品的制贩地位外，也逐渐发展成为甲基苯丙胺和氯胺酮的制贩地。2019 年 8 月，缅甸国内战火重燃，缅北少数民族地方武装与政府军的对峙和冲突使得缅甸全国的禁毒工作受到一定影响，但 2019 年其氯胺酮的缴获量依然很高，共缴获了 1096 公斤（详见图 24）。此外，缅甸的卡痛叶滥用形势不容乐观，卡痛叶和氯胺酮共同成为被滥用的两大新精神活性物质。2019 年，缅甸缴获了 2542.6 公斤的卡痛叶（详见图 24），再创新高，且发现主要在缅甸南部使用。

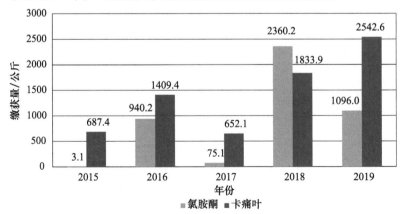

图 24　2015—2019 年缅甸氯胺酮和卡痛叶缴获量统计

资料来源：联合国毒品和犯罪问题办公室于 2020 年 5 月发布的《东亚和东南亚地区合成毒品：最新发展和挑战》，第 68—69 页。

（七）菲律宾

菲律宾总统杜特尔特自上台以来一直推行铁腕禁毒，打响"毒品战争"，由此也引发了国内反对派的抨击和一些国际组织的指责调查，不过菲律宾禁毒效果显著，已改其昔日亚洲毒品一大集散中心、毒品交易重灾区的面貌。据菲律宾缉毒局统计，截至 2019 年 11 月，政府已在缉毒行动中击毙 5552 人、逮捕超过 20 万人。在禁毒行动的高压之下，新精神活性物质的使用随之而来。2018 年至 2019 年上半年，菲律宾缴获了一批通过包裹邮寄走私的合成大麻素类物质，包括 5F-MDMB-PINACA 和 5F-MDMB-PICA。同时据报告，菲律宾国内缴获了非医疗使用的 γ-羟丁酸（GHB）和 γ-丁内酯（GBL）等新精神活性物质，尽管数量有限，但已假借"液体摇头丸"的名称在市面出售。

2018—2019 年，菲律宾确定的新精神活性物质共有五大类，分别为合成卡西酮类、合成大麻素类、色胺类、苯乙胺类和其他。（详见表 15）

表 15　2018—2019 年菲律宾确定的新精神活性物质类型

编号	新精神活性物质种类	具体名称
1	合成卡西酮类	4-甲基乙卡西酮（4-MEC）；3,4-二甲基甲卡西酮；4-氯卡西酮
2	合成大麻素类	5F-MDMB-PINACA；5F-MDMB-PICA
3	色胺类	二甲基色胺（DMT）
4	苯乙胺类	2,5-二甲氧基-4-溴苯乙胺（2C-B）
5	其他	γ-羟基丁酸（GHB）；γ-丁内酯（GBL）

资料来源：联合国毒品和犯罪问题办公室于 2020 年 5 月发布的《东亚和东南亚地区合成毒品：最新发展和挑战》，第 74 页。

（八）新加坡

新加坡发现的新精神活性物质种类为东南亚各国之首，其新精神活性物质市场持续发展，截至 2019 年年底，共报告发现 118 种，在整个东亚和东南亚地区仅次于日本和中国。（详见图 25）其中，以合成大麻素类物质、苯二氮䓬类物质为主，而合成大麻素是所分析样品中鉴定出的占比最大的新精神活性物质。（详见表 16 和表 17）

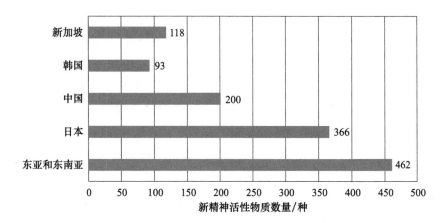

图 25　新加坡与东亚、东南亚地区其他国家新精神活性物质报告发现数目对比

资料来源：联合国毒品和犯罪问题办公室于 2020 年 5 月发布的《东亚和东南亚地区合成毒品：
　　　　最新发展和挑战》，第 25 页。

表 16　2019 年新加坡新精神活性物质缴获情况

新精神活性 物质类型	氯胺酮	苯二氮䓬类	麦角酰 二乙胺（LSD）	合成卡西酮类	合成大麻素类
缴获量	3.4 公斤	8454 片	17 张	329 片/1.4 克	10484.3 克

资料来源：联合国毒品和犯罪问题办公室于 2020 年 5 月发布的《东亚和东南亚地区合成毒品：
　　　　最新发展和挑战》，第 83 页。

表 17　2018 年和 2019 年上半年新加坡十大新精神活性物质对比
（除氯胺酮和植物类新精神活性物质外）

排名	2018 年		2019 年上半年	
	名称	样本数/个	名称	样本数/个
1	5F-MDMB-PINACA	758	4F-MDMB-PINACA	164
2	MMB-FUBINACA	133	5F-MDMB-PICA	119
3	5F-MDMB-PICA	82	5F-MDMB-PINACA	83
4	依替唑仑（Etizolam）	81	依替唑仑（Etizolam）	77
5	氯氮平（Clozapine）	51	N-乙基戊基酮	27
6	帽柱木碱（Mitragynine）	48	帽柱木碱（Mitragynine）	21
7	N-乙基去甲戊基酮 （N-乙基戊基酮，依他酮）	44	卡西酮 （Cathinone）	18

续表

排名	2018 年		2019 年上半年	
	名称	样本数/个	名称	样本数/个
8	5F-EDMB-PINACA	43	β-酮-N,N-二甲基苯并二氧代丁胺（二丁酮）	15
9	对甲氧基甲基苯丙胺（PMMA）	32	4-MEAPP	15
10	4F-MDMB-BINACA	24	MMB-FUBINACA	12

资料来源：联合国毒品和犯罪问题办公室于 2020 年 5 月发布的《东亚和东南亚地区合成毒品：最新发展和挑战》，第 84 页。

值得注意的是，2019 年新加坡的新精神活性物质使用者首次成为全国已知吸毒人员中排名第二的群体，已经超过了大麻、摇头丸和海洛因等其他毒品类型。（详见图 26）

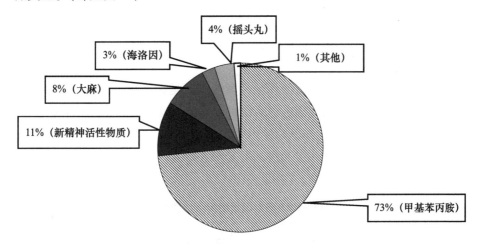

☒甲基苯丙胺 ■新精神活性物质 ■大麻 ▨ 海洛因 ▨ "摇头丸" □其他

图 26　2019 年新加坡已知吸毒人员使用不同毒品类型的群体占比

资料来源：联合国毒品和犯罪问题办公室于 2020 年 5 月发布的《东亚和东南亚地区合成毒品：最新发展和挑战》，第 83 页。

2013—2019 年，新加坡报告发现 11 种苯二氮䓬类新精神活性物质。其中，大多在毒品市场上以"Erimin-5"（又称"埃利敏 5 号"，俗称"红五"）的名义出售。该药是日本住友商事株式会社（Sumitomo Corporation）的专利产品，自 2015 年起停产，该产品因含有苯二氮䓬尼美西泮，受联合国《1971年精神药物公约》附表四管制。因此，目前在新加坡毒品市场上出现的Erimin-5 很可能是非法制造和走私的。在这些片剂中发现有尼美西泮（Nimetazepam）、芬纳西泮（Phenazepam）、依替唑仑（Etizolam）、氯氮平

（Clozapine）、卡马西平（Carbamazepine）等药物。

为了适应互联网快速发展、网络安全威胁日益增加等新形势，2014年新加坡政府成立网络安全局，2018年我国宣布成立的"东盟‐新加坡网络安全卓越中心"（ASCCE），这对通过网络传播、交易新精神活性物质起到一定的震慑和遏制作用。

（九）泰国

2019年4月初，担任东盟轮值主席国的泰国与联合国毒品和犯罪问题办公室通过共同主办的"东盟2025——贸易与安全规划区域高级别会议"制定了东盟边境管控体系，并完善具体管控措施，以提高边境管理合作水平。此后，泰国参加了第八十三次中老缅泰湄公河联合巡逻执法行动、禁毒宣传活动、情报信息交流会议，进一步加大了联合防范和打击湄公河流域毒品犯罪的力度。另外，泰国还分别与周边国家中国、柬埔寨、缅甸、老挝举行了专门会晤和交流，就加强打击毒品犯罪合作、解决边境安全问题、加强警务交流等达成共识，推动了禁毒工作的深入开展。

目前，在泰国使用最广泛的新精神活性物质是天然毒品卡痛叶及以其为主要原料制作的卡痛叶鸡尾酒等毒品饮料。其次是氯胺酮，其滥用继续增加。从2016年开始，氯胺酮的非医疗使用大幅增加，2019年增长幅度依然很大，表现为接受治疗使用和缴获氯胺酮的数量都在增加。其他合成类新精神活性物质在泰国的使用较为有限。（详见表18）

表18 2014—2019年泰国新精神活性物质缴获情况

缴获年份	氯胺酮/千克	卡痛叶/千克	卡痛叶饮料/长吨[①]
2014	40.1	60211.6	22181.6
2015	25.8	75097.0	27648.6
2016	95.1	91006.2	27088.6
2017	617.4	97993.0	40280.1
2018	720.2	50442.7	25961.3
2019	1175.4	85707.7	28525.0

资料来源：联合国毒品和犯罪问题办公室于2020年5月发布的《东亚和东南亚地区合成毒品：最新发展和挑战》，第86—87页。

注：①1长吨=1.01605公吨。

（十）越南

多年来，越南较为稳定的政治局面、开放的经济政策和庞大的人口红利成就了经济的快速增长，但越南也面临着诸多挑战。作为曾经海洛因贩运的过境国和以出口为导向的经济体，近年来越南发现了约 20 种新精神活性物质，其中大部分是氯胺酮和合成大麻素类物质，这在湄公河下游区域国家中显得比较突出。

2019 年，越南缴获了创纪录的氯胺酮量，主要是查获了一宗涉及 507.5 公斤毒品的贩运案件。除此之外，合成大麻素类物质增长迅速，共出现 5 种，且数量庞大，其中 4 种位居 2019 年越南除氯胺酮外的十大合成类新精神活性物质前列。此外，越南还报告有少量 4-甲基甲卡西酮等合成卡西酮类物质出现。（见表 19）

表 19　2018 年和 2019 年上半年越南十大新精神活性物质对比

（除氯胺酮和植物类新精神活性物质外）

排名	2018 年	2019 年上半年
1	MMB-FUBINACA	5F-MDMB-PICA
2	5F-MDMB-PICA	5F-MDMB-PINACA
3	5F-MDMB-PINACA	MMB-FUBINACA
4	1-(4-氟苄基)-1*H*-吲哚-3-基 (2,2,3,3-四甲基环丙基)甲酮	4F-MDMB-BUTINACA
5	3-甲氧基苯环利定	1-(4-氟苄基)-1*H*-吲哚-3-基 (2,2,3,3-四甲基环丙基)甲酮
6	羟基二甲色胺（Psilocin）	乙酰基二甲色胺（Acetyl psilocine）
7	4-乙酰氧基-N,N-二甲基色胺	3-甲氧基苯环利定
8	3 氟-苯丙嗪	5F-MMB-PICA
9	对甲氧基甲基苯丙胺	4-甲基甲卡西酮
10	替来他明（Tiletamine）	

资料来源：联合国毒品和犯罪问题办公室于 2020 年 5 月发布的《东亚和东南亚地区合成毒品：最新发展和挑战》，第 90—91 页。

三、东南亚新精神活性物质形势不断发展的条件

（一）毒品问题由来已久

东南亚拥有世界主要毒源地"金三角"，毒品历史长远。目前，制造、贩卖、运输、吸食毒品现象普遍存在于东南亚各国。无论是近代英国、法

国等殖民者还是二战中日本侵略者，都对东南亚毒品市场的发展起到了推波助澜的作用。东南亚新精神活性物质具有广阔的潜在市场和消费群体，毒品价格相对便宜，尤其是该地区的天然类毒品卡痛叶近年来更是在植物类新精神活性物质里独占鳌头。在未来一段时期，由于缅甸及相关国家政府对"金三角"地区的控制有限，预计东南亚地区毒品生产、贩运活动仍将持续加剧。

（二）地理区位优势明显

东南亚地区连接着东亚、中亚和南亚地区，打通了印度洋和太平洋，历来是世界上最重要的交通要道。便利的海运条件使得新精神活性物质的贩运方便灵活，过境的新精神活性物质也随之渗透到了该地区。

整个 2019 年，东南亚地区海上毒品贩运仍然活跃，特别是在安达曼海和马六甲海峡沿线。2020 年年初，东南亚各国报告的缴获情况表明出现了新的海上贩运路线，例如，2020 年 1 月，缅甸当局在一艘从若开邦孟都镇出发的渔船上缴获了约 200 公斤晶体甲基苯丙胺和 490 公斤氯胺酮。

（三）政治安全问题多样化

东南亚地区的政治、宗教、民族、水资源、恐怖主义和极端主义问题复杂多样，各国均面临着严峻的国内外安全威胁，存在着较大的安全隐患。在外交方面，东南亚各国努力维持与周边及其他国家的政治平衡；在内政方面，东南亚各国的形势不同表现出来的治国理政方式方法也有所不同，各国更多的精力只能投入维护政党及政权稳定上。因此，为新精神活性物质的发展提供了宽松的环境。

（四）经济社会发展不平衡

除东帝汶最不发达以外，东盟各成员国之间经济社会发展的不平衡也阻碍了东盟的共同发展。经济社会发展不平衡导致各国在毒品问题的治理上尺度不一，这为毒品的生存和发展提供了时间和空间。面对不断发展的新精神活性物质，东南亚各国普遍缺乏发现、识别和检测的能力，各国的法律管制也存在一定的滞后性。

专题研究二　国际合成阿片类物质危机与治理策略

　　国际合成阿片类物质危机主要是指，由于阿片类药物滥用、合成阿片类物质种类及其滥用的增多，合成阿片类物质滥用过量致死人数增长，威胁公众生命健康，制约国际禁毒和公共卫生工作的一个时期。[1]受历史文化、获得容易、生产成本低和经济效益高等因素刺激，以及预防和监管的滞后与不统一，阿片类物质的制造和滥用使其从部分区域爆发发展到影响全球，导致国际合成阿片类物质危机产生。2020年之前，国际合成阿片类物质危机主要表现为芬太尼危机、曲马多危机和新合成阿片类新精神活性物质危机。根据联合国毒品和犯罪问题办公室发布的《2020年世界毒品报告》，近年来国际合成阿片类物质危机主要表现为：一是以芬太尼类物质为主的阿片类新精神活性物质数目上升较快，引发了北美洲等地区滥用过量导致死亡事件的频繁发生；二是北美洲、欧洲和大洋洲的高收入国家存在用于疼痛管理和姑息治疗的药用类阿片滥用；三是西非、中非和北非地区的曲马多非医疗使用增长，引发曲马多滥用加剧。

　　原本用于合法医疗的阿片类药物、合成阿片类物质由于被滥用变成毒品，模仿其结构和药效而研制的阿片类新精神活性物质则使该毒品和公共卫生问题雪上加霜。自2009年报告发现第一种阿片类新精神活性物质以来，全球毒品市场上的此类物质正在急速地增长和扩散，截至2017年已达46种。尽管近年来国际禁毒公约中新列管的近三分之一的物质属于合成阿片类毒品，然而越来越多的合成阿片类物质特别是芬太尼类似物的不断出现和滥用，所带来的复杂的、跨国的致命现象，影响着全球合成阿片类物质的生产、贩运和消费，对全球公众健康的威胁增大，成为国际社会的一个热点和难点问题，对国际禁毒和公共卫生构成重大挑战。

---

〔1〕 United Nations Office on Drugs and Crime(UNODC). The growing complexity of the opioid crisis[R]. Vienna：GLOBAL SMART UPDATE, 2020, 24：3.

一、国际合成阿片类物质危机的主要表现

（一）北美洲阿片危机[1]

阿片类物质危机起源于北美洲的美国和加拿大，其中阿片类物质对美国的危害更严重。该危机主要包括阿片类药物、海洛因和芬太尼类物质的滥用，这三类阿片物质或作为阿片类药物的替代品，或与海洛因混合，或与其他毒品混合出售。合成阿片类物质对人类健康造成的主要危害是其滥用过量所带来的高致死率，而不是滥用人数的增长。芬太尼是近年美国最受欢迎的合成阿片类药物之一，由于其滥用过量致死率远高于其他毒品，已成为美国阿片类物质危机的主要推手。

鉴于芬太尼使用者对芬太尼的偏好超过海洛因，海洛因使用者更偏好海洛因，芬太尼一般不可能取代海洛因作为海洛因使用者的首选药物。在美国，虽然芬太尼的受欢迎程度正在提高，但其也不可能得到非阿片类药物使用群体的认可，因为芬太尼不是他们喜欢的毒品类型。但是，在通常情况下，由于分销商或使用者均不知道他们销售或消费的物质究竟是何物，因此发生芬太尼滥用过量导致死亡。

1. 阿片类药物的非医疗使用

美国、加拿大的阿片类物质危机起源于阿片类药物的非医疗使用。这两个国家阿片类药物的处方率历来较高，使得阿片类药物流入非医疗用途的概率增加，由此导致阿片类药物使用紊乱和过量死亡人数增长。2018年，美国报告过去一年非医疗使用的主要阿片类药物为氢可酮。加拿大氢可酮和羟考酮的人均消费量位居世界第二，仅次于美国。这些阿片类药物有的来自合法渠道，有的来自非法市场。

2. 海洛因滥用的反弹

2010年以来，美国海洛因滥用反弹导致海洛因使用过量死亡人数增加。自2014年起，随着海洛因中被掺入芬太尼，海洛因滥用过量死亡人数进一步增加，由此构成美国阿片类物质危机的第二阶段。美国东北部和中西部都是海洛因流行率较高的地区，分别占全美海洛因滥用的40%和33%。而其西部地区各州主要使用"黑焦油"状的海洛因，与粉末状的盐酸海洛因相比，

[1] United Nations Office on Drugs and Crime (UNODC). Cross-Cutting Issues: Evolving Trends and New Challenges[R].//World Drug Report 2020. Vienna: United Nations, 2020: 30-43.

"黑焦油"状的海洛因较少掺假。

3. 以芬太尼为主的合成阿片类物质滥用"异军突起"

北美洲阿片类物质危机的第三阶段是合成芬太尼的出现。芬太尼不仅成为美国最流行的合成阿片类药物，也是阿片类物质滥用过量致人死亡的主角，还是其他毒品滥用过量致人死亡的主要原因之一。北美洲芬太尼等合成阿片类物质的使用导致了近年其滥用过量致死人数增加，其中芬太尼的致死人数约占美国吸毒过量死亡总人数的一半以上。

芬太尼是对美国威胁最大的合成阿片类药物，而且在短期内该情形不会发生改变。尽管如此，毒品生产者可能不会停止生产新芬太尼类似物和其他新阿片类物质。在美国中西部和东北部地区的白色粉末海洛因市场中，芬太尼的威胁仍然是最严重的，并且芬太尼可以单独使用，也可以与海洛因混合使用。芬太尼与非阿片类毒品的混合物也是引起公众健康问题的重要原因。

（二）非洲曲马多危机[1]

国际合成阿片类物质危机的第二个主要表现是曲马多的非医疗使用。近年来，非洲北部、中部、西部都已成为曲马多主要滥用区域，且亚洲、欧洲和北美洲也发现其非医疗使用现象。

1977 年，德国率先制造出曲马多。20 年后，澳大利亚、英国和美国等开始将其广泛地应用于医学领域。目前，作为一种不受联合国三大禁毒公约管制的合成阿片类药物，曲马多主要用于治疗中度程度的疼痛。曲马多的药效与可待因相当，仅为吗啡的十分之一。2018 年，世界卫生组织药物依赖性专家委员会在第四十一次会议通过的《关键审查报告：曲马多——关于癌症止痛的指导意见》中提到，曲马多是一种镇痛剂，且被一些中低收入国家列入基本药物清单。然而，近年在西非、中非和北非地区，曲马多被越来越多地用于非医疗目的，中东、西亚、南亚和东南亚地区及欧洲和北美洲的许多国家也报告了曲马多的非医疗用途，引发了公众健康问题。许多年轻人和一些工人通过滥用曲马多来提高他们的能量，以便能够长时间从事体力工作和乏味的工作，或者为了"性喜乐和表现"而滥用曲马多，以此满足兴奋、专注，以及减轻疼痛、自我治疗的需求。

---

[1] United Nations Office on Drugs and Crime（UNODC）. Cross-Cutting Issues：Evolving Trends and New Challenges[R].//World Drug Report 2020. Vienna：United Nations，2020：49-58.

尽管许多非洲、中东地区、欧洲和北美洲国家都对曲马多实施了法律管控，世界卫生组织药物依赖性专家委员会也已对其进行了六次严格审查及一次初步审查，但目前曲马多仍未被纳入国际毒品管制体系。非医疗使用和贩运曲马多正在成为部分非洲国家和地区的主要毒品威胁。根据2018年的缴获数据，非法贩运曲马多的主要目的地是贝宁、喀麦隆、中非、乍得、科特迪瓦、加纳、几内亚、尼日尔、塞内加尔、塞拉利昂、苏丹等西非和中非地区国家，以及埃及、利比亚等北非地区国家，还有部分曲马多被转运走私到阿拉伯联合酋长国、约旦、黎巴嫩等近东和中东地区国家。

有关数据表明，许多发展中国家无法获得国际管制的阿片类止痛药物，非洲国家的止痛药长期短缺也是一个不争的事实，然而这些国家又广泛存在非法滥用曲马多的问题。如果没有从根本上消除这种较大的市场需求，特别是在面临较大的医疗资源需求缺口的前提下，如何有效地解决曲马多的合法医疗使用短缺和非法滥用突出的矛盾，达到既能阻遏曲马多的非法生产和贩运，又能补充部分国家和地区的医疗资源短缺，是国际社会不得不面对的问题。这也是造成时至今日无法将曲马多纳入国际药物管控的原因之一。

（三）欧洲新老阿片类物质交织[1]

据欧洲毒品和毒瘾监测中心报告，近年欧洲部分地区的新合成阿片类新精神活性物质的供应量大幅增加。它们尽管在整个毒品市场上的占比很小，但是监测增长最快的物质种类之一。这些物质大部分来自强效芬太尼家族，尤其影响公众生命健康，因为过量使用该类药物有致命的中毒危险，特别是对滥用者尤为危险，因为多数滥用者并不知道它们可能会被以海洛因和其他非法阿片类药物的名义，甚至以假冒某种毒品的形式出售。2017年，欧洲毒品市场报告新发现13种合成阿片类物质，这也是合成阿片类物质首次成为当年报告新发现的最多物质类别，而这一位置以前一直被合成大麻素类物质和合成卡西酮类物质所占据。同年，欧洲合成阿片类物质累计报告发现总数达到38种，成为被监测的仅次于合成大麻素类（179种）、合成卡西酮类（130种）和苯乙胺类（94种）的第四大类新精神活性物质。

欧洲阿片类物质主要为海洛因和阿片类新精神活性物质。自2009年报告发现第一种合成阿片类新精神活性物质以来，截至2019年，欧洲共报告发现

---

〔1〕 European Monitoring Centre for Drugs and Drug Addiction（EMCDDA）. Fentanils and synthetic cannabinoids：driving greater complexity into the drug situation〔R〕. Luxembourg：Publications Office of the European Union，2018：8–17.

38 种合成阿片类新精神活性物质，其数目迅速增长，且以 2016 年、2017 年居多，这两年分别报告发现 9 种、13 种，约占所发现总数的 55.3%。

在欧洲毒品市场上，多数新合成阿片类新精神活性物质都具有强烈的药效，存在使用过量致人死亡的风险，这种风险已对公共健康构成严重威胁。尤其令人关注的是新合成芬太尼类物质，自 2012 年首次出现以来，这类物质在使用过量致人死亡事件中占主导地位。

随着新精神活性物质种类的不断增多，欧洲吸毒群体也呈现多元化状态。新精神活性物质与原有毒品的关系变得更加紧密，新精神活性物质可能以其本身名义直接在毒品市场上出售，也可能在某种原有毒品短缺时假借其名义出售。当以第二种情形销售时，就可能给毫无戒心的使用者带来滥用过量致死的风险，而这种风险主要来自进入海洛因等毒品市场的强效芬太尼类物质。

2016 年，新合成阿片类药物的缴获量仅占新精神活性物质缴获总量的 2% 左右，向欧盟早期预警系统报告的新合成阿片类药物仅占同期所发现的新精神活性物质总数的 0.2%。尽管新合成阿片类药物在欧洲毒品市场上所占份额不大，但是其药效强、使用过量致死风险大，不得不引起重视。

二、国际合成阿片类物质危机的影响和成因

近年来爆发的合成阿片类物质危机是一个严重影响多个区域乃至全球禁毒和公共卫生政策的问题，其不仅直接危害使用者的身心健康，导致较高的死亡率，而且推动毒品市场的变革，扩大合成阿片类物质的供应和消费，改变其贩运方式，推动合成阿片类物质危机变得更加复杂，加剧了国际禁毒和公共卫生已经面临着的挑战。

（一）合成阿片类物质危害健康，死亡率高

北美洲合成阿片类物质危机产生的最大影响是，芬太尼类物质滥用过量导致的高死亡率。芬太尼是近年来对美国威胁最大的合成阿片类药物。有关报告显示，近年来芬太尼等合成阿片类物质滥用过量直接导致北美洲吸毒过量死亡人数增加。2017 年以来，芬太尼的致死人数约占美国吸毒过量死亡总人数的一半以上（见图 27）；自 2016 年以来，加拿大越来越多的人滥用过量合成阿片类物质死亡是因为芬太尼。图 28 展示了 2005—2020 年美国阿片类物质滥用过量死亡人数，由图可见，自 2014 年以来，美国阿片类物质滥用过量死亡人数快速增长。

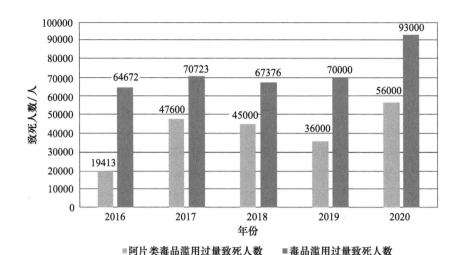

图 27 2016—2020 年美国阿片类毒品滥用及毒品滥用过量致死人数统计

资料来源：联合国毒品和犯罪问题办公室 2016—2020 年 GLOBAL SMART UPDATE。

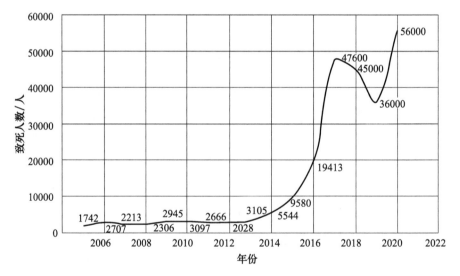

图 28 2005—2020 年美国阿片类毒品滥用过量致死人数分布

资料来源：联合国毒品和犯罪问题办公室 2005—2020 年 GLOBAL SMART UPDATE。

芬太尼类物质滥用过量致人死亡对美国、加拿大不同地区的影响不同。美国东北部地区受芬太尼类物质滥用过量致人死亡影响最大，西部地区相对较小。但是近年来该危机呈现由东部地区向西部地区转移扩散的趋势，虽然美国西部地区的芬太尼缴获量仅占全国缴获总量的约 3%，但实际上该地区的缴获量增加倍数最多。与美国不同，加拿大芬太尼类物质滥用过量致人死亡主要集中在西部地区的不列颠哥伦比亚省（每 10 万人中约有 31 人吸毒过量死亡）、艾伯塔省（每 10 万人中约有 20 人吸毒过量死亡）和北部育空地区（每 10 万人中约有 12 人吸毒过量死亡）。

（二）北美洲阿片类物质滥用过量致人死亡的主要因素

造成北美洲吸毒人员过量吸食毒品死亡的因素复杂，但是主要原因有两个：一是芬太尼类物质的加入，二是多种毒品的混合使用。

芬太尼滥用过量致死的主要原因：一是与其他合成阿片类物质相比，芬太尼的致死剂量很小；二是北美洲毒品市场上的芬太尼纯度和药效难以估计，且其既可作为海洛因、可卡因和甲基苯丙胺等毒品的掺杂剂使用，也可作为假冒的阿片类药物出售，导致误用过量致人死亡事件的发生。

多种毒品的混用是导致北美洲吸毒人员过量吸食毒品死亡情况复杂化的主要因素之一，因为大多数吸毒过量死亡人员都涉及一种以上毒品或药物的混用。在美国西部地区，甲基安非他明等兴奋剂滥用过量致人死亡排在首位，海洛因和芬太尼滥用过量致人死亡分别排在第二位和第三位，后两种物质也导致吸毒人员滥用过量兴奋剂死亡。与阿片类药物滥用过量致人死亡的情况一样，可卡因滥用过量死亡人数也增加了 1 倍。2018 年，近 60% 的可卡因滥用过量致人死亡事件涉及合成阿片类物质的混用。同年，甲基苯丙胺等兴奋剂滥用过量死亡人数也增加了 1 倍以上，其中四分之一以上也涉及合成阿片类物质的混用。苯二氮䓬类药物过量致死的人数也有所增加，其中近一半涉及合成阿片类物质。上述事实表明，非阿片类物质使用者越来越多地接触芬太尼和其他强效合成阿片类物质。

2013 年以来，美国和加拿大芬太尼滥用蔓延的因素趋于一致。这些因素包括：一是制造配方的传播。制毒者可以便捷地从互联网上获取芬太尼类似物的制造配方，他们无须掌握较深的化学专业知识，只需简单地遵循配方指令，便可以有效地合成芬太尼类似物。与海洛因相比，芬太尼的生产成本更低，可以在任何地方制造，不受气候条件或场地条件的限制。二是对前体化学品及其行业缺乏有效的监管。一些国家对医药、化工行业的管制相对宽松，可能助长了阿片类物质的扩散。三是借助"网络 + 邮政或快递"扩大分销网络。由于只需较少数量的芬太尼类物质就能满足滥用者的需求，通过网购和邮政发送的小包裹不仅可以便捷地送达用户，且该销售方式还降低了被缴获的风险，能得到较高的经济收益，因而制贩毒组织致力于采用合法贸易等渠道来扩大芬太尼类物质的市场。

近年来,芬太尼的滥用危机似乎主要是由生产供应方驱动的,而不像以往一样,是消费方增加的结果。芬太尼作为海洛因的掺杂物,可被用来假冒羟考酮、氢可酮、曲马多、苯二氮䓬类等药物,出售给大量毫不知情的阿片类和其他药物使用者。也存在这样的情况:有些当地毒品经销商无法区分海洛因、芬太尼,也无法区分流入非医疗渠道的阿片类药物和含芬太尼的假冒阿片类药物。

(三)合成阿片类物质消费市场扩大

据《2021年世界毒品报告》,截至2019年,全球阿片类毒品滥用人数约为6200万,位居全球毒品滥用人数第二,其中合成阿片类药物及物质滥用人数大约3100万,增长较快,达到近些年的新高。

1. 芬太尼类物质的滥用

(1)北美洲。自2010年以来,芬太尼类物质的滥用从美国东北部向西部蔓延,加拿大则由西部向北部扩散。

(2)欧洲。芬太尼类物质滥用在北美蔓延的同时,全球另一个阿片类毒品消费地区——欧洲也没落下。自2012年以来,欧洲毒品市场上共发现了28种新合成芬太尼类物质,已有23个国家报告检测到一种或多种新合成阿片类物质。向欧洲毒品和毒瘾监测中心报告的阿片类物质滥用中毒致死事件也有所增加,瑞典、英国、爱沙尼亚、德国等都报告发生了该类物质滥用过量致人死亡事件。芬太尼滥用过量致死问题已引起欧洲的高度关注。2015年年底以来,欧洲毒品和毒瘾监测中心与欧洲刑警组织已经对丙烯酰芬太尼、呋喃芬太尼、4-氟异丁酰芬太尼、四氢呋喃芬太尼、甲氧基乙酰芬太尼、环丙芬太尼和卡芬太尼等开展联合调查和风险评估。

在欧洲的毒品市场上,许多新合成的阿片类物质都具有较强的药理毒理效果,存在过量使用致人死亡的风险,因为过量服用会导致人呼吸抑制(呼吸减慢),进而导致呼吸骤停(停止呼吸)和死亡。这种风险已对公共健康构成严重威胁,大多数涉及非法使用阿片类物质的死亡都是由呼吸抑制引起的,特别是新的芬太尼类似物,自2012年首次出现以来,这类物质在使用过量致人死亡中占主导地位。

海洛因仍是头号阿片类毒品。虽然欧洲的合成阿片类市场正变得多样化,但海洛因仍然是大多数阿片类毒品使用者的主要滥用种类,同时合成阿片类药物的医疗用途也在大幅增加。在西欧和中欧地区,约有130万名高危阿片类物质的使用者(占15—64岁人群的0.4%),海洛因仍然是该次区域使用的主要阿片类毒品。由于其纯度相对较高、价格相对较低，因而许多国家海洛因的使用人数增加，从而也带来海洛因滥用过量致死的问题。根据 2019 年《欧洲毒品报告：趋势和发展》，2015—2019 年欧盟吸毒过量死亡人数增加，每 10 例吸毒过量死亡案件中就有 8 例或 9 例涉及海洛因的滥用。

2016 年，欧盟执法部门报告：从被缴获的粉末样品中检测出的前五种芬太尼分别为戊芬太尼（0.98 千克）、奥芬太尼（0.70 千克）、芬太尼（0.57 千克）、4-氟异丁酰芬太尼（0.52 千克）和呋喃芬太尼（0.47 千克）；从被缴获的液体样品中检测出的前五种芬太尼分别为丙烯酰芬太尼（2.23 升）、呋喃芬太尼（1.41 升）、四氢呋喃芬太尼（0.50 升）、4-氟异丁酰芬太尼（0.21 升）和环戊芬太尼（0.06 升）；从被缴获的片剂样品中检测出的芬太尼分别为丙烯酰芬太尼（1451 片）、4-氟异丁酰芬太尼（1155 片）、乙酰芬太尼（150 片）、环戊芬太尼（105 片）和呋喃芬太尼（45 片）。

芬太尼可被用作非法阿片类药物和处方阿片类药物的"合法"替代品出售，用于疼痛治疗或阿片类药物戒断等自我治疗。此外，它们还可以海洛因和其他毒品的名义或与之混合出售。研究来自欧洲吸毒死亡调查的信息发现，使用芬太尼的人群主要为注射海洛因和其他毒品的人。在许多情况下，这些人没有意识到他们正在使用芬太尼类物质，进而面临着服用过量威胁生命的更大风险。其他使用芬太尼的人群包括正在试验该类物质的人群，如精神病患者。滥用芬太尼类物质的主要方式为注射，然而近年来欧洲某些地区通过鼻喷方式使用芬太尼类物质的现象越来越普遍，这主要取决于含有芬太尼稀释溶液的鼻喷雾剂的高效性和易用性。此外，还可以使用电子烟吸入含有芬太尼类物质的电子液体。鼻喷雾剂和电子液体使芬太尼更具吸引力并在社会上被接受，从而帮助其更广泛地传播。与注射相比，后述使用方式不仅使人们更容易使用芬太尼，同时保证了类似的精神活性，但是仍然具有过量使用致人死亡的高风险。2016 年，瑞典检测到在线出售的、未标记的、含丙烯酰芬太尼的鼻腔喷雾剂，同年该物质已造成欧洲 47 人死亡。

自 2015 年年底以来，欧洲毒品和毒瘾监测中心与欧洲刑警组织进行了八项联合调查，芬太尼引起了欧洲的高度关注。两家机构于 2015 年对乙酰芬太尼，2016 年对丙烯酰芬太尼和呋喃芬太尼，2017 年对 4-氟异丁酰芬太尼、四氢呋喃芬太尼、芬太尼、甲氧基乙酰芬太尼和环丙芬太尼进行了调查。这些物质已引起 250 多人死亡，其中许多人死亡可直接归因于这些物质。2017 年欧洲毒品和毒瘾监测中心对这些物质中的 5 种进行了正式的风险评估，对甲氧基乙酰芬太尼和环丙芬太尼在 2018 年年初进行了评估。目前，基于丙烯酰芬太尼和呋喃芬太尼的风险性，欧盟已在其范围内对这两种物质实施了控制措施。

卡芬太尼是科学家开发的最有效的芬太尼药物之一，主要用于科学研究，某些国家也将其用作大型动物的麻醉剂。2012 年 12 月，该物质首次在欧洲被拉脱维亚警方查获。直到 2016 年，也仅有拉脱维亚、立陶宛和爱沙尼亚查缉到卡芬太尼。然而，进入 2017 年后，欧洲部分国家报告该物质的查获率激增。于是 2017 年 5 月，欧洲毒品和毒瘾监测中心和欧洲刑警组织对其进行了联合调查，并于当年进行了风险评估。通过调查发现，2017 年欧洲芬太尼类物质的供应量迅速增加，有七个国家报告了其缴获量情况，互联网和暗网上的批发和零售助长了该类物质的传播。

执法机构报告：自 2013 年 1 月以来，欧洲毒品和毒瘾监测中心共缴获了800 多片甲苯丙胺，其中约 25% 的缴获量发生在 2017 年的前四个月。对这些被缴获的毒品进行检测，检出芬太尼的概率约为 50%。至少有三个国家存在卡芬太尼的供应链。在一次查缉行动中，警方单案缴获了超过 400 克的卡芬太尼，该数量可以配制数百万剂的卡芬太尼混合物出售。2016 年 11 月至2017 年 4 月，在拉脱维亚等八个国家中，卡芬太尼滥用过量致死至少有 61人，其中多数死者为滥用海洛因。

此外，在部分销售的电子烟中发现了 O-desmethyltramadol、U-47700 和呋喃芬太尼等合成阿片类物质。然而，通常使用者不会意识到，他们使用这些产品可能有生命危险，尤其是对不能耐受合成阿片类物质的人来说，这种风险极高。

2. 曲马多的滥用

（1）多数西非、中非和北非地区国家均报告，曲马多滥用已成为其主要公共卫生问题和毒品威胁，滥用群体多为青年人。尼日利亚是非洲唯一调查过本国吸毒情况的国家，其结果显示了该问题的严重性。2018 年，尼日利亚约 300 万名男性（占男性人口的 6%）和 160 万名女性（占女性人口的3.3%）报告有阿片类药物（主要是曲马多）的非医疗使用情况。尼日利亚调查表明，由于海洛因的价格相对昂贵，曲马多就成为一种比海洛因更容易获得的合成阿片类药物。虽然使用曲马多的费用仅为海洛因的三分之一（曲马多 3.6 美元/天、海洛因 10 美元/天），但对一个人均最低工资约为 57 美元/月的国家而言，经常使用曲马多仍然会给滥用者及其家人造成相当大的经济负担。2014—2017 年，在贝宁、马里、尼日尔、尼日利亚、塞拉利昂和多哥等西非国家的吸毒治疗中，曲马多占有很高的比例。

曲马多的非医疗使用是许多西非国家年轻人特别关注的问题。例如，对加纳西部地区 300 名年轻人进行的一项调查发现，大多数（85%）受访者知道有人滥用曲马多，有一半以上受访者存在曲马多的非医疗使用，有三分之一的使用者报告每天滥用多剂曲马多。加纳的另一项定性研究指出，好奇心、同伴压力和医源性成瘾是引发和继续曲马多滥用的三个主要因素。使用者使用曲马多后会感到兴奋、精力充沛、疼痛减轻、能量增加和性功能提升。

在北非，曲马多既是埃及非医疗使用的主要合成阿片类药物，也是主要的疼痛治疗的药物。首先，埃及青少年学生使用曲马多的年龄和比例都不容乐观。其次，多药混用现象相当普遍，大多数人混合使用烟草、酒精、大麻与曲马多。大麻和曲马多是埃及精神病院出现首发药物性精神病患者中最常见的两种物质。最后，在滥用曲马多的人群中，有 30% 被评估为曲马多成瘾者，这些人有较高的精神病患病率。

在苏丹，虽然无法估计吸毒的人数，但有研究表明，近年来药物滥用的情况已迅速改变，特别是青年非医疗使用曲马多、苯二氮䓬类、咳嗽糖浆和抗组胺药，以及普雷巴林、加巴喷丁等抗惊厥药和神经病理性疼痛药物的情况日益增多。

许多发展中国家无法获得国际管制的阿片类止痛药物。由于非洲等发展中国家的止痛药长期短缺，因而供应和贩运曲马多用于非医疗、医疗目的的有限分配都会引发公共卫生问题。虽然没有关于曲马多用于医疗目的的数据，但关于国际管制药物的数据清楚地显示了不同国家在获得止痛药方面的差距。该数据表明，普遍缺乏阿片类止痛药是发展中国家面临的一个共同问题，而这个问题在西非和中非地区国家比世界其他地区国家更为明显。

佛得角、加纳、贝宁、多哥、布基纳法索、科特迪瓦、乍得、尼日利亚和塞拉利昂等西非地区国家人均合法使用国际管制阿片类药物的比例甚至低于本已极低的非洲国家的平均水平。但是，在大部分西非和中非地区民众得不到国际管制的阿片类止痛药的背景下，这些国家又广泛存在既用于医疗目的（包括外部处方），又用于非医疗目的的曲马多滥用问题。

（2）亚洲国家开始滥用曲马多。南亚地区的不丹、印度、尼泊尔、斯里兰卡等国都相继报告了曲马多与其他药物混用的非医疗使用情况；西亚地区的伊朗、东南亚地区的印度尼西亚和泰国等也报告了曲马多的非医疗使用和滥用过量致人死亡的病例，以及在某些情况下与苯二氮䓬类、卡痛叶、异丙嗪、羟嗪和苯海拉明等其他物质混用的情况。

（3）欧洲也出现曲马多的滥用。荷兰、丹麦、德国、英国、西班牙和瑞典等存在曲马多等阿片类药物的非医疗使用情况，欧洲曲马多滥用的危害越来越大，一些国家曲马多滥用过量致人死亡事件增加。拉脱维亚、斯洛伐克、斯洛文尼亚和英国等西欧和中欧地区国家都报告了曲马多滥用过量致人死亡的案例，且死亡人数呈逐年增加趋势。

（四）合成阿片类物质生产、贩运增长

《2021年世界毒品报告》显示，2019年全球缴获鸦片类毒品1077吨，创造了历史新高，其中缴获合成阿片类药物228吨，比2018年增长约94%，同样创造了历史新高。

与其他新精神活性物质一样，芬太尼类物质种类增加的主要原因是它们不受联合国禁毒公约的管制。毒品犯罪集团正是利用其非管制性，在许多国家和地区合法地制造和交易芬太尼类物质。同时，芬太尼类物质可以被作为既有毒品的"合法"替代品在明网和暗网上交易，并通过特快专递和物流送达消费者。当然，在多数情况下，使用者并不知道，它们还会被作为海洛因或其他毒品的混合物销售。目前，阿片类新精神活性物质除不常被作为可卡因的混合物销售外，在其他毒品中均有所发现。

（1）随着芬太尼滥用过量死亡人数的迅速增加，北美洲成为全球芬太尼生产、贩运中心。2010—2018年北美洲芬太尼的缴获量迅速上升，特别是自2014年以来，北美洲缴获最多的合成阿片类物质是芬太尼。据报告，大多数运往北美洲毒品市场的芬太尼主要通过邮政服务，要么直接运往美国，要么绕道墨西哥、加拿大再走私到美国。然而，自2019年5月中国列管整类芬太尼物质后，从中国走私到北美洲的芬太尼减少。但是，北美洲非法制造芬太尼类似物增加。据报告：2018年芬太尼类物质是在美国本土非法秘密制造的唯一合成药物；加拿大也曾查处捣毁芬太尼实验室；特别是墨西哥，使用从东亚和南亚地区走私到该次区域的前体化学品制造芬太尼，且多数墨西哥毒品贩运集团已经参与了从墨西哥到美国的芬太尼类物质贩运活动。而像印度等拥有庞大的制药企业的国家也参与了芬太尼类物质的非法秘密制造。

（2）自2014年以来，欧洲发现了粉剂、片剂和液态状的芬太尼类物质，且以粉剂为主。据报告，粉剂芬太尼类物质的缴获量从毫克到公斤不等。被缴获的芬太尼类物质可能是纯净物，也可能是混合物。混合物可能是由芬太尼类物质与海洛因或其他阿片类物质混合，也可能是在芬太尼类物质中掺入甘露醇、乳糖和扑热息痛等掺杂剂。在可卡因和其他兴奋剂等毒品中发现芬太尼的情况比较少见，最不常见的是在吸墨纸和植物类新精神活性物质中发现芬太尼。

（3）2018 年曲马多缴获量急剧下降，但仍以非洲、近东和中东地区缴获为主。鉴于曲马多被广泛用于医疗目的，因而非医疗用途市场中的曲马多可能通过合法销售、从合法贸易中流入非法途径及非法制造等方式供应。自2012 年以来，全球曲马多缴获量显著增加，2017 年缴获 125 吨，达到历史最大峰值，2018 年急剧下降（比上一年减少了约 75%）。2014—2018 年，缴获的曲马多主要集中在西非和中非（尼日利亚、贝宁、科特迪瓦和尼日尔等国），其次是北非（埃及、摩洛哥和苏丹）及近东和中东（约旦和阿拉伯联合酋长国）。尽管瑞典等欧洲国家也缴获部分供本地市场使用的曲马多，但是马耳他和希腊等西欧和中欧国家常被作为运往埃及和利比亚等北非国家曲马多的过境国。南亚的印度一直是非法曲马多的主要来源国，但是 2018 年 4月印度将曲马多列入《麻醉药品和精神药物法》管制后，印度首次报告缴获了大量曲马多，约占 2018 年全球曲马多缴获总量的 21%。印度将曲马多列入管制后，导致运往西非和中非地区的曲马多减少，引发西非非法市场上的曲马多价格显著上涨。曲马多供应变化的另一个后果是，假冒的曲马多药片剂打入了西非药品市场。据报告，从南亚走私到该次区域的双氯芬酸止痛药，被作为"曲马多"出售。双氯芬酸止痛药是一种非甾体抗炎药物，也被称为Voltaren 或 Cataflam，不是阿片类药物，不具有任何精神活性。然而，如果该药物滥用剂量过大，则可能会对使用者健康产生负面影响。例如，当吸毒者使用"曲马多"没有获得所期望的精神效果时，可能会增加双氯芬酸止痛药的剂量，从而危害其健康。

（五）新冠疫情对国际合成阿片类物质危机的影响

新冠疫情的暴发给世界带来了广泛和深远的影响，导致部分经济活动被迫停止，同时限制边界和行动的规模是过去的经济危机所无可比拟的。像以往的重大危机一样，该疫情对不断衍变的合成阿片类物质危机也造成了影响。

1. 对制造和贩运合成阿片类物质的影响

尽管疫情早期的迹象表明某些区域的非法合成阿片类物质的制造和贩运活动受到干扰，但后来的证据表明这些活动已恢复到正常水平且可能加剧。例如，美国边境芬太尼类物质缴获趋势的同比表明，虽然新冠疫情暴发后对非必要旅行有临时限制，但早先对芬太尼类物质贸易的破坏是极其短暂的，截至 2020 年 2 月，芬太尼类物质缴获量已恢复到以前的水平。同样，新冠疫情似乎对曲马多的贩运没有太大的影响，2020 年 2 月至 7 月科威特和印度都报告了大规模的缴获情况来看，在新冠病毒大流行之后，非法合成阿片类物质的制造和贩运活动受到的干扰很小。

2. 对使用合成阿片类物质的影响

新冠疫情可能加剧阿片类物质滥用过量情况的发生。受经济收入下降等因素影响,部分阿片类物质滥用者可能更多地选择"静脉注射"方式吸毒,以最大限度发挥毒品的精神作用。由此,可能增加感染艾滋病和丙型肝炎等血液传染病的风险。而共享吸入毒品装置也可能增加新冠病毒本身的传播,进一步加重有限医疗资源的负担。部分阿片类物质滥用者也可能通过戒除毒瘾或换用较低纯度的阿片类物质等方式,降低其对阿片类物质的依赖。随着阿片类物质供应和质量的改善,可能增加其滥用过量致死的风险。新冠疫情期间,大量公共卫生资源被占用,可能减少或中止阿片类物质替代治疗,进一步加剧合成阿片类物质的滥用。

(六)国际社会和各国禁毒面临的考验

面对以芬太尼为代表的合成阿片类物质危机,尽管国际社会和部分国家采取综合治理对策并取得了一定进展,但随着新一代具有类似阿片效果却有着不同于既往化学结构的新精神活性物质的出现,该危机进一步加剧和复杂化,这种类似阿片效果的新物质化学结构群的发展使得国际社会和各个国家的禁毒工作面临着新的考验。

近年来,除与曲马多和芬太尼类似物有关的发展之外,新一代非芬太尼合成阿片类物质已浮出水面,并在毒品市场上得到认可。合成阿片类物质向新的和更多样化的类阿片化学类别转变,阿片类物质成为发展最快的一类新精神活性物质。

2015—2019 年,全球发现的合成阿片类物质种类在所发现的新精神活性物质种类中占比从 2% 增至 8%。由于阿片类新精神活性物质的迅速出现和蔓延,加上大量的公共健康风险,置于国际管制的此类物质的数量也有所增加。据统计,2015—2020 年列入《经 1972 年议定书修正的 1961 年麻醉品单一公约》和《1971 年精神药物公约》管制的 59 种新精神活性物质中有 17 种是合成阿片类物质,即所列管的新精神活性物质中几乎有三分之一为合成阿片类物质。

合成阿片类物质更新换代速度快,一旦"老一代"阿片类物质被列管,就会迅速有"新一代"的合成阿片类物质出现。然而,其中许多与芬太尼化学结构不同的合成阿片类物质都不是新近的发明,只是最近才出现在毒品市场上。这些"新的"合成阿片类物质属于当初作为药物被开发但从未被商业化的药物（也称"失效药物"），或未经批准用于医疗的或未经注册的药物。许多"新的"非芬太尼合成阿片类物质最初是由制药企业在过去 50 年中开发的，试图寻找替代吗啡而没有与依赖性相关的不良影响的治疗药物，但没有被进一步开发或被认为"不适合人类消费"。在过去几年里，这些产品被"重新发现"，且从科学文献或专利申请中获得了关于这些产品的信息，以便秘密制造并在非法市场上销售。

其他"新的"合成阿片类物质则属于通过修改化学结构而规避现有立法管制形成的物质。虽然这些新合成阿片类物质的化学结构不同于芬太尼，但是阿片类物质一般具有较窄治疗指数、广泛的个体反应变异性和潜在的危及生命的毒性，因而它们仍然可能使人产生高度依赖性且具有滥用过量致死的风险。即便是使用剂量变化很小，也可能带来严重的治疗失败、药物不良反应和能力丧失等后果，甚至会导致与芬太尼类物质滥用一样的死亡。新的非芬太尼合成阿片类物质可作为独立产品，也可作为海洛因或假止痛药等毒品的掺杂物，从明网和暗网上购买。

三、国际合成阿片类物质危机的治理

面对国际合成阿片类物质危机，国际社会以及欧盟、美国、中国、印度等国家和地区及时采取措施应对。通过国际、区域和国家等层面的通力协作，在一定程度上遏制合成阿片类物质的供求和使用，以减少国际合成阿片类物质危机引发的负面影响和危害。

国际社会已积极采取措施，处理日益严重的合成阿片类物质危机。2018 年，联合国麻醉药品委员会第六十一届会议首次通过了一项决议，涉及加强国际和区域合作以应对合成阿片类物质非医疗使用造成的威胁。同年，联合国毒品和犯罪问题办公室启动了一项综合战略，其基础是一套总括性的补充原则，以支持、协调国际社会、成员国应对合成阿片类物质危机。此外，2018—2020 年，根据《1961 年麻醉品单一公约》，联合国麻醉药品委员会列管了 12 种芬太尼类物质。

面对国际合成阿片类物质危机，国家层面也及时作出了反应。2018 年 4 月，印度在其《麻醉药品和精神药物法》中规定管制曲马多，开始加强对走私、贩卖、制造、运输曲马多的执法，并对违反该法的行为处以刑事处罚，有效地加强了对曲马多的管制；中国于 2019 年 5 月宣布列管整类芬太尼物质，更是开国际先河，为国际社会管制新精神活性物质贡献了"中国方案"；

北美洲的加拿大、美国扩大了对芬太尼类似物和芬太尼前体化学品的管制，并加强了国际、国内的合作，以处理与芬太尼有关的非法活动。

新的非芬太尼合成阿片类物质的出现可被看作执行现有法律后的副作用，这种现象被称为"位移置换效应"。随着各国通过采用新的监管措施和提升化验能力等手段加强对新精神活性物质的管控、识别和检测，毒品犯罪组织只能利用当前化验技术的局限性及法律监管漏洞制造、贩运新精神活性物质。当然，位移置换效应也会受到使用者的偏好等因素的影响。然而，如果不采取现有的控制措施，那么芬太尼等强效阿片类物质就可能会在毒品市场上站稳脚跟，并产生更大的危害性。到目前为止，一些证据表明，现有控制措施在一定程度上成功地减少了芬太尼类物质的使用。因此，为防止合成阿片类物质在毒品市场上站稳脚跟，还得继续进行法律管控与规避法律的循环互动。

（一）联合国多措并举，应对危机[1]

2018年，联合国麻醉药品委员会第六十一届会议首次通过了一项决议，关于加强国际和区域合作以应对合成阿片类物质非医疗使用造成的威胁。同年，联合国毒品和犯罪问题办公室启动了一项综合战略，以支持、协调国际社会、成员国应对合成阿片类物质危机。2018年至2020年，联合国麻醉药品委员会将12种芬太尼类物质列入《1961年麻醉品单一公约》管制。

1. 优化获得医疗用途阿片类药物的途径

合成阿片类物质危机的双重性质要求采取一种平衡的做法，即在制止国际管制的阿片类药物的非医疗使用与获得疼痛管理和姑息治疗之间取得平衡。国家主管部门可参考关于受管制药物需求的估算准则和采用国际组织开发的相关在线系统，重新评估阿片类药物目前的需求数，简化受管制药物的进出口程序。同时，各国政府要对各自卫生系统进行改革，以改善疼痛管理和姑息治疗的受管制药物的获取和供应，并保证适当的监督。例如：允许开具电子处方，特别是在偏远地区，允许更多训练有素的医疗专业人员开具阿片类镇痛药；建立国家基本药物健康保险和定价制度。此外，国际组织和国家主管部门应督促从业医生加强职业道德建设，开具合理的阿片类镇痛药处方；扩大对相关人员的疼痛管理和姑息治疗培训；解决与阿片类药物使用有关的污名化问题；等等。

---

[1] United Nations Office on Drugs and Crime（UNODC）. The growing complexity of the opioid crisis[R]. Vienna：GLOBAL SMART UPDATE, 2020, 24：10-11.

2. 建立和发挥预警系统的重要作用

随着合成阿片类物质危机的日益复杂，国家、区域和全球预警系统在监测和早期发现新精神活性物质方面的关键作用更加凸显。鉴于新滥用物质的替换速度加快，及时获得关于新滥用物质的出现、流行和危害信息对于相关部门制定对策至关重要。然而，预警系统的有效性最终取决于国际、区域、国家之间能否不受限制、迅速地共享信息，这在全球部分地区仍然是一个值得持续关注的问题。要打破信息共享的障碍，就需要国际、区域和国家共同努力。如果新合成阿片类物质识别能力缺乏，还应提供建立国家检测系统的技术援助。

联合国毒品和犯罪问题办公室的全球新精神活性物质早期预警咨询系统和联合国合成药物工具包已为全球建立了可靠的科学基础，将预警转化为早期行动。其中，全球新精神活性物质早期预警咨询系统是一个在线门户，可提供有关新精神活性物质的基本信息。此外，注册用户还可以访问特定信息，包括有关物质出现和持久性的趋势数据、有关单个物质的化学详细信息、有关实验室分析的支撑性材料及立法对策等。

3. 提高检验鉴别能力

识别新精神活性物质不仅需要先进的、成本高昂的分析技术，还需要及时更新和提高检验鉴别能力。在获得化学参考材料、筛选工具或法医数据不足的情况下，可以考虑跨领域共享先进的分析技术，例如用于确定新物质分子结构和纯度的核磁共振波谱。同时，鼓励投资、更新现有法化学实验室分析技术的软件和光谱库，开发和验证新的分析方法，以确保能够识别或验证新合成的阿片类物质。

4. 建立公私伙伴关系，探索公私合作模式

新合成阿片类物质的出现迫切需要检测设备、毒理筛选等化学和法医学专门知识或参考资料，以协助法化学实验室和执法部门识别这些物质。这就为政府有关部门和私营实体的合作提供了机会，利用私营实体的技术、资金和市场优势，扩大信息分享面，共同发展法医学和化学专门知识、设备和技术，以缩短新合成阿片类物质被识别的时间。各国政府也有机会支持科研机构、高等院校、高新企业对新滥用物质进行法医鉴定、药理学和流行病学研究，这对掌握这些物质的危害及加强其管制都是十分重要的。比如，在新冠疫情期间，中国许多私营的生物医学检验机构及公司承担了大量的社会核酸检测采样和检验工作，有力地弥补了公立医院检测能力的不足，有效地缓解了政府疫情防控工作的压力。

5. 加强立法

加强合成阿片类物质管控立法是应对合成阿片类物质危机的另一项重要措施。要改善现有立法路径和程序，加快立法进程，将尚未列管的新合成阿片类物质纳入管制范畴，为从快打击此类物质违法犯罪提供法律保障。

无论采取何种立法管制制度，各国都应缩减立法时间，尽快实现非列管的新合成阿片类物质的立法管制。还可以改变立法路径，采用更广泛的类似物管制制度管制任何具有阿片类效果的新精神活性物质。例如，美国 2012 年颁布的《合成药物滥用预防法案》采用了上述方法来管控合成大麻素类物质。在该法规中，"合成大麻素类物质"被定义为"结合研究和功能分析所证明的，是 I 型大麻素受体（CB1 受体）激动剂的任何物质"。根据该定义，确定了合成大麻素类物质的五种结构类别。同样的方法可以推广运用到阿片类镇痛剂的定义，即"通过科学测试证明，能与人体的阿片受体相结合的任何物质"。

一种范围更加广泛的立法是对新精神活性物质管制的专门立法，其控制能够产生精神作用而无医疗价值的任何物质的制造、供应、个人持有和使用，因而可以解决所有新精神活性物质的一般供应和使用问题，而无须在立法中单独列出所有物质。澳大利亚、奥地利及英国从不同程度颁布了类似的立法。尽管该种立法在消除公开出售新精神活性物质方面取得了成效，并在一定程度上减少了新精神活性物质的供应、使用和危害，但这种立法有其局限性。最主要的局限性是，这种立法的可执行性不高。由于"精神作用"的定义含混不清，加之一些精神活性物质的药理活性信息也有限，因而易造成执法难。

6. 充分发挥国际禁毒机构的作用，统领国际禁毒合作

在过去的 10 年，全球检测到的新精神活性物质数量急剧增加。新精神活性物质的出现及其市场的持续发展已成为国际关注的一个焦点，已对禁毒工作构成新的挑战。亟须在国际禁毒组织和机构的统一领导下，建立全球监测预警系统，及时修改、制定国际禁毒公约和相关政策，协调地区、国家之间的禁毒国际合作。

2020 年 11 月 18 日、19 日，第七届新精神活性物质国际会议在维也纳举行，由国际新兴药物研究学会（ISSED）、联合国毒品和犯罪问题办公室、欧洲毒品和毒瘾监测中心、世界反兴奋剂机构（WADA）、赫特福德郡大学（UH）和法医科学研究与教育中心（CFSRE）联合举办。本次会议是新精神活性物质的领先国际论坛，吸引了全球各地数百名著名科学家、研究人员和决策者参与，共同交流了有关新精神活性物质及其最新使用趋势的信息，共

享和探讨了新精神活性物质检测和鉴定的分析方法。

（二）欧盟区域预警立法，双管齐下

为应对欧洲合成阿片类物质危机，欧盟通过加强国家和欧盟两级预警系统、加快欧盟风险评估程序、及时修改关于新精神活性物质管制立法等一系列措施，以更好地保护公众健康和安全。

1. 加强预警和响应[1]

瞬息万变的新精神活性物质市场及新精神活性物质与毒品市场日益紧密的联系等变化，都对预警活动提出了新的挑战。为此，欧洲毒品和毒瘾监测中心采取了一系列措施来提升欧盟的预警和响应能力。这些措施包括开发了一套由毒物警戒系统、信号管理系统、开源信息监视系统和风险交流（通报）系统组成的综合系统，从而能够更好地识别、理解、确定优先级信息，并响应新精神活性物质对公众健康的威胁。该系统在对执法部门查获的毒品和中毒案件中的新物质进行化学识别的基础上运行。此外，欧洲毒品和毒瘾监测中心还对引起欧盟特别关注的多种新精神活性物质进行了风险评估。

欧洲毒品和毒瘾监测中心通过欧盟早期预警系统与风险评估等平台和手段对与新精神活性物质相关的严重不良事件作出反应。许多初步的工作都集中在加强欧盟预警系统所属国家关于此类事件的报告，以及从科学、医学和其他公开文献中收集到的该类事件的检测和评估报告上。资料来源、信号管理系统提供了一个框架，用于识别、理解和区分与新精神活性物质有关的威胁。从最近的发展可以明显看出，可以通过与现有报告系统协同工作的主动数据收集系统来加强对新精神活性物质威胁的早期识别和响应。因此，欧洲毒品和毒瘾监测中心正致力于提高欧盟早期预警和响应能力。

所谓预警系统，是新开发的从开源信息中检测网络药品销售市场、流行病学和严重不良事件等有关信息的数据监视系统。欧洲毒品和毒瘾监测中心还研究了通过预警和风险评估活动来改善与威胁和其他重要信号有关的风险沟通的方法，这项工作旨在支持欧盟预警系统网络的工作，包括加强国家防范。

2. 修改法律立法流程

自 2005 年以来，欧盟对由新精神活性物质引起的公共卫生和社会威胁的

---

[1] European Monitoring Centre for Drugs and Drug Addiction（EMCDDA）. Fentanils and synthetic cannabinoids：driving greater complexity into the drug situation[R]. Luxembourg：Publications Office of the European Union，2018：18.

法律框架进行了修改，目的是建立一个更快、更有效的新精神活性物质立法管控流程。新立法保留了预警、风险评估和控制措施三个步骤，同时通过简化和加速数据收集及缩短风险评估期限来加快现有立法流程。

3. 加强禁毒国际合作

欧洲毒品和毒瘾监测中心进一步加强了与联合国有关机构的合作。特别是在过去的几年中，欧洲毒品和毒瘾监测中心为世界卫生组织与联合国毒品和犯罪问题办公室提供了新合成阿片类药物，尤其是芬太尼的数据、分析方法等专业知识，为全球应对这一问题提供信息，并最终帮助保护公共健康。

（三）多国行动，减轻危害

1. 美国采取措施，遏制蔓延

面对合成阿片类物质危机的爆发，美国将治理阿片类物质问题作为一项重要议题开展，主要措施有：

（1）针对合成阿片类物质危机宣布进入"全国公共卫生紧急状态"。2016年，美国多个州宣布进入合成阿片类物质危机的"紧急状态"。同时，美国联邦政府通过了《综合成瘾与康复法案》（Comprehensive Addiction and Recovery Act，CARA）和《21世纪治愈法案》（21st Century Cures Act），规定联邦政府向各州和其他地区发放10亿美元的治理合成阿片类物质危机的专项拨款，用于资助阿片类物质治疗和预防项目。2017年10月26日，美国针对合成阿片类物质危机正式宣布进入"全国公共卫生紧急状态"，从而引起联邦政府的高度重视。

（2）加强立法，划拨资金。美国不仅通过立法为治理各类阿片类物质提供法律依据，同时还立法规定保障治理经费的划拨投入，从软硬件上全力支持阿片类物质的治理。美国各州也纷纷出台相关法律和措施予以保障。

（3）"全政府"投入。美国政府发动了联邦各部门共同应对合成阿片类物质危机。白宫国家药物管制政策办公室（Office of National Drug Control Policy，ONDCP）负责统领工作，成立专门机构"新兴威胁委员会"协调各部门共同治理合成阿片类物质危机。[1]

（4）实施"安全处方"计划。提升医疗人员和民众对阿片类物质的认知，教育民众知晓相关风险和危害，减少病患对阿片类药物的需求；加强医

---

[1] 袁莎. 中美新精神活性物质治理的合作机遇与挑战[M]//张勇安. 国际禁毒蓝皮书：国际禁毒研究报告（2020）. 北京：社会科学文献出版社，2020：105–107.

疗行业培训，减少阿片类药物的处方量。

（5）加强阿片类物质成瘾戒治。为病患提供有效治疗和康复服务，提供纳曲酮等逆转药物和器材，为偏远乡村民众提供远程医疗。同时，加大力度开发不会成瘾的止痛药和防止阿片类药物成瘾的疫苗。

（6）与中国等开展禁毒合作。2018年，在中国杭州G20峰会上，时任美国总统特朗普与中国国家主席习近平就加强两国禁毒合作、管控打击芬太尼类物质等问题进行了会晤交谈。2019年，中国宣布列管整类芬太尼物质。中美积极交换禁毒情报信息，联合破获了一些重大的芬太尼类物质走私等国际贩毒案件。

2. 中国立法、执法并重，彰显大国禁毒担当

对于北美洲等区域出现的合成阿片类物质危机，我国虽然不存在芬太尼类物质的滥用，但是出于国际人道主义的担当，并没有等闲视之，而是及时地采取立法、执法措施综合治理。

（1）重视对芬太尼类物质的立法管制。我国对芬太尼类物质实施了最为严格的管制，是全球首个对整类芬太尼物质进行立法管制的国家。我国对新精神活性物质的立法管制制度，不仅分别将药用类芬太尼列入《麻醉药品品种目录》（2013年版）管制，而且把非药用类芬太尼列入《非药用类麻醉药品和精神药品管制品种增补目录》管制。同时，为彻底消除不断衍生新芬太尼类物质的隐患，再次创新我国毒品立法管制制度，首次采用骨架结构管制方式，对整类芬太尼物质实施管制，既达到了拓宽其管制范围的目的，也实现了对新合成的芬太尼衍生物的事前管制。具体立法历程如下：

2013年以前，我国已将芬太尼、舒芬太尼、瑞芬太尼和阿芬太尼等13种芬太尼药物列入《麻醉药品品种目录》管制。自2015年以来，我国陆续将发现频率较高、危害较为严重的12种芬太尼类物质列入《非药用类麻醉药品和精神药品管制品种增补目录》管制：2015年10月1日，列入乙酰芬太尼、丁酰芬太尼、β-羟基硫代芬太尼、4-氟丁酰芬太尼、异丁酰芬太尼、奥芬太尼等6种；2017年3月1日，列入丙烯酰芬太尼、卡芬太尼、呋喃芬太尼、戊酰芬太尼等4种；2018年9月1日，列入4-氟异丁酰芬太尼、四氢呋喃芬太尼2种。至此，我国已列管芬太尼类物质25种，其中包括国际禁毒公约已列管的21种。2019年5月1日，我国对芬太尼类物质实施整类列管。根据美国等国家的报告，自我国对芬太尼类物质实施整类列管以来，这些国家再未从其毒品市场上查获到来源于我国生产的芬太尼类物质，由此也证明了我国对芬太尼的立法管控是卓有成效的。

（2）开展打击芬太尼类物质等新型毒品的专项行动。我国在强化芬太尼类物质立法管控的同时，注重从我国部分地区可能存在的芬太尼类物质违法犯罪隐患的实际出发，有针对性地部署全国性打击芬太尼类物质等新型毒品的专项行动，加强摸底排查医药化工等相关重点企业、单位和人员，落实物流寄递"收寄验视、实名收寄、过机安检"三项制度，并清理、整治网上涉毒信息，坚决防止芬太尼类物质等新精神活性物质的研发制造、走私出境及滥用蔓延。据不完全统计，2019—2020 年，全国共排查医药化工相关重点企业、单位 800 余家，摸排管控重点人员 550 余人，破获新型毒品犯罪案件 130 多起，抓获犯罪嫌疑人 280 多名，缴获新型毒品 220 公斤，有力打击了制贩芬太尼类物质等新型毒品犯罪活动。[1]

---

〔1〕 国家禁毒委部署专项行动，深入推进打击芬太尼类物质等新型毒品〔EB/OL〕. (2020-11-12)〔2021-10-30〕. https://baijiahao. baidu. com/s? id =1683130968735605715&wfr =spider&for =pc.

专题研究三　合成大麻素类新精神活性物质的发展与管控

大麻是全球滥用最广的毒品，其主要精神活性为四氢大麻酚（THC）。近年来，受科学技术进步和毒品市场需求的影响，不法分子利用大麻成瘾和戒断的原理，通过化学合成方法快速、便捷地获取类似大麻成瘾效果，却比大麻精神活性更强的物质。2003 年以来，快速占领毒品市场的合成大麻素类新精神活性物质（Synthetic Cannabinoids new psychoactive substances），简称合成大麻素（SCs），就是通过模仿四氢大麻酚与人体中的大麻素受体结合的药理效果和影响，合成制造的一类大麻素受体激动剂（SCRAs）。自其问世后的短期内，便成为新精神活性物质的一大家族和传统毒品的一类替代品。

合成大麻素是人工合成的一类具有模仿天然传统大麻中主要活性成分四氢大麻酚作用的新精神活性物质。吸食合成大麻素能产生比天然传统大麻更为强烈的快感，加之天然传统大麻在毒品市场的重要地位，导致合成大麻素一经出现就迅速蔓延。自 1988 年第一代萘甲酰吲哚类物质出现以来，合成大麻素不断地进行着结构改造和修饰，一度成为新精神活性物质中涵盖物质种类最多、滥用最为严重的家族，也曾是被监测发现的最大一类新精神活性物质，位列新精神活性物质之首，影响广泛。

合成大麻素的发展在 2013—2014 年达到高峰，自 2015 年开始趋于稳定，从第一大种类新精神活性物质降至第二位，但依然数量庞大、滥用较多。

一、合成大麻素的历史与发展

（一）曾经最大和最活跃的新精神活性物质种类

自 2010 年以来，国际社会一直关注越来越多的关于生产含有合成大麻素物质的报告，这些物质具有类似大麻的效果。2014 年，世界卫生组织药物依赖性专家委员会首次审查了 7 种合成大麻素。其结论是，合成大麻素 JWH-018 和 AM-2201 没有医疗用途，但滥用后危害巨大。

自 2008 年 9 月起，联合国毒品和犯罪问题办公室启动"全球合成毒品检测：分析、报告和趋势"（SMART）项目，收集新精神活性物质数据进行分析，分享相关信息、提供预警咨询，每年发布两次全球 SMART 更新报告。2015 年 3 月发布的第 13 卷报告对合成大麻素进行了特别报道，出版了《合成大麻素：关于最大和最活跃的新精神活性物质种类的主要事实》（Synthetic Cannabinoids：Key Facts about the Largest and most Dynamic Group of NPS）。

欧洲毒品和毒瘾监测中心于 2017 年出版了《毒品看法：合成大麻素在欧洲》（Perspectives or Drugs：Synthetic Cannabinoids in Europe）的报告，对欧洲合成大麻素的情况进行了介绍和分析。该报告称，合成大麻素是当时欧洲毒品和毒瘾监测中心通过欧盟早期预警咨询系统在欧洲监测到的种类最多的新精神活性物质，在欧盟预警监测的超过 620 种新精神活性物质中有 169 种是合成大麻素。2016 年 7 月，MDMB-CHMICA 是第一个由欧洲毒品和毒瘾监测中心进行风险评估的合成大麻素，目前它已在整个欧洲受到管制。MDMB-CHMICA 被列为 CB1 受体的强效和完全激动剂，也被证明是 CB2 受体的激动剂。

（二）合成大麻素的产生

自 2004 年以来，有互联网消息称"草药混合物"会以"合法高价"出售，并可能产生类似于"大麻"的效果。同期，在供吸烟者使用的"草药混合物"中检测到几种合成大麻素，这些混合物在互联网上和专卖店以"香料""K2"等名称出售，这些产品一般不含有大麻，而含有合成大麻素。它们被标有"非人工合成"的标签，通常经过干碎的没有精神活性的大麻植物原料浸泡或喷洒一种或几种合成大麻素。作为娱乐药物使用合成大麻素最初似乎仅限于少数体验用户。2008 年，德国和奥地利的法医首次发现合成大麻素 JWH。自此，含有合成大麻素的产品在德国、奥地利和欧洲其他国家越来越受欢迎，它们开始被作为"草药产品"通过互联网销售，并以产生类似于大麻的体验作为广告经常出现在各类传播媒体上。

合成大麻素包含大量结构不同的化合物，或者有可能进行进一步的结构变化生成类似物和衍生物。当然，并非所有用作新精神活性物质的合成大麻素都是新型化合物。其中一些合成大麻素物质，如 CP-55940 或 WIN-55212-2 等，在用作新精神活性物质之前，曾作为化学品研究而商用；另一些合成大麻素药物则因产生了严重的不利影响而退出市场；还有一些合成大麻素物质未经批准而从未进入市场。1965 年报道了四氢大麻酚的合成，不久之后便合成了第一种大麻类似物。两种大麻素受体 CB1 和 CB2 则是在 20 世纪 80 年代被发现并定性的，自此，对大麻素作用机制的研究一直在进行中。其他经典的合成大麻素，如 HU-210，被认为比四氢大麻酚具有至少 100 倍的效力，于 1988 年在以色列被合成，并于 2009 年出现在新精神活性物质市场。JWH 化合物于 20 世纪 90 年代由约翰·威廉·霍夫曼（John W. Huffman）教授及其团队在美国研究受体和药物相互作用时作为试验性复合体而开发。可以说，自 20 世纪 80 年代发现大麻素受体 CB1 和 CB2 以来，新精神活性物质市场经历了一系列合成大麻素化学家族的不断发展，并持续进行结构修改，以保持其不受法律管制。

合成大麻素的化学多样性和出现速度使得各国在对其进行检测、监测和响应方面面临着挑战。供应商只是想模仿四氢大麻酚的作用，从本质上讲，这使得每种合成大麻素都是一次性的。当一种或将要生产的合成大麻素受到法律控制时，制造商便会准备合成、出售另一种或多种替代物质。

合成大麻素的作用时间较短，"高峰效果期"更短，而且与天然大麻使用相比负面影响更多。在毒性方面，使用者不仅会表现出通常与大麻中毒相关的症状，还会表现出与大麻中毒不同的症状，如癫痫发作、高血压、恶心和难以解决的呕吐等。许多合成大麻素对大麻素受体具有更强的亲和力，因此合成大麻素被认为比大麻毒性更大。

（三）合成大麻素的发展

从合成大麻素出现开始，就已经在以"草药混合物"出售的产品中检测到大量的合成大麻素物质。之后，在一些诸如"阿富汗香"之类的"合法高级"产品中或在非法市场上直接冒充大麻树脂的产品中也发现了合成大麻素。这种发展可能是对大麻树脂在许多国家普及的一种反应。再之后，在含有其他新精神活性物质（如兴奋剂、迷幻剂和镇静剂）的混合物中也检测到了合成大麻素，同时在摇头丸片剂或胶囊中也发现了合成大麻素的存在。总之，合成大麻素的存在形式越来越多样和令人迷惑。

自 2008 年在欧洲市场上发现合成大麻素以来，欧洲毒品和毒瘾监测中心一直在密切监视与它们有关的发展，这一时期的显著特征是该物质化学家族得到发展并创新化学替代的适应方式。而市场上合成大麻素的表现形式也越来越多样，根据 2020 年欧盟预警报告，除了传统的烟草和电子烟包装，市场上已经出现了用经过合成大麻素浸染的纸张制作的信件、贺卡、照片、儿童图纸、纵横字谜、数独拼图、打印图像等，供吸食滥用者使用。烟草草药混合物、电子液体产品、合成大麻素浸渍纸成为含有合成大麻素的三种主要产品。[1]

（四）合成大麻素的命名

合成大麻素的命名都与其发现或发明有关。有的名字是从最初合成它们的科学家的名字中得出的，如"JWH"系列合成大麻素源自约翰·威廉·霍夫曼教授的英文名"John W. Huffman"，"AM"系列合成大麻素源自亚历山德罗斯·马克里亚尼斯教授的英文名"Alexandros Makriyannis"。有的名字源自最初合成它们的机构或公司名称，如"HU"系列合成大麻素源自耶路撒冷希伯来大学的英文名"The Hebrew University of Jerusalmen"，"CP"系列合成大麻素源自卡尔·辉瑞的英文名"Carl Pfizer"。也有一些"合法高档"产品的制造者可能会选择娱乐行业流行团体名称来命名，以帮助其营销产品。较为引人注目的是"AKB-48"和"2NE1"，它们是 APINACA 和 APICA 的备用名称。"AKB-48"是一个受欢迎的日本女子乐队的名字，"2NE1"是一个来自韩国的女子乐队的名字。此外，还有通过其他方法来命名的，如合成大麻素 XLR-11 是根据美国研发的第一种用于飞机上的液体燃料而得名的，暗示着供应商对使用该物质的人的意图。现在，许多合成大麻素的名称都直接来源于其较长的化学结构名称，将各个组成部分的化学名称进行排序组合。许多合成大麻素的结构可分为四个部分，即尾部、核心、接头和连接基团，为每个组件分配一个代号名称即可。

二、合成大麻素的现状

从 2015 年开始，合成大麻素种类数量趋于稳定，其原保持的第一大种类新精神活性物质之位已被兴奋剂类物质所取代。

（一）合成大麻素种类数量虽有下降，但趋于稳定，目前其为第二大种类新精神活性物质

根据联合国毒品和犯罪问题办公室运行的全球新精神活性物质早期预警

---

[1] European Monitoring Centre for Drugs and Drug Addiction（ENCDDA）. New psychoactive substances：global markets，glocal threats and the COVID-19 pandemic［M］. Luxembourg：Publications Office of the European Union，2020：15.

咨询系统于 2020 年 10 月发布的《当前新精神活性物质威胁》第 3 卷报告，2009 年至 2020 年各类精神活性物质的报告信息突出了新精神活性物质市场的动态性，总体而言，兴奋剂是报告最多的物质群体，其次是合成大麻素类和经典致幻剂。随后联合国毒品和犯罪问题办公室在 2020 年 11 月出版的《2020 年全球合成毒品评估》中提到，自 2008 年开始监测以来，在所报告的新精神活性物质中，截至 2020 年 8 月，兴奋剂是其中的最大类别，占 35%；其次是合成大麻素类，占 29%。随着兴奋剂市场份额的增加，在 2018 年至 2019 年，合成大麻素类的市场份额和数量略有下降，表明该类物质的多样性减少。由此可见，近年来，合成大麻素数量虽然下降，但是趋于稳定，合成大麻素仍占据着新精神活性物质种类的第二把交椅。

尽管在一般人群中新精神活性物质的滥用率较低，但在高风险和边缘化人群中，如注射毒品的人、无家可归者和监狱中被关押者，兴奋剂、合成大麻素类药物、合成阿片类药物和镇静催眠药（主要是苯二氮䓬类物质）等的滥用率较高。随着新的强效精神活性物质的出现，使用新精神活性物质产生的相关健康危害可能增加，这可能导致意外的用药过量事件，甚至死亡事件。含有新精神活性物质的产品的纯度和成分通常是未知的，这使得使用者处于高风险之中，医院急诊入院与新精神活性物质相关的死亡案例可以证明这一点。2020 年 1 月联合国毒品和犯罪问题办公室发布的《当前新精神活性物质威胁》毒理学病例报告中显示，镇静催眠药是新精神活性物质的最大群体（67.8%），其次是合成大麻素类、植物类新精神活性物质，特别是卡痛叶和合成阿片类。

从 2013 年开始，在每年的新精神活性物质名单中，合成大麻素都有 100 多种。特别是在 2013 年和 2014 年，合成大麻素是第一大类新精神活性物质，直到 2015 年才被兴奋剂取代屈居第二。2019 年，合成大麻素占新精神活性物质总数的 23%，仅次于占 38% 的兴奋剂。

（二）全球各区域合成大麻素的发现情况[1]

截至 2020 年 8 月，欧洲已有 42 个国家报告了 875 种不同的新精神活性物质，主要是兴奋剂、合成大麻素类和经典致幻剂。新精神活性物质市场与传统药物之间的相互作用日益增强，新精神活性物质与其他药物同时出售或与其他药物混合出售更加普遍。合成大麻素类物质和合成卡西酮类物质继续被高风险和边缘化群体使用，例如注射毒品的人、无家可归者和监狱中被关押者。

〔1〕 United Nations Office on Drugs and Crime（UNODC）. Global Synthetic Drugs Assessment [R]. Vienna：United Nations，2020：17-37.

近东和中东地区报告的新精神活性物质主要是合成大麻素，报告发现的国家有巴林、伊拉克、以色列、约旦、科威特、黎巴嫩、阿曼、卡塔尔、沙特阿拉伯、巴勒斯坦、叙利亚、阿联酋和也门等。

截至 2020 年 8 月，中亚和外高加索地区（包括亚美尼亚、阿塞拜疆和格鲁吉亚三国）的一些国家已报告发现 119 种新精神活性物质；在 2017 年和 2018 年市场上新精神活性物质数量减少之后，2019 年合成大麻素类物质的数量增加了 65%；还出现了秘密制造兴奋剂和合成大麻素类物质的现象，这或许表明该地区的新精神活性物质市场正在扩大。

在东南亚地区，合成大麻素类物质是仅次于氯胺酮的新精神活性物质，新加坡和印度尼西亚的合成大麻素类物质情况较为突出。新加坡发现的新精神活性物质种类数量是东南亚地区国家中最多的，而合成大麻素类物质则占据大多数。从 2017 年开始，合成大麻素类物质在印度尼西亚新精神活性物质市场上占据主导地位。此外，马来西亚、菲律宾、越南、文莱等国合成大麻素类物质滥用现象也较为普遍。

截至 2020 年 8 月，在东亚地区，日本作为亚洲报告新精神活性物质最多的国家，已发现 366 种，其中合成大麻素类物质占比最大、数量最多，有100 多种；中国近年来不断出现"娜塔莎""小树枝"等合成大麻素类物质，并迅速扩张。

三、合成大麻素的危害

在毒性方面，一般认为，合成大麻素的成瘾性和戒断症状类似天然大麻，长期吸食会导致心血管系统疾病及精神错乱，同时也存在致癌的风险。[1]

来自欧洲毒品和毒瘾监测中心的监测和研究表明，合成大麻素可对人类身体健康造成严重伤害。对人体健康的不利影响与该物质的内在特性、人体对该物质的内在反应以及含该物质产品的生产方式有关。全球已有大量的非致命性中毒事件报道，中毒者主要表现为经常性躁动、恶心和异常快速的赛车性心跳等症状。虽然严重的不良事件（例如中风、癫痫发作、心脏病、肌肉组织破裂、肾脏损害、精神障碍以及长期严重的呕吐）和相关死亡事件还较少见，但是依赖性和戒断的症状也有报道，表明合成大麻素的毒性与危害潜力还很高。合成大麻素的危害可能与其合成的纯度相关，过量使用纯度较

---

〔1〕 国家禁毒办权威发布毒品基础知识(三)：新精神活性物质［EB/OL］. (2018-07-05)［2021-03-23］. http://www.nncc626.com/2018-07/05/c_129907533_2.htm.

高的合成大麻素产品带来的风险更高；合成大麻素的危害也可能由除与大麻素受体相互作用外的其他机制引发。

合成大麻素最引人注目的危害之一是能够引起大规模中毒暴发。有时会在短时间内涉及数百人，这在过去的美国和俄罗斯等国家和地区已经成为一个主要问题。2014 年，俄罗斯短短两周的时间就发生了 600 多起与合成大麻素 MDMB-FUBINACA 有关的中毒事件，其中造成 15 人死亡。欧洲毒品和毒瘾监测中心在 2020 年 12 月出版的《新精神活性物质：全球市场、威胁和 COVID 大流行病》（New Psychoactive Substances：Global Markets，Global Threats and the COVID-19 Pandemic）中再次强调，由于合成大麻素的高效能和使用者可能接触的高剂量，合成大麻素具有可能构成严重中毒的高风险，在某些情况下可能致命。美国、俄罗斯、加拿大等国家及地区已经发现报告相关案例。

总之，滥用合成大麻素会出现头晕、呕吐、精神恍惚、致幻等症状，过量吸食会出现休克、窒息，甚至猝死等情况。该类毒品比大麻毒品更容易上瘾，且价格低廉、隐蔽性强、不易被检测，常被吸毒者作为传统毒品的替代品吸食。[1] 而化学合成技术的发展和毒品市场的大量掺假，使得吸食滥用合成大麻素的危害进一步增大。

四、合成大麻素的管控

（一）联合国对合成大麻素的管控

联合国毒品和犯罪问题办公室于 2013 年正式使用"新精神活性物质"这一概念，并给出了定义和分类。但是在管制上，仍然沿用了之前的毒品管制制度。首先，由联合国麻醉药品委员会通过会议讨论投票决定是否对某类药物或物质进行管制。其次，如若通过，则将该类药物或物质列入相应的《1961 年麻醉品单一公约》和《1971 年精神药物公约》附表进行管制。2015—2020 年，联合国麻醉药品委员会已将 60 种新精神活性物质纳入《1961 年麻醉品单一公约》（17 种）和《1971 年精神药物公约》（43 种）附表管制。其中，17 种合成大麻素被列入《1971 年精神药物公约》附表进行管制，如表 20 所示。

---

[1] 国家禁毒办召开列管合成大麻素类物质专家论证会[EB/OL]．(2020-12-30)．https：//mp. weixin. qq. com/s/8s2KT_SYAROXDF-yBfEsTQ.

表 20　2015—2020 年列入《1971 年精神药物公约》管制的合成大麻素

时间	《1971 年精神药物公约》合成大麻素管制种类	管制种类数量
2015 年 3 月	JWH-018	2
	AM-2201	
2017 年 3 月	MDMB-CHMICA	3
	5F-APINACA（5F-AKB-48）	
	XLR-11	
2018 年 3 月	AB-CHMINACA	4
	5F-MDMB-PINACA（5F-ADB）	
	AB-PINACAUR-144	
	5F-PB-22	
2019 年 3 月	ADB-FUBINACA	4
	FUB-AMB（MMB-FUBINACA，MB-FUBINACA）	
	CUMYL-4CN-BINACA	
	ADB-CHMINACA（MAB-CHMINACA）	
2020 年 3 月	AB-FUBINACA	4
	5F-AMB-PINACA	
	5F-MDMB-PICA	
	4F-MDMB-BINACA	

（二）世界各国对合成大麻素的管控

合成大麻素的迅速发展和严重滥用引起了世界各国的高度重视。尽管联合国三大禁毒公约没能及时将合成大麻素列入毒品管制范围，但很多合成大麻素滥用形势严峻的国家已经各自采取了相应的措施来管控应对。然而，合成大麻素的结构多样性和新衍生种类的迅速发展对全球和各国的立法管控提出了挑战。例如，一些欧洲国家最初使用基于医学立法的监管方法来控制含有合成大麻素的产品流通。然而，欧洲法院于 2014 年 7 月裁定，根据欧盟法律相关规定，合成大麻素并不属于药用产品。为此，各国采取一般性立法、预防性立法等各种立法技术来实现对合成大麻素的管控。预防性立法包括类似物管制立法和化学骨架管制立法。

鉴于合成大麻素市场的快速增长，为了补充对个别物质的管控，爱尔兰、日本、俄罗斯、新加坡和英国等国家进行了化学骨架管制立法，基于物质的化学结构管控已经遇到的大量合成大麻素类物质，并预测对可能产生的新物质进行控制。同时，根据物质变化和发展对管制清单进行修改。

美国、卢森堡等国家则通过类似物管制立法来对合成大麻素进行管控。美国《管制物质法案》规定，如果一个人贩运符合"类似受管制物质"定义的物质，且该物质化学结构与《管制物质法案》附表一或附表二中受管制物质的化学结构比较相似，他们可能面临美国联邦法院的制裁，以此确立了临时管控的方法。而在2012年《合成药物滥用预防法案》中，美国又引入了基于合成大麻素对大脑的神经化学影响来控制合成大麻素的新方法，包括可能发生化学变异但通过与CB1受体结合而具有特定作用的物质。

（三）中国对合成大麻素的管控

我国最早出现的合成大麻素是JWH化合物家族的JWH-018、JWH-073等，源于国外的一种混合草药"Spice""spike 99"商品，俗称"香料"。2010年，某市公安局禁毒支队破获一起制贩毒品案，缴获的部分样品外包装袋上标识为"spike 99"字样，内容物为干枯的植物叶，由犯罪嫌疑人通过网络从国外购买。经GC/MS方法检验，其主要的活性成分为JWH-073和JWH-018，能够与大麻素受体结合，产生比天然大麻更强的效力。[1]因此，我国禁毒部门迅速反应，从2010年开始着手对出现的合成大麻素进行管制，将JWH-018、JWH-073、JWH-250、AM-694、AM-2201等5种合成大麻素列入《精神药品品种目录》（2013年版）第一类精神药品列表，标志着这些合成大麻素正式成为毒品。

面对国内外不断发现报告的新精神活性物质，我国创新性地于2015年制定实施了《非药用类麻醉药品和精神药品列管办法》，将新精神活性物质视为非药用类麻醉药品和精神药品进行管制，实现了与麻醉药品和精神药品管制的有效衔接和法律漏洞填补。该办法颁布时就一次性将5F-ABICA、5F-AB-PINACA、5F-ADBICA、5F-AMB、AM-1220、AM-1248、AM-2233、JWH-007、JWH-015、JWH-019、UR-144等39种合成大麻素列入《非药用类麻醉药品和精神药品管制品种增补目录》进行管制[2]，含有MDMB-CHMICA成分的"小树枝"即是其中的代表。

《非药用类麻醉药品和精神药品列管办法》的实施为我国管控新精神活性物质提供了便利。2018年8月16日，《公安部、国家卫生健康委员会、国家药品监督管理局关于将4-氯乙卡西酮等32种物质列入非药用类麻醉药品和

---

〔1〕 徐鹏，王一，钱振华，等. 新型"spike 99"香料的GC/MS检验［J］. 中国药物依赖性杂志，2011，20（1）：47-49.

〔2〕 周志刚. 新精神活性物质研究［M］. 北京：中国人民公安大学出版社，2019：53.

精神药品管制品种增补目录的公告》发布，自 2018 年 9 月 1 日起施行。其中，又列管了 AMB-FUBINACA、FUB-APINACA、ADB-CHMINACA、NM-2201 等 7 种合成大麻素。"娜塔莎"就是其中的代表，该提法首见于《2018 年中国毒品形势报告》，主要指上述公告 32 种物质中的第 21 种（AMB-FUBINACA）、第 24 种（ADB-FUBINACA）、第 25 种（5F-ADB）合成大麻素。"娜塔莎"在我国新疆地区毒品市场较为泛滥，为此，2019 年 1 月 17 日，《新疆维吾尔自治区公安厅关于依法严厉打击涉合成大麻素类毒品"娜塔莎"违法犯罪活动的通告》发布，对"娜塔莎"毒品违法犯罪行为予以专门打击。

由此可见，截至 2021 年年初，我国先后三次把 53 种合成大麻素列为毒品进行了管制，在数量上已远远超过国际禁毒公约对合成大麻素的管制，并取得了良好的效果。

鉴于合成大麻素种类难以穷尽且不断变化，在我国 2019 年列管整类芬太尼新精神活性物质获得成功经验的基础上，国家禁毒办牵头组织按照《非药用类麻醉药品和精神药品列管办法》中规定的程序和步骤，启动列管整类合成大麻素准备工作。2020 年 12 月 30 日，国家禁毒办召开专家论证会，正式提出对人工合成大麻素予以整类列管。在这次专家论证会上，专家给出了四类人工合成大麻素物质的化学结构通式，从化学结构上对人工合成大麻素进行了定义。这一做法从目前来看就能额外管制大约 200 种人工合成大麻素，而将来则可以管制可能被策划的所有人工合成大麻素。[1]

《非药用类麻醉药品和精神药品列管办法》规定："对专家委员会评估后提出列管建议的，国家禁毒办应当建议国务院公安部门会同食品药品监督管理部门和卫生计生行政部门予以列管。"相关部门在接到国家禁毒办列管建议后 6 个月内，完成对非药用类麻醉药品和精神药品的列管工作。2021 年 5 月 11 日，我国宣布将整类合成大麻素物质列为毒品进行管制。我国是全球首个对整类大麻素物质进行列管的国家，继续领先于全球合成大麻素的管制，为世界禁毒工作提供了中国智慧和中国方案。

---

〔1〕 包涵. 整类列管合成大麻素类物质：封堵"策划"路径[N]. 中国禁毒报，2021-01-29(06).

专题研究四　非医疗滥用苯二氮䓬类药物的危害与管制

苯二氮䓬类药物被广泛用于治疗焦虑、失眠和癫痫等疾病，但是其非医疗滥用是一个全球长期存在的问题。为确保部分苯二氮䓬类药物作为基本药物用于有效的医疗，同时避免非医疗滥用处方苯二氮䓬类药物，国际社会和许多国家已将其纳入法律管制。近年来，苯二氮䓬类药物的非医疗滥用有了新发展：一方面，与合成阿片等毒品混用，产生了协同作用，提高了合成阿片急性中毒死亡率；另一方面，随着对苯二氮䓬类药物管制的加强，获得处方苯二氮䓬类药物变得更加困难，一些仿照其药理效果的新精神活性物质开始问世，作为苯二氮䓬类药物的替代品被滥用。而这些以"合法苯二氮䓬类药物"之名出售的新精神活性物质，其药理、毒理及危害性尚不明了，给滥用者带来较大的危害和风险。

老问题没解决，新问题又出现。新老问题交织使得苯二氮䓬类药物非医疗滥用问题变得更加复杂和广泛，对公共卫生健康和安全构成了巨大的威胁。

一、苯二氮䓬类药物的历史

（一）苯二氮䓬类药物的问世

苯二氮䓬类药物的问世始于 20 世纪 50 年代末期，瑞典化学家莱奥·斯特恩巴赫（Leo Sternbach）博士及其团队合成了一系列苯二氮䓬类化合物。1959 年，合成地西泮；1960 年，第一个苯二氮䓬类药物氯氮䓬投入临床使用；1963 年，地西泮投入临床使用；1971 年，为了增强药效，合成劳拉西泮；1974 年，合成芬纳西泮；1976 年，合成咪达唑仑。临床常用的苯二氮䓬类药物有 20 余种，包括氯氮䓬、地西泮、三唑仑等。

根据各药物及其活性代谢产物消除半衰期的长短或作用时间的长短，苯二氮草类药物可分为三类，即长效类、中效类和短效类。长效苯二氮草类药物作用时间可以达到24—72小时，主要包括地西泮（安定）、氟西泮、氯氮草、夸西泮等；中效苯二氮草类药物作用时间是10—20小时，主要有阿普唑仑、艾司唑仑、劳拉西泮、替马西泮、氯硝西泮等；短效苯二氮草类药物作用时间为3—8小时，主要有三唑仑、奥沙西泮等。

苯二氮草类新精神活性物质根据其化学结构可以分为1,4-苯二氮草类、1,5-苯二氮草类、咪唑苯二氮草类、噻吩二氮草类、噻吩并三氮杂二氮草类、三唑苯并二氮杂草、恶唑并苯并二氮杂草等。目前，被滥用的苯二氮草类新精神活性物质包括1,4-苯二氮草类、噻吩二氮草类、噻吩并三氮杂二氮草类、三唑苯并二氮杂草。[1]

（二）苯二氮草类药物的发展

苯二氮草类药物的发展表现为苯二氮草类化合物及苯二氮草类新精神活性物质的出现。大部分苯二氮草类化合物是1,4-苯并二氮草的衍生物，其基本结构含有一个七原子杂环和两个苯环。阿普唑仑、咪达唑仑、艾司唑仑、三唑仑、普拉西泮、奥沙西泮、劳拉西泮、氟溴西泮、氯硝西泮、氟硝西泮、芬纳西泮、硝西泮、地洛西泮、地西泮等20多种苯二氮草类药物常在临床中使用，它们具有抗焦虑、镇静、镇痛、抗惊厥和舒张肌肉等作用。[2]

二、非医疗苯二氮草类药物滥用与合成的现状

（一）滥用

多年来，苯二氮草类药物在世界许多地区被大规模地从合法贸易中转移到非法药物市场上销售。除从医疗来源转移苯二氮草类药物外，还有许多国家和地区在走私、贩卖、运输、制造苯二氮草类药物，如北美洲、东南亚地区、欧洲、中国台湾、巴林、智利、冈比亚、印度、意大利、巴基斯坦、俄罗斯、爱尔兰等。

（二）合成

近年来，苯二氮草类新精神活性物质纷纷出现在市场上，并以合法名称

---

[1] 周志刚. 新精神活性物质研究[M]. 北京：中国人民公安大学出版社，2019：115.

[2] PERSONA K, MADEJ K, KNIHNICKI P, et al. Analytical methodologies for the determination of benzodiazepines in biological samples[J]. Journal of Pharmaceutical and Biomedical Analysis, 2015, 113：239.

出售，如"合法苯二氮䓬类药物"、"设计苯二氮䓬类药物"和"研究化学品"，包括在制药工业中经过试验但未被批准为药物上市的物质，或者通过改变现有苯二氮䓬类药物的核心结构而新制造的类似物质。其通常在常见临床药物地西泮、三唑仑等原有化学结构上进行修饰、引入基团而设计、制造，然后被不法分子在线上线下公开贩卖，标以"弥漫之夜""夜恋""第四态未知元素"等名称，甚至还公然标注"无法检测、放心使用"字样。例如：在标有"弥漫之夜"的乳白色液体中能够检验出苯二氮某䓬类新精神活性物质2-氯地西泮（2-chlorodiazepam）[1]、中国首次报道出现的苯二氮䓬类新精神活性物质去氯依替唑仑（Deschloroetizolam）是仿照依替唑仑结构的类似物[2]、新型苯二氮䓬类新精神活性物质氟阿普唑仑（Flualprazolam）常见于麻醉强奸和麻醉抢劫案件中[3]。

三、非医疗滥用苯二氮䓬类药物的危害

苯二氮䓬类药物有亲蛋白属性，主要通过与苯二氮受体结合，增强 γ-氨基丁酸（GABA）的功能，促进 Cl 离子内流，使神经细胞膜超极化。其主要通过葡萄糖醛酸苷结合作用及微粒体氧化作用两个途径代谢。苯二氮䓬类药物根据其临床疗效可以分为镇静催眠类药物和抗焦虑类药物。[4]

常见的苯二氮䓬类药物中毒症状有两大类：一是口干、嗜睡、眩晕、运动失调、精神错乱、尿闭、便秘、乏力、头痛、反应迟钝等；二是偶可发生过敏性皮疹、白细胞减少症和中毒性肝炎。严重中毒时，会出现昏迷、血压降低、呼吸抑制、心动缓慢和晕厥。

目前，苯二氮䓬类药物的临床医疗使用包括减轻精神压力和焦虑等心理问题、缓解戒断其他药物相关的副作用等。然而，长期使用苯二氮䓬类药物可能导致使用者产生耐受性和依赖性。

药物滥用者经常把苯二氮䓬类药物与其他毒品混合使用，如合成阿片类物质、合成大麻素类物质。作为中枢神经系统抑制剂，苯二氮䓬类药物与合

〔1〕 向平，沈保华，严慧，等. 药物辅助性犯罪案件中新型苯二氮幕卓类策划药2-氯地西泮的鉴定 [J]. 法医学杂志，2018，34（03）：248-252.
〔2〕 钱振华，郑晓雨，刘翠梅. 苯二氮卓类新精神活性物质去氯依替唑仑的定性检验方法研究[J]. 中国司法鉴定，2020（01）：49-53.
〔3〕 蔡玉刚，吴永富，王文，等. 新型苯二氮卓类策划药氟阿普唑仑的检验[J]. 中国司法医学杂志，2020，35（04）：411-413.
〔4〕 叶增杰，梁木子，高颖怡，等. 苯二氮卓类药物依赖的诊治进展[J]. 医学与哲学（B），2018，39（02）：65-68.

成阿片类物质同时使用可能导致明显的嗜睡、呼吸抑制、昏迷或死亡。非医疗使用苯二氮䓬类药物及滥用处方合成阿片类药物在美国导致的死亡人数非常多。此外,苯二氮䓬类药物也是欧洲最常见的与急性中毒相关的处方药。虽然苯二氮䓬类药物在死后毒理学中很少被确定为死亡病例唯一涉及的药物,但有证据表明,近年来北美洲和欧洲记录的大量阿片类物质过量使用病例涉及苯二氮䓬类药物。

四、非医疗滥用苯二氮䓬类药物的管控

自 1984 年以来,根据联合国《1961 年麻醉品单一公约》《1971 年精神药物公约》,共有 40 多种苯二氮䓬类药物被置于国际管制之下,其目的是确保人们在获得这些有用药物的同时,减少对该药物的滥用、减轻对该药物的依赖。

随着越来越多的苯二氮䓬类新精神活性物质出现在药物及毒品市场上,许多国家将其中一些物质置于国家管制之下。例如:在欧洲,丹麦、芬兰、瑞典、瑞士和英国对报告发现的苯二氮䓬类新精神活性物质进行管控;在东亚,韩国对二氯氮平进行管控;在中东,阿联酋将二氯氮平、乙唑仑、氟溴氮平和吡唑仑置于国家管控之中。[1]

在中国,苯二氮䓬类新精神活性物质芬纳西泮被管制。1974 年,芬纳西泮由苏联研制成功,主要用于治疗精神类疾病,还可在手术前使用以提高麻醉药的效能、降低患者焦虑。但同时,芬纳西泮也具有依赖潜能,从而导致非医疗滥用。如芬纳西泮在英国、芬兰和美国等的药物滥用人群中被作为"娱乐性药物"使用。为应对芬纳西泮的非医疗滥用,2012 年英国将其列入管制,2016 年联合国麻醉药品委员会将其列入《1961 年麻醉品单一公约》名单,中国于 2015 年 10 月将其列入《非药用类麻醉药品和精神药品管制品种增补目录》管制。目前,美国虽尚未将其列入管制药物名单,但已禁止将其作为药物出售。[2]

---

〔1〕 United Nations Office on Drugs and Crime（UNODC）. Non-medical use of benzodiazepines：a growing threat to public health?［R］. Vienna：GLOBAL SMART UPDATE, 2017, 18.

〔2〕 马岩、王优美. 新精神活性物质办案实用手册［M］. 北京：法律出版社, 2019：421-423.

专题研究五　新精神活性物质早期预警系统与毒品分析实验室

在毒品市场全球化的形势下，新精神活性物质扩散到更多国家和地区的风险越来越大。近年来，北美洲的合成阿片类物质危机造成了严重的人员死亡，因此全球需要采取协调一致、全面和多学科的治理新精神活性物质对策。[1]同时，日益多样化的合成毒品市场也给新精神活性物质的检测、鉴定、监测及控制等带来了更大的挑战。毒品分析实验室及其专家将为应对这些挑战发挥独特的作用，因为他们可以检测和识别一些已知或者未知的化学物质，能及时地监测到毒品市场的变化。

2016 年，联合国大会世界毒品问题特别会议（UNGASS 2016）达成一个题为《我们对有效处理和应对世界毒品问题的共同承诺》的成果文件。在该文件中，各国政府已经认识到应加强国家和国际合作，特别是通过加强新精神活性物质早期预警系统（EWS）的信息交流，以应对新出现的毒品如新精神活性物质所带来的挑战和威胁。

2013 年，联合国毒品和犯罪问题办公室在其"全球合成物监测：分析、报告和趋势"（SMART）项目框架下，开发了第一个关于新精神活性物质的国际监测早期预警咨询系统（EWA）。EWA 是一个自愿提交在线数据，且能共享新精神活性物质相关信息的平台（网址为 https：//www. unodc. org/nps）。注册用户可以访问有关新精神活性物质的趋势数据、有关单个物质的化学和药理学数据、实验室分析方法和立法管控等特定信息。2018 年，联合国毒品和犯罪问题办公室扩增了 EWA 的功能，纳入了毒理学数据，即有关使用新精神活性物质对人体健康造成不利影响的信息（网址为 https：//www. unodc. org/

---

〔1〕　TETTEY J. UNODC integrated strategy on the global opioids crisis〔R/OL〕. (2018-06-25) 〔2019-10-15〕. https：//www. unodc. org/unodc/en/opioid-crisis/the-strategy. html.

tox）。联合国毒品和犯罪问题办公室大力鼓励各国国家毒品分析实验室积极使用 EWA。EWA 还有助于确定全球范围内最有害、普遍和长期使用的新精神活性物质，为世界卫生组织所评估的拟将列入国际禁毒公约管制的物质提供重要支持。

目前，许多国家已经开始建立国家级的新精神活性物质早期预警系统，国家预警系统可从逐步建立的、更为广泛的区域预警系统中获益。最先进的区域新精神活性物质早期预警机制就是欧盟的早期预警系统（EEWS）。[1] EEWS 始建于 1997 年，已由欧洲毒品和毒瘾监测中心运行 20 多年[2][3][4][5]，该系统包括 29 个欧洲国家（即欧盟成员国、挪威和土耳其）的国家级新精神活性物质早期预警系统，这些国家收集、评估并迅速交换最新出现的新精神活性物质有关信息。欧盟关于新精神活性物质的早期预警系统旨在支持欧盟快速检测、评估和应对由新精神活性物质引起的健康和社会威胁。联合国毒品

〔1〕 European Monitoring Centre for Drugs and Drug Addiction（EMCDDA）. EEWS［DB/OL］. ［2019-11-11］. https：//www. emcdda. europa. eu/publications/topic-overviews/eu-early-warning-system_en.

〔2〕 United Nations Office on Drugs and Crime（UNODC）. Global SMART Bulletin for LAC No. 2：Early Warning Systems［DB/OL］. ［2019-10-15］. https：//www. unodc. org/LSS/Attachment/Download/2fd89ea3-e39a-437c-9984-2427daa46da4.

〔3〕 European Monitoring Centre for Drugs and Drug Addiction has done drug monitoring and EWS for 20 years and on their website there is plenty of information which has been collected through these efforts.（http：//www. emcdda. europa. eu/）E. g.，a publication of the European EWS on Fentanils and synthetic cannabinoids：driving greater complexity into the drug situation, published in June 2018（http：//www. emcdda. europa. eu/ system/files/publications/8870/2018-2489-td0118414enn. pdf），and also the EWS Operating Guidelines from 2019 is given here for reference（http：//www. emcdda. europa. eu/ publications/guidelines/operating-guidelines-for-the-european-union-early-warning-system-on-new-psychoactive-substances_en）and the legal framework for the functioning of the EU EWS mechanism："REGULATION（EU）2017/2101 OF THE EUROPEAN PARLIAMENT AND OF THE COUNCIL of 15 November 2017 amending Regulation（EC）No 1920/2006 as regards information exchange on，and an early warning system and risk assessment procedure for，new psychoactive substances"（https：//eur-lex. europa. eu/legal-content/EN/ TXT/? uri = CELEX% 3A32017R2101 https：//www. emcdda. europa. eu/system/files/publications/449/EWSguidelines2_98082. pdf）. ［2019-10-15］.

〔4〕 N-DEWS which is an US Drug EWS launched by NIDA Project has compiled a few examples of various national and international drug surveillance systems on their webpage. ［2019-10-15］. https：// ndews. umd. edu/resources/international-drug-surveillancesystems.

〔5〕 EVANS-BROWN M, SEDEFOV R. Responding to New Psychoactive Substances in the European Union：Early Warning, Risk Assessment, and Control Measures［M］//Handbook of Experimental Pharmacology. Heidelberg：Springer Nature, 2018, 252.

和犯罪问题办公室通过 SMART 项目、美洲国家通过美洲药物滥用管制委员会（Inter-American Drug Abuse Control Commission，CICAD）、欧盟通过"拉丁美洲、加勒比和欧盟毒品政策合作方案"（Cooperation Programme between Latin America，the Caribbean and the European Union on Drug Policies，COPOLAD）与欧洲毒品和毒瘾监测中心共同支持在拉丁美洲和加勒比海区域建立和发展国家预警系统。[1]许多美洲国家已经建立了 EWS 和 CICAD，承担这些地区的预警系统运作。[2]

毒品分析实验室由于通过对所缴获新精神活性物质的分析可以得到相关特定的专业知识、信息和数据，因此成为国家、地区或国际 EWS 运行不可或缺的部分。本专题研究侧重于信息的获取，即被缴获新精神活性物质的实验室分析信息或毒理学信息，具体涵盖：一是毒品分析实验室在预警系统中的关键作用，以及如何强化其对此类系统的贡献能力；二是毒品分析实验室日常工作中获得的信息和数据对 EWS 的重要性；三是毒品分析实验室信息分析对有效应对新出现的毒品威胁的价值；四是毒品分析实验室提供信息的优势和局限性；五是加入 EWS 的毒品分析实验室的好处。本专题研究旨在帮助各国毒品分析实验室和其他有关部门参与到 EWS 中，并获取所需的信息和示例。

一、新精神活性物质早期预警系统概述

（一）新精神活性物质早期预警系统的含义

新精神活性物质 EWS 是一个多学科、跨机构的网络，能够让直接或间接参与毒品工作的相关主要人员进行信息交流。EWS 旨在尽早发现对公共卫生构成潜在威胁的新精神活性物质，它可以评估此类物质可能带来的风险，并提供相关信息以便制定有效的应对措施。EWS 能够监测到新精神活性物质威胁的出现和毒品市场的变化，例如新出现的用药方式、异常的毒品浓度或有

---

[1] COPOLAD is a cooperation programme funded by the European Commission. The Programme is implemented between the Community of Latin American and Caribbean States（CELAC）and the European Union（EU）countries，helping to forge drug policies which are supported by objective monitoring instruments and based on reliable and effective strategies. One output is the strengthening of National Drug Observatories（NDO）and establish EWS.［2019-10-15］. http：//copolad. eu/en/actividades/ficha/4，http：//copolad. eu/en/areatematica/1.

[2] Organization of American States（OAS）. CICAD Inter-American Observatory on Drugs（OID）［DB/OL］.［2019-11-11］. http：// www. cicad. oas. org/Main/Template. asp? File =/oid/aboutus_ eng. asp.

毒添加成分等信息。

建立 EWS 的目的是发布不断变化的新精神活性物质的购买和使用信息。EWS 不仅支持新精神活性物质的早期检测，而且有助于传递、交流新出现的毒品品种、新的使用方式及购买情况或市场趋势等信息。科学的毒品市场变化信息，对政府作出科学的应对之策，以使公共卫生免受可能的威胁、免受与毒品犯罪相关的危害是至关重要的。尽管某些 EWS 可能具有更广泛的目标，但本专题研究仅限于上述目的。

（二）新精神活性物质早期预警系统的结构和法律框架

EWS 的结构因国家而异，也就是说，应该根据国家的体制结构、社会特征和毒品使用模式进行设计，从而适应自身的需求。法庭科学实验室参与预警机制的形式可以多种多样，既包括电话或电子邮件等非正式方式，也包括以标准化格式发送官方通信等正式方式。尽管某些 EWS 可能不需要正式的框架就可以运作，但是许多国家的 EWS 均在一定的法律框架下运行（见案例1）。[1][2]法律框架界定了 EWS 的作用，确定了相关人员的职责，并为他们之间的信息共享提供法律依据。通常情况下，共享的取证信息可能是刑事调查的一部分，也可能是以某种方式进行分类的。因此，重要的是，参与 EWS 的实验室必须知道可以共享哪些信息，以及在何种情况下可以共享。为了促成这一点，一些国家选择将 EWS 正式作为政府机构的一部分，并明确了它们应该处理的事务，各机构之间可以共享该信息及相关程序。可以在联合国毒品和犯罪问题办公室法律对策处（网址为 https：//www. unodc. org/nps）获得有关 EWS 融入国家法律框架的例子。

案例1：阿根廷法庭科学实验室在国家新精神活性物质早期预警系统法律框架中的作用

阿根廷政府发布一项法令[3]，规定了参与 EWS 的有关部门的职责和功

---

〔1〕 European Monitoring Centre for Drugs and Drug Addiction（EMCDDA）. EEWS：national profiles[DB/OL]. (2012-05)[2019-10-15]. http：//www. emcdda. europa. eu/thematic-papers/ews.

〔2〕 As an example, Estonia has defined the structure of their EWS in their legislation. (Riigi Teataja. Act on Narcotic Drugs and Psychotropic Substances and Precursors thereof，§ 10 [R/OL]. (1997-11-06)[2019-10-15]. https：//www. riigiteataja. ee/en/eli/ee/Riigikogu/act/506052016001/consolide.)

〔3〕 Resolución Número：RESOL-2016-577-E-APN-SEDRONAR，Referencia：Expte. 3137713-RESOLUCION SISTEMA DE ALERTA TEMPRANA[EB]. (2016-12-02).

能。该法令授权国家毒品观察站（National Drug Observatory，NDO，EWS 的实体运营机构）与法庭科学实验室等公共机构及非政府组织（NGO）订立信息共享协定，并规定了适当的条款以保护共享信息的机密性。该法令明确提到了实验室在化学鉴定新出现物质中的作用，以及表征其毒理学特征和潜在健康风险的重要性。

通常情况下，国家 EWS 由诸如国家毒品观察站之类的机构托管，该机构作为 EWS 受益各方的联络点或信息交换场所，方便各方开展信息和数据的收集、分析和补充。[1]对于任何一个受益方提供的信息，EWS 有时需要将其进行完善并转换数据格式，使其可以在其他受益方之间进行共享。对于法律证据信息来说尤其如此，由于技术方面的因素，除非有一定的上下文或解释，否则并非所有利益方都能正确理解这些信息。

现在可以获取到国家或地区 EWS 结构和功能的有关指南，如欧洲毒品和毒瘾监测中心与 COPOLAD EEWS 指南[2]，该指南鼓励国家 EWS 进一步为区域和国际 EWS 提供有关服务。

二、毒品分析实验室在新精神活性物质早期预警系统中的作用

毒品分析实验室可以通过分析被缴获的物质，报告新精神活性物质分析、鉴定等方面的信息。毒品分析实验室可以提供因使用某种毒品造成危害的相关医学确证数据。通常，任何毒品分析实验室都可以参与到对被缴获样品或被收集样品进行分析的报告工作中。表 21 列出了毒品分析实验室在国家 EWS 中的主要职能。

---

〔1〕 EMCDDA and CICAD-OAS. Building a national drugs observatory：a joint handbook[M]. Lisbon：Joint Publications, 2010〔2019-10-15〕. http:// www. emcdda. europa. eu/publications/joint/ndo-handbook_ en.

〔2〕 European Monitoring Centre for Drugs and Drug Addiction（EMCDDA）. EMCDDA operating guidelines for the European Union Early Warning System on new psychoactive substances[M/OL]. Luxembourg：Publications Office of the European Union, 2019〔2019-12-23〕. http:// www. emcdda. europa. eu/publications/guidelines/operating-guidelines-for-the-european-union-early-warning-system-on-new-psychoactive-substances _ en. Cooperation Programme between Latin America, the Caribbean and the European Union Drugs Policies（COPOLAD Ⅱ）. Early Warning System on NPS and Emerging Drug Phenomena. Implementation Manual[R/OL].（2020-10-26）. http://sisco. copolad. eu/web/uploads/documentos/Early_Warning_System_on_NPS_and_Emerging_Drug_Phenomena. _Implementation_Manual. pdf.

表 21　毒品分析实验室在新精神活性物质 EWS 中的主要职能

序号	主要职能
1	检测和识别有潜在威胁的、新出现的物质和已知物质
2	加强新精神活性物质分析合作
3	梳理和验证所收集到的信息
4	提供毒品分析数据和相关情报信息
5	提供国家、区域和国际所需的数据
6	识别掺假物
7	确定纯度

（一）毒品分析数据的重要性

毒品分析专家的常规工作之一是，解释毒品分析数据的科学性和可靠性，以便其可以有效服务于禁毒工作。有时，要完成这样一个包含监管、确定性、有效性和质量等内容的证据报告是非常困难且耗时的。为了确保鉴定的准确和可靠，通常需要使用多种分析方法和标准品。例如，在某些情况下，受管制物质的异构体可能是非列管的。此外，有的结果报告通常是很简单的：只说明鉴别出某种物质，以及依据国家法律对该种物质的管制情况。但是，根据 EWS 的要求，审核相同的数据时要全面地考虑不同的问题，常规的毒品化学分析可以提供更多的信息。例如，有关毒品中非列管物质、掺假剂、前体化学品等的附加信息及其毒理学分析信息。[1][2]

毒品市场的变化趋势是 EWS 的重要背景信息。然而，有的个别事件可能需要维持很长时间才能在毒品分析统计中有所显现，并由 EWS 及时捕获到。目前，越来越多的毒品分析工作是检测和识别有害物质，包括它们的药理活性和掺假物。因此，需要更多的毒品分析实验室参与，才能保障禁毒工作所必需的科学需求。虽然这些工作既耗时又复杂，但它们能为 EWS 提供宝贵的数据。

（二）报告毒品分析数据

样品分析数据和背景信息应以一种结构化的形式呈现，以便传递。EWS

〔1〕 CREPPAGE K E, YOHANNAN J, WILLIAMS K, et al. The rapid escalation of fentanyl in Illicit drug evidence in allegheny county, pennsylvania, 2010 – 2016〔J〕. Public Health Reports, 2018, 133（2）: 142–146.

〔2〕 MARINETTI L J, EHLERS B J. A series of forensic toxicology and drug seizure cases involving illicit fentanyl alone and in combination with heroin, cocaine or heroin and cocaine〔J〕. Journal of Analytical Toxicology, 2014, 38（8）: 592–598.

应提供电子化的报告表格[1]，该表格可以包含必填字段和可选字段。联合国毒品和犯罪问题办公室 EWA 的报告表格就是这种表格的一个示例，该表格要求提供用于早期预警目的所需的最低限度的数据，包括物质名称、发生时间、鉴定手段（分析技术和其他手段）、样品描述和样品量等，如图 29 所示。

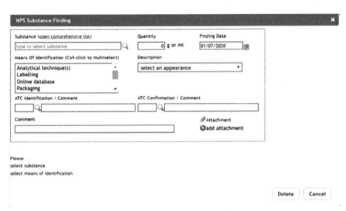

图 29　联合国毒品和犯罪问题办公室 EWA 发现新精神活性物质的报告模板示例

总的来说，应该注意的是，并非所有获取到的调查或情报信息都需要记录在 EWS 中，同时还要考虑使用信息的秘密等级。不过，一种推荐的做法是：报告鉴定新物质的分析技术，包括参考标准品或参考物质、光谱库及分析条件。这有助于了解所识别物质的确定度，也使该分析具有可追溯性。当然，也必须注意到，与被管制物质或传统物质的鉴定相比，新物质的鉴定确定度可能会较低。

由于新精神活性物质和传统药物的数量多，建议对每种物质使用国际公认的、明确的化学标识符和命名法（如 IUPAC 化学名称、CAS 号、InChi 键等），以便收集到的数据具有可比性。不同物质之间的区别非常重要。像图 30 这样的新精神活性物质标识符列表可以在联合国毒品和犯罪问题办公室 EWA 中找到。

---

[1]　For example, the EEWS introduced the use of a Reporting Form in 2007. Annex III of EWS Guidelines [EB/OL]. http://www. emcdda. europa. eu/publications/guidelines/early-warning-system_en.

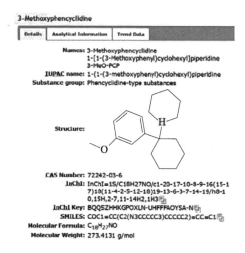

图 30　联合国毒品和犯罪问题办公室 EWA 可查询的新精神活性物质化学物质信息

　　毒品分析实验室应当报告有关新物质或受控物质的检测、鉴定或任何异常信息。这种基于事件的报告对于预警是最有效的，无须进行分析确认即可完成。基于事件报告的例子，如出现一种新的毒品、一种有害的物质组合、一种新的毒品使用方式（如注射可卡因而非吸食）或样品中不包含使用者所期望购买的毒品（如 NBOMe 化合物以 LSD 出售或含有 PMMA 的片剂以"摇头丸"出售）等。基于事件报告的另一个示例是，实验室对物质的首次识别。此类信息的共享对于 EWS 的受益方至关重要，其中一个作用就是可以尽快与街道一级的医护人员共享。当然，此类信息还应该与联合国毒品和犯罪问题办公室 EWA 等国际数据收集系统进行共享。

　　通常情况下，毒品分析实验室需要报告已经受到国家或国际管制的新物质的监测情况和分析结果。这意味着，根据 EWS 的目标，传统毒品和新物质都是常规分析筛选的一部分。随后，可以将这些分析结果汇总并报告给 EWS 进一步分析。分析结果可以通过实验室信息管理系统（Laboratory Information Management System，LIMS）轻松汇总，理想情况下，该系统应与相应 EWS 数据处理系统兼容。这种基于事件的分析数据和信息报告会促使 EWS 采取进一步的行动。当然，每条信息都必须在 EWS 中进行处理，然后才能产生有效的结果。

案例 2：像传统毒品一样识别新销售的物质，从而进行管制

2016 年 7 月，一种未知物质被提交给巴西联邦警察化学法证实验室（SEPLAB/PF）。该材料的特征（LSD 型吸墨纸）表明它可能是新精神活性物质。在筛选和测试 LSD 后，无法获得任何结论性的结果。巴西联邦警察化学法证实验室已投资建立了一个涵盖多种技术（GC/MS、LC/MS/MS、FTIR、LC/QTOF）的多元化技术园区，但缺乏用于结果比较的标准化学物质。如何识别新兴物质，这给实验室带来了严峻的挑战。为了解决这个问题并发挥其他研究机构的协同作用，巴西联邦警察化学法证实验室与巴西利亚大学（University of Brasilia，UnB）建立了合作伙伴关系，以便在需要时使用其核磁共振波谱法（Nuclear Magnetic Resonance Spectroscopy，NMR）进行结构解析。自 2013 年以来，通过与 UnB 联手，巴西联邦警察化学法证实验室已经发现了几种新兴药物，并引起了有关政府机构的注意。在 2016 年 7 月发现的未知物质是 25I-NBOH，这是一种具有致癌性的苯乙胺。巴西联邦警察化学法证实验室还开发了一种报告格式，其中包含所有技术数据和鉴定结果的解释，并将其与巴西联邦警察毒品执法局（CGPRE）和巴西国家卫生监管局（Anvisa）共享，后者负责巴西的药品管理。在巴西首次发现的 25I-NBOH 最终于 2016 年 10 月被纳入国家管制。

（三）管理早期预警系统中的信息

EWS 的核心是系统、及时地收集样品的分析数据。积极鼓励在 EWS 中共享此类信息。表 22 中的示例列出了毒品分析实验室功能的重要性，尤其是毒品分析专家在日常工作中获得的分析数据。通常，在毒品分析实验室工作的毒品分析专家必须决定其日常工作过程中产生的分析结果是否与预警有关。积极加入 EWS 将有助于毒品分析专家获得作出此类决策的专业知识。任何可能相关的信息都应该报告，而对所报告信息可靠性和充分性的评估和确认应成为 EWS 的组成部分。

表 22　毒品分析实验室的事件示例及新精神活性物质 EWS 最终结果

查询内容	示例
在国家、地区或实验室中首次发现的新物质	此类信息可能引发风险评估和快速启动预案程序，尤其是该物质在其他地区已经显示出严重危害的情况下（见案例 2 和案例 3）
异常高的浓度	用户级别的此类信息可能会向用户及（法务）执法人员和医护人员发出警报（见案例 4）

续表

查询内容	示例
新的、不同的或有害的掺杂物	在一个国家的可卡因中发现高浓度左旋咪唑并向预警系统报告，引起了有关方面的警觉[1]
毒品使用方式的变化或异常，新的给药方式	非法制造以以鼻喷雾剂的形式出售的芬太尼（瑞典），通过注射使用以前口服或吸入的毒品，出现"chemsex"行为
毒品出现异常或新形式	以可能更有害的形式出售，例如 MDMA 以结晶形式出售，而不是通常的片剂（见案例5）
以另一种毒品的名称出售的物质	可能是假的片剂形式，例如芬太尼以海洛因出售、NBOMe 化合物以 LSD 出售，可以从之前的情报工作或样本包装获取该信息（见案例2和案例5）
特别大的缴获量	此类事件与预警的相关性是，表明贩运量的变化，或者如果贩运是针对当地市场的，则可能造成市场混乱
严重的、致命和非致命事件或一系列不良健康事件	可以从毒理学实验室获得此类信息[2]，如果两种信息流出现在 EWS 中，则缴获毒品数据通常可以支持此类发现[3]（见案例3）
对执法人员和边境控制人员构成健康风险的物质	芬太尼等剧毒物质的出现可能会使有关人员面临健康风险，预警可以有助于警员采取适当措施保护自己并最大限度地降低风险

信息流不仅包括沿单一方向推送的信息，也是参与实验室之间不断进行多边交流的一部分。在第一阶段，EWS 中的信息流可以包括在毒品分析实验室之间传递信息和数据（见案例3），例如协助每个人解决分析中产生的问题以验证异常结果，或者在常规筛查中添加新出现的物质以监测其持续时间。评估这种信息流是 EWS 管理机构的一项重要职责，例如国家毒品观察站或类似机构将决定是否需要采取进一步行动。采取行动包括公开或限制流通的警报、建议、进一步的数据请求、加强监测及不同的风险评估，为是否管控新

〔1〕 Observatorio Uruguayo de Drogas. Sistema de Alerta Temprana en Drogas informa sobre adulteración de Cocaína con Levamisol〔R〕.（2016）〔2019-10-16〕. https://sat. presidencia. gub. uy/alertas-publicas/sistema-de-alerta-temprana-en-drogas-informa-sobre-adulteracion-de-cocaina-con-levamisol/.

〔2〕 YOUNG M M, PIRIE T, BUXTON J A, et al. The rise of overdose deaths involving fentanyl and the value of Early Warning〔J/OL〕. The Canadian Journal of Addiction, 2015, 6（3）: 13－17. https://www. csam-smca. org/wp-content/uploads/2016/01/ CSAM-December2015. pdf.

〔3〕 YOUNG M M, PIRIE T, BUXTON J A, et al. The rise of overdose deaths involving fentanyl and the value of Early Warning〔J/OL〕. The Canadian Journal of Addiction, 2015, 6（3）: 13－17. https://www. csam-smca. org/wp-content/uploads/2016/01/ CSAM-December2015. pdf.

物质提供依据，或者只是提醒国家或地区网络内部提高警觉，以使相关部门为潜在的、即将到来的挑战作好准备。

图 31 显示了一个 EWS 从毒品分析实验室新物质分析到采取措施的信息管理过程示例。首先，毒品分析实验室会检测未知的物质，例如以 LSD 名义出售的吸墨纸中的意外物质。在对分析结果进行验证后，毒品分析实验室的 EWS 联络人将此事报告给 EWS，因为无意地以 LSD 之名出售非 LSD 物质会导致严重的人体危害。然后，EWS 的专家成员会进一步评估此信息的相关性。如果初步评估确定需要进一步研究，则必须采取措施收集、评估和报告更多的数据和信息。一旦收集到足够的数据和信息就可以采取必要的措施，例如向 EWS 的个人成员和参与机构（如社会与卫生保健人员和执法官员）发出警报，告知其"LSD"吸墨纸邮票是有潜在危害的物质（见案例 5）。

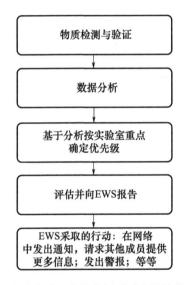

图 31　EWS 中从实验室药物分析到采取措施的流程示意图

案例 3：美国通过共享有用的信息鉴定出甲氧基乙酰芬太尼，从而降低其健康威胁

2017 年 6 月，美国缉毒署（DEA）东南实验室收到 DEA 情报站的电子邮件，称他们的实验室刚刚分析了美国的第二例甲氧基乙酰芬太尼案件。当 DEA 东南实验室的工作人员意识到快速共享这个信息将对其他区域产生重要作用时，他们决定在 DEA 实验室之间建立一种信息交流工具，该工具可以快速而轻松地共享有关新精神活性物质的信息。2017 年 8 月 12 日，DEA 实时通信网络（Synth-Opioids@usdoj.gov）上线，用以解决法庭化学检测和鉴定新型合成化合物的分析难题。同日，通过该网络，DEA 交流了美国出现甲氧基乙酰芬太尼、四氢呋喃芬太尼和环丙芬太尼的紧急情况。随后，也是通过此通信网络，DEA 共享了欧洲项目组的一份文件，其中详细介绍了有关甲氧基乙酰芬太尼的分析信息。该网络中的其他实验室也开始识别和报告甲氧基乙酰芬太尼和环丙芬太尼的案例，其中包括越来越多的死亡人数。最终，由参与到该网络中的法庭化学实验室建立的证据基础促成了甲氧基乙酰芬太尼于 2017 年年底在美国受到临时管控[1]，并进一步推动了美国和中国之间关于合成阿片类药物管控的双边讨论。美国共享的信息也被用于欧洲的风险评估[2]，以引导欧盟范围内的管制措施。当世界卫生组织建议将该物质列入国际管制时，所有这些信息和数据已在国际框架中使用，从而说明了信息共享的益处。[3]

案例 4：高效能 MDMA 产品的出现

2018 年 7 月，乌拉圭国家早期预警系统（EWS）发布了一条关于结晶和粉末状 MDMA 存在潜在风险的公共警报，这意味着该地区有较高的过量服用风险。这是一个对不同来源的信息进行处理后并发出预警的良好示例。该警报基于以下信息：缴获了大量粉末状的"摇头丸"（MDMA）、年轻人过量服用"摇头丸"的医院临床病例报告、毒品分析实验室对缴获样品的定性和定量分析结果。公共警报系统确保信息送达了所有的相关人员和机构，最大限度地减少过量用药带来的风险。[4]

1. 及时报告的重要性

预警的目的是保护公众免受伤害。为了进一步减轻公众受伤害的风险，毒品分析实验室应及时向 EWS 报告所发现的特别有害的物质。如果等案件的侦查工作最终完成后才报告，则将会延误 EWS 共享此类相关信息。因此，报

---

〔1〕 DoJ, DEA, 21 CFR Part 1308, Docket No. DEA-474, Temporary Placement of Cyclopropyl Fentanyl in Schedule I [R/OL]. [2019-10-16]. https:// www. deadiversion. usdoj. gov/fed_regs/rules/2018/fr0104_3. htm.

〔2〕 European "Risk assessments" at: https://www. emcdda. europa. eu/publications/risk-assessments/cyclopropylfentanyl. [2019-10-16].

〔3〕 WHO. 41st Meeting of the Expert Committee on Drug Dependance. CRR cyclopropylfentanyl [R/OL]. (2018-12-16) [2019-10-16]. https://www. who. int/medicines/access/controlled substances/Cyclopropylfentanyl. pdf? ua =1.

〔4〕 Alert: https://sat. presidencia. gub. uy/alertas-publicas/presencia-de-mdma-extasis-en-forma-de- cristales-y-polvos-enuruguay-agosto-2018/.

告给 EWS 的信息不必具有与报告给司法系统的信息相同的要求。只需评估每个可能相关的分析结果，并及时报告给 EWS。向 EWS 进行此类事件的临时报告也不需要传送敏感的案例信息，例如涉案人员的姓名、地址或照片等。这是基于数据保护和保密的原因，并且这些信息通常与 EWS 对某种物质的风险评估无关。当然，EWS 应当建立数据保护和保密的相关机制，并允许在（选定的）系统成员之间共享此类信息。

2. EWS 中不确定度的处理

在正常工作过程中，毒品分析实验室将遵循其国家法律设定的规则和程序，以确保其工作符合质量要求并能应对不确定性。这通常涉及参考标准或数据的使用。[1]但是，当前的新精神活性物质市场非常活跃，每年都有数十种新物质出现。毒品分析实验室将是第一个注意到此类事件出现并将其报告给 EWS 的机构。因此，毒品分析实验室会遇到无法遵守常规处理程序的情况，其可能不得不处理比常规结果更高的结果不确定性。例如，没有参考标准时，或者毒品分析实验室首次鉴别出某种物质时，就会出现这种情况。

通常情况下，当没有可用的参考标准时，毒品分析实验室可能会考虑使用外部来源或用户自建库中的参考数据，具体取决于当时的目的和国家法律的要求。参考数据必须经过正确验证，例如通过外部参考文献的验证研究、通过在不同分析条件下测试可比性或通过同行评审来获得数据。参考数据的使用必须记录在案，并在适用的情况下明确说明其影响和局限性（另请参阅 SWGDRUG 的建议）。[2]此外，当检测到甚至无法获得外部参考数据的全新物质时，毒品分析实验室必须对完整的结构进行阐明。

但是，即使某种物质的识别不符合司法目的的要求，该信息对于预警也可能非常有用，特别是在处理具有严重潜在健康风险的物质时。即使其确定程度比平时低，也鼓励参加 EWS 的毒品分析实验室共享此类信息，同时使不确定度对信息的接收者透明，例如存在具有相似裂解模式的化合物而产生的不确定性。表 23 给出了用于预警目的，如何识别某种物质并报告

[1] European Network of Forensic Science Institutes (ENFSI) Drugs Working Group. Guidelines on the Use of Reference Materials in Forensic Drug Analysis[R/OL]. (2017). http://enfsi.eu/wp-content/uploads/2017/05/guidelines_on_the_use_of_reference_materials_in_forensic_drug_analysis_enfsi_booklet_08_05_09.pdf.
[2] Scientific Working Group for the Analysis of Seized Drugs (SWGDRUG). [2018-07-25]. http://swgdrug.org/Documents/ SWGDRUG%20Recommendations%20Version%207-1.pdf. Spectral libraries and monographs, updated weekly at http://www.swgdrug.org/index.htm, and http://www.swgdrug.org/ms.htm.

的过程示例。需要注意的是，该表为 EWS 检测、识别和报告某样品是不是新精神活性物质的流程，否则将不适用此流程。

表 23 EWS 检测、识别和报告被检测样品的工作流程

工件流程	工作内容
样品	◆样品描述（粉末、片剂、液体、植物、吸墨纸等） ◆样品量（重量或体积）
初步筛选	◆使用的分析技术 ◆标签、包装等
未知	◆与最新的光谱库比较 ◆结构解析（使用的技术）进行比较 ◆获得参考标准
识别新精神活性物质	◆IUPAC 名称、别名、缩写、CAS 号（如果可能也可包括分子量、InChi、Smiles） ◆使用了哪些技术 ◆搜索信息（例如 EWA、专著、Chem Agora）
确认新精神活性物质	◆结构化资料，包含上述信息及其他可能的可用信息（案例研究、相关案例） ◆联络点（通常是国家毒品观测站）进一步的详细说明信息 ◆搜索信息（例如 EWA、专著、Chem Agora）
信息传播	◆提高对 EWS 国际数据收集和共享的认识 ◆添加进一步监测信息 ◆可能用于风险评估和管控的决策 ◆其他结果（建议、警报等），取决于整体情况的评估

案例 5：乌拉圭鉴别以"LSD"之名出售的物质

只要存在以另一种毒品名称出售的物质的相关信息，在 EWS 中共享这些信息就很重要。例如，伪装的片剂、芬太尼以 LSD 之名出售或芬太尼与海洛因或 NBOMe 混合后出售。此类信息可能来自前期的情报，也可能来自标签信息与分析信息之间的差异。2017 年，乌拉圭一家毒品分析实验室在对一种 LSD 邮票检测时，检出芬太尼成分（一种强效的合成阿片类药物），而这种带有特殊徽标的吸墨纸邮票以往常被用作 LSD 销售。该发现说明，此种"LSD 邮票"已经被芬太尼替代，其极有可能被不知情的使用者当成"LSD 邮票"购买使用，从而给人体带来更大的危害。上述信息被及时上传至乌拉圭 EWS 共享，引起了公众的警觉。图 32 为乌拉圭发现的被当作 LSD 销售的芬太尼。

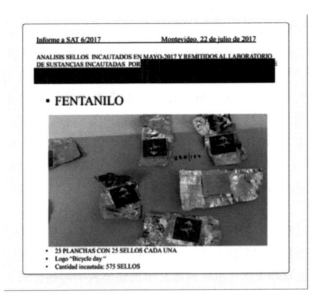

图 32　乌拉圭发现被当作 LSD 销售的芬太尼

（四）监测毒品市场

毒品供求的汇总数据可用于确定毒品市场上的异常事件，并有助于监测毒品市场趋势。越来越多的证据表明，新精神活性物质对毒品的使用方式有重大影响。[1] 也可以通过分析缴获毒品样本中的掺杂物及其数量的变化来监测毒品市场。此外，对毒品缴获量（按重量计）和毒品缴获案例数进行分析，可以提供毒品的分布、销售方式等信息。以上两项分析再结合对毒品售价的分析，则可以提供毒品供应及毒品执法效率等信息。毒品分析实验室要进行毒品的溯源分析就必须建有其溯源分析数据库，否则，将无法进行毒品的溯源分析。为了对被缴获的毒品进行溯源分析，有些国家要求对所缴获的毒品样品的受控物质进行定量分析，而其他一些国家则没有此要求。没有此要求的毒品分析实验室可以依据 EWS 的信息要求，制定有关规定以便偶尔或定期对毒品中的受控物质进行定量分析。

对废水中毒品及其代谢物的分析是一个额外的、潜在的实时报告源，这类分析可提供特定区域内所滥用毒品的信息。通过与许多大洲的毒品分

---

[1] United Nations Office on Drugs and Crime（UNODC）. Understanding the synthetic drug market：the NPS factor[R/OL]. GLOBAL SMART UPDATE, 2018, 19.

析实验室密切合作，已经有城市层级的此类分析，并可提供毒品滥用相关信息。[1][2][3]2008 年，欧洲毒品和毒瘾监测中心发表了一项关于废水中非法药物评估的先驱研究。从那时起，该方法得到了进一步发展，例如定期对欧洲几个城市的污水处理厂进行分析。[4]但是，此类研究存在局限性，如贩运者通过污水处理系统处置大量毒品时会带来高估的问题，同时还有分析方法的局限性及检测代谢物带来的挑战。EWS 还可以与实验室合作并利用的其他信息和分析数据有：在治疗中心获得的样本、来自选定地点的尿液样本分析（如节庆活动场所周围的厕所或注射器中的残留物分析）。此外，还可以从科学文献、吸毒者之间的论坛、互联网中获取有价值的信息。

联合国毒品和犯罪问题办公室 EWA 是在全球毒品预警的基础上，定期提交或临时报告数据和个别事件的一套系统，从而完成数据的收集、监控和报告。为了支持这项工作，由欧洲毒品和毒瘾监测中心运营的 EEWS 与联合国毒品和犯罪问题办公室、世界卫生组织共享成员国发现的新精神活性物质数据。根据 2012 年联合国麻醉药品委员会第 55/1 号决议"促进针对新精神活性物质构成的挑战开展国际合作"，向 EWA 报告发现新精神活性物质的汇总数据对于毒品趋势分析和最有害、普遍和持久的物质的识别非常重要。这也将进一步推动国家或国际调整禁毒工作的优先次序和出台立法对策。

根据对 EWA 数据的分析，联合国毒品和犯罪问题办公室会定期向世界卫生组织通报已查明的最有害、普遍和持久的新精神活性物质，以支持对可能的国际管制药物进行审查。毒品分析和毒理学实验室提供的筛查和汇总数据是这项工作的主要信息来源。[5]

〔1〕 European Monitoring Centre for Drugs and Drug Addiction (EMCDDA). Activities in the area of wastewater analysis[R/OL]. (2018-03-07) [2019-10-17]. http://www. emcdda. europa. eu/topics/pods/waste-water-analysis#panel2.

〔2〕 United Nations Office on Drugs and Crime (UNODC). Wastewater analysis in Queensland shows increased methamphetamine and MDMA abuse on weekends [R/OL]. GLOBAL SMART UPDATE, 2012, 8 [2019-10-17]. https://www. unodc. org/documents/scientific/Global_SMART_Update_8_E_web. pdf.

〔3〕 ARCHER E, et al. Wastewater-based epidemiology and enantiomeric profiling for drugs of abuse in South African wastewaters[J]. Science of the Total Environment, 2018, 625: 792–800.

〔4〕 European Monitoring Centre for Drugs and Drug Addiction (EMCDDA). Interactive: wastewater analysis and drugs [R/OL]. [2019-11-20]. http://www. emcdda. europa. eu/media-library/interactivewastewater-analysis-and-drugs_en.

〔5〕 IFEAGWU S, et al. Toxicology in international drug control—Prioritizing the most harmful, persistent and prevalent substances[J]. Forensic Science International, 2017, 274: 2–6.

（五）向不同的受众提供信息

EWS 的输出（例如报告）通常是以组成 EWS 网络的不同学科专家为对象。为了给合适的受众选择正确的信息，毒品分析实验室将对评估和报告的信息进行调整和排序。例如，应该考虑不同受众的情况，提供有关新精神活性物质鉴定的不同信息。显然 EWS 的化学专家会从使用过的分析方法中受益，但执法人员或药物治疗提供方可能会受益于与已知物质的比较，从而更好地了解此类物质的种类及其可能的症状。以下受众可能是 EWS 受益方的一部分，并且会收到毒品分析实验室提供的信息：

（1）其他法庭科学专家。能够进一步监视、讨论和调查观察到的情况。

（2）卫生保健专业人员。协助解决潜在的危害，即保护公共健康。

（3）其他机构或利益相关者。进一步进行风险评估、制订预案等。

（4）执法人员（警察和海关）。减少供应并应对可能的犯罪活动，了解与职业暴露相关的潜在风险。

（5）公众，特别是吸毒人群。提高公众意识，例如向公众传递观测到的特别有害的毒品或物质及其使用方式等信息，以保护公众健康。

（6）决策者。更好地了解市场动态，并制定基于证据的政策。

三、毒品分析实验室加入新精神活性物质早期预警系统的益处

在过去的 10 年中，毒品分析实验室面临鉴定大量新物质的挑战。毒品分析实验室在鉴定新物质方面的重要作用已在国际上得到认可。毒品分析实验加入或参与国家、区域或国际预警系统，有利于加强其毒品分析工作，提高其现有毒品分析工作的质量、可靠度和透明度。表 24 列出了加强 EWS 建设对毒品分析实验室的主要益处。

表 24　加强 EWS 建设对毒品分析实验室的益处

序号	益处
1	建立或加强了新的或现有的跨学科和跨机构的网络，包括毒品分析实验室
2	提高工作质量、可靠性和透明度，例如更有针对性地筛选
3	鼓励非正式和正式的合作
4	加强各个利益相关者之间的沟通和理解
5	信息流系统化的产出（产生警报、意识和指导）可以更好地保障公共卫生安全

案例 6：法庭科学专家网络有助于解决复杂的分析难题

2017 年 8 月 26 日，美国 DEA 东南实验室与 DEA 实时通信网络（Synth-Opioids@ usdoj. gov）的参与者共享了环丙芬太尼或巴豆酰芬太尼的分析数据。2018 年 11 月 10 日，美国密歇根州一家私人实验室的负责人写信给该实时通信网络询问港口尸检案，因为他们认为此案可能涉及芬太尼类似物，但不确定该化合物是否为环丙芬太尼或巴豆酰芬太尼。他们的请求，即如何分析该两种物质并区分两者，在当天就得到了回复。在两天内，三个有关毒品分析实验室的法化学家、法医毒理学家和药物检查人员就如何克服这一分析挑战提出了建议，并提供了用于缴获毒品和毒理学样品检测的各种科学仪器技术方法的有关信息。通过这个交流网络，多个司法管辖区的相关人员共同努力，利用集体的智慧来解决和克服新出现物质的分析难题。

四、新精神活性物质早期预警系统的联系方式

EWS 可以有几种正式或非正式地交换信息、表达想法和提出问题的方法。可能的通信渠道有电话、电子邮件、即时消息或 EWS 注册成员专用的虚拟平台等。实时通信是 EWS 网络运行良好的标志。目前，已经有基于事件的受限的平台访问和电子报告先例。例如：联合国毒品和犯罪问题办公室的 EWA（受限制）；由欧洲毒品和毒瘾监测中心管理的欧洲新药数据库（受限制）；以及由国家 EWS 建立的，用于报告、交换和存储有关新精神活性物质信息的其他平台。沟通需要相关利益方之间的密切合作和信任，制定处理敏感、秘密和分类信息的协议。因此，除了通过电子邮件或电子平台进行机构联系，维持活跃的沟通网络可能还需要定期的面对面会议或其他个人通信。

尽管 EWS 网络中的成员都是来自各领域的专家，但应鼓励和加强不同领域利益方之间的对话和讨论。专家之间的知识共享有利于提高其专业技能。此外，事实证明，在分析共享信息以做出决策或进一步采取行动等方面，采用多学科的方法是非常值得推崇的。毒品使用者、执法人员、一线人员和卫生保健专业人员之间开展有效和及时的合作是 EWS 成功的关键。

毒品分析实验室是获得可靠的、合理的科学信息和数据的关键，这些数据是司法系统解决毒品相关犯罪和减少毒品供应活动必不可少的资料。此外，毒品分析专家的科学解释对大众也越来越重要。为了能够提供准确的证据，也是设计有效的政策干预措施所必不可少的，毒品分析专家需要跟进并适应

当今高度动态的毒品市场的特点，即全球市场上都出现了多种数量空前的新精神活性物质。[1]在这种动态的市场条件下，毒品分析实验室所产生的信息在支持基于证据的政策和决策，以及保护公众健康等方面发挥的作用比以往任何时候都大。为了确保能持续生成和及时共享此类信息，建立健全新精神活性物质早期预警系统是可行的解决方案。

〔1〕 TETTEY J, CREAN C. New psychoactive substances: catalysing a shift in forensic science practice? [J]. Philosophical Transactions of the Royal Society of London. Series B, Biological Sciences, 2015, 370(1674): 20-40.

参考文献

一、专著、报告类

马岩，王优美．新精神活性物质办案实用手册［M］．北京：法律出版社，2019.

中国国家禁毒委员会办公室．2018 年中国毒品形势报告［R］．北京：中国国家禁毒委员会办公室，2019.

中国国家禁毒委员会办公室．2018 中国禁毒报告［R］．北京：中国国家禁毒委员会办公室，2018.

中国国家禁毒委员会办公室．2017 年中国毒品形势报告［R］．北京：中国国家禁毒委员会办公室，2018.

中国国家禁毒委员会办公室．2017 中国禁毒报告［R］．北京：中国国家禁毒委员会办公室，2017.

中国国家禁毒委员会办公室．2016 年中国毒品形势报告［R］．北京：中国国家禁毒委员会办公室，2017.

中国国家禁毒委员会办公室．2016 中国禁毒报告［R］．北京：中国国家禁毒委员会办公室，2016.

中国国家禁毒委员会办公室．2015 年中国毒品形势报告［R］．北京：中国国家禁毒委员会办公室，2016.

中国国家禁毒委员会办公室．2015 中国禁毒报告［R］．北京：中国国家禁毒委员会办公室，2015.

中国国家禁毒委员会办公室．2014 年中国毒品形势报告［R］．北京：中国国家禁毒委员会办公室，2015.

中国国家禁毒委员会办公室．2014 中国禁毒报告［R］．北京：中国国家禁毒委员会办公室，2014.

吴玉红，钟岩．禁毒化学技术［M］．北京：中国人民公安大学出版社，2015.

刘建宏．新禁毒全书：第 6 卷［M］．北京：人民出版社，2015.

贾少微．新精神活性物质依赖［M］．北京：人民卫生出版社，2013.

欧洲毒品和毒瘾监测中心·预警系统．国家概况·卢森堡［M］．欧共体官方出版局，2012.

张涛. 毒品检验与鉴定教程［M］. 北京：中国人民公安大学出版社，2011.

杨丽君. 中国当代吸毒问题成因与治理［M］. 北京：群众出版社，2003.

United Nations Office on Drugs and Crime (UNODC). World Drug Report 2018［R］. Vienna: United Nations, 2018.

United Nations Office on Drugs and Crime (UNODC). World Drug Report 2018 booklet 3 ［R］. Vienna: United Nations, 2018.

United National Office on Drugs and Crime (UNODC). Understanding the synthetic drug market: the NPS factor［R］. GLOBAL SMART UPDATE, 2018: 19.

United Nations Office on Drugs and Crime (UNODC). World Drug Report 2017 booklet 4 ［R］. Vienna: United Nations, 2017.

United Nations Office on Drugs and Crime (UNODC). Non-medical use of benzodiazepines: a growing threat to public health［R］. GLOBAL SMART UPDATE, 2017: 18.

United Nations Office on Drugs and Crime (UNODC). Fentanyl and its analogues—50 years on［R］. GLOBAL SMART UPDATE, 2017: 17.

BENSCHOP A, BUJALSKI M, DABROWSKA K, et al. New Psychoactive Substances: transnational project on different user groups, user characteristics, extent and patterns of use, market dynamics, and best practices in prevention. NPS-transnational Project［R］. Amsterdam: University of Amsterdam, 2017.

European Monitoring Centre for Drugs and Drug Addiction (EMCDDA). High-risk drug use and new psychoactive substances［R］. Luxembourg: Publications Office of the European Union, 2017.

United Nations Office on Drugs and Crime (UNODC). World Drug Report 2016［R］. Vienna: United Nations, 2016.

United Nations Office on Drugs and Crime (UNODC). Post-UNGASS 2016: NPS trends, challenges and recommendations［R］. GLOBAL SMART UPDATE, 2016: 16.

United Nations Office on Drugs and Crime (UNODC). Injecting use of synthetic drugs［R］. GLOBAL SMART UPDATE, 2016: 15.

European Monitoring Centre for Drugs and Drug Addiction (EMCDDA) Europol. Addiction Hospital emergency presentations and acute drug toxicity in Europe: update from the Euro-DEN Plus research group and the EMCDDA［R］. Lisbon: Publications Office of the European Union, 2016.

European Monitoring Centre for Drugs and Drug Addiction (EMCDDA) Europol. Perspectives on drugs: strategies to prevent diversion of opioid substitution treatment medications［R］. Luxembourg: Publications Office of the European Union, 2016.

Police Scotland. The illicit benzodiazepine market in Scotland［R］. Drug Trend Bulletin, 2016: 13.

Police Scotland. The illicit benzodiazepine market in Scot land [R]. Drug Trend Bulletin, 2016: 8.

European Monitoring Centre for Drugs and Drug Addiction (EMCDDA). European Drug Report 2016: Trends and Developments European Monitoring [R]. Luxembourg: Publications Office of the European Union, 2016.

United Nations Office on Drugs and Crime (UNODC). Terminology and information on drugs [C]. Vienna: United Nations Publication, 2016.

Advisory Council on the Misuse of Drugs (ACMD). Advice on U-47700, etizolam and other designer benzodiazepines [R]. United Kingdom, 2016.

MACLEOD K, PICKERING L, GANNON M, et al. Understanding the patterns of use, motives, and harms of new psychoactive substances in Scotland [M]. Edinburgh: Scottish Government, 2016.

KRUITHOF K, ALDRIDGE J, DÉCARY-HÉTU D, et al. Internet-facilitated drugs trade: an analysis of the size, scope and the role of the Netherlands [R]. Cambridge: RAND Europe, 2016.

European Monitoring Centre for Drugs and Drug Addiction (EMCDDA). EU drug markets report: in-depth analysis [R]. Luxembourg: Publications Office of the European Union, 2016.

European Monitoring Centre for Drugs and Drug Addiction (EMCDDA). EU drug markets report: strategic overview [R]. Luxembourg: Publications Office of the European Union, 2016.

European Monitoring Centre for Drugs and Drug Addiction (EMCDDA). Trends and Developments, Publications Office of the European Union [R]. Luxembourg: Publications Office of the European Union, 2016.

European Monitoring Centre for Drugs and Drug Addiction (EMCDDA). The value of understanding organised crime business structures and processes: background paper commissioned by the EMCDDA for the 2016 EU Drug Markets Report [R]. Lisbon: Publications Office of the European Union, 2016.

Home Office. Tables for drug misuse: Findings from the 2014 to 2015 CSEW [R]. London: Home Office, 2015.

European Monitoring Centre for Drugs and Drug Addiction (EMCDDA). New psychoactive substances: an update from the EU Early Warning System [R]. Luxembourg: Publications Office of the European Union, 2015a.

HM Inspectorate of Prisons. HM Chief Inspector of Prisons for England and Wales Annual Report 2014 – 2015 [R]. London: HM Inspectorate of Prisons, 2015a.

HM Inspectorate of Prisons. Changing patterns of substance misuse in adult prisons and service responses. A thematic review by HM Inspectorate of Prisons [R]. London: HM Inspectorate of Prisons, 2015b.

European Monitoring Centre for Drugs and Drug Addiction (EMCDDA). European Drug Report 2015: Trends and Developments [R]. Luxembourg: Publications Office of the European Union, 2015b.

European Monitoring Centre for Drugs and Drug Addiction (EMCDDA). Prevention of Addictive Behaviours [R]. Luxembourg: Publications Office of the European Union, 2015c.

United Nations Office on Drugs and Crime (UNODC). World Drug Report 2015 [R]. New York: United Nations, 2015.

European Monitoring Centre for Drugs and Drug Addiction Europol (EMCDDA). Perspectives on drugs: the misuse of benzodiazepines among high-risk opioid users in Europe [R]. Lisbon: Publications Office of the European Union, 2015.

15 World Health Organization (WHO) Expert Committee on Drug Dependence. Phenazepam: Pre-Review Report Agenda item 5.8 [C]. Geneva: Thirty-seventh Meeting, 2015.

World Health Organization (WHO). Medical Product Alert No. 4/2015: adverse reactions caused by Falsified Diazepam in Central Africa [R]. Geneva, 2015.

United Nations Office on Drugs and Crime (UNODC). Synthetic cannabinoids: key facts about the largest and most dynamic group of NPS [R]. GLOBAL SMART UPDATE, 2015.

Novel Psychoactive Treatment UK Network (NEPTUNE). Guidance on the Clinical Management of Acute and Chronic Harms of Club Drugs and Novel Psychoactive Substances [R]. London, 2015.

United Nations Office on Drugs and Crime (UNODC). Methamphetamine manufacture: Global Patterns and Regional Differences [R]. GLOBAL SMART UPDATE, 2014.

BEN-SASSON E, CHIESA A, GARMAN C, et al. Zerocash: decentralized anonymous payments from bitcoin [C]. San Jose: IEEE Symposium on Security and Privacy, 2014.

United Nations Office on Drugs and Crime (UNODC). International Standards on Drug Prevention [R]. Vienna: United Nations, 2013.

United Nations Office on Drugs and Crime (UNODC). World Drug Report 2013 [R]. New York: United Nations, 2013.

European Monitoring Centre for Drugs and Drug Addiction Europol (EMCDDA). New drugs in Europe 2012 [R]. Luxembourg: Publications Office of the European Union, 2013.

Office for National Statistics. Drug misuse declared: findings from the 2011/12 Crime Survey for England and Wales [R]. London: Home Office, 2012.

BROTHERHOOD A, SUMNALL H R. European Drug Prevention Quality Standards, Manual No. 7 [R]. Lisbon: European Monitoring Centre for Drugs and Drug Addiction (EMCDDA), 2011.

DOLEŽAL D. Availability and prices of illicit drugs in the Republic of Croatia, Project implementation report [R]. Zagreb: Office for Combating Drugs Abuse of the Government of the

Republic of Croatia and Faculty of Education and Rehabilitation Sciences, 2011.

European Monitoring Centre for Drugs and Drug Addiction (EMCDDA). Understanding the "Spice" phenomenon [R]. Luxembourg: Publications Office of the European Union, 2009.

General Assembly. Action Plan Against Illicit Manufacture, Trafficking and Abuse of Amphetamine-type Stimulants and Their Precursors [C]. General Assembly, 1998.

American Association of Poison Control Centers. Synthetic cannabinoids [R]. Alexandria: AAPCC.

二、期刊类

王继芬，吕昱帆，范琳媛，等. 芬太尼类新精神活性物质及其检验方法进展 [J]. 科学技术与工程，2020，20 (6)：20105-20114.

郑晓雨，袁明俊，王德高，等. 基于污水流行病学的毒情研判技术研究进展 [J]. 生态毒理学报，2020，15 (4)：79-87.

雷海波. 青少年毒品预防教育的创新发展 [J]. 中国青年社会科学，2018，37 (5)：107-112.

温联晖. 新精神活性物质问题现状与思考 [J]. 中国禁毒研究，2018 (2)：42-46.

包涵. 新精神活性物质管制的国际经验和中国路径 [J]. 公安学研究，2018，1 (3)：44-63，123.

包涵. 论毒品的定义要素与授权列管原则 [J]. 北京联合大学学报（人文社会科学版），2017，15 (3)：99-105.

张黎，张拓. 新精神活性物质的滥用危害与防控问题研究：以构建我国禁毒防控体系为视角 [J]. 中国人民公安大学学报（社会科学版），2013，29 (4)：88-96.

BROSÉUS J, RHUMORBARBE D, MORELATO M, et al. A geographical analysis of trafficking on a popular darknet market [J]. Forensic Science International, 2017, 277: 88-102.

NURMI J, KASKELA T, PERÄLÄ, J, et al. Seller's reputation and capacity on the illicit drug markets: 11-month study on the Finnish version of the Silk Road [J]. Drug and Alcohol Dependence, 2017, 178: 201-207.

ABRAHAMSSON T, et al. Benzodiazepine, z-drug and pregabalin prescriptions and mortality among patients in opioid maintenance treatment: a nation-wide register-based open cohort study [J]. Drug and Alcohol Dependence, 2017, 174: 58-64.

VAN BUSKIRK J, BRUNO R, DOBBINS T, et al. The recovery of online drug markets following law enforcement and other disruptions [J]. Drug and Alcohol Dependence, 2017b, 173: 159-162.

HORSFALL J T, SPRAGUE J E. The pharmacology and toxicology of the "Holy Trinity" [J]. Basic & Clinical Pharmacology & Toxicology, 2017, 120 (2)：115-119.

TARJÁN A, DUDÁS M, WIESSING L, et al. HCV prevalence and risk behaviours among injectors of new psychoactive substances in a risk environment in Hungary: an expanding public health burden [J]. International Journal of Drug Policy, 2017, 41: 1-7.

VAN HOUT M C, HEARNE E. New psychoactive substances (NPS) on cryptomarket fora: an exploratory study of characteristics of forum activity between NPS buyers and vendors [J]. International Journal of Drug Policy, 2017, 40: 102-110.

PIRONA A, BO A, HEDRICH D, et al. New psychoactive substances: current health-related practices and challenges in responding to use and harms in Europe [J]. International Journal of Drug Policy, 2017, 40: 84-92.

LIM W J L, YAP A T W, MANGUDI M, et al. Detection of phenazepam in illicitly manufactured Erimin 5 tablets [J]. Drug Testing and Analysis, 2017, 9 (2): 293-305.

VAN BUSKIRK J, GRIFFITHS P, FARRELL M, et al. Trends in new psychoactive substances from surface and dark net monitoring [J]. The Lancet Psychiatry, 2017a, 4: 16-18.

SHEVYRIN V, MELKOZEROV V, NEVERO A, et al. Identification and analytical characteristics of synthetic cannabinoids with an indazole-3-carboxamide structure bearing a N-1-methoxycarbonylalkyl group [J]. Analytical and Bioanalytical Chemistry, 2016, 407 (21): 6301-6315.

RHUMORBARBE D, STAEHLI L, BROSÉUS J, et al. Buying drugs on a darknet market: a better deal? Studying the online illicit drug market through the analysis of digital, physical and chemical data [J]. Forensic Science International, 2016, 267: 173-182.

GRIFFITHS P, MOUNTENEY J. Disruptive potential of the internet to transform illicit drug markets and impact on future patterns of drug consumption [J]. Clinical Pharmacology & Theraputics, 2017, 101 (2): 176-178.

WARNER M, et al. Drugs most frequently involved in drug overdose deaths: United State, 2010-2014 [J]. National Vital Statistics Reports, 2016, 65 (10): 1-15.

MOORE D, RID T. Cryptopolitik and the darknet [J]. Survival: Global Politics and Strategy, 2016, 58: 7-38.

TAIT R J, CALDICOTT D, MOUNTAIN D, et al. Asystematic review of adverse events arising from the use of synthetic cannabinoids and their associated treatment [J]. Clinical Toxicology (Philadelphia), 2016, 54 (1): 1-13.

DOLLIVER D S, KUHNS J B. The presence of new psychoactive substances in a Tor network marketplace environment [J]. Journal of Psychoactive Drugs, 2016, 48 (5): 321-329.

AMARO R. Taking chances for love? Reflections on love, risk, and harm reduction in a gay slamming subculture [J]. Contemporary Drug Problems, 2016, 43 (3): 216-227.

CONNOR L C, TORRANCE H J, MCKEOWN D A. ELISA detection of phenazepam, etizolam, pyrazolam, flubromazepam, diclazepam and delorazepam in blood using Immunalysis

Benzodiazepine Kit [J]. Journal of Analytical Toxicology, 2016, 40 (2): 159-161.

DÉCARY-HÉTU D, PAQUET-CLOUSTON M, ALDRIDGE J. Going international? Risk-taking by cryptomarket drug vendors [J]. International Journal of Drug Policy, 2016, 35: 69-76.

BARRATT M J, LENTON S, MADDOX A, et al. What if you live on top of a bakery and you like cakes? Drug use and harm trajectories before, during and after the emergence of Silk Road [J]. International Journal of Drug Policy, 2016b, 35: 50-57.

CAUDEVILLA F, VENTURA M, FORNÍS I, et al. Results of an international drug testing service for cryptomarket users [J]. International Journal of Drug Policy, 2016, 35: 38-41.

VAN BUSKIRK J, ROXBURGH A, BRUNO R, et al. Characterising dark net marketplace purchasers in a sample of regular psychostimulant users [J]. International Journal of Drug Policy, 2016, 35: 32-37.

BARRATT M J, MADDOX A. Active engagement with stigmatised communities through digital ethnography [J]. Qualitative Research, 2016, 16 (6): 24-31.

BARRATT M J, FERRIS J A, WINSTOCK A R. Safer scoring? Cryptomarkets, social supply and drug market violence [J]. International Journal of Drug Policy, 2016a, 35: 24-31.

ALDRIDGE J, DÉCARY-HÉTU D. Hidden wholesale: the drug diffusing capacity of online drug cryptomarkets [J]. International Journal of Drug Policy, 2016, 35: 7-15.

SOUSSAN C, KJELLGREN A. The users of novel psychoactive substances: online survey about their characteristics, attitudes and motivations [J]. International Journal of Drug Policy, 2016, 32: 77-84.

SANDE M. Characteristics of the use of 3-MMC and other new psychoactive drugs in Slovenia, and the perceived problems experienced by users [J]. International Journal of Drug Policy, 2016, 27: 65-73.

RÁCZ J, GYARMATHY V A, CSÁK R. New cases of HIV among people who inject drugs in Hungary: false alarm or early warning? [J]. International Journal of Drug Policy, 2016, 27: 13-16.

HOPE V D, CULLEN K J, SMITH J, et al. Is the recent emergence of mephedrone injecting in the United Kingdom associated with elevated risk behaviours and blood borne virus infection? [J]. Euro Surveillance, 2016, 21 (19): 25-33.

WIESSING L, FOLCH C. New psychoactive substances, drug injecting and sex in recreational settings: increased risk of HIV and HCV and opportunities for prevention [J]. Revista Enfermedades Emergentes, 2016, 15 (2): 57-61.

OWEN G, SAVAGE N. Empirical analysis of Tor hidden services [J]. IET Information Security, 2016, 10 (3): 113-118.

MCCALL H, ADAMS N, MASON D, et al. What is chemsex and why does it matter? [J]. British Medical Journal, 2015: 351.

PARK T W, SAITZ R, GANOCZY D, et al. Benzodiazepine prescribing patterns and deaths from drug overdose among US veterans receiving opioid analgesics: case-cohort study [J]. British Medical Journal, 2015, 350.

ICKOWICZ S, et al. Benzodiazepine use as an independent risk factor for HIV infection in a Canadian setting [J]. Drug and Alcohol Dependence, 2015, 155: 190-194.

Drug Enforcement Administration. Proposed rule schedules of controlled substances: temporary placement of the synthetic cannabinoid MAB-CHMINACA into Schedule I [J]. Federal Register, 2015, 80 (179): 55565-55568.

KASPER A M, RIDPATH A D, ARNOLD J K, et al. Severe illness associated with reported use of synthetic cannabinoids: Mississippi, April 2015 [J]. Morbidity and Mortality Weekly Report, 2015, 64 (39): 1121-1122.

DINES A M, WOOD D M, YATES C, et al. Acute recreational drug and new psychoactive substance toxicity in Europe: 12 months data collection from the European Drug Emergencies Network (Euro-DEN) [J]. Clinical Toxicology, 2015, 53 (9): 893-900.

WOOD D M, SEDEFOV R, CUNNINGHAM A, et al. Prevalence of use and acute toxicity associated with the use of NBOMe drugs [J]. Clinical Toxicology, 2015, 53 (2): 85-92.

BANCROFT A, REID P S. Concepts of illicit drug quality among darknet market users: purity, embodied experience, craft and chemical knowledge [J]. International Journal of Drug Policy, 2016, 35: 42-49.

MACFARLANE V, CHRISTIE G. Synthetic cannabinoid withdrawal: a new demand on detoxification services [J]. Drug and Alcohol Review, 2015, 34 (2): 147-153.

BOURNE A, REID D, HICKSON F, et al. "Chemsex" and harm reduction need among gay men in South London [J]. International Journal of Drug Policy, 2015, 26 (12): 1171-1176.

MOUNTENEY J, GIRAUDON I, DENISSOV G, et al. Fentanyls: are we missing the signs? Highly potent and on the rise in Europe [J]. International Journal of Drug Policy, 2015, 26 (7): 626-631.

LOVETT C, WOOD D M, DARGAN P I. Pharmacology and toxicology of the synthetic cannabinoid receptor agonists [J]. Réanimation, 2015a, 24 (5): 527-541.

GIESE C, IGOE D, GIBBONS Z, et al. Injection of new psychoactive substance snow blow associated with recently acquired HIV infections among homeless people who inject drugs in Dublin, Irelandn [J]. Euro surveillance, 2015, 20 (40): 300.

LOVETT C, YAMAMOTO T, HUNTER L, et al. Problematic recreational drug use: is there a role for outpatient sexual health clinics in identifying those not already engaged with treatment services? [J]. Sexual Health, 2015b, 12 (6): 501-505.

SOSKA K, CHRISTIN N. Measuring the longitudinal evolution of the online anonymous marketplace ecosystem [J]. Proceedings of the 24th USENIX Confenence on Security Symposium,

2015： 33 - 48.

DINES A M, WOOD D M, GALICIA M, et al. Presentations to the emergency department following cannabis use： a multi-centre case series from ten European countries ［J］. Journal of Medical Toxicology, 2015, 11 （4）: 415-421.

BAUMEISTER D, TOJO L M, TRACY D K. Legal highs： staying on top of the flood of novel psychoactive substances ［J］. Therapeutic Advances in Psychopharmacology, 2015, 5 （2）: 97-132.

BARRATT M J, FERRIS J A, WINSTOCK A R. Use of Silk Road, the online drug marketplace, in the United Kingdom, Australia and the United States ［J］. Addiction, 2014, 109 （5）: 774-783.

FANTEGROSSI W E, MORAN J H, RADOMINSKA-PANDYA A, et al. Distinct pharmacology and metabolism of K2 synthetic cannabinoids compared to $\triangle^9$-THC: mechanism underlying greater toxicity? ［J］. Life Sciences, 2014, 97 （1）: 45-54.

GERMAN C L, FLECKENSTEIN A E, HANSON G R. Bath salts and synthetic cathinones： an emerging designer drug phenomenon ［J］. Life Sciences, 2014, 97 （1）: 2-8.

BEHONICK G, SHANKS K G, FIRCHAU D J, et al. Four postmortem case reports with quantitative detection of the synthetic cannabinoid, 5F-PB-22 ［J］. Journal of Analytical Toxicology, 2014, 38 （8）: 559-562.

LAWN W, BARRATT M, WILLIAMS M, et al. The NBOMe hallucinogenic drug series： patterns of use, characteristics of users and selfreported effects in a large international sample ［J］. Journal of Psychopharmacology, 2014, 28 （8）: 780-788.

GURNEY S M R, SCOTT K S, KACINKO S L, et al. Pharmacology, toxicology, and adverse effects of synthetic cannabinoid drugs ［J］. Forensic Science Review, 2014, 26 （1）: 53-78.

VAN HOUT M, BINGHAM T. Responsible vendors, intelligent customers： Silk Road, the online revolution in drug trading ［J］. International Journal of Drug Policy, 2013, 25 （2）: 183-189.

MONTE A A, BRONSTEIN A C, CAO D J, et al. An outbreak of exposure to a novel synthetic cannabinoid ［J］. New England Journal of Medicine, 2014, 370 （4）: 389-390.

SARAFIS P, TSOUNIS A. Debt burden of Greece and HIV among injecting drug users ［J］. The Lancet Infectious Diseases, 2014, 14 （3）: 180-181.

MOOSMANN B, BISEL P, AUWÄRTER V. Characterization of the designer benzodiazepine diclazepam and preliminary data on its metabolism and pharmacokinetics ［J］. Drug Testing and Analysis, 2014, 6 （7-8）: 757-763.

DASKALOPOULOU M, RODGER A, PHILLIPS A N, et al. Recreational drug use, polydrug use, and sexual behaviour in HIV-diagnosed men who have sex with men in the UK： results from the cross-sectional ASTRA study ［J］. The Lancet HIV, 2014, 1 （1）: 22-31.

CHOI H, HEO S, CHOE S, et al. Simultaneous analysis of synthetic cannabinoids in the materials seized during drug trafficking using GC-MS [J]. Analytical and Bioanalytical Chemistry, 2013, 405: 3937-3944.

KIRBY T, THORNBER-DUNWELL M. New HIV diagnoses in London's gay men continue to soar [J]. The Lancet, 2013b, 382 (9889): 295.

KIRBY T, THORNBER-DUNWELL M. High-risk drug practices tighten grip on London gay scene [J]. The Lancet, 2013a, 381 (9861): 101-102.

SEELY K A, PATTON A L, MORAN C L, et al. Forensic investigation of K2, Spice, and "bath salt" commercial preparations: a three-year study of new designer drug products containing synthetic cannabinoid, stimulant, and hallucinogenic compounds [J]. Forensic Science International, 2013, 233 (1-3): 416-422.

OGATA J, UCHIYAMA N, KIKURA-HANAJIRI R, et al. DNA sequence analyses of blended herbal products including synthetic cannabinoids as designer drugs [J]. Forensic Science International, 2013, 227 (1-3): 33-41.

HERMANNS-CLAUSEN M, KNEISEL S, SZABO B, et al. Acute toxicity due to the confirmed consumption of synthetic cannabinoids: clinical and laboratory findings [J]. Addiction, 2013, 108 (3): 534-544.

FREEMAN M J, ROSE D Z, MYERS M A, et al. Ischemic stroke after use of the synthetic marijuana "spice" [J]. Neurology, 2013, 81 (24): 2090-2093.

Centers for Disease Control and Prevention. Acute kidney injury associated with synthetic cannabinoid use: multiple states [J]. Morbidity and Mortality Weekly Report, 2013, 62 (6): 93-98.

BAUMANN M H, PARTILLA J S, LEHNER K R, et al. Powerful cocaine-like actions of 3, 4-methylenedioxypyrovalerone (MDPV), a principal constituent of psychoactive "bath salts" products [J]. Neuropsychopharmacology, 2013, 38 (4): 552-562.

CAPRIOLA M. Synthetic cathinone abuse [J]. Clinical Pharmacology: Advances and Applications, 2013, 5 (1): 109-115.

PEYRIÈRE H, JACQUET J M, EIDEN C, et al. Viral and bacterial risks associated with mephedrone abuse in HIV-infected men who have sex with men [J]. AIDS, 2013, 27 (18): 2971-2972.

STUART D. Sexualised drug use by MSM: background, current status and response [J]. HIV Nursing, 2013, 13: 6-10.

BIRYUKOV A, PUSTOGAROV I, WEINMANN R P. Trawling for Tor hidden services: detection, measurement, deanonymization [J]. 2013 IEEE Symposium on Security and Privacy, 2013: 80-94.

CHRISTIN N. Traveling the Silk Road: a measurement analysis of a large anonymous online marketplace [J]. Proceedings of the 22nd World Wide Web Conference, 2013: 213 – 224.

VAN HOUT M C, BINGHAM T. "Surfing the Silk Road": a study of users' experiences [J]. International Journal of Drug Policy, 2013a, 24 (6): 524 – 529.

VAN HOUT M C, BINGHAM T. "Silk Road", the virtual marketplace: a single case study of user experiences [J]. International Journal of Drug Policy , 2013b, 24 (5): 385 – 391.

HEDRICH D, KALAMARA E, SFETCU O, et al. Human immunodeficiency virus among people who inject drugs: is risk increasing in Europe? [J]. Euro Surveillance, 2013, 18 (48), 20648 .

KRIIKKU P, WILHELM L, RINFATALO J, et al. Phenazepam abuse in Finland: findings from apprehended drivers, post-mortem cases and police confiscations [J]. Forensic science international, 2012, 220 (1 – 3): 111 – 117.

JONES J D, MOGALI S, COMER S D. Polydrug abuse: a review of opioid and benzodiazepine combination use [J]. Drug and Alcohol Dependence, 2012, 125 (1 – 2): 8 – 18;

GRIFFITHS P, MOUNTENEY J, LANIEL L. Understanding changes in heroin availability in europe over time: emerging evidence for a slide, a squeeze and a shock [J]. Addiction, 2012, 107 (9): 1539 – 1540.

DORAIRAJ J J, HEALY C, MCMENAMIN M, et al. The untold truth about "bath salt" highs: a case series demonstrating local tissue injury [J]. Journal of Plastic, Reconstructive & Aesthetic Surgery, 2012, 65 (2): 37 – 41.

WERSE B, MORGENSTERN C. How to handle legal highs? Findings from a German online survey and considerations on drug policy issues [J]. Drugs and Alcohol Today, 2012, 12 (4): 222 – 231.

ABDULLAH A F L, ABRAHAM A A, SULAIMAN M, et al. Forensic drug profiling of Erimin-5 using TLC and GC-MS [J]. Malaysian Journal of Forensic Sciences, 2012, 3 (1): 11 – 15.

HURST D, LOEFFLER G, MCLAY R. Psychosis associated with synthetic cannabinoid agonists: a case series [J]. American Journal of Psychiatry, 2011, 168 (10): 1119.

SPILLER H A, RYAN M L, WESTON R G, et al. Clinical experience with and analytical confirmation of bath salts and legal highs (synthetic cathinones) in the United States [J]. Clinical Toxicology, 2011, 49 (6): 499 – 505.

FATTORE L, FRATTA W. Beyond THC: the new generation of cannabinoid designer drugs [J]. Frontiers in Behavioral Neuroscience, 2011, 5 (60).

WINSTOCK A, MITCHESON L, RAMSEY J, et al. Mephedrone: use, subjective effects and health risks [J]. Addiction, 2011, 106 (11): 1991 – 1996.

FIŠAR Z. Inhibition of monoamine oxidase activity by cannabinoids [J] . Naunyn-Schmiedeberg's Archives of Pharmacology, 2010, 381 (6): 563 – 572.

UCHIYAMA N, et al. Chemical analysis of synthetic cannabinoids as designer drugs in herbal products [J]. Forensic Science International, 2010, 198 (1-3): 31-38.

MEASHAM F, MOORE K, NEWCOMBE R, et al. Tweaking, bombing, dabbing and stockpiling: the emergence of mephedrone and the perversity of prohibition [J]. Drugs and Alcohol Today, 2010, 10 (1): 14-21.

LINDIGKEIT R, et al. Spice: a never ending story? [J]. Forensic Science International, 2009, 191 (1-3): 58-63.

MARKOFF J. What the dormouse said: how the sixties counterculture shaped the personal computer industry [J]. Choice Reviews Online, 2005, 43 (03).

DINGLEDINE R, MATHEWSON N, SYVERSON P. Tor: the second-generation onion router [J]. Proceedings of the 13th USENIX Security Symposium, 2004.

CORKERY J M, SCHIFANO F, GHODSE A H. Phenazepam abuse in the UK: an emerging problem causing serious adverse health problems, including death [J]. Human Psychopharmacology: Clinical & Experimental, 2012, 27 (3): 254-261.

三、电子文档类

World Heath Organization. Essential Medicines and Heath Products [EB/OL]. (2019-05-10). https: //www. who. int medicines/acess/controlled-substances/.

United Nations Office on Drugs and Crime . UNODC Early Warming Advisory (EWA) on NewPyhboactive Substances (NPS) [EB/OL]. (2019-05-10). https: //www. unodc. org/LSS HomeNPS.

World Health Organization. Guidance on the WHO Review of Psychoactive Substances for International Control [EB/OL]. (2019- 05-10). https: //www. who. int/medicines/areas/ quality_ safetyGLS_ WHORev_ PsychoactSubst_ IntC_ 2010. pdf.

United Nations Office on Drugs and Crime (UNODC). Synthetic Drugs in East and South-East Asia Trends and Patterns of Amphetamine-type Stimulants and New Psychoactive Substances [EB/OL]. (2019). https: //www. unodc. org/unodc/en/scientists/publications-smart. html.

United Nations Office on Drugs and Crime (UNODC). Understanding the synthetic drug market: the NPS factor [EB/OL]. (2018). https: //www. unodc. org/unodc/en/scientists/global-smart-update-2018-vol-19. html.

Gwern Archives [DB/OL]. (2017). https: //www. gwern. net/DNM-archives .

Europol. Darknet dealer of drugs and arms arrested by Slovak authorities [DB/OL]. (2017). https: //www. europol. europa. eu/newsroom/news/darknet-dealer-of-drugs-and-arms-arrested-slovak-authorities.

United States Drug Enforcement Administration. Leader of Illegal Online Pharmacy Sentenced to 8 Years in Prison [DB/OL]. (2017). https: //www. dea. gov/divisions/ sea/2017/sea012717.

shtml1.

Europol. Internet Organised Crime Threat Assessment (IOCTA) 2017, Europol [DB/OL]. (2017). https：//www. europol. europa. eu/activities-services/main-reports/internet-organised-crimethreat-assessment-iocta-2017.

DarkNet Stats [DB/OL]. (2017). https：//dnstats. net/.

DarkWeb News [DB/OL]. (2017). https：//darkwebnews. com/category/darknet-markets/.

DeepDotWeb [DB/OL]. (2017). https：//www. deepdotweb. com/2013/10/28/updated-llist-of-hidden-marketplacestor-i2p/.

Europol. European Union Serious and Organised Crime Threat Assessment (SOCTA)：Crime in the Age of Technology, Europol [DB/OL]. (2017). https：//www. europol. europa. eu/activi tiesservices/main-reports/european-union-serious-and-organised-crime-threat-assessment-2017.

ALTAWY R, ELSHEIKHY M, YOUSSEFY A, et al. Lelantos：a blockchain-based anonymous physical delivery system, Cryptology ePrint Archive [DB/OL]. (2017). https：// eprint. iacr. org/2017/465. pdf.

Official Journal of the European Onion Council implementing Decision (EU) 2017/369 of 27 February 2017 on subjecting methyl2-[[1- (cyclohexylmethyl) -1H-indole-3-carbonyl] amino] -3, 3-dimethylbutanoate (MDMB-CHMICA) to control measures [J/OL]. 2017, 56：210. http：//eur-lex. europa. eu/legal-content/EN/TXT/ HTML/? uri = CELEX：32017D0369&qid = 1489767473947& from = EN.

Council of the European Union. Council conclusions on improving criminal justice in cyberspace of 9 June 2016 [DB/OL]. (2016). www. consilium. europa. eu/en/meetings/jha/ 2016/06/cyberspace--en_ pdf/.

Medicines and Healthcare productsRegu latory Agency (MHRA). Press Release：regulator investigating the diversion of prescription only medicines [DB/OL]. (2016-12-16). https：// www. gov. uk/government/news/regulator-investigating-the-diversion-ofprescription-only-medicines.

Deep Dot Web. Dutch National Prosecution Service and police launch Hidden Service in globaldarknet enforcement operation [DB/OL]. (2016-10-31). https：//www. deepdotweb. com/ 2016/10/31/dutch-nationalprosecution-service-police-launch-hidden-service-global-darknet-enforcement-operation/ .

United Nations Office on Drugs and Crime (UNODC). (2016). https：//www. unodc. org/ unodc/en/commissions/CND/session/60_ Session_ 2016/CND-60-Session_ Index. html.

中国国家食品药品监督管理总局. 国家药物滥用监测年度报告 (2016 年) [EB/OL]. (2017-08-11). http：//m. hi1718. com/news/policy/35979. html.

Global Drug Survey (GDS). The Global Drug Survey findings：key findings from the Global Drug Survey 2016 [DB/OL]. (2016). https：//www. globaldrugsurvey. com/past-findings/theglobal-drug-survey-2016-findings/ .

PUFALL E L, KALL M, SHAHMANESH M, et al. Chemsex and high-risk sexual behaviours in HIV-positive men who have sex with men, in Conference on Retroviruses and Opportunistic Infections, Boston [DB/OL]. (2016). http: //www. croiconference. org/ sessions/% C2% 93chemsex% C2% 94-and-high-risk-sexualbehaviours-hiv-positive-men-who-have-sex-men.

User Voice. Spice: the bird killer. What prisoners think about the use of spice and other legal highs in prison [DB/OL]. (2016). http: // www. uservoice. org/wp-content/uploads/2016/05/ user-voicespice-the-bird-killer-report-low-res. pdf.

Council of the European Union. Progress Report following the Conclusions of the Council of the European Union on Improving Criminal Justice in Cyberspace of 7 December 2016 [DB/OL]. (2016). http: //data. consilium. europa. eu/doc/document/ST-15072-2016-REV-1/en/pdf.

ABDULRAHIM D, WHITELEY C, MONCRIEFF M, et al. Club Drug Use Among Lesbian, Gay, Bisexual and Trans (LGBT) People [DB/OL]. London: Novel Psychoactive Treatment UK Network (NEPTUNE), 2016. Retrieved from http: //www. neptuneclinical-guidance. co. uk .

IDOLENGEVICH-SEGAL H, RODRÍGUEZ-SALGADO B, GÓMEZ-ARNAU J, et al. Severe psychosis, drug dependence, and hepatitis C related to slamming mephedrone [DB/OL]. Case Reports in Psychiatry, 2016-10-10. http: //dx. doi. org/10. 1155/2016/8379562.

JANIKOVA B, FIDESOVA H, VAVRINCIKOVA L, et al. New psychoactive substances among people who use drugs heavily: towards effective and comprehensive health responses in Europe [DB/ OL]. European Project, 2016, 16 (2): 92-105. http: //www. npsineurope. eu/images/pdf/ publication/nps_ mapping. pdf.

Centre for Social Justice. Drugs in prison [DB/OL]. United Kingdom: The Centre for Social Justice, 2015. http: //www. centreforsocialjustice. org. uk/library/drugs-in-prison.

TARJÁN A. Impact of increasing NPS injecting combined with weakening responses: Infections and risk behaviours [DB/OL]. (2015). http: //www. emcdda. europa. eu/expertmeetings/2015/ drd-drid.

JOHNSTON L D, OMALLEY P M, MIECH R A, et al. Monitoring the Future national survey results on drug use, 1975 – 2015: Overview, key findings on adolescent drug use [DB/ OL]. Ann Arbor: Institute for Social Research, The University of Michigan, 2016. http: // www. monitoringthefuture. org/pubs/monographs/mtf overview 2015. pdf.

Public Health England (PHE) . Shooting up: infections among people who inject drugs in the UK [DB/OL]. Research and Analysis, 2023-03-22. https: //www. gov. uk/government/ uploads/system/uploads/attachment_ data/file/475712/shooting_ up_ 2015_ final. pdf.

Advisory Council on the Misuse of Drugs (ACMD) . Methylphenidate-based NPS: a review of the evidence of use and harm [DB/OL]. Home Office, 2015. https: //www. gov. uk/government/ uploads/system/uploads/attachment_ data/file/420983/TCDO_ methylphenidate_ NPS. pdf.

Eurojust. Strategic Meeting on Drug Trafficking: outcome report [DB/OL]. (2014-09-30).

http：//www. eurojust. europa. eu/doclibrary/register/Documents/drug-traffickingstrategic-meeting-report_ 2015-01-16_ EN. pdf.

European Commission （EC）. Eurobarometer 401：young people and drugs ［DB/OL］. （2014）. http：//ec. europa. eu/public_ opinion/flash/fl_ 401_ en. pdf.

European Monitoring Centre for Drugs and Drug Addiction （EMCDDA）. Report on the risk assessment of 3，4-dichloro . N-｛［1-（dimethylamino）cyclohexyl］methyl｝benzamide（AH-7921）in the framework of the Council Decision on new psychoactive substances ［DB/OL］. （2014）. http：//www. emcdda. europa. eu/system/files/publications/774/tdak14002enn_ 480892. pdf.

National Institute on Drug Abuse. Monitoring the Future Survey 2014, overview of findings ［DB/OL］. （2014）. http：//www. drugabuse. gov/related-topics/trends-statistics/monitoring-future/monitoring- future-survey-overview-findings-2014.

BOURNE A, REID D, HICKSON F, et al. The Chemsex study：drug use in sexual settings among gay and bisexual men in Lambeth, Southwark and Lewisham ［DB/OL］. Sigma Research, London School of Hygiene & Tropical Medicine, 2014. http：//sigmaresearch. org. uk/files/report2014a. pdf.

WOOD G. Ethereum：a secure decentralised generalised transaction ledger ［DB/OL］. Ethereum Project Yellow Paper, 2014：1－32. http：//gavwood. com/ paper. pdf.

GREENBERG A. Online drug dealers are now acceptingdarkcoin, bitcoin's stealthier cousin ［DB/OL］. （2011-04-14）. http：// www. wired. com/2014/11/darkcoin-and-online-drug-dealers/.

United Nations Office on Drugs and Crime （UNODC）. The challenge of new psychoactive substances ［DB/OL］. Global SMART Programme, 2013. https：//www. unodc. org/unodc/en/commissions/CND/Mandate_ Functions/Mandateand-Functions_ Scheduling. html.

United States Drug Enforcement Administration （DEA）. Manhattan U. S. attorney announces seizure of additional ＄28 million worth ofbitcoins belonging to Ross William Ulbricht, alleged owner and operator of "Silk Road" website ［DB/OL］. （2013）. http：//www. dea. gov/divisions/nyc/2013/nyc102513. shtml .

MARTIN J. Drugs on thedarknet：how cryptomarkets are transforming the global trade in illicit drugs ［DB/OL］. （2013）. http：//dogecoin. com/.

FOTIOU A, MICHA K, PARASKEVIS D, et al. HIV outbreak among injecting drug users in Greece：an updated report for the EMCDDA on the recent outbreak of HIV infections among drug injectors in Greece ［DB/OL］. （2012）. http：//www. emcdda. europa. eu/system/ files/publications/752/hiv_ update_ greece_ 2012_ 400439. pdf.

United States Food and Drug Administration （FDA）. The PossibleDangersof Buying Medicines over the Internet ［DB/OL］. （2011-01-26）. http：//www. fda. gov/ForConsumers/ConsumerUpdates/ucm048396. html.

HUGHES B, BLIDARU T. Legal responses to new psychoactive substances in Europe ［DB/

OL]. European Legal Datebase on Drugs. (2009-02-19). http://www. emcdda. europa. eu/eldd.

European Monitoring Centre for Drugs and Drug Addiction (EMCDDA). Report on the risk assessment ofmephedrone in the framework of the Council Decision on new psychoactive substances [DB/OL]. (2011). http://www. emcdda. europa. eu/system/files/publications/571/TDAK11001 ENC_ WEB-OPTIMISED_ FILE_ 280269. pdf.

Monero: private digital currency [DB/OL]. https://getmonero. org/home.

European Monitoring Centre for Drugs and Drug Addiction (EMCDDA). Report on the risk assessment of MT-45 [1-cyclohexyl-4- [1, 2-diphenylethyl] piperazine] in the framework of the Council Decision on new psychoactive substances [DB/OL]. Risk Assessments, 2015. http:// www. emcdda. europa. eu/system/files/publications/1865/tdak14006enn. pdf.

NAKAMOTO S. Bitcoin: a peer-to-peer electronic cash system [DB/OL]. Computer Science, 2008. https://bitcoin. org/bitcoin. pdf.

KRUITHOF K, ALDRIDGE J, DÉCARY HÉTU D, et al. The role of the "dark web" in the trade of illicit drugs [DB/OL]. RAND Corporation, 2016. https://www. rand. org/content/ dam/rand/pubs/research_ briefs/RB9900/RB9925/ RAND_ RB9925. pdf.

SCHWARTZ M J. Feds bust "farmer's market" for online drugs [DB/OL]. (2012-04-17). https://www. darkreading. com/attacks-and-breaches/feds-bust-farmers-market-for-online-drugs/ d/d-id/1103901.

SIMONITE T. Mapping of the bitcoin economy could reveal users' identities [DB/OL]. Techndogy Review, 2013- 09-11. https://www. technologyreview. com/s/518816/mapping-the-bitcoin-economy-could-reveal-users-identities/.

United States Attorney's Office Western District of Virginia. Cross Junction Man Pleads Guilty to Misbranding Charge [DB/OL]. (2017-02-03). https://www. justice. gov/usaowdva/pr/cross-junction-man-pleads-guiltymisbranding-charge.

United Nations Office on Drugs and Crime (UNODC). Resolution 59/8 [EB/OL]. (2016). https://www. unodc. org/unodc/site-search. html? q = CND + 59% 2F8.

International Narcotics Control Board. Psychotropic Substances [EB/OL]. (2021- 07-25). http://www. incb. org/incb/en/psychotropics/index. html.

附　　录

附录一　《新精神活性物质防治对策研究》
　　　　 调研提纲

一、我国新精神活性物质形势分析

（一）破获案件数量、类型、特点、处理情况及典型案例

（二）抓获犯罪嫌疑人数目、基本情况及主要特点

（三）查获的新精神活性物质种类、数量

（四）近年来当地新精神活性物质问题的发展变化及趋势

二、近年来治理新精神活性物质采取的主要措施及成效

三、治理新精神活性物质工作中存在的问题、难点及其原因分析

四、新精神活性物质治理中的重点工作有哪些

五、治理新精神活性物质的对策建议

六、易制毒化学品管制的难点及原因分析

七、应对易制毒化学品管制难点的对策

附录二 新精神活性物质预防教育问卷调查表

一、新精神活性物质预防教育问卷调查表1（教师）

尊敬的各位教师：

您好！为了解目前学校毒品预防教育中关于新精神活性物质教育的现状及存在的问题，便于今后更好地开展学校毒品预防教育工作，特设立本问卷。非常感谢您能抽出宝贵的时间来回答问题！

1. 民族：＿＿＿＿　年龄：＿＿＿＿　性别：□男　□女　学历：＿＿＿＿

2. 您所工作的学校：□重点　□非重点

3. 您所教授的科目：＿＿＿＿＿＿＿

4. 您从事毒品预防教育工作的年限：＿＿＿＿＿

5. 您知道（见过）哪些新精神活性物质？（可多选）

□合成大麻类（小树枝）　　　　　□合成卡西酮类（浴盐）

□芬太尼类　　　　　　　　　　　□植物类（恰特草、卡痛叶）

□苯乙胺类　　　　　　　　　　　□哌嗪类

□色胺类（零号胶囊）

6. 新精神活性物质是毒品吗？

□是　　　　　　□不是　　　　　□不知道

7. 吸食新精神活性物质是一种违法行为吗？

□是　　　　　　□不是　　　　　□不知道

8. 您是通过哪些渠道来了解吸食新精神活性物质的危害等知识的？（可多选）

□学校　　　□家庭　　　□电视/广播/报纸

□互联网（微信等）　　　□其他

9. 贵校的毒品预防教育如何开设？（可多选）

□单独作为一门课程开设

□放到其他课程中开设（请注明课程名称：_____）

□作为讲座开设

□其他形式（请说明：_____）

10. 假如您已上过毒品预防教育课程，您的教学内容是否包括新精神活性物质的内容？

□包括　　　　　□不包括

11. 您使用的毒品预防教育教材中是否有新精神活性物质的内容？

□有　　　　　□没有

12. 作为一名毒品预防教育教师，您是否愿意接受新精神活性物质预防教育的培训？

□愿意　　　　□不愿意　　　　□不知道

二、新精神活性物质预防教育问卷调查表 2（学生）

各位同学：

本调查旨在了解目前学校毒品预防教育中关于新精神活性物质教育的现状及存在的问题。非常感谢你能抽出宝贵的时间来回答问题！

1. 性别：□男　　□女　　　年龄：_____

年级：_____　　民族：_____

2. 居住地点：

□城市　　　　□农村　　　　□城乡接合部

3. 新精神活性物质是毒品吗？

□是　　　　　□不是　　　　□不知道

4. 你知道（见过）哪些新精神活性物质？（可多选）

□合成大麻类（小树枝）　　　　□合成卡西酮类（浴盐）

□芬太尼类　　　　　　　　　　□植物类（恰特草、卡痛叶）

□苯乙胺类　　　　　　　　　　□哌嗪类

□色胺类（零号胶囊）

5. 你是通过哪些渠道来了解吸食新精神活性物质的危害等知识的？（可多选）

□学校　　　　□家庭　　　　□电视/广播/报纸

□互联网（微信等）　　　　　　□其他

6. 吸食新精神活性物质是一种违法行为吗？

☐是　　　　　☐不是　　　　　☐不知道

7. 你在哪里看到过别人吸食新精神活性物质？（可多选）

☐自己家　　　☐街上　　　　　☐电子游戏机室

☐朋友家　　　☐卡拉 OK 厅　　☐公园/球场

☐学校　　　　☐迪厅　　　　　☐其他（请说明：_____）

8. 你赞不赞成别人吸食新精神活性物质？

☐赞成　　　　☐不赞成　　　　☐不知道

9. 如果有机会让你接触吸食新精神活性物质，你的态度是：

☐可以试一试　☐不能试　　　　☐不知道

10. 你们学校有无开设毒品预防教育课程或讲座？

☐有　　　　　☐没有

11. 若你已经上过毒品预防教育课程或听过讲座，那么在课程或讲座中有没有介绍过新精神活性物质的知识？

☐有　　　　　☐没有

12. 你喜欢的毒品预防教育课程形式是：（可多选）

☐自学　　　　☐讲授　　　　　☐看电视/听广播/看报纸

☐互联网上网　☐其他（请说明：_____）

附录三　新精神活性物质预防教育调查报告

为了掌握近年来我国毒品预防教育关于新精神活性物质内容的切入情况，2015 年 10 月至 2020 年 5 月，项目组对部分微信公众号、大中在校青少年学生及中学毒品预防教育教师分别进行了调查，情况如下：

一、微信公众号调查

调查方法和目的：资料分析法。通过对调查结果进行定性、定量分析，以了解微信公众号新精神活性物质预防宣传教育的情况，为加强新精神活性物质预防教育提供决策依据。

调查对象：共查询禁毒微信公众号 354 个，其中政府号 260 个、个人号 54 个、其他组织号 27 个、事业单位号 6 个、企业号 6 个、媒体号 1 个。

调查内容：有关新精神活性物质和新精神活性物质预防教育资讯的数目，以及最早开展新精神活性物质预防教育的时间，等等。

调查结果：298 个禁毒微信公众号涉及新精神活性物质资讯，占比 84.2%；有关新精神活性物质资讯 6612 则，其中预防教育资讯（包括新精神活性物质常识、常见种类、预防教育活动等）384 则，占比 5.8%。

调查结论：作为一种常见的自媒体形式，禁毒微信公众号涉及新精神活性物质预防教育的资讯大约始于 2015 年 11 月 30 日"阳光一生"公众号刊载的《新精神活性物质：亟须警惕的"第三代毒品"》一文。该公众号由山东省禁毒委员会办公室主办，是近年来影响力较大、阅读人数较多的禁毒微信公众号之一。我国较权威的禁毒微信公众号"中国禁毒"则于 2016 年 3 月 28 日第 207 期才刊载《第三代毒品太可怕了，千万别碰》首条新精神活性物质预防教育资讯。但是，就总体而言，被调查的禁毒微信公众号关于新精神活性物质预防教育的资讯较少，仅占全部新精神活性物质资讯的 5.8%。

二、问卷调查

（一）调查方法和目的

采用问卷调查法进行，其中对初中生和部分中学毒品预防教育教师使用面对面问卷调查，对高中学生、中等职业教育学生、大学生和部分中学毒品预防教育教师使用问卷星（网络）调查。通过对调查结果的定性、定量分析，以了解在校学生和中学毒品预防教育教师对新精神活性物质的认知和态度，初步掌握大中学校新精神活性物质预防教育的现状，为加强新精神活性物质预防教育提供可靠的决策依据。

（二）调查对象

主要由在校初中学生（初二、初三）、高中学生（高一、高二、高三）、中等职业教育学生、大学生（大二、大三）及中学毒品预防教育教师五类人员构成。

调查样本分布地区：在校初中学生、高中学生、中等职业教育学生、部分大学生和中学毒品预防教育教师主要来自云南省昆明市、楚雄市、昭通市、丽江市、玉溪市、大理市、曲靖市、普洱市和红河州，其余大学生来自陕西省、浙江省、福建省、山西省、江苏省、河南省、四川省、甘肃省、贵州省、湖北省、广东省、北京市、安徽省、黑龙江省、湖南省、重庆市、河北省、海南省、天津市、广西壮族自治区、内蒙古自治区、新疆维吾尔自治区和宁夏回族自治区等。

有效调查问卷样本总计 646 份，各调查对象及其人数统计见附表 1：

附表 1 新精神活性物质预防教育调查对象和人数

调查对象			人数/人
学生	初中	初二	92
		初三	78
	高中	高一	23
		高二	73
		高三	106
	大学	大二	44
		大三	92
	中等职业教育		87
中学毒品预防教育教师			51
共计			646

（三）调查问卷设计

问卷调查表 1 针对教师设计，由五个部分组成：基本情况；对新精神活性物质的认知程度；获取新精神活性物质知识的渠道；学校开展新精神活性物质毒品预防教育的情况；接受新精神活性物质预防教育培训的意愿。

问卷调查表 2 针对学生设计，同样包括五个部分：基本情况；对新精神活性物质的认知程度；对吸食新精神活性物质的态度；获取新精神活性物质知识的渠道；学校开展新精神活性物质预防教育的情况。

（四）调查结果及分析结论

1. 学生

（1）基本情况。调查结果：收到 595 份有效答卷，其中男生 49.45%，女生 50.55%；年龄段为 14—23 岁；汉族 63.9%，少数民族 36.1%；农村居住者约 54.21%，城市居住者约 39.38%，城乡接合部居住者约 6.41%。

分析结论：被调查学生性别比例平衡，男女各占一半；汉族约占 63.9%，少数民族约占 36.1%；约一半被调查学生居住在农村。

（2）对新精神活性物质的认知程度。调查结果：认为新精神活性物质是毒品的 63.37%，不是毒品的 13.92%，不知道的 22.71%；认为吸食新精神活性物质是一种违法行为的 75.82%，不是一种违法行为的 11.36%，不知道的 12.82%；知道或见过的新精神活性物质占比从高到低排序依次为，合成大麻类（69.78%）、植物类（51.1%）、合成卡西酮类（49.45%）、苯乙胺类（41.94%）、芬太尼类（38.46%）、色胺类（35.35%）、哌嗪类（29.49%）；看到过别人吸食新精神活性物质的地点占比从高到低排序依次为，其他（51.11%）、卡拉 OK 厅（27.47%）、电子游戏机室（22.16%）、街上（21.06%）、公园/球场（12.64%）、迪厅（10.99%）、自己家（8.97%）、学校（7.88%）、朋友家（6.04%）。

分析结论：就被调查的大、中学生而言，约 86.08% 的人对新精神活性物质的认知不正确或存在误解、不知道；合成大麻类是其知道或见过最多的新精神活性物质，植物类、合成卡西酮类分列第二位、第三位；其他地方、卡拉 OK 厅和电子游戏机室是其看到过别人吸食新精神活性物质的常见地点。

（3）对吸食新精神活性物质的态度。调查结果：如果有机会接触吸食新精神活性物质，选择不能试的 90.29%，选择可以试一试的 3.3%，选择不知道的 6.41%；不赞成别人吸食新精神活性物质的 88.1%，赞成的 4.58%，不知道的 7.32%。

分析结论：绝大部分被调查大、中学生认为自己不能尝试且不赞成他人吸食新精神活性物质。赞成试一试和不知道的只占10%左右，说明接受吸食新精神活性物质的潜在学生人数不少，应引起对毒品预防教育的重视。

（4）获取新精神活性物质知识的渠道。调查结果：了解吸食新精神活性物质危害等知识的渠道占比从高到低排序依次为，互联网（67.58%）、电视/广播/报纸（63.74%）、学校（63.55%）、家庭（37%）、其他（31.5%）。

分析结论：互联网、电视/广播/报纸和学校教育是被调查学生了解新精神活性物质常识最常用的渠道。

（5）学校开展新精神活性物质预防教育的情况。调查结果：学校开设毒品预防教育课程或讲座的84.62%，没有开设的15.38%；在学校毒品预防教育课程或讲座中介绍过新精神活性物质知识的73.81%，没有介绍过的26.19%；学生喜欢的毒品预防教育课程形式占比由高到低排序依次是，看电视/听广播/看报纸（62.09%）、讲授（59.71%）、互联网上网（57.51%）、自学（18.68%）、其他（17.22%）。

分析结论：约15.38%被调查学生的学校尚未开设毒品预防教育课程或讲座。毒品预防教育中没有涉及新精神活性物质知识的约26.19%，而被调查教师的该数据高达64.29%，出现如此矛盾，可能是学生还没有掌握新精神活性物质的概念所致。学生最喜欢的毒品预防教育课程形式是看电视/听广播/看报纸、讲授和互联网上网。

2. 中学毒品预防教育教师

（1）基本情况。调查结果：收到51份有效答卷，其中男性35.71%，女性64.29%；年龄段为26—35岁；汉族78.6%，少数民族21.4%；硕士研究生学历14.3%，本科学历85.7%；重点中学21.43%，非重点中学78.57%；主要教学科目包括生物、化学、语文、历史和物理等；从事毒品预防教育工作年限在一年以内的85.72%，两年以上的14.28%。

分析结论：被调查教师都是35岁以下、学历本科以上的年轻教师，从事毒品预防教育工作年限不长，一年以内的约占85.72%。

（2）对新精神活性物质的认知程度。调查结果：认为新精神活性物质是毒品的64.29%，不是毒品的7.14%，不知道的28.57%；认为吸食新精神活性物质是一种违法行为的占100%；知道或见过的新精神活性物质占比从高到低排序依次为，合成大麻类（85.71%）、合成卡西酮类（57.14%）、苯乙胺类（50.0%）、植物类（35.71%）、芬太尼类（21.43%）、色胺类（14.29%）、哌嗪类（7.14%）。

分析结论：不知道、不正确或存在误解新精神活性物质常识的约占 92.86%；知道或见过最多的新精神活性物质是合成大麻类，合成卡西酮类和苯乙胺类分列第二位、第三位。该结果与对学生的调查结果有一些区别，学生知道或见过的新精神活性物质前三类分别为合成大麻类、植物类和合成卡西酮类。但无论是在被调查的学生中还是在教师中，合成大麻类新精神活性物质均排第一。

（3）获取新精神活性物质知识的渠道。调查结果：了解吸食新精神活性物质危害等知识的渠道占比从高到低排序依次为，互联网（57.14%）、电视/广播/报纸（21.43%）、学校（14.29%）、其他（7.14%）、家庭（0）。该调查结果的前三种渠道排序与学生的调查结果相契合。

分析结论：互联网、电视/广播/报纸和学校培训是被调查教师了解新精神活性物质常识最常用的渠道。

（4）学校开展新精神活性物质预防教育的情况。调查结果：中学毒品预防教育开设方式占比从高到低排序依次为，作为讲座开设（71.43%）、单独作为一门课程开设（14.29%）、放到其他课程中开设（7.14%）、其他（7.14%）；毒品预防教育课程中不包括新精神活性物质内容的占64.29%，包括的占35.71%；所使用的毒品预防教育教材中没有新精神活性物质内容的占71.43%，有新精神活性物质内容的占28.57%。

分析结论：目前，中学毒品预防教育开设方式以讲座为主，辅以单独开设课程、在其他课程中开设等。被调查教师毒品预防教育课程中不包括新精神活性物质内容的约占64.29%，其教材无新精神活性物质内容的超过70%。大学、中学新精神活性物质预防教育比较薄弱，与其加剧的形势不相适应，该项工作亟待加强。

（5）接受新精神活性物质预防教育培训的意愿。调查结果：愿意接受新精神活性物质预防教育培训的教师人数占比为100%。

分析结果：被调查教师全都愿意接受参与精神活性物质预防教育培训。

附录四　我国管制毒品目录

一、《麻醉药品品种目录》（2013 年版）

附表 2　麻醉药品品种目录（2013 年版）

序号	中文名	英文名	CAS 号	备注
1	醋托啡	Acetorphine	25333-77-1	
2	乙酰阿法甲基芬太尼	Acetyl-*alpha*-methylfentanyl	101860-00-8	
3	醋美沙多	Acetylmethadol	509-74-0	
4	阿芬太尼	Alfentanil	71195-58-9	
5	烯丙罗定	Allylprodine	25384-17-2	
6	阿醋美沙多	Alphacetylmethadol	17199-58-5	
7	阿法美罗定	Alphameprodine	468-51-9	
8	阿法美沙多	Alphamethadol	17199-54-1	
9	阿法甲基芬太尼	Alpha-methylfentanyl	79704-88-4	
10	阿法甲基硫代芬太尼	Alpha-methylthiofentanyl	103963-66-2	
11	阿法罗定	Alphaprodine	77-20-3	
12	阿尼利定	Anileridine	144-14-9	
13	苄替啶	Benzethidine	3691-78-9	
14	苄吗啡	Benzylmorphine	36418-34-5	
15	倍醋美沙多	Betacetylmethadol	17199-59-6	
16	倍他羟基芬太尼	Beta-hydroxyfentanyl	78995-10-5	
17	倍他羟基-3-甲基芬太尼	Beta-hydroxy-3-methylfentanyl	78995-14-9	
18	倍他美罗定	Betameprodine	468-50-8	
19	倍他美沙多	Betamethadol	17199-55-2	
20	倍他罗定	Betaprodine	468-59-7	
21	贝齐米特	Bezitramide	15301-48-1	

续表

序号	中文名	英文名	CAS 号	备注
22	大麻和大麻树脂与大麻浸膏和酊	Cannabis and Cannabis Resin and Extracts and Tinctures of Cannabis	8063-14-7 6465-30-1	
23	氯尼他秦	Clonitazene	3861-76-5	
24	古柯叶	Coca Leaf		
25	可卡因*	Cocaine	50-36-2	
26	可多克辛	Codoxime	7125-76-0	
27	罂粟浓缩物*	Concentrate of Poppy Straw		包括罂粟果提取物*；罂粟果提取物粉*
28	地索吗啡	Desomorphine	427-00-9	
29	右吗拉胺	Dextromoramide	357-56-2	
30	地恩丙胺	Diampromide	552-25-0	
31	二乙噻丁	Diethylthiambutene	86-14-6	
32	地芬诺辛	Difenoxin	28782-42-5	
33	二氢埃托啡*	Dihydroetorphine	14357-76-7	
34	双氢吗啡	Dihydromorphine	509-60-4	
35	地美沙多	Dimenoxadol	509-78-4	
36	地美庚醇	Dimepheptanol	545-90-4	
37	二甲噻丁	Dimethylthiambutene	524-84-5	
38	吗苯丁酯	Dioxaphetyl Butyrate	467-86-7	
39	地芬诺酯*	Diphenoxylate	915-30-0	
40	地匹哌酮	Dipipanone	467-83-4	
41	羟蒂巴酚	Drotebanol	3176-03-2	
42	芽子碱	Ecgonine	481-37-8	
43	乙甲噻丁	Ethylmethylthiambutene	441-61-2	
44	依托尼秦	Etonitazene	911-65-9	
45	埃托啡	Etorphine	14521-96-1	
46	依托利定	Etoxeridine	469-82-9	
47	芬太尼*	Fentanyl	437-38-7	
48	呋替啶	Furethidine	2385-81-1	
49	海洛因	Heroin	561-27-3	
50	氢可酮*	Hydrocodone	125-29-1	

续表

序号	中文名	英文名	CAS 号	备注
51	氢吗啡醇	Hydromorphinol	2183-56-4	
52	氢吗啡酮*	Hydromorphone	466-99-9	
53	羟哌替啶	Hydroxypethidine	468-56-4	
54	异美沙酮	Isomethadone	466-40-0	
55	凯托米酮	Ketobemidone	469-79-4	
56	左美沙芬	Levomethorphan	125-70-2	
57	左吗拉胺	Levomoramide	5666-11-5	
58	左芬啡烷	Levophenacylmorphan	10061-32-2	
59	左啡诺	Levorphanol	77-07-6	
60	美他佐辛	Metazocine	3734-52-9	
61	美沙酮*	Methadone	76-99-3	
62	美沙酮中间体	Methadone Intermediate	125-79-1	4-氰基-2-二甲氨基-4,4-二苯基丁烷
63	甲地索啡	Methyldesorphine	16008-36-9	
64	甲二氢吗啡	Methyldihydromorphine	509-56-8	
65	3-甲基芬太尼	3-Methylfentanyl	42045-86-3	
66	3-甲基硫代芬太尼	3-Methylthiofentanyl	86052-04-2	
67	美托酮	Metopon	143-52-2	
68	吗拉胺中间体	Moramide Intermediate	3626-55-9	2-甲基-3-吗啉基-1,1-二苯基丁酸
69	吗哌利定	Morpheridine	469-81-8	
70	吗啡*	Morphine	57-27-2	包括吗啡阿托品注射液*
71	吗啡甲溴化物	Morphine Methobromide	125-23-5	包括其他五价氮吗啡衍生物,特别包括吗啡-N-氧化物,其中一种是可待因-N-氧化物
72	吗啡-N-氧化物	Morphine-N-oxide	639-46-3	
73	1-甲基-4-苯基-4-哌啶丙酸酯	1-Methyl-4-phenyl-4-piperidinol propionate（ester）	13147-09-6	MPPP

序号	中文名	英文名	CAS 号	备注
74	麦罗啡	Myrophine	467-18-5	
75	尼可吗啡	Nicomorphine	639-48-5	
76	诺美沙多	Noracymethadol	1477-39-0	
77	去甲左啡诺	Norlevorphanol	1531-12-0	
78	去甲美沙酮	Normethadone	467-85-6	
79	去甲吗啡	Normorphine	466-97-7	
80	诺匹哌酮	Norpipanone	561-48-8	
81	阿片*	Opium	8008-60-4	包括复方樟脑酊*、阿桔片*
82	奥列巴文	Oripavine	467-04-9	
83	羟考酮*	Oxycodone	76-42-5	
84	羟吗啡酮	Oxymorphone	76-41-5	
85	对氟芬太尼	Para-fluorofentanyl	90736-23-5	
86	哌替啶*	Pethidine	57-42-1	
87	哌替啶中间体 A	Pethidine Intermediate A	3627-62-1	4-氰基-1-甲基-4-苯基哌啶
88	哌替啶中间体 B	Pethidine Intermediate B	77-17-8	4-苯基哌啶-4-羧酸乙酯
89	哌替啶中间体 C	Pethidine Intermediate C	3627-48-3	1-甲基-4-苯基哌啶-4-羧酸
90	苯吗庚酮	Phenadoxone	467-84-5	
91	非那丙胺	Phenampromide	129-83-9	
92	非那佐辛	Phenazocine	127-35-5	
93	1-苯乙基-4-苯基-4-哌啶乙酸酯	1-Phenethyl-4-phenyl-4-piperidinol acetate(ester)	64-52-8	PEPAP
94	非诺啡烷	Phenomorphan	468-07-5	
95	苯哌利定	Phenoperidine	562-26-5	
96	匹米诺定	Piminodine	13495-09-5	
97	哌腈米特	Piritramide	302-41-0	
98	普罗庚嗪	Proheptazine	77-14-5	
99	丙哌利定	Properidine	561-76-2	

续表

序号	中文名	英文名	CAS 号	备注
100	消旋甲啡烷	Racemethorphan	510-53-2	
101	消旋吗拉胺	Racemoramide	545-59-5	
102	消旋啡烷	Racemorphan	297-90-5	
103	瑞芬太尼*	Remifentanil	132875-61-7	
104	舒芬太尼*	Sufentanil	56030-54-7	
105	醋氢可酮	Thebacon	466-90-0	
106	蒂巴因*	Thebaine	115-37-7	
107	硫代芬太尼	Thiofentanyl	1165-22-6	
108	替利定	Tilidine	20380-58-9	
109	三甲利定	Trimeperidine	64-39-1	
110	醋氢可待因	Acetyldihydrocodeine	3861-72-1	
111	可待因*	Codeine	76-57-3	
112	右丙氧芬*	Dextropropoxyphene	469-62-5	
113	双氢可待因*	Dihydrocodeine	125-28-0	
114	乙基吗啡*	Ethylmorphine	76-58-4	
115	尼可待因	Nicocodine	3688-66-2	
116	烟氢可待因	Nicodicodine	808-24-2	
117	去甲可待因	Norcodeine	467-15-2	
118	福尔可定*	Pholcodine	509-67-1	
119	丙吡兰	Propiram	15686-91-6	
120	布桂嗪*	Bucinnazine		
121	罂粟壳*	Poppy Shell		
122	奥赛利定	Oliceridine		
123	泰吉利定			

注：1. 上述品种包括其可能存在的盐和单方制剂（除非另有规定）。
2. 上述品种包括其可能存在的异构体、酯及醚（除非另有规定）。
3. 品种目录有 * 的麻醉药品为我国生产及使用的品种。

二、《精神药品品种目录》（2013 年版）

附表 3　精神药品品种目录（2013 年版）

第一类

序号	中文名	英文名	CAS 号	备注
1	布苯丙胺	Brolamfetamine	64638-07-9	DOB
2	卡西酮	Cathinone	71031-15-7	
3	二乙基色胺	3-[2-(Diethylamino) ethyl] indole	7558-72-7	DET
4	二甲氧基安非他明	(±)-2,5-Dimethoxy-*alpha*-methylphenethylamine	2801-68-5	DMA
5	(1,2-二甲基庚基)羟基甲氢甲基二苯吡喃	3-(1,2-dimethylheptyl)-7,8,9,10-tetrahydro-6,6,9-trimethyl-6*H*dibenzo[*b*,*d*] pyran-1-ol	32904-22-6	DMHP
6	二甲基色胺	3-[2-(Dimethylamino) ethyl] indole	61-50-7	DMT
7	二甲氧基乙基安非他明	(±)-4-ethyl-2,5-dimethoxy-α-methylphenethylamine	22139-65-7	DOET
8	乙环利定	Eticyclidine	2201-15-2	PCE
9	乙色胺	Etryptamine	2235-90-7	
10	羟芬胺	(±)-N-[alpha-methyl-3,4-(methylenedioxy) phenethyl] hydroxylamine	74698-47-8	N-hydroxy MDA
11	麦角二乙胺	(+)-Lysergide	50-37-3	LSD
12	乙芬胺	(±)-N-ethyl-alpha-methyl-3,4-(methylenedioxy) phenethylamine	82801-81-8	N-ethyl MDA
13	二亚甲基双氧安非他明	(±)-N,alpha-dimethyl-3,4-(methylene-dioxy) phenethylamine	42542-10-9	MDMA
14	麦司卡林	Mescaline	54-04-6	

续表

序号	中文名	英文名	CAS 号	备注
15	甲卡西酮	Methcathinone	5650-44-2（右旋体），49656-78-2（右旋体盐酸盐），112117-24-5（左旋体），66514-93-0（左旋体盐酸盐）	
16	甲米雷司	4-Methylaminorex	3568-94-3	
17	甲羟芬胺	5-methoxy-α-methyl-3,4-(methylenedioxy)phenethylamine	13674-05-0	MMDA
18	4-甲基硫基安非他明	4-Methylthioamfetamine	14116-06-4	
19	六氢大麻酚	Parahexyl	117-51-1	
20	副甲氧基安非他明	P-methoxy-alpha-methylphenethylamine	64-13-1	PMA
21	赛洛新	Psilocine	520-53-6	
22	赛洛西宾	Psilocybine	520-52-5	
23	咯环利定	Rolicyclidine	2201-39-0	PHP
24	二甲氧基甲苯异丙胺	2,5-Dimethoxy-*alpha*,4-dimethylphenethylamine	15588-95-1	STP
25	替苯丙胺	Tenamfetamine	4764-17-4	MDA
26	替诺环定	Tenocyclidine	21500-98-1	TCP
27	四氢大麻酚	Tetrahydrocannabinol		包括同分异构体及其立体化学变体
28	三甲氧基安非他明	(±)-3,4,5-Trimethoxy-alpha-methylphenethylamine	1082-88-8	TMA
29	苯丙胺	Amfetamine	300-62-9	
30	氨奈普汀	Amineptine	57574-09-1	
31	2,5-二甲基-4-溴苯乙胺	4-Bromo-2,5-dimethoxyphenethylamine	66142-81-2	2-CB
32	右苯丙胺	Dexamfetamine	51-64-9	
33	屈大麻酚	Dronabinol	1972-08-3	δ-9-四氢大麻酚及其立体化学异构体

续表

序号	中文名	英文名	CAS 号	备注
34	芬乙茶碱	Fenetylline	3736-08-1	
35	左苯丙胺	Levamfetamine	156-34-3	
36	左甲苯丙胺	Levomethamfetamine	33817-09-3	
37	甲氯喹酮	Mecloqualone	340-57-8	
38	去氧麻黄碱	Metamfetamine	537-46-2	
39	去氧麻黄碱外消旋体	Metamfetamine Racemate	7632-10-2	
40	甲喹酮	Methaqualone	72-44-6	
41	哌醋甲酯*	Methylphenidate	113-45-1	
42	苯环利定	Phencyclidine	77-10-1	PCP
43	芬美曲秦	Phenmetrazine	134-49-6	
44	司可巴比妥*	Secobarbital	76-73-3	
45	齐培丙醇	Zipeprol	34758-83-3	
46	安非拉酮	Amfepramone	90-84-6	
47	苄基哌嗪	Benzylpiperazine	2759-28-6	BZP
48	丁丙诺啡*	Buprenorphine	52485-79-7	
49	1-丁基-3-(1-萘甲酰基)吲哚	1-Butyl-3-(1-naphthoyl) indole	208987-48-8	JWH-073
50	恰特草	Catha edulis Forssk		Khat
51	2,5-二甲氧基-4-碘苯乙胺	2,5-Dimethoxy-4-iodophenethylamine	69587-11-7	2C-I
52	2,5-二甲氧基苯乙胺	2,5-Dimethoxyphenethylamine	3600-86-0	2C-H
53	二甲基安非他明	Dimethylamfetamine	4075-96-1	
54	依他喹酮	Etaqualone	7432-25-9	
55	[1-(5-氟戊基)-1H吲哚-3-基](2-碘苯基)甲酮	(1-(5-Fluoropentyl) -3-(2-iodobenzoyl) indole）	335161-03-0	AM-694

续表

序号	中文名	英文名	CAS号	备注
56	1-(5-氟戊基)-3-(1-萘甲酰基)-1H-吲哚	1-(5-Fluoropentyl)-3-(1-naphthoyl) indole	335161-24-5	AM-2201
57	γ-羟丁酸*	Gamma-hydroxybutyrate	591-81-1	GHB
58	氯胺酮*	Ketamine	6740-88-1	
59	马吲哚*	Mazindol	22232-71-9	
60	2-(2-甲氧基苯基)-1-(1-戊基-1H-吲哚-3-基)乙酮	2-(2-Methoxyphenyl)-1-(1-pentyl-1H-indol-3-yl) ethanone	864445-43-2	JWH-250
61	亚甲基二氧吡咯戊酮	Methylenedioxypyrovalerone	687603-66-3	MDPV
62	4-甲基乙卡西酮	4-Methylethcathinone	1225617-18-4	4-MEC
63	4-甲基甲卡西酮	4-Methylmethcathinone	5650-44-2	4-MMC
64	3,4-亚甲二氧基甲卡西酮	3,4-Methylenedioxy-N-methylcathinone	186028-79-5	Methylone
65	1-戊基-3-(1-萘甲酰基)吲哚	1-Pentyl-3-(1-naphthoyl) indole	209414-07-3	JWH-018
66	他喷他多	Tapentadol	175591-23-8	
67	三唑仑*	Triazolam	28911-01-5	
68	口服固体制剂每剂量单位含羟考酮碱大于5毫克,且不含其它麻醉药品、精神药品或麻醉药品类易制毒化学品的复方制剂			
69	每剂量单位含氢可酮碱大于5毫克,且不含其它麻醉药品、精神药品或麻醉药品类易制毒化学品的复方口服固体制剂			

第二类

序号	中文名	英文名	CAS 号	备注
1	异戊巴比妥*	Amobarbital	57-43-2	
2	布他比妥	Butalbital	77-26-9	
3	去甲伪麻黄碱	Cathine	492-39-7	
4	环己巴比妥	Cyclobarbital	52-31-3	
5	氟硝西泮	Flunitrazepam	1622-62-4	
6	格鲁米特*	Glutethimide	77-21-4	
7	喷他佐辛*	Pentazocine	55643-30-6	
8	戊巴比妥*	Pentobarbital	76-74-4	
9	阿普唑仑*	Alprazolam	28981-97-7	
10	阿米雷司	Aminorex	2207-50-3	
11	巴比妥*	Barbital	57-44-3	
12	苄非他明	Benzfetamine	156-08-1	
13	溴西泮	Bromazepam	1812-30-2	
14	溴替唑仑	Brotizolam	57801-81-7	
15	丁巴比妥	Butobarbital	77-28-1	
16	卡马西泮	Camazepam	36104-80-0	
17	氯氮䓬	Chlordiazepoxide	58-25-3	
18	氯巴占	Clobazam	22316-47-8	
19	氯硝西泮*	Clonazepam	1622-61-3	
20	氯拉草酸	Clorazepate	23887-31-2	
21	氯噻西泮	Clotiazepam	33671-46-4	
22	氯噁唑仑	Cloxazolam	24166-13-0	
23	地洛西泮	Delorazepam	2894-67-9	
24	地西泮*	Diazepam	439-14-5	
25	艾司唑仑*	Estazolam	29975-16-4	
26	乙氯维诺	Ethchlorvynol	113-18-8	
27	炔己蚁胺	Ethinamate	126-52-3	
28	氯氟䓬乙酯	Ethyl Loflazepate	29177-84-2	
29	乙非他明	Etilamfetamine	457-87-4	

续表

序号	中文名	英文名	CAS 号	备注
30	芬坎法明	Fencamfamin	1209-98-9	
31	芬普雷司	Fenproporex	16397-28-7	
32	氟地西泮	Fludiazepam	3900-31-0	
33	氟西泮*	Flurazepam	17617-23-1	
34	哈拉西泮	Halazepam	23092-17-3	
35	卤沙唑仑	Haloxazolam	59128-97-1	
36	凯他唑仑	Ketazolam	27223-35-4	
37	利非他明	Lefetamine	7262-75-1	SPA
38	氯普唑仑	Loprazolam	61197-73-7	
39	劳拉西泮*	Lorazepam	846-49-1	
40	氯甲西泮	Lormetazepam	848-75-9	
41	美达西泮	Medazepam	2898-12-6	
42	美芬雷司	Mefenorex	17243-57-1	
43	甲丙氨酯*	Meprobamate	57-53-4	
44	美索卡	Mesocarb	34262-84-5	
45	甲苯巴比妥	Methylphenobarbital	115-38-8	
46	甲乙哌酮	Methyprylon	125-64-4	
47	咪达唑仑*	Midazolam	59467-70-8	
48	尼美西泮	Nimetazepam	2011-67-8	
49	硝西泮*	Nitrazepam	146-22-5	
50	去甲西泮	Nordazepam	1088-11-5	
51	奥沙西泮*	Oxazepam	604-75-1	
52	奥沙唑仑	Oxazolam	24143-17-7	
53	匹莫林*	Pemoline	2152-34-3	
54	苯甲曲泰	Phendimetrazine	634-03-7	
55	苯巴比妥*	Phenobarbital	50-06-6	
56	芬特明	Phentermine	122-09-8	
57	匹那西泮	Pinazepam	52463-83-9	
58	哌苯甲醇	Pipradrol	467-60-7	

序号	中文名	英文名	CAS 号	备注
59	普拉西泮	Prazepam	2955-38-6	
60	吡咯戊酮	Pyrovalerone	3563-49-3	
61	仲丁比妥	Secbutabarbital	125-40-6	
62	替马西泮	Temazepam	846-50-4	
63	四氢西泮	Tetrazepam	10379-14-3	
64	乙烯比妥	Vinylbital	2430-49-1	
65	唑吡坦*	Zolpidem	82626-48-0	
66	阿洛巴比妥	Allobarbital	58-15-1	
67	丁丙诺啡透皮贴剂*	Buprenorphine Transdermal patch		
68	布托啡诺及其注射剂*	Butorphanol and its injection	42408-82-2	
69	咖啡因*	Caffeine	58-08-2	
70	安钠咖*	Caffeine Sodium Benzoate		CNB
71	右旋芬氟拉明	Dexfenfluramine	3239-44-9	
72	地佐辛及其注射剂*	Dezocine and Its Injection	53648-55-8	
73	麦角胺咖啡因片*	Ergotamine and Caffeine Tablet	379-79-3	
74	芬氟拉明	Fenfluramine	458-24-2	
75	呋芬雷司	Furfennorex	3776-93-0	
76	纳布啡及其注射剂	Nalbuphine and its injection	20594-83-6	
77	氨酚氢可酮片*	Paracetamol and Hydrocodone Bitartrate Tablet		
78	丙己君	Propylhexedrine	101-40-6	
79	曲马多*	Tramadol	27203-92-5	
80	扎来普隆*	Zaleplon	151319-34-5	
81	佐匹克隆	Zopiclone	43200-80-2	
82	含可待因复方口服液体制剂			
83	丁丙诺啡与纳洛酮的复方口服固体制剂			
84	口服固体制剂每剂量单位含羟考酮碱不超过5毫克，且不含其它麻醉药品、精神药品或药品类易制毒化学品的复方制剂			

续表

序号	中文名	英文名	CAS 号	备注
85	瑞马唑仑			
86	苏沃雷生			
87	吡仑帕奈			
88	依他佐辛			
89	曲马多复方制剂			
90	每剂量单位含氢可酮碱不超过5毫克，且不含其它麻醉药品、精神药品或药品类易制毒化学品的复方口服固体制剂			
91	地达西尼			
92	依托咪酯			
93	莫达非尼	Modafinil	68693-11-8	
94	右美沙芬			
95	含地芬诺酯复方制剂			
96	纳呋拉啡			
97	氯卡色林			

注：1. 上述品种包括其可能存在的盐和单方制剂（除非另有规定）。
　　2. 上述品种包括其可能存在的异构体（除非另有规定）
　　3. 品种目录有 * 的精神药品为我国生产及使用的品种。

三、含可待因复方口服液体制剂被列入第二类精神药品管理

食品药品监管总局　公安局　国家卫生计生委
关于将含可待因复方口服液体制剂
列入第二类精神药品管理的公告

根据《麻醉药品和精神药品管理条例》的有关规定，国家食品药品监管总局、公安部、国家卫生计生委决定将含可待因复方口服液体制剂（包括口服溶液剂、糖浆剂）列入第二类精神药品管理。

本公告自 2015 年 5 月 1 日起实行。

特此公告。

食品药品监管总局

公安部

国家卫生计生委

2015 年 4 月 3 日

四、116 种物质被列入《非药用类麻醉药品和精神药品管制品种增补目录》（2015 年 10 月 1 日起施行）

附表 4　非药用类麻醉药品和精神药品管制品种增补目录

序号	中文名	英文名	CAS 号	备注
1	N-(2-甲氧基苄基)-2-(2,5-二甲氧基-4-溴苯基)乙胺	2-(4-Bromo-2,5-dimethoxyphenyl)-N-(2-methoxybenzyl)ethanamine	1026511-90-9	2C-B-NBOMe
2	2,5-二甲氧基-4-氯苯乙胺	4-Chloro-2,5-dimethoxyphenethylamine	88441-14-9	2C-C
3	N-(2-甲氧基苄基)-2-(2,5-二甲氧基-4-氯苯基)乙胺	2-(4-Chloro-2,5-dimethoxyphenyl)-N-(2-methoxybenzyl)ethanamine	1227608-02-7	2C-C-NBOMe
4	2,5-二甲氧基-4-甲基苯乙胺	4-Methyl-2,5-dimethoxyphenethylamine	24333-19-5	2C-D
5	N-(2-甲氧基苄基)-2-(2,5-二甲氧基-4-甲基苯基)乙胺	2-(4-Methyl-2,5-dimethoxyphenyl)-N-(2-methoxybenzy)ethanamine	1354632-02-2	2C-D-NBOMe
6	2,5-二甲氧基-4-乙基苯乙胺	4-Ethyl-2,5-dimethoxyphenethylamine	71539-34-9	2C-E
7	N-(2-甲氧基苄基)-2-(2,5-二甲氧基-4-碘苯基)乙胺	2-(4-Iodo-2,5-dimethoxyphenyl)-N-(2-methoxybenzyl)ethanamine	919797-19-6	2C-I-NBOMe
8	2,5-二甲氧基-4-丙基苯乙胺	4-Propyl-2,5-dimethoxyphenethylamine	207740-22-5	2C-P
9	2,5-二甲氧基-4-乙硫基苯乙胺	4-Ethylthio-2,5-dimethoxyphenethylamine	207740-24-7	2C-T-2
10	2,5-二甲氧基-4-异丙基硫基苯乙胺	4-Isopropylthio-2,5-dimethoxyphenethylamine	207740-25-8	2C-T-4
11	2,5-二甲氧基-4-丙硫基苯乙胺	4-Propylthio-2,5-dimethox-phenethylamine	207740-26-9	2C-T-7
12	2-氟苯丙胺	1-(2-Fluorophenyl)propan-2-amine	1716-60-5	2-FA
13	2-氟甲基苯丙胺	N-Methyl-1-(2-fluorophenyl)propan-2-amine	1017176-48-5	2-FMA

序号	中文名	英文名	CAS 号	备注
14	1-(2-苯并呋喃基)-N-甲基-2-丙胺	N-Methyl-1-(benzofuran-2-yl) propan-2-amine	806596-15-6	2-MAPB
15	3-氟苯丙胺	1-(3-Fluorophenyl) propan-2-amine	1626-71-7	3-FA
16	3-氟甲基苯丙胺	N-Methyl-1-(3-fluorophenyl) propan-2-amine	1182818-14-9	3-FMA
17	4-氯苯丙胺	1-(4-Chlorophenyl) propan-2-amine	64-12-0	4-CA
18	4-氟苯丙胺	1-(4-Fluorophenyl) propan-2-amine	459-02-9	4-FA
19	4-氟甲基苯丙胺	N-Methyl-1-(4-fluorophenyl) propan-2-amine	351-03-1	4-FMA
20	1-[5-(2,3-二氢苯并呋喃基)]-2-丙胺	1-(2,3-Dihydro-1-benzofuran-5-yl) propan-2-amine	152624-03-8	5-APDB
21	1-(5-苯并呋喃基)-N-甲基-2-丙胺	N-Methyl-1-(benzofuran-5-yl) propan-2-amine	1354631-77-8	5-MAPB
22	6-溴-3,4-亚甲基二氧基甲基苯丙胺	N-Methyl-(6-bromo-3,4-methylenedioxphenyl) propan-2-amine		6-Br-MDMA
23	6-氯-3,4-亚甲基二氧基甲基苯丙胺	N-Methyl-(6-chloro-3,4-methylenedioxphenyl) propan-2-amine	319920-71-3	6-Cl-MDMA
24	1-(2,5-二甲氧基-4-氯苯基)-2-丙胺	1-(4-Chloro-2,5-dimethoxyphenyl) propan-2-amine	123431-31-2	DOC
25	1-(2-噻吩基)-N-甲基-2-丙胺	N-Methyl-1-(thiophen-2-yl) propan-2-amine	801156-47-8	MPA
26	N-(1-氨甲酰基-2-甲基丙基)-1-(5-氟戊基)吲哚-3-甲酰胺	N-(1-Amino-3-methyl-1-oxobutan-2-yl)-1-(5-fluoropentyl)-1H-indole-3-carboxamide	1801338-26-0	5F-ABICA
27	N-(1-氨甲酰基-2-甲基丙基)-1-(5-氟戊基)吲唑-3-甲酰胺	N-(1-Amino-3-methyl-1-oxobutan-2-yl)-1-(5-fluoropentyl)-1H-indazole-3-carboxamide	1800101-60-3	5F-AB-PINACA
28	N-(1-氨甲酰基-2,2-二甲基丙基)-1-(5-氟戊基)吲哚-3-甲酰胺	N-(1-Amino-3,3-dimethyl-1-oxobutan-2-yl)-1-(5-fluoropentyl)-1H-indole-3-carboxamide	1801338-27-1	5F-ADBICA
29	N-(1-甲氧羰基-2-甲基丙基)-1-(5-氟戊基)吲唑-3-甲酰胺	1-Methoxy-3-methyl-1-oxobutan-2-yl-1-(5-fluoropentyl)-1H-indazole-3-carboxamide	1715016-74-2	5F-AMB

续表

序号	中文名	英文名	CAS 号	备注
30	N-(1-金刚烷基)-1-(5-氟戊基)吲唑-3-甲酰胺	N-(1-Adamantyl)-1-(5-fluoropentyl)-1H-indazole-3-carboxamide	1400742-13-3	5F-APINACA
31	1-(5-氟戊基)吲哚-3-甲酸-8-喹啉酯	Quinolin-8-yl 1-(5-fluoropentyl)-1H-indole-3-carboxylate	1400742-41-7	5F-PB-22
32	1-(5-氟戊基)-3-(2,2,3,3-四甲基环丙甲酰基)吲哚	(1-(5-Fluoropentyl)-1H-indol-3-yl)(2,2,3,3-tetramethylcyclopropyl)methanone	1364933-54-9	5F-UR-144
33	1-[2-(N-吗啉基)乙基]-3-(2,2,3,3-四甲基环丙甲酰基)吲哚	(1-(2-Morpholin-4-ylethyl)-1H-indol-3-yl)(2,2,3,3-tetramethylcyclopropyl)methanone	895155-26-7	A-796,260
34	1-(4-四氢吡喃基甲基)-3-(2,2,3,3-四甲基环丙甲酰基)吲哚	(1-(Tetrahydropyran-4-ylmethyl)-1H-indol-3-yl)(2,2,3,3-tetramethylcyclopropyl)methanone	895155-57-4	A-834,735
35	N-(1-氨甲酰基-2-甲基丙基)-1-(环己基甲基)吲唑-3-甲酰胺	N-(1-Amino-3-methyl-1-oxobutan-2-yl)-1-(cyclohexylmethyl)-1H-indazole-3-carboxamide	1185887-21-1	AB-CHMINACA
36	N-(1-氨甲酰基-2-甲基丙基)-1-(4-氟苄基)吲唑-3-甲酰胺	N-(1-Amino-3-methyl-1-oxobutan-2-yl)-1-(4-fluorobenzyl)-1H-indazole-3-carboxamide	1629062-56-1	AB-FUBINACA
37	N-(1-氨甲酰基-2-甲基丙基)-1-戊基吲唑-3-甲酰胺	N-(1-Amino-3-methyl-1-oxobutan-2-yl)-1-pe-ntyl-1H-indazole-3-carboxamide	1445583-20-9	AB-PINACA
38	N-(1-氨甲酰基-2,2-二甲基丙基)-1-戊基吲哚-3-甲酰胺	N-(1-Amino-3,3-dimethyl-1-oxobutan-2-yl)-1-pentyl-1H-indole-3-carboxamide	1445583-48-1	ADBICA
39	N-(1-氨甲酰基-2,2-二甲基丙基)-1-戊基吲唑-3-甲酰胺	N-(1-Amino-3,3-dimethyl-1-oxobutan-2-yl)-1-pentyl-1H-indazole-3-carboxamide	1633766-73-0	ADB-PINACA

续表

序号	中文名	英文名	CAS 号	备注
40	1-[（N-甲基-2-哌啶基）甲基]-3-（1-萘甲酰基）吲哚	(1-((1-Methylpiperidin-2-yl) methyl) -1H-indol-3-yl) (naphthalen-1-yl) methanone	137642-54-7	AM-1220
41	1-[（N-甲基-2-哌啶基）甲基]-3-（1-金刚烷基甲酰基）吲哚	(1-((1-Methylpiperidin-2-yl) methyl) -1H-indol-3-yl) (adamantan-1-yl) methanone	335160-66-2	AM-1248
42	1-[（N-甲基-2-哌啶基）甲基]-3-（2-碘苯甲酰基）吲哚	(1-((1-Methylpiperidin-2-yl) methyl) -1H-indol-3-yl) (2-iodophenyl) methanone	444912-75-8	AM-2233
43	N-(1-金刚烷基) -1-戊基吲哚-3-甲酰胺	N-(1-Adamantyl) -1-pentyl-1H-indole-3-carboxamide	1345973-50-3	APICA
44	N-(1-金刚烷基) -1-戊基吲唑-3-甲酰胺	N-(1-Adamantyl) -1-pentyl-1H-indazole-3-carboxamide	1345973-53-6	APINACA
45	1-(1-萘甲酰基) -4-戊氧基萘	(4-Pentyloxynaphthalen-1-yl) (naphthalen-1-yl) methanone	432047-72-8	CB-13
46	N-(1-甲基-1-苯基乙基) -1-(4-四氢吡喃基甲基)吲唑-3-甲酰胺	N-(2-Phenylpropan-2-yl) -1-(tetrahydropyran-4-ylmethyl) -1H-indazole-3-carboxamide	1400742-50-8	CUMYL-THPINACA
47	1-(5-氟戊基) -3-(4-乙基-1-萘甲酰基)吲哚	(1- (5-Fluoropentyl) -1H-indol-3-yl) (4-ethylna phthalen-1-yl) methanone	1364933-60-7	EAM-2201
48	1-(4-氟苄基) -3-(1-萘甲酰基)吲哚	(1-(4-Fluorobenzyl) -1H-indol-3-yl) (naphthalen-1-yl) methanone		FUB-JWH-018
49	1-(4-氟苄基)吲哚-3-甲酸-8-喹啉酯	Quinolin-8-yl 1-(4-fluorobenzyl) -1H-indole-3-carboxylate	1800098-36-5	FUB-PB-22
50	2-甲基-1-戊基-3-(1-萘甲酰基)吲哚	(2-Methyl-1-pentyl-1H-indol-3-yl) (naphthalen-1-yl) methanone	155471-10-6	JWH-007
51	2-甲基-1-丙基-3-(1-萘甲酰基)吲哚	(2-Methyl-1-propyl-1H-indol-3-yl) (naphthalen-1-yl) methanone	155471-08-2	JWH-015

续表

序号	中文名	英文名	CAS 号	备注
52	1-己基-3-(1-萘甲酰基) 吲哚	(1-Hexyl-1H-indol-3-yl) (naphthalen-1-yl) methanone	209414-08-4	JWH-019
53	1-戊基-3-(4-甲氧基-1-萘甲酰基) 吲哚	(1-Pentyl-1H-indol-3-yl) (4-methoxynaphthalen-1-yl) methanone	210179-46-7	JWH-081
54	1-戊基-3-(4-甲基-1-萘甲酰基) 吲哚	(1-Pentyl-1H-indol-3-yl) (4-methylnaphthalen-1-yl) methanone	619294-47-2	JWH-122
55	1-戊基-3-(2-氯苯乙酰基) 吲哚	2-(2-Chlorophenyl) -1-(1-pentyl-1H-indol-3-yl) ethanone	864445-54-5	JWH-203
56	1-戊基-3-(4-乙基-1-萘甲酰基) 吲哚	(1-Pentyl-1H-indol-3-yl) (4-ethylnaphthalen-1-yl) methanone	824959-81-1	JWH-210
57	1-戊基-2-(2-甲基苯基)-4-(1-萘甲酰基) 吡咯	(5-(2-Methylphenyl) -1-pentyl-1H-pyrrol-3-yl) (naphthalen-1-yl) methanone	914458-22-3	JWH-370
58	1-(5-氟戊基)-3-(4-甲基-1-萘甲酰基) 吲哚	(1-(5-Fluoropentyl) -1H-indol-3-yl) (4-methylnaphthalen-1-yl) methanone	1354631-24-5	MAM-2201
59	N-(1-甲氧基羰基-2,2-二甲基丙基)-1-(环己基甲基) 吲哚-3-甲酰胺	N-(1-Methoxy-3,3-dimethyl-1-oxobutan-2-yl) -1-(cyclohexylmethyl) -1H-indole-3-carboxamide	1715016-78-6	MDMB-CHMICA
60	N-(1-甲氧基羰基-2,2-二甲基丙基)-1-(4-氟苄基) 吲唑-3-甲酰胺	N-(1-Methoxy-3,3-dimethyl-1-oxobutan-2-yl) -1-(4-fluorobenzyl) -1H-indazole-3-carboxamide	1715016-77-5	MDMB-FUBINACA
61	1-戊基吲哚-3-甲酸-8-喹啉酯	Quinolin-8-yl 1-pentyl-1H-indole-3-carboxylate	1400742-17-7	PB-22
62	N-(1-氨甲酰基-2-苯基乙基)-1-(5-氟戊基) 吲唑-3-甲酰胺	N-(1-Amino-1-oxo-3-phenylpropan-2-yl) -1-(5-fluoropentyl) -1H-indazole-3-carboxamide		PX-2
63	1-戊基-3-(4-甲基苯甲酰基) 吲哚	(1-Pentyl-1H-indol-3-yl) (4-methoxyphenyl) methanone	1345966-78-0	RCS-4
64	N-(1-金刚烷基)-1-(5-氟戊基) 吲哚-3-甲酰胺	N-(1-Adamantyl) -1-(5-fluoropentyl) -1H-indole-3-carboxamide	1354631-26-7	STS-135

续表

序号	中文名	英文名	CAS 号	备注
65	1-戊基-3-(2,2,3,3-四甲基环丙甲酰基)吲哚	(1-Pentyl-1H-indol-3-yl)(2,2,3,3-tetramethylcyclopropyl) methanone	1199943-44-6	UR-144
66	2-氟甲卡西酮	1-(2-Fluorophenyl)-2-methylaminopropan-1-one	1186137-35-8	2-FMC
67	2-甲基甲卡西酮	1-(2-Methylphenyl)-2-methylaminopropan-1-one	1246911-71-6	2-MMC
68	3,4-二甲基甲卡西酮	1-(3,4-Dimethylphenyl)-2-methylaminopropan-1-one	1082110-00-6	3,4-DMMC
69	3-氯甲卡西酮	1-(3-Chlorophenyl)-2-methylaminopropan-1-one	1049677-59-9	3-CMC
70	3-甲氧基甲卡西酮	1-(3-Methoxyphenyl)-2-methylaminopropan-1-one	882302-56-9	3-MeOMC
71	3-甲基甲卡西酮	1-(3-Methylphenyl)-2-methylaminopropan-1-one	1246911-86-3	3-MMC
72	4-溴甲卡西酮	1-(4-Bromophenyl)-2-methylaminopropan-1-one	486459-03-4	4-BMC
73	4-氯甲卡西酮	1-(4-Chlorophenyl)-2-methylaminopropan-1-one	1225843-86-6	4-CMC
74	4-氟甲卡西酮	1-(4-Fluorophenyl)-2-methylaminopropan-1-one	447-40-5	4-FMC
75	1-(4-氟苯基)-2-(N-吡咯烷基)-1-戊酮	1-(4-Fluorophenyl)-2-(1-pyrrolidinyl) pentan-1-one	850352-62-4	4-F-α-PVP
76	1-(4-甲基苯基)-2-甲氨基-1-丁酮	1-(4-Methylphenyl)-2-methylaminobutan-1-one	1337016-51-9	4-MeBP
77	1-(4-甲氧基苯基)-2-(N-吡咯烷基)-1-戊酮	1-(4-Methoxyphenyl)-2-(1-pyrrolidinyl) pentan-1-one	14979-97-6	4-MeO-α-PVP
78	1-苯基-2-甲氨基丁基-1-丁酮	1-Phenyl-2-methylaminobutan-1-one	408332-79-6	Buphedrone
79	2-甲氨基-[3,4-(亚甲二氧基)苯基]-1-丁酮	1-(3,4-Methylenedioxyphenyl)-2-methylaminobutan-1-one	802575-11-7	Butylone
80	2-二甲氨基-1-[3,4-(亚甲二氧基)苯基]-1-丙酮	1-(3,4-Methylenedioxyphenyl)-2-dimethylaminopropan-1-one	765231-58-1	Dimethylone
81	乙卡西酮	1-Phenyl-2-ethylaminopropan-1-one	18259-37-5	Ethcathinone

续表

序号	中文名	英文名	CAS 号	备注
82	3,4-亚甲二氧基乙卡西酮	1-(3,4-Methylenedioxyphenyl)-2-ethylaminopropan-1-one	1112937-64-0	Ethylone
83	1-[3,4-(亚甲二氧基)苯基]-2-(N-吡咯烷基)-1-丁酮	1-(3,4-Methylenedioxyphenyl)-2-(1-pyrrolidinyl) butan-1-one	784985-33-7	MDPBP
84	1-[3,4-(亚甲二氧基)苯基]-2-(N-吡咯烷基)-1-丙酮	1-(3,4-Methylenedioxyphenyl)-2-(1-pyrrolidinyl) propan-1-one	783241-66-7	MDPPP
85	4-甲氧基甲卡西酮	1-(4-Methoxphenyl)-2-methylaminopropan-1-one	530-54-1	Methedrone
86	1-苯基-2-乙氨基-1-丁酮	1-Phenyl-2-ethylaminobutan-1-one	1354631-28-9	NEB
87	1-苯基-2-甲氨基-1-戊酮	1-Phenyl-2-methylaminopentan-1-one	879722-57-3	Pentedrone
88	1-苯基-2-(N-吡咯烷基)-1-丁酮	1-Phenyl-2-(1-pyrrolidinyl) butan-1-one	13415-82-2	α-PBP
89	1-苯基-2-(N-吡咯烷基)-1-己酮	1-Phenyl-2-(1-pyrrolidinyl) hexan-1-one	13415-86-6	α-PHP
90	1-苯基-2-(N-吡咯烷基)-1-庚酮	1-Phenyl-2-(1-pyrrolidinyl) heptan-1-one	13415-83-3	α-PHPP
91	1-苯基-2-(N-吡咯烷基)-1-戊酮	1-Phenyl-2-(1-pyrrolidinyl) pentan-1-one	14530-33-7	α-PVP
92	1-(2-噻吩基)-2-(N-吡咯烷基)-1-戊酮	1-(Thiophen-2-yl) -2-(1-pyrrolidinyl) pentan-1-one	1400742-66-6	α-PVT
93	2-(3-甲氧基苯基)-2-乙氨基环己酮	2-(3-Methoxyphenyl) -2-(ethylamino) cyclohexanone	1239943-76-0	MXE
94	乙基去甲氯胺酮	2-(2-Chlorophenyl) -2-(ethylamino) cyclohexanone	1354634-10-8	NENK
95	N,N-二烯丙基-5-甲氧基色胺	5-Methoxy-N, N-diallyltryptamine	928822-98-4	5-MeO-DALT
96	N,N-二异丙基-5-甲氧基色胺	5-Methoxy-N, N-diisopropyltryptamine	4021-34-5	5-MeO-DiPT
97	N,N-二甲基-5-甲氧基色胺	5-Methoxy-N, N-dimethyltryptamine	1019-45-0	5-MeO-DMT
98	N-甲基-N-异丙基-5-甲氧基色胺	5-Methoxy-N-isopropyl-N-methyltryptamine	96096-55-8	5-MeO-MiPT
99	α-甲基色胺	alpha-Methyltryptamine	299-26-3	AMT
100	1,4-二苄基哌嗪	1,4-Dibenzylpiperazine	1034-11-3	DBZP
101	1-(3-氯苯基)哌嗪	1-(3-Chlorophenyl) piperazine	6640-24-0	mCPP

续表

序号	中文名	英文名	CAS 号	备注
102	1-(3-三氟甲基苯基)哌嗪	1-(3-Trifluoromethylphenyl) piperazine	15532-75-9	TFMPP
103	2-氨基茚满	2-Aminoindane	2975-41-9	2-AI
104	5,6-亚甲二氧基-2-氨基茚满	5,6-Methylenedioxy-2-aminoindane	132741-81-2	MDAI
105	2-二苯甲基哌啶	2-Diphenylmethylpiperidine	519-74-4	2-DPMP
106	3,4-二氯哌甲酯	Methyl 2-(3,4-dichlorophenyl)-2-(piperidin-2-yl) acetate	1400742-68-8	3,4-CTMP
107	乙酰芬太尼	N-(1-Phenethylpiperidin-4-yl)-N-phenylacetamide	3258-84-2	Acetylfentanyl
108	3,4-二氯-N-[(1-二甲氨基环己基)甲基]苯甲酰胺	3,4-Dichloro-N-((1-(dimethylamino) cyclohexyl) methyl) benzamide	55154-30-8	AH-7921
109	丁酰芬太尼	N-(1-Phenethylpiperidin-4-yl)-N-phenylbutyramide	1169-70-6	Butyrylfentanyl
110	哌乙酯	Ethyl 2-phenyl-2-(piperidin-2-yl) acetate	57413-43-1	Ethylphenidate
111	1-[1-(2-甲氧基苯基)-2-苯基乙基]哌啶	1-(1-(2-Methoxyphenyl)-2-phenylethyl) piperidine	127529-46-8	Methoxphenidine
112	芬纳西泮	7-Bromo-5-(2-chlorophenyl)-1,3-dihydro-2H-1,4-benzodiazepin-2-one	51753-57-2	Phenazepam
113	β-羟基硫代芬太尼	N-(1-(2-Hydroxy-2-(thiophen-2-yl) ethyl) piperidin-4-yl)-N-phenylpropanamide	1474-34-6	β-Hydroxythiofentanyl
114	4-氟丁酰芬太尼	N-(4-Fluorophenyl)-N-(1-phenethylpiperidin-4-yl) butyramide	244195-31-1	4-Fluorobutyrfentanyl
115	异丁酰芬太尼	N-(1-Phenethylpiperidin-4-yl)-N-phenylisobutyramide	119618-70-1	Isobutyrfentanyl
116	奥芬太尼	N-(2-Fluorophenyl)-2-methoxy-N-(1-phenethylpiperidin-4-yl) acetamide	101343-69-5	Ocfentanyl

注：上述品种包括其可能存在的盐类、旋光异构体及其盐类（另有规定的除外）。

五、卡芬太尼等 4 种芬太尼类物质被列入《非药用类麻醉药品和精神药品管制品种增补目录》（2017 年 3 月 1 日起施行）

附表 5　非药用类麻醉药品和精神药品管制品种增补目录

序号	中文名	英文名	CAS 号	备注
1	丙烯酰芬太尼	N-(1-Phenethylpiperidin-4-yl)-N-phenylacrylamide	82003-75-6	Acrylfentanyl
2	卡芬太尼	Methyl4-(N-phenylpropionamido)-1-phenethylpiperidine-4-carboxylate	59708-52-0	Carfentanyl/Carfentanil
3	呋喃芬太尼	N-(1-Phenethylpiperidin-4-yl)-N-phenylfuran-2-carboxamide	101345-66-8	Furanylfentanyl
4	戊酰芬太尼	N-(1-Phenethylpiperidin-4-yl)-N-phenylpentanamide	122882-90-0	Valerylfentanyl

六、N-甲基-N-(2-二甲氨基环己基)-3,4-二氯苯甲酰胺（U-47700）等 4 种物质被列入《非药用类麻醉药品和精神药品管制品种增补目录》（2017 年 7 月 1 日起施行）

附表 6　非药用类麻醉药品和精神药品管制品种增补目录

序号	中文名	英文名	CAS 号	备注
1	N-甲基-N-(2-二甲氨基环己基)-3,4-二氯苯甲酰胺	3,4-Dichloro-N-(2-(dimethylamino)cyclohexyl)-N-methylbenzamide	121348-98-9	U-47700
2	1-环己基-4-(1,2-二苯基乙基)哌嗪	1-Cyclohexyl-4-(1,2-diphenylenthyl)piperazine	52694-55-0	MT-45
3	4-甲氧基甲基苯丙胺	N-Methyl-1-(4-methoxyphenyl)propan-2-amine	22331-70-0	PMMA
4	2-氨基-4-甲基-5-(4-甲基苯基)-4,5-二氢恶唑	4-Methyl-5-(4-methylphenyl)-4,5-dihydrooxazol-2-amine	1445569-01-6	4,4'-DMAR

七、4-氯乙卡西酮等 32 种物质被列入《非药用类麻醉药品和精神药品管制品种增补目录》（2018 年 9 月 1 日起施行）

附表 7 非药用类麻醉药品和精神药品管制品种增补目录

序号	中文名	英文名	CAS 号	备注
1	4-氯乙卡西酮	1-(4-Chlorophenyl)-2-(ethylamino) propan-1-one	14919-85-8	4-CEC
2	1-[3,4-(亚甲二氧基)苯基]-2-乙氨基-1-戊酮	1-(3,4-Methylenedioxyphenyl)-2-(ethylamino) pentan-1-one	727641-67-0	N-Ethylpentylone
3	1-(4-氯苯基)-2-(N-吡咯烷基)-1-戊酮	1-(4-Chlorophenyl)-2-(1-pyrrolidinyl) pentan-1-one	5881-77-6	4-Cl-α-PVP
4	1-[3,4-(亚甲二氧基)苯基]-2-二甲氨基-1-丁酮	1-(3,4-Methylenedioxyphenyl)-2-(dimethylamino) butan-1-one	802286-83-5	Dibutylone
5	1-[3,4-(亚甲二氧基)苯基]-2-甲氨基-1-戊酮	1-(3,4-Methylenedioxyphenyl)-2-(methylamino) pentan-1-one	698963-77-8	Pentylone
6	1-苯基-2-乙氨基-1-己酮	1-Phenyl-2-(ethylamino) hexan-1-one	802857-66-5	N-Ethylhexedrone
7	1-(4-甲基苯基)-2-(N-吡咯烷基)-1-己酮	1-(4-Methylphenyl)-2-(1-pyrrolidinyl) hexan-1-one	34138-58-4	4-MPHP
8	1-(4-氯苯基)-2-(N-吡咯烷基)-1-丙酮	1-(4-Chlorophenyl)-2-(1-pyrrolidinyl) propan-1-one	28117-79-5	4-Cl-α-PPP
9	1-[2-(5,6,7,8-四氢萘基)]-2-(N-吡咯烷基)-1-戊酮	1-[2-(5,6,7,8-Tetrahydronaphthalen-2-yl)-2-(1-pyrrolidinyl) pentan-1-one	2230706-09-7	β-TH-Naphyrone
10	1-(4-氟苯基)-2-(N-吡咯烷基)-1-己酮	1-(4-Fluorophenyl)-2-(1-pyrrolidinyl) hexan-1-one	2230706-09-7	4-F-α-PHP
11	4-乙基甲卡西酮	1-(4-Ethylphenyl)-2-(methylamino) propan-1-one	1225622-14-9	4-EMC
12	1-(4-甲基苯基)-2-乙氨基-1-戊酮	1-(4-Methylphenyl)-2-(ethylamino) pentan-1-one	746540-82-9	4-MEAPP

续表

序号	中文名	英文名	CAS 号	备注
13	1-(4-甲基苯基)-2-甲氨基-3-甲氧基-1-丙酮	1-(4-Methylphenyl)-2-(methylamino)-3-methoxypropan-1-one	2166915-02-0	Mexedrone
14	1-[3,4-(亚甲二氧基)苯基]-2-(N-吡咯烷基)-1-己酮	1-(3,4-Methylenedioxyphenyl)-2-(1-pyrrolidinyl)hexan-1-one	776994-64-0	MDPHP
15	1-(4-甲基苯基)-2-甲氨基-1-戊酮	1-(4-Methylphenyl)-2-(methylamino)pentan-1-one	1373918-61-6	4-MPD
16	1-(4-甲基苯基)-2-二甲氨基-1-丙酮	1-(4-Methylphenyl)-2-(dimethylamino)propan-1-one	1157738-08-3	4-MDMC
17	3,4-亚甲二氧基丙卡西酮	1-(3,4-Methylenedioxyphenyl)-2-(propylamino)propan-1-one	201474-93-3	Propylone
18	1-(4-氯苯基)-2-乙氨基-1-戊酮	1-(4-Chlorophenyl)-2-(ethylamino)pentan-1-one		4-Cl-EAPP
19	1-苯基-2-(N-吡咯烷基)-1-丙酮	1-Phenyl-2-(1-pyrrolidinyl)propan-1-one	19134-50-0	α-PPP
20	1-(4-氯苯基)-2-甲氨基-1-戊酮	1-(4-Chlorophenyl)-2-(methylamino)pentan-1-one	2167949-43-9	4-Cl-Pentedrone
21	3-甲基-2-[1-(4-氟苄基)吲唑-3-甲酰胺基]丁酸甲酯	N-(1-Methoxy-3-methyl-1-oxobutan-2-yl)-1-(4-fluorobenzyl)-1H-indazole-3-carboxamide	1715016-76-4	AMB-FUBINACA
22	1-(4-氟苄基)-N-(1-金刚烷基)吲唑-3-甲酰胺	N-(1-Adamantyl)-1-(4-fluorobenzyl)-1H-indazole-3-carboxamide	2180933-90-6	FUB-APINACA
23	N-(1-氨甲酰基-2,2-二甲基丙基)-1-(环己基甲基)吲唑-3-甲酰胺	N-(1-Amino-3,3-dimethyl-1-oxobutan-2-yl)-1-(cyclohexylmethyl)-1H-indazole-3-carboxamide	1863065-92-2	ADB-CHMINACA
24	N-(1-氨甲酰基-2,2-二甲基丙基)-1-(4-氟苄基)吲唑-3-甲酰胺	N-(1-Amino-3,3-dimethyl-1-oxobutan-2-yl)-1-(4-fluorobenzyl)-1H-indazole-3-carboxamide	1445583-51-6	ADB-FUBINACA

续表

序号	中文名	英文名	CAS 号	备注
25	3,3-二甲基-2-[1-(5-氟戊基)吲唑-3-甲酰氨基]丁酸甲酯	N-(1-Methoxy-3,3-dimethyl-1-oxobutan-2-yl)-1-(5-fluoropentyl)-1H-indazole-3-carboxamide	1715016-75-3	5F-ADB
26	3-甲基-2-[1-(环己基甲基)吲哚-3-甲酰氨基]丁酸甲酯	N-(1-Methoxy-3-methyl-1-oxobutan-2-yl)-1-(cyclohexylmethyl)-1H-indole-3-carboxamide	1971007-94-9	AMB-CHMICA
27	1-(5-氟戊基)-2-(1-萘甲酰基)苯并咪唑	(1-(5-Fluoropentyl)-1H-benzimidazol-2-yl)(naphthalen-1-yl)methanone	1984789-90-3	BIM-2201
28	1-(5-氟戊基)吲哚-3-甲酸-1-萘酯	Naphthalen-1-yl 1-(5-fluoropentyl)-1H-indole-3-carboxylate	2042201-16-9	NM-2201
29	2-苯基-2-甲氨基环己酮	2-Phenyl-2-(methylamino)cyclohexanone	7063-30-1	DCK
30	3-甲基-5-[2-(8-甲基-3-苯基-8-氮杂环[3,2,1]辛烷基)]-1,2,4-噁二唑	8-Methyl-2-(3-methyl-1,2,4-oxadiazol-5-yl)-3-phenyl-8-aza-bicyclo[3.2.1]octane	146659-37-2	RTI-126
31	4-氟异丁酰芬太尼	N-(4-Fluorophenyl)-N-(1-phenethylpiperidin-4-yl)isobutyramide	244195-32-2	4-FIBF
32	四氢呋喃芬太尼	N-Phenyl-N-(1-phenethylpiperidin-4-yl)tetrahydrofuran-2-carboxamide	2142571-01-3	THF-F

八、芬太尼类物质被列入《非药用类麻醉药品和精神药品管制品种增补目录》

公安部 国家卫生健康委 国家药监局
关于将芬太尼类物质列入《非药用类麻醉药品
和精神药品管制品种增补目录》的公告

根据《麻醉药品和精神药品管理条例》《非药用类麻醉药品和精神药品列管办法》有关规定，公安部、国家卫生健康委员会和国家药品监督管理局决定将芬太尼类物质列入《非药用类麻醉药品和精神药品管制品种增补目录》。"芬太尼类物质"是指化学结构与芬太尼（N-[1-(2-苯乙基)-4-哌啶基]-N-苯基丙酰胺）相比，符合以下一个或多个条件的物质：

一、使用其他酰基替代丙酰基；

二、使用任何取代或未取代的单环芳香基团替代与氮原子直接相连的苯基；

三、哌啶环上存在烷基、烯基、烷氧基、酯基、醚基、羟基、卤素、卤代烷基、氨基及硝基等取代基；

四、使用其他任意基团（氢原子除外）替代苯乙基。

上述所列管物质如果发现有医药、工业、科研或者其他合法用途，按照《非药用类麻醉药品和精神药品列管办法》第三条第二款规定予以调整。

已列入《麻醉药品和精神药品品种目录》和《非药用类麻醉药品和精神药品管制品种增补目录》的芬太尼类物质依原有目录予以管制。

本公告自 2019 年 5 月 1 日起施行。

中华人民共和国公安部
国家卫生健康委员会
国家药品监督管理局
2019 年 4 月 1 日

九、含羟考酮复方制剂等品种被列入精神药品管理

国家药监局　公安部　国家卫生健康委
关于将含羟考酮复方制剂等品种列入精神药品管理的公告

根据《麻醉药品和精神药品管理条例》有关规定，国家药品监督管理局、公安部、国家卫生健康委员会决定将含羟考酮复方制剂等品种列入精神药品管理。现公告如下：

一、口服固体制剂每剂量单位含羟考酮碱大于 5 毫克，且不含其它麻醉药品、精神药品或药品类易制毒化学品的复方制剂列入第一类精神药品管理；

二、口服固体制剂每剂量单位含羟考酮碱不超过 5 毫克，且不含其它麻醉药品、精神药品或药品类易制毒化学品的复方制剂列入第二类精神药品管理；

三、丁丙诺啡与纳洛酮的复方口服固体制剂列入第二类精神药品管理。

本公告自 2019 年 9 月 1 日起施行。

特此公告。

国家药监局
公安部
国家卫生健康委
2019 年 7 月 11 日

十、瑞马唑仑被列入第二类精神药品管理

国家药监局　公安部　国家卫生健康委
关于将瑞马唑仑列入第二类精神药品管理的公告

根据《麻醉药品和精神药品管理条例》有关规定，国家药品监管局、公安部、国家卫生健康委决定将瑞马唑仑（包括其可能存在的盐、单方制剂和异构体）列入第二类精神药品管理。

本公告自 2020 年 1 月 1 日起实行。

特此公告。

国家药监局

公安部

国家卫生健康委

2019 年 12 月 16 日

十一、合成大麻素类物质和氟胺酮等 18 种物质被列入《非药用类麻醉药品和精神药品管制品种增补目录》

公安部　国家卫生健康委员会　国家药品监督管理局
关于将合成大麻素类物质和氟胺酮等 18 种物质列入
《非药用类麻醉药品和精神药品管制品种增补目录》的公告

根据《麻醉药品和精神药品管理条例》《非药用类麻醉药品和精神药品列管办法》有关规定，公安部、国家卫生健康委员会和国家药品监督管理局决定将合成大麻素类物质和氟胺酮等 18 种物质列入《非药用类麻醉药品和精神药品管制品种增补目录》。

一、合成大麻素类物质。"合成大麻素类物质"是指具有下列化学结构通式的物质：

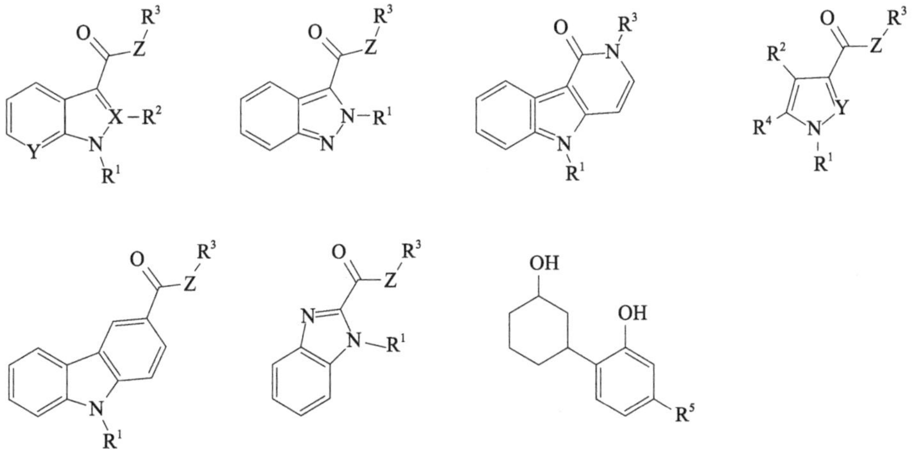

R^1 代表取代或未取代的 C_3—C_8 烃基；取代或未取代的含有 1—3 个杂原子的杂环基；取代或未取代的含有 1—3 个杂原子的杂环基取代的甲基或乙基。

R^2 代表氢或甲基或无任何原子。

R^3 代表取代或未取代的 C6—C10 的芳基；取代或未取代的 C_3—C_{10} 的烃基；取代或未取代的含有 1—3 个杂原子的杂环基；取代或未取代的含有 1—3 个杂原子的杂环基取代的甲基或乙基。

R^4 代表氢；取代或未取代的苯基；取代或未取代的苯甲基。

R^5 代表取代或未取代的 C_3—C_{10} 的烃基。

X 代表 N 或 C。

Y 代表 N 或 CH。

Z 代表 O 或 NH 或无任何原子。

上述所列管物质如果发现医药、工业、科研或者其他合法用途，按照《非药用类麻醉药品和精神药品列管办法》第三条第二款规定予以调整。已列入《麻醉药品和精神药品品种目录》和《非药用类麻醉药品和精神药品管制品种增补目录》的合成大麻素类物质依原有目录予以管制。

二、氟胺酮等 18 种物质。（详见附表）

本公告自 2021 年 7 月 1 日起施行。

公安部

国家卫生健康委员会

国家药品监督管理局

2021 年 3 月 15 日

附表

非药用类麻醉药品和精神药品管制品种增补目录

序号	中文名	英文名	CAS 号	备注
1	氟胺酮	2-(2-Fluorophenyl)-2-(methylamino)cyclohexan-1-one	111982-50-4	2-FDCK Fluoroketamine
2	(6aR,10aR)-3-(1,1-二甲基庚基)-6a,7,10,10a-四氢-1-羟基-6,6-二甲基-6H-二苯并[b,d]吡喃-9-甲醇	(6aR,10aR)-3-(1,1-Dimethylheptyl)-6a,7,10,10a-tetrahydro-1-hydroxy-6,6-dimethyl-6H-dibenzo[b,d]pyran-9-methanol	112830-95-2	HU-210
3	1-[3,4-(亚甲基二氧基)苯基]-2-丁氨基-1-戊酮	1-(3,4-Methylenedioxyphenyl)-2-(butylamino)pentan-1-one	688727-54-0	N-Butylpentylone
4	1-[3,4-(亚甲基二氧基)苯基]-2-苄氨基-1-丙酮	1-(3,4-Methylenedioxyphenyl)-2-(benzylamino)propan-1-one	1387636-19-2	BMDP
5	1-[3,4(亚甲基二氧基)苯基]-2-乙氨基-1-丁酮	1-(3,4-Methylenedioxyphenyl)-2-(ethylamino)butan-1-one	802855-66-9	Eutylone
6	2-乙氨基-1-苯基-1-庚酮	2-(Ethylamino)-1-phenylheptan-1-one	2514784-72-4	N-Ethylheptedrone

序号	中文名	英文名	CAS 号	备注
7	1-(4-氯苯基)-2-二甲氨基-1-丙酮	1-(4-Chlorophenyl)-2-(dimethylamino)propan-1-one	1157667-29-2	4-CDMC
8	2-丁氨基-1-苯基-1-己酮	2-(Butylamino)-1-phenylhexan-1-one	802576-87-0	N-Butylhexedrone
9	1-[1-(3-甲氧基苯基)环己基]哌啶	1-(1-(3-Methoxyphenyl)cyclohexyl)piperidine	72242-03-6	3-MeO-PCP
10	α-甲基-5-甲氧基色胺	1-(5-Methoxy-1H-indol-3-yl)propan-2-amine	1137-04-8	5-MeO-AMT
11	科纳唑仑	6-(2-Chlorophenyl)-1-methyl-8-nitro-4H-benzo[f][1,2,4]triazolo[4,3-α][1,4]diazepine	33887-02-4	Clonazolam
12	二氯西泮	7-Chloro-5-(2-chlorophenyl)-1-methyl-1,3-dihydro-2H-benzo[e][1,4]diazepin-2-one	2894-68-0	Diclazepam
13	氟阿普唑仑	8-Chloro-6-(2-fluorophenyl)-1-methyl-4H-benzo[f][1,2,4]triazolo[4,3-a][1,4]diazepine	28910-91-0	Flualprazolam
14	N,N-二乙基-2-(2-(4-异丙氧基苯基)-5-硝基-1H-苯并[d]咪唑-1-基)-1-乙胺	N,N-Diethyl-2-(2-(4-isopropoxybenzyl)-5-nitro-1H-benzo[d]imidazol-1-yl)ethan-1-amine	14188-81-9	Isotonitazene
15	氟溴唑仑	8-Bromo-6-(2-fluorophenyl)-1-methyl-4H-benzo[f][1,2,4]triazolo[4,3-a][1,4]diazepine	612526-40-6	Flubromazolam
16	1-(1,2-二苯基乙基)哌啶	1-(1,2-Diphenylethyl)piperidine	36794-52-2	Diphenidine
17	2-(3-氟苯基)-3-甲基吗啉	2-(3-Fluorophenyl)-3-methylmorpholine	1350768-28-3	3-FPM 3-Fluorophenmetrazine
18	依替唑仑	4-(2-Chlorophenyl)-2-ethyl-9-methyl-6H-thieno[3,2-f][1,2,4]triazolo[4,3-a][1,4]diazepine	40054-69-1	Etizolam

十二、奥赛利定被列入麻醉药品目录，苏沃雷生等品种被列入精神药品目录

国家药监局 公安部 国家卫生健康委
关于调整麻醉药品和精神药品目录的公告

根据《麻醉药品和精神药品管理条例》有关规定，国家药品监督管理局、公安部、国家卫生健康委员会决定将奥赛利定等品种列入麻醉药品和精神药品目录。现公告如下：

一、将奥赛利定列入麻醉药品目录。

二、将苏沃雷生、吡仑帕奈、依他佐辛、曲马多复方制剂列入第二类精神药品目录。

三、将每剂量单位含氢可酮碱大于5毫克，且不含其它麻醉药品、精神药品或药品类易制毒化学品的复方口服固体制剂列入第一类精神药品目录。

四、将每剂量单位含氢可酮碱不超过5毫克，且不含其它麻醉药品、精神药品或药品类易制毒化学品的复方口服固体制剂列入第二类精神药品目录。

本公告自2023年7月1日起施行。

特此公告。

国家药监局

公安部

国家卫生健康委

2023年4月14日

十三、泰吉利定被列入麻醉药品目录，地达西尼、依托咪酯（在中国境内批准上市的含依托咪酯的药品制剂除外）被列入第二类精神药品目录

国家药监局　公安部　国家卫生健康委
关于调整麻醉药品和精神药品目录的公告

根据《麻醉药品和精神药品管理条例》有关规定，国家药品监督管理局、公安部、国家卫生健康委员会决定调整麻醉药品和精神药品目录。现公告如下：

一、将泰吉利定列入麻醉药品目录。

二、将地达西尼、依托咪酯（在中国境内批准上市的含依托咪酯的药品制剂除外）列入第二类精神药品目录。

三、将莫达非尼由第一类精神药品调整为第二类精神药品。

本公告自 2023 年 10 月 1 日起施行。

特此公告。

国家药监局

公安部

国家卫生健康委

2023 年 9 月 6 日

十四、右美沙芬、含地芬诺酯复方制剂、纳呋拉啡、氯卡色林被列入第二类精神药品目录

国家药监局　公安部　国家卫生健康委
关于调整精神药品目录的公告

根据《麻醉药品和精神药品管理条例》有关规定，国家药品监督管理局、公安部、国家卫生健康委员会决定调整精神药品目录。现公告如下：

一、将右美沙芬、含地芬诺酯复方制剂、纳呋拉啡、氯卡色林列入第二类精神药品目录。

二、将咪达唑仑原料药和注射剂由第二类精神药品调整为第一类精神药品，其它咪达唑仑单方制剂仍为第二类精神药品。

本公告自 2024 年 7 月 1 日起施行。

特此公告。

国家药监局

公安部

国家卫生健康委

2024 年 4 月 30 日

十五、溴啡等 46 种物质被列入《非药用类麻醉药品和精神药品管制品种增补目录》

公安部　国家卫生健康委　国家药监局
关于将溴啡等 46 种物质列入《非药用类
麻醉药品和精神药品管制品种增补目录》的公告

　　根据《麻醉药品和精神药品管理条例》《非药用类麻醉药品和精神药品列管办法》有关规定，公安部、国家卫生健康委员会和国家药品监督管理局决定将溴啡等 46 种物质（详见附表）列入《非药用类麻醉药品和精神药品管制品种增补目录》。

　　本公告自 2024 年 7 月 1 日起施行。

公安部

国家卫生健康委

国家药监局

2024 年 6 月 16 日

　　附表

非药用类麻醉药品和精神药品管制品种增补目录

序号	中文名	英文名	CAS 号	备注
1	溴啡	1-(1-(1-(4-Bromophenyl)ethyl)piperidin-4-yl)-1,3-dihydro-2H-benzo[d]imidazol-2-one	2244737-98-0	Brorphine
2	美托尼秦	N,N-Diethyl-2-(2-(4-methoxybenzyl)-5-nitro-1H-benzo[d]imidazol-1-yl)ethan-1-amine	14680-51-4	Metonitazene
3	2-甲基布桂嗪	1-(4-Cinnamyl-2-methylpiperazin-1-yl)butan-1-one	98608-61-8	2-Methyl-AP-237
4	去硝基依托尼秦	2-(2-(4-Ethoxybenzyl)-1H-benzo[d]imidazol-1-yl)-N,N-diethylethan-1-amine	14030-76-3	Etazene
5	丙托尼秦	N,N-Diethyl-2-(5-nitro-2-(4-propoxybenzyl)-1H-benzo[d]imidazol-1-yl)ethan-1-amine	95958-84-2	Protonitazene

序号	中文名	英文名	CAS 号	备注
6	依托吡尼秦	2-(4-Ethoxybenzyl)-5-nitro-1-(2-(pyrrolidin-1-yl)ethyl)-1H-benzo[d]imidazole	2785346-75-8	Etonitazepyne
7	丁托尼秦	2-(2-(4-Butoxybenzyl)-5-nitro-1H-benzo[d]imidazol-1-yl)-N,N-diethylethan-1-amine	95810-54-1	Butonitazene
8	丙托吡尼秦	5-Nitro-2-(4-propoxybenzyl)-1-(2-(pyrrolidin-1-yl)ethyl)-1H-benzo[d]imidazole	暂无	Protonitazepyne
9	N-去乙基异丙托尼秦	N-Ethyl-2-(2-(4-isopropoxybenzyl)-5-nitro-1H-benzo[d]imidazol-1-yl)ethan-1-amine	2732926-24-6	N-Desethyl Isotonitazene
10	N-去乙基依托尼秦	2-(2-(4-Ethoxybenzyl)-5-nitro-1H-benzo[d]imidazol-1-yl)-N-ethylethan-1-amine	2732926-26-8	N-Desethyl Etonitazene
11	亚乙氧尼秦	2-(2-((2,3-Dihydrobenzofuran-5-yl)methyl)-5-nitro-1H-benzo[d]imidazol-1-yl)-N,N-diethylethan-1-amine	暂无	Ethyleneoxynitazene
12	1-(苯并呋喃-6-基)-2-丙胺	1-(Benzofuran-6-yl)propan-2-amine	286834-85-3	6-APB
13	1-(苯并呋喃-5-基)-2-丙胺	1-(Benzofuran-5-yl)propan-2-amine	286834-81-9	5-APB
14	甲基烯丙基麦司卡林	2-(3,5-Dimethoxy-4-((2-methylallyl)oxy)phenyl)ethan-1-amine	207740-41-8	Methallylescaline
15	乙基麦司卡林	2-(4-Ethoxy-3,5-dimethoxyphenyl)ethan-1-amine	39201-82-6	Escaline
16	丙基麦司卡林	2-(3,5-Dimethoxy-4-propoxyphenyl)ethan-1-amine	39201-78-0	Proscaline
17	2-氟乙基苯丙胺	N-Ethyl-1-(2-fluorophenyl)propan-2-amine	3823-29-8	2-FEA
18	3-氟乙基苯丙胺	N-Ethyl-1-(3-fluorophenyl)propan-2-amine	725676-94-8	3-FEA
19	4-氟乙基苯丙胺	N-Ethyl-1-(4-fluorophenyl)propan-2-amine	3823-30-1	4-FEA

序号	中文名	英文名	CAS 号	备注
20	1-[1-(4-甲氧基苯基)环己基]哌啶	1-(1-(4-Methoxyphenyl)cyclohexyl) piperidine	2201-35-6	4-MeO-PCP
21	2-乙氨基-2-苯基环己酮	2-(Ethylamino)-2-phenylcyclohexan-1-one	6740-82-5	2-oxo-PCE
22	3-[1-(哌啶-1-基)环己基]苯酚	3-(1-(Piperidin-1-yl)cyclohexyl) phenol	79787-43-2	3-HO-PCP
23	溴胺酮	2-(2-Bromophenyl)-2-(methylamino)cyclohexan-1-one	120807-70-7	2-BDCK
24	2-乙氨基-2-(2-氟苯基)环己酮	2-(Ethylamino)-2-(2-fluorophenyl)cyclohexan-1-one	2850352-64-4	2-FXE
25	甲基胺酮	2-(Methylamino)-2-(2-methylphenyl)cyclohexan-1-one	7063-37-8	2-MDCK
26	2-乙氨基-2-(3-甲基苯基)环己酮	2-(Ethylamino)-2-(3-methylphenyl)cyclohexan-1-one	2666932-45-0	DMXE
27	1-(4-氟-3-甲基苯基)-2-(吡咯烷-1-基)-1-戊酮	1-(4-Fluoro-3-methylphenyl)-2-(pyrrolidin-1-yl)pentan-1-one	暂无	4-F-3-MPVP
28	1-[3,4-(亚甲二氧基)苯基]-2-二甲氨基-1-戊酮	1-(3,4-Methylenedioxyphenyl)-2-(dimethylamino)pentan-1-one	803614-36-0	Dipentylone
29	1-[3,4-(亚甲二氧基)苯基]-2-环己基氨基-1-丙酮	1-(3,4-Methylenedioxyphenyl)-2-(cyclohexylamino)propan-1-one	2972185-69-4（盐酸盐）	N-Cyclohexylmethylone
30	1-[3,4-(亚甲二氧基)苯基]-2-丁氨基-1-丁酮	1-(3,4-Methylenedioxyphenyl)-2-(butylamino)butan-1-one	暂无	N-Butylbutylone
31	1-[3,4-(亚甲二氧基)苯基]-2-丙氨基-1-丁酮	1-(3,4-Methylenedioxyphenyl)-2-(propylamino)butan-1-one	802286-81-3	N-Propylbutylone
32	4-甲基-1-苯基-2-(吡咯烷-1-基)-1-戊酮	4-Methyl-1-phenyl-2-(pyrrolidin-1-yl)pentan-1-one	2181620-71-1	α-PiHP
33	2-(仲丁基氨基)-1-苯基-1-戊酮	2-(sec-Butylamino)-1-phenylpentan-1-one	18296-64-5	N-sec-Butylpentedrone

序号	中文名	英文名	CAS 号	备注
34	环丙甲酰麦角酰二乙胺	(6aR,9R)-4-(Cyclopropanecarbonyl)-N,N-diethyl-7-methyl-4,6,6a,7,8,9-hexahydroindolo[4,3-fg]quinoline-9-carboxamide	2767597-50-0	1cP-LSD
35	戊酰麦角酰二乙胺	(6aR,9R)-N,N-Diethyl-7-methyl-4-pentanoyl-4,6,6a,7,8,9-hexahydroindolo[4,3-fg]quinoline-9-carboxamide	3028950-70-8	1V-LSD
36	丙酰麦角酰二乙胺	(6aR,9R)-N,N-Diethyl-7-methyl-4-propionyl-4,6,6a,7,8,9-hexahydroindolo[4,3-fg]quinoline-9-carboxamide	2349358-81-0	1P-LSD
37	N-甲基-N-异丙基-4-羟基色胺	3-(2-(Isopropyl(methyl)amino)ethyl)-1H-indol-4-ol	77872-43-6	4-HO-MiPT
38	N,N-二甲基-4-乙酰氧基色胺	3-(2-(Dimethylamino)ethyl)-1H-indol-4-yl acetate	92292-84-7	4-AcO-DMT
39	波玛唑仑	8-Bromo-1-methyl-6-phenyl-4H-benzo[f][1,2,4]triazolo[4,3-a][1,4]diazepine	71368-80-4	Bromazolam
40	氟溴西泮	7-Bromo-5-(2-fluorophenyl)-1,3-dihydro-2H-benzo[e][1,4]diazepin-2-one	2647-50-9	Flubromazepam
41	卡痛	Mitragyna speciosa	无	Kratom
42	帽柱木碱	(E)-Methyl 2-((2S,3S,12bS)-3-ethyl-8-methoxy-1,2,3,4,6,7,12,12b-octahydroindolo[2,3-a]quinolizin-2-yl)-3-methoxyacrylate	4098-40-2	Mitragynine
43	7-羟基帽柱木碱	(E)-Methyl 2-((2S,3S,7aS,12bS)-3-ethyl-7a-hydroxy-8-methoxy-1,2,3,4,6,7,7a,12b-octahydroindolo[2,3-a]quinolizin-2-yl)-3-methoxyacrylate	174418-82-7	7-Hydroxy Mitragynine
44	美托咪酯	Methyl 1-(1-phenylethyl)-1H-imidazole-5-carboxylate	5377-20-8	Metomidate
45	异丙帕酯	Isopropyl 1-(1-phenylethyl)-1H-imidazole-5-carboxylate	792842-51-4	Isopropoxate
46	丙帕酯	Propyl 1-(1-phenylethyl)-1H-imidazole-5-carboxylate	7036-58-0	Propoxate

后 记

　　本书是杨丽君教授主持的 2015 年国家社科基金项目"新型精神活性物质防治对策研究"（批准号 15BFX095）的最终成果。

　　本项目研究至其成果出版历时 9 年多，从 2015 年获批立项到 2020 年项目结题，再到 2024 年完成著作终稿期间，经历了两个主要变化：一是项目主持人的身份已从在职教师变成了退休教师，部分项目成员由最初的 2015 级警务硕士生延续至 2016 级、2017 级和 2019 级；二是目睹了国际、国内新精神活性物质形势的快速变化，见证了我国对治理新精神活性物质问题认识的深入和相关措施的出台、实施。以上变化，尤其是第二个变化使得本书中 2020 年之前发现、提出的少数问题及其解决对策建议的前瞻性有一定程度的减弱，这确实是该禁毒现实问题研究成果延时出版难以避免的一个遗憾。在此，请读者能够包容这些瑕疵。

　　回顾本项目的研究及其成果的出版过程，经历了查找资料难、收集数据难、研究时间保障难、成果审查难等多重困难，其中的曲折、艰辛和收获可以用一句古诗来概括和总结，即"山重水复疑无路，柳暗花明又一村"。本书的出版是长期以来项目组热爱和坚持禁毒研究的结果与回报，感谢项目组成员的共同努力和奋斗。本书的撰写得到了云南警官学院、公安部禁毒局、云南省公安厅禁毒局、上海市公安局缉毒处、浙江省公安厅禁毒总队、江苏省公安厅禁毒总队、广东省公安厅禁毒总队和山西省公安厅禁毒总队等单位有关领导和同人的大力支持，同时还参考了相关的论著和资料。在此，谨向有关单位和个人表示诚挚的谢意。对本书中存在的错漏之处，敬请读者朋友批评指正。

杨丽君

2024 年 11 月 5 日

本书编写人员及分工

编写人员

杨丽君　云南警官学院禁毒学院教授

戴富强　云南警官学院教务处副处长

任周阳　云南省公安厅禁毒局讲师

乔子愚　云南警官学院 2015 级警务硕士研究生

吴　鹏　云南警官学院 2019 级警务硕士研究生

许　立　云南警官学院 2016 级警务硕士研究生

朱海鹏　云南警官学院 2017 级警务硕士研究生

赵　洋　云南警官学院 2015 级警务硕士研究生

雷　毅　云南警官学院 2017 级警务硕士研究生

刘星光　云南警官学院 2019 级警务硕士研究生

李芹丽　云南警官学院 2018 级社会工作专业本科生

写作分工

咨询报告

杨丽君　戴富强　任周阳　乔子愚

研究报告

第一章　杨丽君

第二章　杨丽君

第三章　杨丽君

第四章　第一节　杨丽君

第四章　第二节　许　立　杨丽君

第四章　第三节　朱海鹏　杨丽君

第五章　第一节　杨丽君

第五章　第二节　许　立　杨丽君

第五章　第三节　杨丽君　许　立　朱海鹏　雷　毅　刘星光

第六章　第一节　杨丽君

第六章　第二节　杨丽君

第六章　第三节　杨丽君　许　立　朱海鹏　赵　洋　乔子愚　雷　毅
　　　　　　　　刘星光

专题报告

专题研究一　吴　鹏　杨丽君

专题研究二　杨丽君　吴　鹏

专题研究三　吴　鹏

专题研究四　吴　鹏　杨丽君

专题研究五　任周阳　杨丽君

附　录

杨丽君　李芹丽